21世纪经济管理新形态教材·经济学系列

网络经济学

唐红涛　张建英　张俊英◎主　编

U0361105

清華大学出版社
北京

内 容 简 介

本书运用微观经济学和网络经济学理论系统阐述了以信息产品为代表的网络经济的市场运行规律，以及对网络经济中的数字金融、虚拟企业、数字政府等理论问题进行了探讨。全书共有九章，其主要内容包括导论、网络外部经济、网络市场均衡、网络市场结构、网络市场运行、网络贸易理论、网络金融理论、网络企业理论和网络政府理论等，系统阐释了网络经济的运行机制及内在规律，揭示了网络经济条件下贸易、金融、企业和政府的新特点。

本书为每章设置了思政案例导入、随堂练习、思考题、案例延伸阅读，以便读者更好地理解和掌握所学知识。本书非常适合作为高等学校经济学、管理学相关专业的本科生和研究生教材，也适合政府与企业管理者学习参考。

图书在版编目(CIP)数据

网络经济学/唐红涛，张建英，张俊英主编．—北京：清华大学出版社，2022.11(2025.7重印)

21世纪经济管理新形态教材．经济学系列

ISBN 978-7-302-62117-1

Ⅰ．①网…　Ⅱ．①唐…　②张…　③张…　Ⅲ．①网络经济－高等学校－教材　Ⅳ．①F49

中国版本图书馆CIP数据核字(2022)第200212号

责任编辑：胡　月

封面设计：汉风唐韵

责任校对：宋玉莲

责任印制：刘　菲

出版发行：清华大学出版社

网　　　址：https://www.tup.com.cn，https://www.wqxuetang.com

地　　　址：北京清华大学学研大厦A座　　　邮　　编：100084

社 总 机：010-83470000　　　邮　　购：010-62786544

投稿与读者服务：010-62776969，c-service@tup.tsinghua.edu.cn

质量反馈：010-62772015，zhiliang@tup.tsinghua.edu.cn

印 装 者：涿州市般润文化传播有限公司

经　　销：全国新华书店

开　　本：185mm×260mm　　　印　　张：17　　　字　　数：412千字

版　　次：2022年11月第1版　　　印　　次：2025年7月第4次印刷

定　　价：55.00元

产品编号：096251-01

以互联网、大数据为特征的信息革命带来了人类社会的巨大进步,经济社会进入了一个新的网络信息时代。与此相适应,多种新的经济形态和发展模式逐渐涌现,这种经济形式突破了传统经济形式下对生产要素的依赖和对地理空间的束缚,进而形成了以数据、信息、知识等为主要生产要素的网络经济形态。这种经济形态的产生与发展离不开计算机和互联网的物质基础和技术基础,并且通过技术创新突破了时空限制,实现了未来经济的全球化、系统化、智能化和可持续性。

网络经济的产生和发展必然推动经济学研究的深化和创新。网络经济下交易成本的节省使企业的边界开始变得模糊,分工与合作变得更加彻底,更加完备。在网络经济背景下,如何从经济学的角度来解析网络经济中新的经济现象,阐释网络经济中市场主体的决策逻辑,揭示网络经济中的市场运行规律,已成为摆在经济学教学和科研面前的全新课题。

习近平总书记关于布局数字经济发展的相关思想和论述中强调了要加强数字经济发展的理论研究;要做好我国数字经济发展的顶层设计和体制机制建设;要提高全民全社会数字素养和技能,夯实我国数字经济发展社会基础。网络经济学理论的构建和知识体系的传播是助力上述目标实现的重要手段,按照数字经济发展内在逻辑编写新时代的网络经济学教材就显得尤为重要。

本书运用微观经济学和网络经济学理论系统阐述了以信息产品为代表的网络经济的市场运行规律,以及对网络经济中的数字金融、虚拟企业、数字政府等新的理论问题进行了探讨。本书注重从现实案例中分析网络经济运行规律,相较于现有教材,具有较为鲜明的经济学特色和网络经济理论深度。此外,本书为每个基础理论的分析配备了案例分析引入和延伸阅读分析材料,具有较为明显的应用经济学特色。

全书内容一共包括九章。第一章导论,为网络经济和网络经济学内容概述;第二章网络外部经济,主要分析外部性、网络外部性的形成原因及需求规律;第三章网络市场均衡,主要从供求两端视角分析网络市场均衡的产生与演进过程;第四章网络市场结构,主要分析网络市场中竞争与垄断的特点、关系及福利效应;第五章网络市场运行,从市场、企业、产业三个维度分析网络市场运行过程及规律;第六章网络贸易理论,主要分析网络贸易运行规则和虚拟商圈理论;第七章网络金融理论,主要分析互联网金融、数字货币及网络金融风险等问题;第八章网络企业理论,主要分析网络经济条件下企业的新特点及经营决策过程;第九章网络政府理论,主要分析网络政府的定位、网络化治理及政策调控等内容。

本书是高等院校本科及研究生阶段网络经济学课程的专业教材,也可以作为政府与企业管理者的参考读物。本书每章均设有思政案例导入、随堂练习、思考题、案例延伸阅读等内容,以帮助读者更好地理解和掌握网络经济学的理论与基础知识。

本书由湖南工商大学唐红涛教授、张建英博士和张俊英副教授共同编写,唐红涛设计框架、拟定大纲;张建英负责对全书进行统稿与最终定稿。具体分工为:张建英负责编写第一章、第二章、第四章;唐红涛负责编写第三章、第五章、第六章、第七章;张俊英负责编写第八章、第九章。湖南工商大学硕士研究生李培沛参与了第一章、第二章和第四章的部分编写工作;湖南工商大学硕士研究生陈千喜和金铭参与了第三章、第五章、第六章和第七章的部分编写工作;湖南工商大学硕士研究生曹梦倩参与了第八章和第九章的部分编写工作。感谢四位研究生同学对资料收集与文字整理工作所付出的努力。

网络经济学是一个不断更新和完善的前沿研究领域,受到编者自身学识和能力所限,书中难免存在疏忽和不足之处。在此,我们真诚欢迎各位专家、读者批评指正,以便我们及时做出修改与完善。

编　者

2022 年 8 月 8 日

目录
CONTENTS

【思政案例导入】

习近平总书记关于网络强国重要思想的科学定位和重大意义

习近平总书记着眼全球互联网发展与治理大势,深入分析网络空间面临的机遇和挑战,创造性提出了关于构建网络空间命运共同体的理念主张,强调发展共同推进、安全共同维护、治理共同参与、成果共同分享,成为习近平总书记构建人类命运共同体的重要思想的重要组成部分,充分体现了总书记对信息时代的科学把握、对人类福祉的高度关切、对未来发展的远见卓识,反映了世界绝大多数国家,特别是广大发展中国家的共同心声,为全球互联网发展治理贡献了中国智慧和中国方案。

我们更加深切地体会到,当今世界,可以说很少有哪个国家的执政党,能像中国共产党这样主动适应信息革命潮流,重视互联网、发展互联网、治理互联网;很少有哪个国家的领导人,能像习近平总书记这样对信息社会发展大势有着高度敏锐性和深刻洞察力,对互联网有着如此深刻清醒的认识、长期深入的思考、科学系统的阐述。

我们更加深切地体会到,习近平总书记从我们党经受执政考验、巩固执政地位、提高执政能力的战略高度来认识和把握互联网,体现了马克思主义政治家强烈的忧患意识和历史担当。

案例来源:http://www.qstheory.cn/laigao/ycjx/2021-02/06/c_1127183079.htm.

第一节　网络经济的概念与特征

计算机和信息技术的飞速发展使得互联网已经深入了我们生活的方方面面,引发了社会经济的一系列重大的变革,从而导致整个社会经济关系的改变,一种新的经济形态由此逐渐展现端倪,这种新的经济形态就是本书的研究对象——网络经济。网络经济显然与计算机网络(代表是国际互联网)密切相关,但是网络经济绝不仅仅是互联网经济,也绝不仅仅是网络产业经济。计算机网络只是网络经济的物质基础和外在表现,更重要的是计算机网络背后连接了各种不同的经济主体,它带来的是社会经济关系结构的改变,从而带来社会经济形态的转变。现阶段,随着互联网的进一步发展,以大数据、人工智能、区块链、物联网等技术为主的数字技术革命正在深刻影响着社会和经济发展。正如大机器生产促使农业经济转变为工业经济一样,以数据为代表的信息技术也将带来工业经济向新的数字经济时代的转变,而这种新的经济形态的重要代表就是网络经济。在这一章,我们将从网络的定义开始,分析网络和网络经济的概念与特征,并对网络经济学的研究范畴和研究方法进行相应的探讨。

数字经济是继农业经济和工业经济之后人类社会面临的一种新的经济形态,其中最重要的代表是网络经济。这种经济形态的物质基础是计算机信息网络、大数据中心,而社会基础是依托计算机信息网络所形成的社会经济关系网络。因此,我们将这种新的经济形态称为网络经济。网络经济学(network economics)是在网络经济基础上发展起来的新兴的经济学分支,它与传统经济学理论既有着密切联系又有区别。网络经济学可以被视为经济学理论在新的经济形态下的应用和发展。由于相对于传统经济学而言,网络经济学作为一门新兴学科,其理论体系远未达到完善和成熟的地步,并且作为当今经济最为活跃的组成部分,本学科的研究对象本身仍旧处在剧烈的变化之中。这无疑增加了本学科进行理论研究的难度。

一、网络经济的概念

顾名思义,网络经济,就是与网络有关联的经济。这里的网络,不仅是指我们通常所说的互联网络,还指借助于物理的网络而形成的社会经济关系网络。正是这种社会经济关系网络的形成,导致了社会经济运行的特征及规律发生改变,从而形成一种新的经济形态——网络经济。

(一)网络的定义与内涵

要理解什么是网络经济,首先要理解什么是网络。从词义学的角度来解释,网络是指纵横交错的组织或系统。当一个组织或系统的内部各部分相互连接,具有了一种纵横交错的结构,我们就将其称为网络。在网络经济学的研究中,网络主要有两种:一是计算机网络,二是社会经济关系网络。

1.计算机网络

在21世纪的社会,提到网络,我们首先想到的是计算机网络,其中,又以国际互联网Internet为代表。在一般情况下,我们所说的网络,主要是指计算机网络,尤其是指各种互联网。

计算机网络,是指将分布在不同地理位置上具有独立功能的计算机、终端及其附属设备依靠通信手段连接起来以实现资源共享的系统,它是一种集现代通信技术、计算机技术、信息技术和网络技术为一体的综合技术。

就计算机网络本身来看,它是一种新技术,是人类历史上又一次重大的技术革命。而就其实质来看,它又是一种新的生产力。计算机网络的出现,标志着一种以人的智力为核心的新的生产力的形成。在历史上，以电力为代表的新生产力取代以人力、畜力为代表的旧的生产力时，曾经推动了农业社会向工业社会的转变，而以智力为核心的网络生产力的形成，也必将引发社会经济的进一步变革，导致新的经济形态——网络经济的产生。由此可见，计算机网络以及与之相关的各种技术，是网络经济赖以存在的物质基础。

2. 社会经济关系网络

计算机网络是由许许多多不同的计算机相互连接而成的。但计算机自己不会相互连接，在每一台计算机的背后，一定有掌握和使用它的人。因此，计算机网络不仅连接了计算机，而且连接了不同的组织和人，它形成的是一种组织与组织、组织与人、人与人之间的网络。当这些组织和人之间通过网络开展各种经济活动、发生各种经济关系时，计算机网络也就成为一种不同经济行为主体之间的关系网络，即社会经济关系网络。这是一个相对更宽泛的网络概念，本书研究的网络概念也主要是指这种更广的网络。

为了更准确地表达网络的内涵，经济学研究中更倾向于采用网络的数学定义：网络是实体被模式化为图论中的节和链。换句话说，网络是一种由节和链组成的拓扑关系结构。在这里，我们不管节和链具体为何物，是计算机、是组织还是单个的人，当他们相互作用而形成某种特定的经济联系并成为一个系统时，我们就可以将其视为组成了一个经济意义上的网络。

上面所说的特定的经济联系，是指在网络中各经济主体之间具有某种相互依赖、相互补充的关系，用经济学的术语来表述，即他们相互具有正的外部性。在网络中，每一个经济主体都对其他主体产生价值，同时自己的价值又需要依赖其他主体的存在而实现。只有当所有的经济主体都形成这样的一种联系时，由此所构成的网络才是真正意义上的经济网络。

德国学者 Umbhauer 对于网络曾经做出这样的描述："对经济学家而言，网络的概念既包括经济行为主体的相互作用的结构，也包括正外部性的经济属性，因此，网络能够被视为既是建立在经济行为主体之间相互作用的一个集，也是经济行为主体对不同经济目的采取相似行为的一个集。"也就是说，网络不在于组成它的是什么样的节和链，而在于节和链之间存在着什么样的关系。不过也有学者对此观点提出质疑，国内学者张永林就认为"对广义和抽象的网络概念而言，用集合的概念来描述网络，有不妥之处。如果说网中的特定或某一部分是集合还比较合适。因为我们知道集合是个确定和静态的概念，即使数学中的模糊集也是如此，而网络是动态的、变化的和不确定的"。

经济网络与其说是由经济主体组成，不如说是由他们之间特殊的经济联系所组成。网络重要而鲜明的特性是不同的节和链之间的互补性，而经济网络的特征则是各经济主体之间的互补性关系。这种经济网络构成了网络经济赖以存在的社会基础。

（二）网络经济的定义

与信息经济和数字经济类似，"网络经济"同样是对目前世界范围内新兴的经济形态的一种描述。由于它是对新兴经济形态的描述，对什么是网络经济，不同的学者从不同的角度理解，认识也存在很大的差别。但我们可以把握网络经济最重要的特征，即网络经济突出了经济运行的基本组织形式,即网络化特征。

"网络经济"一词并不是现在才出现的。早在 20 世纪 80 年代,一些日本学者鉴于第三产业中的商业、运输业、金融业等均因有相应的网络而发展起来,就把服务经济称为网络经济,提出要研究这类问题。之后,又有人将网络经济理解为包括电信、电力、交通运输等在内的有着相应的运营网络的行业经济,这些行业都具有网络式而非垂直式的结构特征,进而具有经济外部性的特征。网络经济就是指这些行业的经济活动。

随着计算机网络的产生,人们又将注意力转移到计算机网络上。一种观点认为,网络经济就是指计算机网络自身的经济问题,其中与包括计算机网络的成本核算、收费标准等问题。另一种观点认为,网络经济是指以计算机网络为核心的网络产业群,包括与计算机网络相关的硬件、软件开发、制造以及网络基础设施建设、运行的各种行业。还有一些学者不是从产业的层面,而是从整个经济社会的层面来认识网络经济。例如,美国得克萨斯大学电子商务研究中心(CREC,1999)认为,网络经济包含四个部分:网络基础建设领域、网络基础应用领域、网络中介服务领域和网上商务活动。还有学者研究具有网络结构和特征的社会与经济问题,这方面的典型代表是虚拟网络的概念。

在我国,也有许多经济学者对什么是网络经济发表了自己的见解。例如,平新乔教授认为:"所谓网络经济,只不过是经济学里所讲的高固定成本、低边际成本的产业推广而已。"这一理解主要还是从产业的角度出发,既包括了传统的具有自然垄断性质的基础设施等行业,同时也包括了新技术革命后的信息、网络产业。而苏恒教授对网络经济的理解则是:"网络经济是近年来出现的一种新型经济,其科学内涵就是基于计算机网络,利用丰富的信息资源,把网络信息与经济结合起来,通过网络信息来反映经济问题,通过网络信息来架构经济模型,通过网络信息来进行各种经济活动。"这种观点更倾向于将网络经济视为与计算机网络有关联的各种经济活动的总和。

在我国,更为著名的则是乌家培教授对网络经济的阐释:"对网络经济的理解,有狭义与广义之分。狭义的网络经济是指基于因特网(即网际网络)的经济活动,如网络企业、电子商务(不包括基于电子数据交换的电子商务),以及网络投资、网络消费等其他网上经济活动。这是从 1993 年开始因特网应用于商务活动后蓬勃发展起来的。广义的网络经济是指以信息网络(主要是因特网,但不限于因特网,如内联网、外联网等)为基础或平台的、以信息技术与信息资源的应用为特征的、信息与知识起重大作用的经济活动。因此,它还包括非因特网的网络经济活动,特别是受信息革命影响而正在变化中的传统经济活动,如'e'(即电子化)转型中的传统企业的经济活动。"按照这一界定,狭义的网络经济是指产业层面上的网络经济,而广义的网络经济则是指整个社会层面的网络经济。除了乌家培教授,陈佳贵则认为"从企业运行的角度看,网络经济是建立在国民经济信息化基础之上的,各类企业利用信息和网络技术整合各式各样的信息资源,并依托企业内部和外部的信息网络进行动态的商务活动和管理活动所产生的经济"。平新乔指出"网络经济研究的是当社会的生产方式与交换方式以网络形式组织起来后,人与人的经济关系会发生什么变化"。任博华和董春艳基于网络的观点研究社会组织和经济行为。这类工作被称为经济与社会研究的网络范式或网络视角。

上述关于网络经济的含义,是许多学者从不同的角度对网络经济所做的描述,彰显了网络经济的不同特征,可谓见仁见智,以至于我们不能简单地判定孰优孰劣。上述关于网络经济的表述,反映了人们从不同的角度对网络经济的不同理解。尽管这些表述各有不同,但归纳起来,大致可以分为两种类型:一种是从产业的层面来理解网络经济,将网络经济限定为以计算机网络为核心的信息产业群,也就是信息和网络产业即为网络经济,网络经济就是指在信息和网络产业中的经济活动和经济问题;另一种则是从整个社会的层面来理解网络经济,将网络经济理解为覆盖整个社会的一种经济形态,它不仅包括信息与网络产业等新兴的产业,也包括被信息化和网络化的传统产业;不仅包括生产过程,同时也包括流通和消费过程。

在上述两种对网络经济的理解中,本书采纳第二种观点,即将网络经济视为一种经济形态,它涵盖了整个社会经济的各个层面和社会再生产的整个过程。本书从宏观层面来研究网络经济,因此,根据这一认识,本书采用著名学者乌家培先生下的定义:网络经济是继农业经济和工业经济之后出现的一种新的经济形态,它是以信息与网络产业为主导产业、以信息与知识为主导资源的经济形态,是以计算机信息网络技术为基础、以各种计算机网络为平台进行的各种经济活动及在此基础上形成的各种经济关系的总和。

按照这一定义,网络经济就不再仅仅局限于某些新兴的产业或产业群,不再是在原有经济形态中的某个特殊的部分。总之,我们所指的网络经济是一种广义层面的网络经济,它是一种具有全社会意义的新的社会经济形态。

二、网络经济的特征

网络经济是一种全新的社会经济形态,是社会经济发展的一个崭新的阶段。与旧的经济形态与阶段相比,网络经济具有一些鲜明的特征。

(一)网络经济的开放性

网络经济是历史上前所未有的一种开放型经济,这种开放性源于计算机互联网络的开放性。国际互联网是一个开放的系统,它没有中央控制中心,没有国家与地域的限制,任何人都可以借助一定的方式与之相连接,分享网络上的各种资源。互联网络的这种开放性,必然也使得以网络为基础的网络经济具有了更加开放的特征。

网络经济的开放性首先表现在技术上的开放上。由于互联网是一个公共的网络,当大家相互之间通过网络进行通信时,需要执行共同的技术标准,才能够进行有效的信息传递和沟通。因此,有关网络的许多技术标准是一种开放的标准,关于网络的许多技术本身都属于一种公共资源,能够为所有人共享。

网络经济的开放性其次表现在企业运营的开放性上。在网络经济下,一个企业的成功单靠自己的努力往往是不行的,企业必须与他人进行合作,与供应链上的企业结成战略联盟,依靠不同企业之间的协同来共同来完成产品开发、生产制造、市场推广和产品分销等业务流程。因此,企业的经营活动就必须是开放的,要将自己的经营信息和其他资源向合作伙伴进行开放并与之共享。只有这样,企业才有可能在不断变化的市场上保持竞争优势,取得更大的发展。

（二）网络经济的直接性

直接性的含义，是指经济过程不需要经过迂回曲折的路径，不需要通过许许多多的中间环节即可以实现。直接经济是相对于传统经济的间接经济而言的。在传统经济模式下，由于信息的不对称，生产者往往无法直接面对千百万的消费者，否则将会产生极高的交易费用，因而必须通过迂回的方式，先通过各种中间商的层层传递，最后才将产品输送到消费者的手中。各种中间层次的存在必然也会产生大量的中间费用，只不过这种中间层次的费用与产销合一形式的费用相比更为节约，因此，这种迂回方式就成为在当时的技术条件下最优的制度安排。然而，由于计算机网络的发展，使生产者与消费者之间的联系更加容易，信息不对称的状况大为改观，信息搜寻与沟通的费用也大大降低。在这种情况下，经济组织结构开始趋向扁平化，处于网络端点的生产者可与消费者直接联系，传统的中间层次存在的必要性大大降低。而中间层次的减少以至消失，降低甚至免除了因中间商所产生的中间费用，从而使经济流程的效率和企业的经济效益大大提高。

对于直接经济，姜奇平（2018）曾有过比较精辟的分析。他认为，农业经济是简单的直接经济，以手工劳动为基础，人们被固定在一定的、小范围的地域内直接生产、直接消费，社会化程度不高，生产效率低下。工业经济是建立在大机器生产基础上的迂回经济，以机械动力和电力取代人力和自然力为标志的工业革命，在大批量机械化生产的基础上形成专业化分工结构和专业协作关系，从而为形成迂回曲折的产销路径提供了可能。由于这种工业经济形态下的迂回生产模式表现为人们是为市场而生产，而不是为自己消费生产，因此生产者与消费者、生产环节与消费环节是分离的、脱节的。而网络经济则是建立在计算机网络技术上的、更高层次上的直接经济，计算机网络极大地方便了人们之间的信息交流与沟通，既保持了全社会专业化分工带来的提高经济效率的优势，又恢复了直接经济在降低中间性物质消耗和中间性交易费用方面的长处。总之，直接性的网络经济对迂回性的工业经济进行了扬弃，它继承了工业经济社会化带来的高效率，又否定了迂回经济形态下生产与消费脱节带来的资源浪费问题。网络经济是在继承工业文明优秀成果的基础上，克服了其所存在的弊端，在以计算机网络技术为代表的新型生产力的推动下发展到更高的经济形态。

（三）网络经济的虚拟性

这里所说的虚拟性不是由证券、期货、期权等虚拟资本的交易活动所形成的虚拟经济，而是指在信息网络构筑的虚拟空间中进行的经济活动。网络经济的虚拟性源于网络的虚拟性。计算机网络是一个虚拟的空间，当一部分社会经济活动搬到网络上进行时，这些经济活动就以虚拟的方式进行，即它不需要现实的物质在空间上的移动与时间上的转移，甚至不需要有具体的行为主体来完成这些活动，而是通过数字与信息的传递代替物质的移动，由计算机来代替人的工作，而这一切都在虚拟的状态和环境中完成，这就使得网络经济具有了虚拟性的特征。

网络经济的虚拟性是相对于以往经济过程的现实性而言的。在网络诞生之前，经济的过程必须在现实的世界中以物理的方式进行，这一过程不可避免地带来了巨大的物质消耗，尤其是许多非再生资源的消耗。而网络经济的虚拟性特征，使原来十分复杂的物理运动可以极大地得到简化，使原来必不可少的物质消耗大大减少，同时经济过程的效率可以大大提高。

因此,经济过程的虚拟性是网络经济优越性的又一集中体现。需要指出的是,网络经济的虚拟性并不可以完全代替传统经济的现实性。在网络经济中,产品以及各种事物的物理运动依然是必不可少的。网络经济只是将经济过程中的一部分转移到网上进行,仍有很大一部分需要在物理的和现实的空间进行。因此,网络经济下,在网上运行的虚拟经济与网外物理空间中的现实经济是相互并存、相互促进的。问题是,在网络经济中,实体经济部分将越来越依赖虚拟经济部分,离开了虚拟经济,整个经济过程就难以正常的运行。也就是说,虚拟经济部分日益具有主导性作用。正因为如此,培育和促进虚拟经济的成长,已成为网络经济发展的重要内容。

(四)网络经济的创新性

网络经济是创新性经济,是因为网络经济是以知识为核心资源的经济,而知识并不是原来就存在的,它是人们在社会实践中,通过发挥人的聪明才智创造出来的。也就是说,只有通过不断的创新,才会有新的知识不断地产生,才能够推动网络经济的不断发展。因此,创新的知识就成为网络经济增长的主要动力。在网络经济中,丰富多彩、不断发展的个性化消费需求促使生产技术不断更新。同时,技术的进步和文化创新又推动和产生出新的社会需求。知识的更新速度日益加快,产品和技术的生命周期迅速缩短。在这种情况下,企业唯有不断地更新观念、推陈出新,创造出适应社会新需求的产品和服务,才能在激烈的市场竞争中稳操胜券。学习知识、应用知识和创造知识成了经济活动的核心问题,而对知识的学习力和创造力则成为市场竞争力的源泉。不仅对企业如此,对一个国家和地区也是如此。在世界经济的格局中,哪个国家和地区更具有创新能力,在技术上能够保持领先地位,这个国家的经济发展速度就更快,在国家与国家的竞争中就能够处于优势。相反,如果一个国家或地区缺乏创新能力,其发展速度就会迟缓,在国际竞争中就会处于落后和不利的地位,就有可能在世界经济一体化的过程中被边缘化。

网络经济中的创新不仅指技术创新,还包括制度创新。网络经济的发展必须依靠先进的技术,而先进的技术则出自高素质的人才,因此可以说,人力资本在网络经济发展中扮演着重要的角色。网络经济不仅涉及技术问题,其实更本质的是涉及人的问题。先进的技术唤起技术的创新,而人这一主体性的问题的解决则必须依靠制度创新。网络经济的发展离不开技术创新,更离不开制度创新,没有制度支持的技术创新也只是短暂的存在。因此,在网络经济的发展过程中,必须做到技术创新与制度创新相辅相成。

(五)网络经济的可持续性

网络经济是一种以非物质资源为主导的经济,决定网络经济增长和发展的不再是以往的土地、资本、设备等物质资源,而是知识、信息等非物质资源。正如美国未来学家托夫勒(Toffler,1996)所指出的:"因为知识减少了原材料、劳动、时间、空间、资本和其他投入的需要,它已成为最终的替代,即先进经济的主要资源。"正是知识与信息的特性使网络经济具有了可持续性。信息与知识具有可分享性,这一特点与实物显然不同。一般实物商品交易后,出售者就失去了实物,而信息、知识交易后,出售信息的人并没有失去信息,而是形成出售者和购买者共享信息与知识的局面。

更为重要的是,在知识产品的生产过程中,作为主要资源的知识与信息具有零消耗的特点,即它不会在生产过程中被消耗掉。正如托夫勒指出的:"土地、劳动、原材料,或许还有资本,可以看作有限资源,而知识实际上是不可穷尽的,""新信息技术把产品多样化的成本推向零,并且降低了曾经是至关重要的规模经济的重要性。"网络经济在很大程度上能有效改善传统工业生产对有形资源的过度消耗,减少因物质资源消耗所造成的环境污染、生态恶化等危害,因而更能实现社会经济的可持续发展。

第二节　网络经济学的研究内容

作为一门新兴学科,网络经济学也有其独特的研究对象,有着显著区别于其他学科的研究内容和体系。随着网络经济的发展,网络经济学的研究对象日益明确,研究体系也在逐步形成,处于不断发展和完善的过程之中。总而言之,网络经济是从流通与联系的视角,在网络经济条件下研究经济学的经典问题,即资源的配置与利用。本书依然从微观经济和宏观经济两个方面出发研究这个问题。

网络经济的出现改变了社会经济的资源构成,改变了经济主体之间的相互联系,也改变了经济增长的基本模式。在网络经济中,出现了一些过去没有的经济现象,并反映出一些以往没有或虽然存在,但不占支配地位的经济规律。而这些现象及规律,与传统经济存在着很大的不一致性,目前以传统经济为研究对象的经济学很难将其包容其间,难以对其进行深入的剖析并给出合理的解释。这就需要有新的学科来进行专门的研究。构建网络经济学的目的,就是要分析和说明网络经济中出现的一些新的经济现象和问题,发现和证明网络经济中的一些与传统经济不同的新的经济法则和规律,并为人们的网络经济实践提供理论指导。

虽然网络经济的发展已有超过 20 年的历史,但是相比传统的经济学,网络经济学依然是一个相当年轻的学科。这导致了人们对于网络经济的认识不够全面,很多研究处在探索阶段,且变化很快,各种观点的碰撞十分激烈。所以,网络经济学并不像其他经济学科那样,有着成熟的理论并形成了完整的体系。这给我们的学习带来了一定的困难,也要求同学们要在课后积极把所学知识应用到实践中,并做好总结。通过理论的思辨来不断发现网络经济的本质,把握网络经济的规律,使网络经济学的理论体系不断得到丰富、发展和完善。

一、网络经济学的研究概述

网络经济的内涵十分广泛,从狭义上讲,仅仅指以计算机网络为核心的信息产业群。它包括围绕现代信息技术的开发与应用的一切经济活动,其中包括信息技术的研发及其产品的生产,网络通信基础设施、网络设备和产品等硬件设施的建设和运营等,当然还包括与电子商务有关的网络贸易、网络金融、网络企业等一系列商业性的网络活动。网络经济是以信息服务业为主导,通过市场与信息服务把无形的知识和信息真实地转化为商品。从广义上讲,网络经济不仅包括以计算机网络为核心的信息产业群,而且还包括利用网络技术,使组织结构、管理方式和运作方式网络化了的传统经济。本书的研究范畴主要是广义上的网络经济。为什么本书要以广义的网络经济作为研究范畴?因为,从根本上讲,网络经济不仅是一个产业,它还可以凭借自身优势使其他传统产业网络化,从而为为数众多而又分散的市场主体提供一个便捷、低成本的交易平台,使整个社会经济运行方式、运行结构发生深刻变革。例如,各类传统企业利用信息和网络技术整合信息资源,并依托企业内部和外部信息网进行动态的商务活动,以提高资源配置效率等。

本书的研究思路包括微观和宏观两个层面。网络经济是被信息网络技术应用改造了的传统经济,但它并未改变传统经济最基本的运行规律,它同样是买卖双方的市场、是交易的平台,同样反映价值规律和供求法则,消费者追求效用最大化和厂商追求利润最大化的法则同样适用。因此,从微观经济层面看,我们主要研究企业和消费者在网络经济条件下的市场行为表现。这里的企业不仅包括直接从事与网络产业有关的经济活动的企业,如互联网公司(互联网公司可以分为提供基础设施及网络技术服务的公司、网络门户、电子商务、互联网服务提供商、垂直门户等),还包括传统产业中利用大数据、网络化管理等手段进行变革的那些企业。同时在网络经济时代消费者的消费行为相比于传统经济时代也发生了变化,一方面,消费者的消费行为更趋于自主,网络经济时代,消费者面对的是更广阔的消费市场,他们拥有更多的选择权,这增强了他们的消费自主性。另一方面,消费者消费趋于高质化,具体来说,消费者对于消费品的要求更看重物质需求外的精神满足感。这些问题都将成为本书的研究范畴。

从宏观经济层面看,传统经济学下的经济变量,诸如国内生产总值、国民收入、总投资等概念的内涵不会发生改变,但是这些概念延展出去的一系列新的问题也不容我们忽视。如网络经济增长的内在动力与传统经济增长的内在动力相比有何区别?网络经济下的政府职能与传统经济时代的政府职能有何异同?网络经济是否存在重大安全隐患?国际金融与贸易在网络经济时代的变化等。

另外,与传统经济相比,网络经济表现出大量的全新的市场特性,如市场瞬息万变、不可捉摸;市场规模以几何级数的速度增长;"只有第一,没有第二",赢者就会通吃;市场流通渠道无限透明;竞争与垄断同时加剧等。这些在传统经济中没有过的特点都需要我们认真研究。如网络经济下的市场结构如何;在这样的市场结构下,企业如何行动才能实现资源的最优配置;网络经济的市场绩效又如何等。同时,也正是由于这些市场特性,使电子商务也遇到了挑战,如信用问题、支付问题、法律问题、安全问题等,这些问题都关系到网络经济的持续发展。因此,本书突出了网络经济下的市场问题的研究。

二、网络经济学的研究对象

任何一门学科,所要解决的问题概括起来无非是四个方面:是什么、为什么、做什么和怎么做。其中,前两个是要解决认识论的问题,后两个是要解决方法论的问题。对于网络经济学这门学科来说,它的研究内容主要也体现在这四个方面。

(一)对网络经济本身的界定及其本质特征的认识

网络经济学首先要对网络经济提出正确的认识,分析网络经济与传统经济的区别以及网络经济的本质特征。由于网络经济是在传统经济的土壤中生长出来的,在网络经济的萌芽与成长阶段,必然带有许多传统经济的烙印,对网络经济的认识更容易产生偏差。这就需要具有预见性和前瞻性,透过复杂的现象来发现网络经济的本质,对网络经济的本质特征进行准确的刻画和分析。

（二）对网络经济中各种经济现象及其原因的分析

网络经济中出现了许多传统经济没有的现象与规律,如边际收益递增、网络效应、正反馈机制、竞争性垄断等,而在过去的经济学体系中,缺少对这些现象和规律的研究和说明。网络经济学的一个重要任务,就是要对这些新出现的现象从理论上进行分析,说明产生这些现象的原因和内在机制,进而说明在这些现象背后隐含的经济学意义,使其成为现代经济学理论体系中的新内容。

（三）对网络经济中经济主体行为及其规则的阐释

在网络经济中,经济主体的行为也将发生改变,这种改变不仅表现在生产过程中,也表现在流通和消费过程中。网络经济学的另一个重要任务,就是从微观经济学的角度,对各种经济主体的行为进行分析,说明在网络经济中生产者与消费者的选择以及市场供给与需求的均衡条件,同时从产业组织理论的角度,对企业产品定价、企业之间的竞争与合作等行为进行解析,说明经济主体的行为法则。

（四）对网络经济中经济运行过程和经济政策的研究

网络经济学不仅要研究企业和个人在微观环境下的行为法则,还要研究整个社会在宏观环境下的经济运行。在网络经济下,社会的宏观经济运行也将出现新的变化,如经济增长方式的改变、经济周期的变化、国际分工与贸易的变化等,也需要从新的视角对这些变化加以研究,并根据这些变化中所反映的新的要求来确定政府的经济职能,并为政府制定新的经济政策提供理论依据。

随着互联网、区块链、大数据等技术应用的不断深入,网络经济活动中出现了新的经济规律,为经济分析和预测开辟了新的可能。网络经济学的重要任务之一,在于探索出这些新出现的经济规律,并且运用它指导和预测现今快速变化的市场,补充有关经济理论。

三、网络经济学的研究方法

在展开对网络经济学的系统性研究之前,必须首先要了解如何进行网络经济学的研究。在研究经济系统时,先要进行化繁为简的工作,将一个复杂系统拆分成若干子系统,然后将这些子系统组成一个分析框架,而各子系统之间要保持系统内部的逻辑一致,避免出现前后矛盾的情况。

网络经济学的研究方法取决于网络经济学的研究内容与对象,网络经济学需要考察网络经济下消费者行为与生产者行为的变化,考察市场结构与运行规律,评价相关产业的绩效及其对社会福利的影响,分析并设计网络经济下的公共政策。这些内容各具特点,某种单一的方法难以满足网络经济学各部分研究的需要。所以,网络经济学的研究方法不是一种或一类单一的方法,而是一个研究方法的集合,这个研究方法的集合主要包括以下几类研究方法。

（一）宏观研究方法

（1）静态分析（Static Analysis）就是分析经济现象的均衡状态以及有关的经济变量达到均衡状态所需要具备的条件，它完全抽掉了时间因素和具体变动的过程，是一种静止地、孤立地考察某些经济现象的方法。

（2）比较静态分析（Comparative Static Analysis）就是分析在已知条件发生变化以后经济现象均衡状态的相应变化，以及有关的经济总量在达到新的均衡状态时的相应的变化，即对经济现象在有关经济变量一次变动（而不是连续变动）前后的情况进行比较。也就是比较一个经济变动过程的起点和终点，而不涉及转变期间和具体变动过程本身的情况，实际上只是对两种既定的自变量和它们各自相应的因变量的均衡值加以比较。

（3）动态分析（Dynamic Analysis）则对经济变动的实际过程进行分析，其中包括分析有关总量在一定时间过程中的变动，这些经济总量在变动过程中的相互影响和彼此制约的关系，以及它们在每一时点上变动的速率等。这种方法分析考察时间因素的影响，并把经济现象的变化当作一个连续的过程来看待。

在微观经济学中，无论是个别市场的供求均衡分析，还是个别厂商的价格、产量均衡分析，都采用静态和比较静态分析方法。动态分析在微观经济学中进展不大，只在蛛网定理（Cobweb Theorem）这类研究中，在局部均衡的基础上采用了动态分析方法。在宏观经济学中，主要采用的是比较静态和动态分析方法。凯恩斯在《就业、利息和货币通论》一书中采用的主要是比较静态分析方法。而其后继者们在发展凯恩斯经济理论方面的贡献，主要是长期化和动态化方面的研究，如经济增长理论和经济周期理论。

（二）微观分析方法

1. 博弈论

博弈论又称为对策论（Game Theory）既是现代数学的一个新分支，也是运筹学的一个重要学科。

博弈论主要研究公式化了的激励结构间的相互作用，是研究具有斗争或竞争性质现象的数学理论和方法。博弈论考虑游戏中的个体的预测行为和实际行为，并研究它们的优化策略。生物学家使用博弈理论来理解和预测进化论的某些结果。

博弈论已经成为经济学的标准分析工具之一。在生物学、经济学、国际关系、计算机科学、政治学、军事战略和其他很多学科都有广泛的应用。基本概念中包括局中人、行动、信息、策略、收益、均衡和结果等。其中局中人、策略和收益是最基本的要素。局中人、行动和结果被统称为博弈规则。

在最近的研究中，聂辉华等（2021）就使用了博弈论，从网络经济学视角，梳理了区块链经济学的发展历程。这体现了博弈论在网络经济学领域应用的不断拓展。

2. 均衡分析

均衡（Equilibrium）是从物理学中引进的概念。在物理学中，均衡是表示同一物体同时受到几个方向不同的外力作用而合力为零时，该物体所处的静止或匀速运动的状态。英国经济学家马歇尔(Alfred Marshall)把这一概念引入经济学中,主要指经济中各种对立的、变动着的力量处于一种力量相当、相对静止、不再变动的境界。这种均衡与一条直线所系的一块石子或一个盆中彼此相依的许多小球所保持的机械均衡大体上一致。均衡一旦形成后,如果有另外的力量使它离开原来的均衡位置,则会有其他力量使它恢复到均衡,正如一条线上悬着的一块石子如果离开了它的均衡位置,地心引力立即有使它恢复均衡位置的趋势一样。均衡又分为局部均衡(Partial Equilibrium)与一般均衡(General Equilibrium)。局部均衡分析是假定在其他条件不变的情况下来分析某一时间、某一市场的某种商品(或生产要素)供给与需求达到均衡时的价格决定。一般均衡分析在分析某种商品的价格决定时,则在各种商品和生产要素的供给、需求、价格相互影响的条件下来分析所有商品和生产要素的供给和需求同时达到均衡时所有商品的价格如何被决定。一般均衡分析是关于整个经济体系的价格和产量结构的一种研究方法,是一种比较周到和全面的分析方法,但由于一般均衡分析涉及市场或经济活动的方方面面,而这些又是错综复杂和瞬息万变的,实际上使得这种分析非常复杂和耗费时间。

姜奇平(2018)对斯密、科斯等人的均衡模型与新兴网络经济学模型的差异进行分析,发现了网络经济在市场与企业中的新规律。

3. 统计分析法

统计分析法指通过对研究对象的规模、速度、范围、程度等数量关系的分析研究,认识和揭示事物间的相互关系、变化规律和发展趋势,借以达到对事物的正确解释和预测的一种研究方法。世间任何事物都有质和量两个方面,认识事物的本质时必须掌握事物的量的规律。数学已渗透到一切科技领域,使科技日趋量化,电子计算的推广和应用、量度设计和计算技术的改进和发展,已形成数量研究法,这已成为自然科学和社会科学研究中不可缺少的研究方法。

统计分析法就是运用数学方式,建立数学模型,对通过调查获取的各种数据及资料进行数理统计和分析,形成定量的结论。统计分析方法是广泛使用的现代科学方法,是一种比较科学、精确和客观的测评方法。其具体应用方法很多,在实践中使用较多的是指标评分法和图表测评法。

统计分析法是根据企业的历史数据资料以及同类企业的水平,运用统计学方法来确定企业经营各方面工作的标准。用统计计算法制定的标准,便称为统计标准。

苏辉等(2016)考虑到移动互联网在现代社会越发重要地位,提出了一个新的基于互联网内容提供商与运营商合作的流量补贴模型 DA(Data Allowance),用于均衡分析,对互联网流量补贴带来的影响做了较为全面的分析。模型的构建一直是经济学研究中非常重要的方式,不论是在传统经济学研究中还是在网络经济学研究,应用统计分析法构建经济学模型都是不可或缺的研究方法。

4. 实证分析法

实证分析法(Empirical Analysis)是社会科学中使用的研究方法之一,着眼于当前社会或学科现实、通过事例和经验等从理论上推理说明,就属于实证分析。Empirical 的含义是"经验主义的,以经验或观察为依据的",也就是说,这里的"实证分析方法"更准确的翻译应当为"经验分析方法"。不过,国内社会科学的研究文献中已经习惯了这种说法。事实上,"实证"对应的反义词是"规范"。

实证研究(Empirical Research)是通过观察获取经验,再将经验归纳为理论。与之对应的另一种研究方法是规范研究(Normative Research),规范研究从某些假设出发,通过逻辑演绎得到理论。两者的主要区别是:规范研究采用的是演绎法(Deduction),侧重逻辑而脱离现实,往往用来提出纯理论。实证研究采用归纳法(Induction),侧重经验,贴近现实,用来验证已有理论或由观察总结出新理论。

具体来说,狭义的实证研究仅指量化研究,量化研究,具体而言包括描述性研究、比较性研究、相关性研究和因果研究。广义的实证研究除了量化研究,还包括质化研究。质化研究采用的方法有文本分析法、叙事研究法、民族志法、扎根理论法和行动研究法等。当然这并不意味着两种方法是孤立的,联合起来一起进行混合研究也是相当重要的。上述研究方法均在网络经济学研究中有着非常重要的应用。

雷晶等人(2015)通过被试者间因子实验设计方法验证研究各项假设,并通过单因素方差分析、双因素方差分析等方法检验在线点评的传播方向、信息类型和产品卷入度之间的交互效应,并检验其与消费者行为、意向之间的主效应等。这些研究证实了,实证研究方法在新兴的网络经济学领域依然大有作为。

【阅读与思考】 　　　　数字化战"疫",2020年数字政府先锋力量

扫描二维码

深度学习

【思考题】

1. 网络经济与传统经济的关系如何?
2. 简述你在生活中遇到的网络经济现象。
3. 网络经济学的研究对象是什么?
4. 网络经济下的市场表现出哪些特征?
5. 你觉得还有哪些研究方法可以应用于网络经济学研究?
6. 简述网络经济从哪些方面正在改变着世界经济的运作方式。

【在线测试题】

扫描书背面的二维码,获取答题权限,在线自测。

扫描二维码

在线自测

【参考文献】

［1］　彼得·渥雷本.大自然的社交网络［J］.科学之友（上半月）,2018(07)：79.

［2］　芮廷先.网络经济学［M］.二版.上海：上海财经出版社,2020.

［3］　胡春,吴洪.网络经济学［M］.北京：北京交通大学出版社,2015.

［4］　张永林.互联网、信息元与屏幕化市场——现代网络经济理论模型和应用［J］.经济研究,2016,51(09)：147-161.

［5］　苏辉,徐恪,沈蒙,等.互联网流量补贴模型研究与实例分析［J］.计算机研究与发展,2016,53(04)：861-872.

［6］　姜奇平.发问斯密与科斯：网络何以可能？［J］.财经问题研究,2018(10)：21-30.

［7］　何大安.中国数字经济现状及未来发展［J］.治理研究,2021,37(03)：5-15＋2.

［8］　聂辉华,李靖.区块链经济学的形成与展望［J］.浙江工商大学学报,2021(05)：66-76.

［9］　陈明明,张文铖.数字经济对经济增长的作用机制研究［J］.社会科学,2021(01)：44-53.

［10］　姚兴安,闫林楠.数字经济研究的现状分析及未来展望［J］.技术经济与管理研究,2021(02)：3-8.

［11］　陈晓红,李杨扬,宋丽洁,等.数字经济理论体系与研究展望［J］.管理世界,2022,38(02)：208-224＋13-16.

第二章
网络外部经济

2022 开年，又提"新基建"？

习近平总书记在《求是》杂志上发表重要文章，强调要"加快新型基础设施建设"；国务院发布的《"十四五"数字经济发展规划》中提到，"优化升级数字基础设施"，包括加快建设信息网络基础设施，推进云网协同和算网融合发展，有序推进基础设施智能升级。

文章中提到，发展数字经济的重要前提是加快新型基础设施建设。新型基础设施建设一头连着巨额投资，一头牵着不断升级的应用大市场，必将成为我国经济发展新的重要引擎。要加快 5G 建设进程，打造人机物全面互联的工业互联网，大力发展新型智能化计算设施，推动大型数据中心有序建设、小微型数据中心升级改造。要坚持应用导向、需求导向，进一步丰富应用场景，推动"新基建"与制造、能源、交通、农业等各领域的融合发展，培育线上线下融合新经济，探索"新基建"在社会管理、公共服务、教育医疗、智慧城市等领域的应用，打造集约高效、经济适用、智能绿色、安全可靠的现代化新型基础设施体系。要加强战略布局，加快建设高速泛在、天地一体、云网融合、智能敏捷、绿色低碳、安全可控的智能化综合性数字信息基础设施，打通经济社会发展的信息"大动脉"。

案例来源：https://m.bjnews.com.cn/detail/164329824014233.html.

第一节 外部性与网络经济

网络经济的一个重要特征就是网络化——经济以网络的形式组织起来。在网络经济中，有形的"物理连接"进一步带来了虚拟网络的产生和扩大（例如因特网形成的网络）。不管是有形还是虚拟的网络，都具有一个基本的经济特征：连接到一个网络上的价值取决于已经连接到该网络的其他人的数量，即只要是网络，就要受到所谓"网络效应"或"网络外部性"现象的支配，这是网络经济系统的根本特征之一。

围绕着网络外部性，传统经济学和所谓的超边际学派分别给出了不同的看法。传统经济学将"网络效应"归结为"市场失灵"（Market Failure）中的外部性，并认为通信技术和互联网的出现不过是增加了一类信息产品,传统的以边际分析为特点的经济研究方法仍然基本适用。而以杨小凯为代表的"非人格的网络超边际分析"学派则认为网络和通信业的发展已经推动经济步入新经济时代,传统的经济学体系,包括它的研究方法都已经不能适应新经济的发展了,不能再用旧的研究方法来研究网络经济学。本书将坚持传统经济学对网络效应或网络外部性的解释。

以传统经济学的视角对网络外部性和网络效应进行分析时,必须有如下事项要注意:

第一,本书所讨论的网络外部性是传统经济学外部性的一种特殊情况。具体来说,指的是一种行为给他人带来附带的收益或者损失,而因此遭受损失或者得到收益的人既没有途径向输出负面效应的人索取索赔也没有办法向输出正面影响的人支付合理的报酬。为了诸位学习方便,本书将网络外部性与传统外部性的关系进行了区分,为了更好地学习网络经济学,本章第一节首先回顾传统经济学关于外部性的论述。

第二,网络外部性并不意味着只有网络经济中才存在这种特征,而是只要是网络都存在网络外部性。所以,网络外部性在很多经济领域都广泛存在着,这保障了网络外部性应用的广泛性。有形的网络,如相互兼容的通信网络;虚拟的网络,如一种产品的销售网络。

以此为基础,对网络外部性的讨论早在 20 世纪 70 年代就已经开始了。但是在网络经济下,由于经济以网络的形式组织和运作,经济网络内的信息流动达到了前所未有的速度,生产、交换、分配和消费都与智能化的数字网络息息相关,这就使得网络外部性表现得越发强烈。而现阶段最具有网络外部性的产业正是为网络经济发展提供必要的技术和平台支持的信息技术产业。由于网络外部性的特殊性,以及在后疫情时代越来越重要的现实情况下,网络外部性越来越成为影响经济发展的重要因素,因此成为本书讨论的重要问题之一。

一、传统经济学的外部性

研究网络外部性,有必要回顾传统经济学中的外部性概念。外部性是"市场失灵"的主要表现之一。一个有效的市场制度要发挥其经济效率,一切影响都必须通过市场价格的变动来传递。一些人的行为影响他人的福利,只要这种影响是通过价格传递的,即这种影响反映在市场价格里,就不会对经济效率产生不良的作用。然而,如果一个人的行为影响了他人的福利,而相应的成本收益没有反映到市场价格中,就出现了外部性。外部性可以是正的,也可以是负的。例如,修复历史建筑具有正外部性,因为那些在这种建筑物附近散步或骑车的人可以欣赏到这些建筑物的美丽,并感受到这些建筑物带来的历史沧桑感。

相反,如果一个人的行为伤害了别人,而他也并不因此付出代价,就产生了负的外部性。例如,甲经营的工厂向一条河流排放废物,而乙却是以在这条河中捕鱼为生。甲的活动直接影响乙的生计,但却并没有通过价格的变动得以反映,我们说甲的行为产生了负的外部性。外部性最重要的应用之一就是关于环境治理的辩论,其中最为经典的就是污染问题,即负的外部性。

总结上面的分析,如果所有的行为都能反映在价格里,就意味着私人的成本收益与社会的成本收益是一致的,市场制度会自动地使资源配置达到帕累托最优。外部性的存在意味着生产者面临的边际成本并不反映增加生产的所有社会成本,或者个人的消费边际收益并不等于社会收益。如果获得的收益并不完全归于直接生产者,或者如果私人生产成本没有反映总的社会成本,那么竞争性市场的选择可能不是社会的效率选择。虽然私人按照边际收益等于边际成本的原则来决策,但外部性的存在使这种决策对整个社会经济效率不利。那么,外部性是如何对资源配置产生不利的影响呢?外部性的出现意味着一个行动给其他人带来附带的收益或损害,而且并没有人因此给予产生外部性的人相应的支付或获得赔偿,由此产生价格系统对资源的错误配置。外部性产生效率问题,因为外部成本或收益通常不被引起外部效应的消费者或生产者考虑在内。如果某种活动产生了负的外部性,那么,生产者和消费者就会低估该活动的社会成本,并且过多地选择那种活动。如果消费和生产给那些没有被考虑在内的人产生收益,消费者或者生产者因此低估了社会收益,那么,那种经济活动的选择就会太少。

二、外部性与市场失灵

在经济学中,外部性又与市场失灵相联系。一般认为外部性是"市场失灵"的主要表现之一,经济学家普遍认为,在存在市场失灵的情况下,就一定会出现外部性。

(一)外部成本与外部收益

从经济学的角度,外部性又指私人收益与社会收益、私人成本与社会成本不一致的现象。之所以会产生不一致,是因为社会收益除了包括私人收益之外,还包括外部收益,而社会成本除了私人成本之外还包括外部成本。用公式表示,即为:

边际社会收益(MSR)＝边际私人收益(MR)＋边际外部收益(MER)

边际社会成本(MSC)＝边际私人成本(MC)＋边际外部成本(MEC)

所谓外部成本,是指一个人给他人带来的未加以补偿的成本,而外部收益是指一个人给他人带来的未得到补偿的收益。当外部收益或外部成本为 0 时,社会收益与社会成本、私人收益和私人成本相等;而当外部收益和外部成本大于 0 时,社会收益与社会成本、私人收益和私人成本出现不一致,此时便出现正外部性或负外部性。

按照一般的观点,当社会收益与私人收益、社会成本与私人成本不一致时,就会改变均衡的条件,使社会脱离最有效的均衡状态,这就意味着市场机制不能实现其优化资源配置的基本功能,即出现了市场失灵。

(二)正外部性与市场失灵

按照前面的分析,当边际外部收益＞0,即边际社会收益＞边际私人收益时,即为正外部性。在存在正外部性的情况下,经济主体是按照私人边际成本等于边际收益来决定其产出,就导致实际的产出偏离社会的最优产出(见图 2-1)。

如图 2-1 所示,当存在正外部性时,厂商不会选择以边际社会收益等于边际私人成本的社会最优产出 Q_1 进行生产。而会选择边际私人收益等于边际私人成本时的产出 Q_0。我们可以看到,此时的社会实际产出 Q_0 小于理论最多产出 Q_1,这就造成了社会福利的损失,意味着资源配置的无效率,即市场失灵。

(三)负外部性与市场失灵

按照同样的方法,当边际外部成本＞0,即边际社会成本＞边际私人成本时,即为负的外部性。在存在负外部性的情况下,经济主体依然按照私人边际成本等于边际收益来决定其产出,同样导致实际的产出偏离社会的最优产出(见图 2-2)。

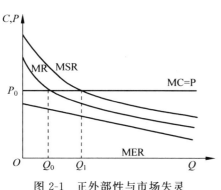 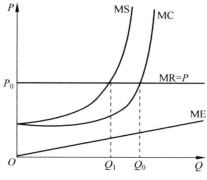

图 2-1　正外部性与市场失灵　　　　　　图 2-2　负外部性与市场失灵

如图 2-2 所示,当存在负外部性时,厂商依然是按照边际私人收益等于边际私人成本进行决策,产出为 Q_0,而社会的最优产出同样应该是边际社会收益等于边际私人成本所对应的产出 Q_1,此时实际产出大于社会最优产出,同样意味着资源配置的无效率,也出现了市场失灵。

(四)外部性的矫正

如前所述,外部性会影响资源的配置效率和社会福利水平,因而必须通过市场以外的途径对其进行矫正。从总体上看,对外部性进行矫正的方法主要有两种:一是政府的干预,二是产权明晰。

1. 外部性的政府干预

在存在外部性的情况下,市场机制不能达到社会资源的优化配置,也就是说,市场机制对外部性问题无能为力。既然市场机制本身不能自动实现资源配置最优,就需要政府出面进行干预,采取某种方法对经济的运行过程加以管制。政府管制的目标是尽量消除负外部性导致的效率损失,要达到这个目的可以设计不同的管制手段,包括直接管制或间接管制。而无论是哪一种方法,其基本思路就是让外部性内部化(internalize),即通过制度安排使经济主体活动所产生的外部收益或外部成本转化为私人收益或私人成本,进而消除私人收益或私人成本与社会收益或社会成本之间的差异,在此基础上消除外部性带来的影响。

1)政府直接管制

政府直接管制是通过政府的强制力,如制定法律法规来约束经济主体的行为,使其外部性得到纠正,恢复到社会的最优状态。政府管制主要用于对负外部性行为的干预,例如,对于企业排污的行为,政府就可以通过制定污染排放标准来加以管制。污染排放标准是指政府通过调研确定一定区域内环境能够承受的污染程度,由此规定企业的排污量必须在政府规定的程度之内,倘若企业违反规定超标排放污染物,致使环境污染加剧,政府会给予相应的法律上或经济上的惩罚。通过制定排放标准,就可以使污染企业排放的污染物数量控制在政府确定的最优污染程度,原因是排污标准和惩罚相联系,企业如果超过标准排污,将受到惩罚,而惩罚意味着增加了企业的私人成本。随着成本的增加,企业将减少其产出规模,当企业的私人成本增加至与社会成本相同的水平时,企业的产出也就回到社会最优的产出水平。

2)政府间接管制

政府间接管制是通过征税来对企业的外部性行为进行调节的方法。政府间接管制方法源自庇古的理论。庇古在其1920年出版的《福利经济学》一书中指出:如果每一种生产要素在生产中的边际私人净产值与边际社会净产值相等,同时它在各生产用途的边际社会净产值都相等,就意味着资源配置达到最佳状态。而在边际私人净产值与边际社会净产值相背离的情况下,可以由政府采取适当的经济政策来消除这种背离:对边际私人净产值大于边际社会净产值的部门实施征税,以迫使厂商减少产量;对边际私人净产值小于边际社会净产值的部门实行奖励和津贴,以鼓励厂商增加产量。庇古认为,通过这种征税和补贴,就可以实现外部效应的内部化。这种政策建议后来被称为"庇古税",具体到对企业污染行为的治理,又表现为政府对污染企业按照排放量收取污染费。

间接管制手段与直接管制手段的区别在于,间接管制手段或多或少要借助市场的力量来达成目标,比如政府采用津贴形式鼓励某些企业发展,通过收税来限制某些企业发展。一般这类措施起效较慢,但对市场伤害较小。直接管制手段是政府忽视市场规律,直接采用行政命令来达成政府设定的目标。一般这种做法见效较快,但是存在政策持续性差、对市场经济伤害较大等问题。

2. 外部性的产权明晰

通过产权明晰的方法来消除外部性影响的观点来自科斯的理论。1960年,科斯发表了著名的论文《社会成本问题》。他在该文中证明,在交易费用为零的条件下庇古是完全错误的,因为无论初始的权利如何分配,最终资源都会得到最有价值的使用,理性的主体总会将外溢成本和收益考虑在内,社会成本问题从而不复存在。据此,科斯认为,外部性的产生并不是市场制度的必然结果,而是由于产权没有界定清晰,有效的产权可以降低甚至消除外部性,而且进一步将此理论发展成为所谓的科斯定理,即只要产权是明晰的,私人之间的契约同样可以解决外部性问题,实现资源的最优配置。基于这一认识,科斯提出了自己解决外部性问题,即损害问题的主要论点:其一,损害问题具有相互性。其二,通过市场自由交易可使权利得到重新安排而达到产值最大化。可见,科斯认为解决外部性问题的关键是,只要交易费用为零和产权界定明晰,私人之间可以达成协议,从而使经济活动的边际私人净产值和边际社会净产值相等,导致外部性存在的根源就会消除。科斯的理论为解决外部性问题提供了另一种思路,在实践中具有其特殊的价值。不仅在负外部性的情况下,可以通过产权明晰解决过量供给的问题,特别是在正外部性的情况下,利用产权明晰还可以解决供给不足的问题。例如,在改革开放之前,中国没有高速公路,原因就是道路属于公共产品,具有正的外部性,因而供给不足。改革开放后,为改变这一状况,政府进一步明确了高速公路产权归属的问题,让建设者可以通过收费获得相应的收益,以补偿其建设公路所支付的成本,并获取利润,这一改变使中国的高速公路进入一个快速发展的阶段,不仅里程不断增加,道路的质量也达到世界先进水平。

当然,科斯的理论也存在很大局限,这是因为在现实中交易成本为0的假设往往是不成立的。特别是对于一些公共产品来说,例如空气和自然水域等,其产权是无法界定的,或者说其产权界定的交易成本极高,趋向于无穷大。在这种情况下,就很难通过明晰产权来消除外部性,因而仍需要通过政府干预来解决外部性带来的问题。

第二节　网络外部性的定义与分类

网络外部性说明网络的价值与用户数量密切相关,而且老用户可以自动获得新增价值,由此延伸出梅特卡夫定律等重要内容。当然,网络外部性与传统经济的外部性一样,也存在正外部性与负外部性之分。同样,网络效应与网络外部性的区别也需要注意区分,不能混用。

一、网络外部性的定义

网络外部性(Network Externalities)是网络经济学的一个重要概念,是指一个网络的价值与其用户的规模相关联,每一个新用户的加入都会给已有的用户带来新的价值,从而使整个网络的价值增加。网络价值取决于用户规模的这一现象,最早由罗尔夫斯(Rohlfs)于1974年根据对电信服务的研究发现的,他认为这种现象"是消费外部经济性的典型例子,对通信产业的经济分析有基础性的重要作用"。罗尔夫斯的研究对网络效应后来的研究具有奠基性的作用。在这之后,出现了著名的梅特卡夫定律(Metcalfe's Law),这一定律则是对物理网络中存在的这种网络效应更进一步的具体说明。梅特卡夫定律是由以太网的发明者鲍勃·梅特卡夫(Metealfe)提出,具体表述为:一个网络的价值等于网络节点数的平方,网络的价值与联网的用户数的平方成正比。用公式来表示,即为

$$V = n^2 - n \tag{2-1}$$

式中,V 为网络的价值,n 为网络的节点数或用户数。

梅特卡夫定律可以通过一个电话网络来说明。假定每一个用户和另一个用户通话就获得1个单位的效用,当整个网络只有1个用户时,他不能与任何人通话,网络的总效用为0。当新增加一个用户,新用户可以与已有用户通话,获得一个单位效用,已有用户也可以与新用户通话,也获得一个单位的效用,网络的总效用为2。网络再增加一个新用户,第三个用户可以与已有2个用户通话,获得2个单位的效用,已有2个用户也都可以与这个新用户通话,各自新增1个单位效用,此时网络的总效用增加为6。以此类推,网络用户增加与网络效用的关系如表2-1所示。

表 2-1　电话用户数与网络效用的关系

电话用户	1	2	3	4	5	$\cdots$	$n \to \infty$
边际效用	0	2	4	6	8	$\cdots$	$2(n-1)$
总效用	0	2	6	12	20	$\cdots$	$n^2 - n \to n^2$

关于网络效应的研究最初局限于有形物理网络的研究,比如电话网络,交通运输网等。如何确定某个物理网络的价值成为当时网络效应研究的一个重点。随着经济的不断发

展,除了传统的物理网络,以国际互联网为基础的虚拟网络在经济社会中扮演着越发重要的角色,有关研究不可避免地转向了虚拟网络研究。在计算机操作系统网络、PS、XBOX等游戏机的用户网络中,节点之间的连接是无形的。如PS游戏机用户会互相交流游戏操作、分享游戏攻略、互相交换游戏碟等。只要用户之间发生一定的、与产品有关的联系,那么便存在这种网络效应。在对虚拟网络中网络效应的分析中,开始引入了网络外部性的概念。

对网络外部性进行真正具有重要意义的研究始于20世纪80年代。1985年,凯兹和夏皮罗(Katz and Shapiro)在《美国经济评论》上发表了题为《网络外部性、竞争与兼容性》的著名论文,成为这一领域的研究取得突破并推动大量相关研究进一步展开的主要标志。在这篇文章中,凯兹和夏皮罗给对网络外部性进行了定义:网络外部性是指随着使用同一产品或服务的用户数量变化,每个用户从消费此产品或服务中所获得的效用的变化。

按照夏皮罗和瓦里安(Shapiro and Varian,2000)的观点,网络外部性本质上是规模经济的一种。但是与传统经济不同的是,这种规模经济产生于需求方而不是供给方。在网络经济中,通过产量增加导致成本降低而形成的供给方规模经济的作用不再明显,而由于网络外部性所导致的需求方规模经济却明显表现出来。因此,在网络经济条件下,企业必须努力扩大用户规模,通过由用户规模引发的网络外部性来增加产品的价值,并通过需求方规模经济来提高自己的市场竞争力。

外部性有正的外部性与负的外部性之分,一般而言,工业经济的发展带来的外部不经济的结果,最典型的表现是厂商在生产产品时产生的损害周围居民生存环境的噪声、废气、废水等。但在网络经济中,外部经济性却表现得十分明显。如互联网的"网络效应"或"网络外部性"主要表现在当网络用户数低的时候,网络对参与者的价值也低,但随着网络参与者数量的增长,网络的价值也迅速提升。信息网络扩张效应的这一法则被称为梅特卡夫定律。按照此定律,网络的价值等于网络节点数的平方,说明网络带来的效应与网络用户的数量密切相关,随着用户的增加网络效应也会呈现指数级快速增长的趋势。梅特卡夫定律之所以能起作用,最主要的原因是背后的网络外部性。

接下来我们面对的问题是如何给出一个较为准确的网络外部性的定义。现阶段对于网络外部性的研究很多,看待这个问题的角度也各不相同,但是主流的观点依然是如上文所述的梅特卡夫定律,即从市场主体——消费者的层面来认识网络外部性。这种观点给出了网络外部性一个明确的定义:当一种产品对用户的价值随着采用相同产品或可兼容产品的用户增加而增大时,即出现了网络外部性。换句话说,在网络外部性的作用下,随着用户数量的不断增加,相比于新用户,老用户自动获得产品的新增价值,且无须为这一部分新增价值而付出相应的补偿。显而易见,我们可以把这种情况看作传统经济学正外部性的一种特殊情况。以局域网为例,倘若局域网只有一个人使用,它的价值是零,如果大家都在使用它,它的价值会不断扩大。如果你所在的学校都在使用它,那么它成了校园网,如果使用这个局域网的人数扩张到整个城市,它成了城镇网络,其价值呈指数级增长。而且较早使用这个局域网的人所获得的利益将随着使用者的增多而增加,因为最开始它无法与任何人交流。但是当使用这个局域网的人数扩张到整个城市时,那么你可以与整个城市的人交流。这个局域网的最终形态其实就是国际互联网,在这个最大的局域网上,你可以与全世界的人进行实时交流。同样对于一个软件产品来说,在互联网上,如果使用这种产品的人增多,这个产品的价值也会不断提升,比如使用Office的人比使用WPS的人多,那么Office的产品价值就高于 WPS 的价值。造成这种情况的原因是由于使用这种产品的用户越多,那么可以与更多的人实现信息兼容与共享,提升办事效率。

这种网络外部性或"网络效应"虽然在互联网上表现得最为明显,但其同样表现在其他任何网络上,如客户形成的销售网络,我们可以发现在它们之间存在着某些共同之处。同时,网络用户所能得到的价值可分为两个不同的部分:一个部分叫作"自有价值",是在没有别的使用者的情况下,产品本身所具有的那部分价值。有时这部分价值非常低,甚至为零。另一部分价值叫作"协同价值",就是当新的用户加入网络时,老用户从中获得的额外价值,而用户是无须为这部分协同价值付费的,这部分"协同价值"就是我们所讨论的网络外部性的经济本质,它也正是前面所说的梅特卡夫定律描述的网络运行现象。网络对每个人的价值与网络中其他人的数量成正比。如果一个网络对网络中每个人的价值为 1 美元,那么规模为 10 倍的网络的总价值约为 100 美元,规模为 100 倍的网络总价值约为 10000 美元。网络规模增长 10 倍,其价值就增长 100 倍。这一法则的本质就是网络外部性。

二、网络外部性的分类

网络外部性具有不同的类型。根据网络外部性产生的原因,可将其分为直接网络外部性和间接网络外部性。同时,根据网络外部性产生的结果,又可以分为正网络外部性和负网络外部性。

(一)直接网络外部性与间接网络外部性

通常情况下,按照网络外部性产生的原因,可以将其分为直接网络外部性和间接网络外部性两种类型。

直接网络外部性是指"通过消费系统产品的市场主体数量所导致的直接物理效果",具体来说,就是由于使用某一产品的用户数量增加所导致的网络价值的增量。前面提到的梅特卡夫定律以及电话网络的例子就属于直接网络外部性,这种直接网络外部性普遍存在于通信网络、互联网以及计算机软件、电子邮件等网络及产品中。直接网络外部性是由于需求方的原因导致的一种网络外部性,是网络外部性的一种基本的表现形式。

间接网络外部性是指"随着某一产品使用者数量的增加,该产品的互补品数量增多、价格降低而产生的价值"。也就是说,当一个产品的用户增加时,会有更多的厂商愿意为这种产品提供互补品,从而使已有用户从这个产品中获得更多的价值,同时因用户规模扩大而使生产成本降低,促使厂商降低产品价格,也使用户获得更多的利益,由以上因素带来的产品价值增加就是间接网络外部性。间接网络外部性最典型的例子是计算机操作系统,当某种操作系统广泛为人们所使用,就会有更多的软件与之兼容,同时又有更多的厂商以此为基础开发新的软件及应用,从而使这种操作系统对用户产生更大的价值。与直接网络外部性不同,间接网络外部性是由于供给方的原因导致的网络外部性,是网络外部性另一种重要的表现形式。

(二)正网络外部性与负网络外部性

与一般外部性一样,按照网络外部性产生的结果,也可以将其分为正网络外部性和负网络外部性两种类型。

所谓正网络外部性,就是指能够产生积极作用的网络外部性,当一个新用户的加入给其他用户带来更多的价值,此时他所产生的外部性就是正网络外部性。很显然,我们之前分析的所有网络外部性,不管是直接网络外部性还是间接网络外部性,都属于正网络外部性。

但是,正网络外部性的普遍存在,并不意味着在网络中就不存在负网络外部性。顾名思义,所谓负网络外部性,就是指能够产生消极作用的网络外部性,当一个新用户的加入不仅没有使其他用户的价值增加,反而使其他用户的价值减少,此时这个用户产生的外部性就是一种负网络外部性。在现实中,负网络外部性也是客观存在的。例如,当一个网络已经达到其容量的极限,再有新的用户加入,就有可能造成网络的拥塞,使网络的运行速度下降,甚至导致整个系统崩溃,致使其他用户使用网络的价值降低甚至丧失,在这种情况下,新用户对老用户就产生了负网络外部性。

然而,相比较而言,正网络外部性是必然的和经常的,只要有网络的存在就会有正网络外部性的存在,而负网络外部性则更多是一种偶然的或个别的,它通常表现为技术原因导致的暂时现象。网络的拥塞通常是因为带宽不够或服务器的性能较低,只要改进技术,如增加带宽或提高服务器的性能,就能避免拥塞的发生。例如,早年间"双十一"购物节、春运期间网络购票等特殊时期,大量用户在极短的时间内急速涌入,导致网站崩溃。随着近些年来服务器升级,现在这样的情况已经出现了较大程度的改善。

因此,正网络外部性比负网络外部性更具有普遍意义,正因为如此,人们将网络定义为具有正外部性特征的系统结构,通常所说的网络外部性,也主要是指正网络外部性,而对网络外部性的研究,主要是针对正网络外部性的研究。

网络外部性对市场效率的破坏包括以下几个方面。与传统经济学中的外部性所导致的市场失效相同,网络外部性将导致实际产出与社会有效产出的偏离(见图2-3)。仍以正的网络外部性为例,对于一种计算机操作系统来说,当更多的用户使用它时,该操作系统的价值会提高,所以消费者收益曲线WTR是一条上升的曲线,使用者越多,用户为此愿意支付的价格更高。同时,该操作系统的价格越高,厂商愿意提供的产量越大,所以厂商的供给意愿简化为一条向右上方递增的直线。

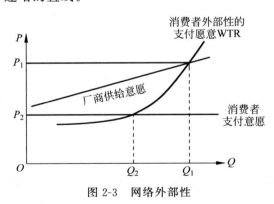

图 2-3 网络外部性

若系统开发公司可以向消费者获取的网络外部性利益收取有关费用,此时该公司的最佳产量为 Q_1,对应的价格为 P_1。倘若该公司无法收取消费者因网络外部性所带来的有关费用,这时价格下降到 P_2,对应的产量为 Q_2。在这点上,由于公司的边际成本高于用户真正愿意接受的价格,就意味着该产品的提供是不足的。

网络外部性所导致的市场失灵是具有多重性的,不仅仅包括上文所提到的市场失灵,本书重点研究的是另一种市场失灵。这种市场失灵具体表现为产品对消费者的"锁定"作用。具体来说,由于网络外部性的作用,消费者获得这个产品的价值随着用户的增加而增加,这会导致消费者在选择产品时受到限制而被迫忍受这个产品的兼容性、相关服务等。举个例子来说,用惯了 IOS 系统手机的你很难换成安卓系统,这意味着你被锁定到了苹果公司的生态圈之中。对于厂商而言,由于存在这种外部性,它会选择过快地扩张规模,而忽略了产品的质量,带来了垄断的巨大负面效应。这样,行业内的网络外部性很可能扭曲价格机制,因为一旦某个产品具有网络外部性,由于用户锁定的原因,其他厂商的产品哪怕价格再合理,质量再过硬,也很难获得消费者的青睐。长此以往,网络外部性导致的另一个市场失灵表现为次优技术占领市场,或者换句话说,头部厂商缺少技术创新的动力,技术更新的周期越来越长,转而每年进行一些"挤牙膏"式升级,即在不进行大的技术更新的基础上进行硬件堆料升级,这样对传统经济学中的优胜劣汰理论提出挑战。要打破这种网络外部性所带来的垄断,需要具有高期望值的新技术的威胁。当这种威胁出现时,往往意味着新的一轮竞争的开始。例如,由于英特尔缺少竞争对手,每年采用旧的技术框架进行 3%~5% 性能的"挤牙膏"式升级,发布了 3 到 7 代酷睿处理器。直到 2017 年,"苏妈"苏姿丰带着 AMD 全新 zen 架构的锐龙处理器横空出世,杀得英特尔满地找牙。英特尔看到自己的垄断地位受到威胁之后,才开始逼迫自己进行技术升级同各个竞争对手竞争,于 2018 年发布了性能大幅升级的第 8 代酷睿处理器。

(三)网络效应与网络外部性

网络效应和网络外部性的概念有很多相似的地方,这也导致大多数研究并未区分这两个概念,学者大多认为这两者是同一个意思。本书中,我们也持这种观点,将网络效应与网络外部性视为同一种概念,而不进行区分。当然也有研究将两者进行了区分,两者的区别在于外部性的内在化问题。持反对观点的学者认为,网络具有随着用户数量增多导致其产品价值提高的特性,这只能叫作网络效应,这时不存在所谓的网络外部性。因为此时产品的市场价格已经充分反映了与外部性相关的成本和利润,外部性问题已经被明显地内部化了。所以,他们认为将两者视为同一种概念的先决条件是网络效应没有被内部化。实事求是地说,这种基于严格经济学意义上的关于网络外部性与网络效应的界定,是较为严谨的。当然还有一些学者提出了更为激进的观点,他们指出网络外部性导致的市场失灵实际上大部分时间是不存在的,因此网络效应和网络外部性更不能一起混用,因为网络外部性还带有市场失灵的含义。

第三节　网络外部性形成的原因及影响因素

本节对网络外部性形成的原因和影响因素做了较为详细的阐述,最重要的是对网络外部性下的需求曲线的有关变化做出解释,从而推导出网络边际成本随着网络规模的扩张而呈递减的趋势,最终得出了网络经济下的规模收益递增规律。

一、网络外部性形成的原因

网络外部性的形成,是由网络的性质决定的。网络是由节和链组成的一个有机系统,系统中各节点具有互补关系,同时通过链的连接实现价值共享,这就导致网络外部性的形成。

(一)系统性

所谓系统,是指由相互作用、相互依赖的若干组成部分结合而成的具有特定功能的有机整体。很显然,网络就是这样的一个系统,它是由相互作用、相互依赖的许多节点组成的一个有机整体,具有系统性的特征。一个网络中无论其如何向外延伸,新增加多少节点,这些节点都会与原有的节点融为一体,成为网络的一个组成部分。网络的系统性是决定网络外部性形成的基本原因。

(二)互补性

在一个网络中,每一个节点都必须依赖其他节点的存在而存在,即各节点之间具有互补关系,任何一个节点的作用与其他节点产生的作用都具有密切的联系,它们之间互为条件。

网络作为一个系统,整个系统的功能及其价值并非取决于单独某个或部分节点的作用,而是所有节点共同作用的结果,离开了其他节点,任何一个节点都无法单独发挥作用。网络的互补性是决定网络外部性形成的根本原因。

(三)共享性

网络又是一个价值共享的体系,具有共享性的特征。在一个网络中,每一个节点的价值都为其他节点所共享,而每增加一个信息的节点,这个节点的效用都将为原有的其他节点共享。例如,在一个网络中,每一个新增节点的自身的效用是 1,当它加入网络时,这一个效用为其他节点所共享,即网络中的每个节点因其加入都得到了 1 个效用,n 个节点就得到了 n 个效用。其中,$n-1$ 个效用就是网络的外部性。而如果没有网络,大家只能分享这 1 个效用,n 个人每人只能得到 $1/n$ 个效用,$n \times 1/n = 1$,也就没有了外部性的产生。网络的共享性是网络外部性形成的最终原因。

二、网络外部性影响因素

在一个网络中,其外部性的大小取决于多种因素。首先取决于网络的规模,即节点数量的多少,其次取决于节点之间关联的强度以及相互作用的频率,最后取决于网络的开放程度。

(一)网络规模

网络外部性的大小首先与网络中节点的多少,也就是网络的规模有密切的关系。按照梅特卡夫定律,网络的效用与用户数量成正比,用户数量越多,其网络外部性就越明显,网络的价值也就越高。因此,在现实生活中人们往往更愿意选择那些用户规模更大、使用者更多的网络或产品,因为用户越多的网络或产品具有更强的网络外部性,因而也就具有了更大的价值。例如,绝大多数人在选择办公软件产品时都会选择微软的 Office 而不愿选金山的 WPS,原因就是 Office 的使用者众多,外部性明显,因而获得的效用也更多,相反 WPS 的使用者较少,在与他人交流时会因为相互的不兼容而产生许多障碍,也就无法形成外部性,导致其效用受到影响。由此可见,网络的规模决定外部性的大小,从而决定了产品的价值,进而影响到用户的选择。

(二) 关联强度

一个网络在规模,即节点数量既定的情况下,此时网络外部性的大小又将取决于网络中各节点,也就是用户之间的关联强度。这些用户之间的关联强度越大,相互的作用就越大,网络外部性也就越大。以通信网络为例,在一个通信网络中,可能有成千上万的用户,但其中的绝大多数人可能相互不认识,当然也就不可能相互之间进行通信,因此这个网络虽然用户多但对于用户来说其价值并不大。传统的电话网络就属于这种情况,虽然理论上我们可以与每一个有电话的人通电话,但实际上我们与之通话的人只占极少部分,绝大部分人我们永远不会与之通话,当然也就无外部性可言。相反,如果一个网络中的人们都互相认识,他们之间会经常进行通信,那么这个网络对用户的价值就很高。现在出现的许多网络即时通信软件,如 QQ 的空间、微信的朋友圈等就属于这种情况,虽然用户的数量不如电话网络用户数量多,但因为使用者都是亲朋好友,用户的关联强度大,外部性更加显著,因而其价值也就远远超过一般的电话网络的价值。

(三) 作用频率

一定时间内用户之间发生作用的次数,代表作用频率。在用户规模和关联强度都既定的情况下,如果一个网络中各个用户相互之间经常进行联系,发生相互作用的次数越多,网络外部性也就越大,反之不经常相互联系,很少发生相互作用,网络外部性也就很难发生。作用频率与网络外部性的关系可以用传统邮件与电子邮件等网络通信工具的比较来说明。在没有电子邮件之前,人们之间的通信主要通过邮政信件进行,但由于写信比较麻烦,而且还要支付一定的费用,并且无法及时进行交流,所以即便是相互熟悉的人们之间,进行通信的频率也很低,邮政网络对于人们的外部性也就不明显。自从有了电子邮件等网络通信工具以后,通信变得更加便捷,而且几乎不需要支付费用,并且能够双向地即时通信,人们相互交流的频率大大增加,而频率的增加又使其网络外部性的作用更加突出,即时网络通信的价值也因此而大大增加。也正因为如此,网络通信逐步取代传统的邮政通信,成为当代人们之间相互交流的主要形式。

(四) 开放程度

一个网络的开放性如何,也将决定这个网络的外部性的大小。网络的开放性包含两层含义:一是对其他用户的开放,二是对其他网络及产品的开放。对其他用户的开放既包括对尚未采用本产品的潜在用户开放,让其成为自己的现实用户,也包括对已经成为其他产品用户的人开放,让其在使用其他产品的同时,也使用自己的产品。对用户的开放其道理是不言自明的,因为无论是对潜在用户还是其他产品用户开放,都会扩大自己产品的用户规模,可以增加自己网络及产品的直接网络外部性。对其他网络和产品的开放是指将自己的网络与其他网络之间进行连接，或者将自己的产品与其他产品进行兼容，这样做的目的是让自己的网络及产品与其他网络及产品之间也产生互补关系，即形成更大的间接网络外部性，让自己的用户通过这种间接网络外部性获得更大的效用。当然，这种开放是相互的，当你通过开放获得更大价值的同时，对方同样也能够通过这种开放获得更多利益，最后形成一个双赢的结果。

三、网络外部性下的需求规律

（一）网络外部性下需求曲线的变化

正的网络外部性表明，一个具有网络外部性的商品的价值随其销售数量的增加而增长。这一定律似乎是违背传统经济学的，传统经济学告诉我们，需求曲线一般是向右下方倾斜的，消费者对某一商品的需求随着价格的降低依然是增加的，但是增加的速度会逐渐变慢，向下倾斜的需求曲线源于边际效用递减规律的作用，然而网络外部性的定义却强调价格和数量的正相关性。网络产品的出现对传统的需求曲线是否提出了挑战？事实上，这两者并不矛盾。需求曲线描述了一个静态的单期行为，反映了价格对需求数量的影响；而网络外部性则强调了预期的作用，反映了预期数量对价格的作用。换言之，我们关于网络外部性的描述中"一个商品的价值随其销售数量的增加而增加"应当被解释为"一个商品的价值随其预期将售出数量的增加而增加"。由此，需求曲线依然向下倾斜，这反映了静态的单期行为；但在存在网络外部性的情况下，又将随着商品预期销售数量的增加而有上升的趋势，这反映出长期的预期效果。

下面以图 2-4 来说明此规律。在存在网络外部性的前提条件下，消费者购买某一商品 A 愿意支付的价格将受到其对商品 A 预期销售数量的影响，也就是说，他预期 A 将销售得越多，就越愿意为 A 支付更高的价格。但是，在预期销售数量已确定的情况下，他的消费意愿又将随着商品 A 的价格的下降而上升，我们仍将看到一条传统的需求曲线。假设某消费者在预期销售数量为 n' 的情况下，他愿意为第 n 个单位 A 商品支付的价格为 $P(n;n')$，这里的销售价格 $P(n,n')$ 是第一个变量 n 的减函数，表示消费者在某一给定预期销售数量 n' 下，需求曲线是向下倾斜的；同时 $P(n,n')$ 是第二个变量 n' 的增函数，而这则源于网络外部性的经济特征：消费者意愿随预期销售数量的增加而增加。在一个简单的单期市场均衡模型中，因为预期已经实现，这时 $n=n'$，进而可以定义已实现预期的需求函数为 $P(n,n)$，图中每条曲线 $D_i(i=1,2,3,4,\cdots,n)$ 表明了在给定的预期销售数量 $n'=n_i$ 的情况下，消费者为一个变动的数量 n 所愿意支付的价格（即传统的需求曲线），当 $n=n_i$ 时，预期实现，消费意愿函数 $P(n,n)$ 上的点为 $P(n_i;n_i)$。这样，已实现预期的需求函数就是一条由点 $P(n_i,n_i)$ 组成的曲线。

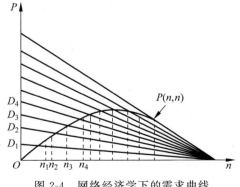

图 2-4　网络经济学下的需求曲线

（二）网络外部性下的边际收益递增规律

边际收益是指在生产过程中增加一个单位的产出所带来的收益,边际收益随着生产规模的扩大呈现出不同的趋势,一是逐步扩大,称为边际收益递增;二是保持不变,称为边际收益不变;三是逐步减少,称为边际收益递减。边际收益递减是传统经济学中非常重要的原理,但是它也不是万能的。它更适合描述在工业经济时代物质产品的生产过程中发生的普遍现象,至于这种现象是否在网络经济时代信息产品的生产过程中发生并不确定。根据这种规律,在保持其他要素不变的情况下,持续增加对某一种要素的投入,如劳动,那么会出现一个临界点。当超过这个临界点之后再增加劳动这一单一要素的投入所带来的产出增量,即边际产出,一定会下降,这就是边际收益递减规律。当然这种规律不仅仅适用于诸如劳动这样的生产要素,还适用于如土地、资本等传统要素。但是如上文所述,边际收益递减规律在网络经济时代遭受了十分严峻的挑战,网络经济呈现出一种边际收益递增的趋势,这一结论从以下几个方面进行分析。

1. 网络经济下边际成本随着网络规模的扩张而呈递减趋势

传统经济学的厂商理论是在以发展制造业为主的经济实践中形成的。在以物质产品为中心的经济分析中,对于短期成本曲线而言,由于边际收益递减规律的作用,边际成本最终都呈现出递增的趋势,其原因在于生产量一旦超过了固定资产所能容纳的限度后,生产效率就会下降,边际成本增加的另一原因就是边际产量的下降,但是这一分析并不适用于网络经济。正如前文所述,信息产品成本具有高固定成本与低变动成本的特殊成本结构,具体到信息网络成本,则主要由三部分构成,一为网络建设成本,记为 C_1;二是信息传递成本,记为 C_2;三是信息的收集、处理和制作成本,记为 C_3。由于信息网络可以长期使用,并且其建设费用及信息传递费用与入网人数无关,因此,C_1、C_2 即为固定成本,只有 C_3 与入网人数正相关,即入网人数越多,所需收集、处理、制作的信息就越多,这部分成本就会随之增大,但由于较大的固定成本的存在,整个网络平均成本和边际成本都呈下降趋势。这意味着网络产品的成本结构非常类似于经济学中的自然垄断行业的产品成本:在可见的产量范围内,平均成本与边际成本持续下降,从而具有边际报酬持续上升的趋势。这种成本结构是由行业本身的特点决定的,即都是基于供给分析基础的,由此形成的垄断因而也被称为"自然垄断",即由于行业本身固有的性质而天然地要求垄断。网络外部性的存在使以供给方收益递增为中心转变为以需求方收益递增为中心。与传统自然垄断不同,网络产品不仅具有自然垄断行业的成本结构,同时还具有网络外部性效应,而网络外部性则是基于消费者基础的,即从需求方分析网络的收益递增规律。网络外部性的存在意味着用户对某种产品的选择将随着该产品数量的增加而增加,即随着网络的扩张而递增,这保证了该厂商能够在激烈的市场竞争中保持垄断地位,尽管这种垄断地位在最初是以质量和价格取胜的,但在达到一定规模之后,却由于网络的正外部效应进入正反馈循环。此时,价格与质量不再是决定性的因素。

2. 网络信息具有累积增值和传递的效应

在网络经济中,对信息和网络建设的持续投资,不仅可以获得一般的投资报酬,还可以获得信息累积的增值报酬。通过累积和处理可以使信息的内容和形式发生质的变化,以适应特定的市场需要,从而身价倍增。由于信息网络的特殊功能,可以把零散、片面、无序的大量资料、信息按照使用者的要求进行加工、处理、分析、综合,从而形成有序的高质量的信息资源,为经济决策提供科学依据。例如,产品价格信息及关联产品的价格信息和市场需求量信息的时间序列资料,通过回归分析系统,可以科学预测该产品未来的市场容量和价格趋势,从而生成价值更高的信息资源。正是这种累积增值效应,为信息咨询业的产生与发展提供了坚实的基础。另外,信息使用具有传递效应,一条技术信息能够以任意的规模在生产中加以运用。这就是说,在信息成本几乎没有增加的情况下,信息使用规模的不断扩大,可以带来不断增加的收益。这种传递效应也使网络经济呈现边际收益递增的趋势。

3. 网络信息系统具有信息的自动记忆和自动生成功能

网络信息在使用规模足够大的情况下,信息来源就会变成自发生成或自然而然地产生,并且在网络内自动整合,甚至生成层次更高、价值更大的综合性信息。这一切完全由网络自身产生,不需要额外去采集和整理。这是一种特殊的系统,每一个使用网络、接触网络的行为,都会被自动记载,自动归类整理,自动存储进入数据库。以信用卡销售系统为例,企业内部的经营活动,如销售资金进入、商品库存、营业员业绩、信用卡清算、优惠卡记录、应收应付及现金流动等,每日每时都由 POS 系统自动而准确地采集。POS 系统是按照企业要求设计的,它能准确地收集基础资料,可靠地进行营销活动,灵敏地反映事情的变化,及时地引导企业调整生产销售活动。例如,某消费者在网络终端上查询 T 恤衫广告,选中了某种品牌、规格、款式和颜色,这一简单的过程就会被 POS 系统自动记载,整理后进入一个数据库储存,而且在网络购物中心的档案上就会减掉一个该种商品,并将自动生成的存货数量传送给厂家。这样,信息网络的规模越大,自动生成的信息就越多,信息成本就越低,从而网络产生的规模效应就越大。

4. 网络经济中的消费行为具有显著的连带外部正效应

所谓连带外部效应是指就某些商品而言,一个人的需求在一定程度上取决于其他人的需求。如果某消费者对某种商品的需求量随着他人购买数量的增加而增加,那么可称为连带外部正效应;反之则为连带外部负效应。连带外部正效应的存在是收益递增的又一来源。W.布莱恩·阿瑟经研究发现,以信息和知识为生产基础的产品,如计算机、软件和通信器材,具有很强的连带外部正效应。这种连带效应不仅来自消费者的互相攀比,而且更多来自消费品的互补性。当 CP/M. DOS 与 Microsoft 在市场中竞争个人计算机操作系统的市场份额时,DOS 系统通过与 IBM 公司联手而取得了竞争优势——装备了 DOS 系统的 IBM 计算机的销售量大大增加,并使软件商品倾向于用 DOS 语言编写程序。DOS 软件的流行使更多的消费者倾向于选择装有 DOS 操作系统的计算机,以方便使用软件。在这一正反馈过程中,DOS 操作系统的拥有者——微软公司获得了明显的收益递增,即通过把成本分散给越来越多的使用者而使平均成本随着产量的增加而不断下降。

对于生产者而言,在存在连带外部效应的条件下进行竞争不再是商品价格的竞争,而是标准的竞争,使自己的产品成为市场的标准是厂商力求实现的目的。在早期的录像机市场上,存在着两个技术标准的产品:索尼公司的 Betanax 和松下公司的 VHS。二者在竞争初期均经历过收益递增的过程。当更多的人选购一种品牌时,以该种型号技术灌制的录像带就更有利可图,而录像带的增加又激励了更多的人选购该种型号的录像机。通过这种正反馈过程,两个厂商都实现了规模收益递增并逐渐瓜分市场。但这种竞争状况是不稳定的,双方都力图使自己成为市场标准。在竞争的过程中,VHS凭借原有的家电市场而取得竞争优势,使更多的人选购VHS型机器,并逐渐把原来使用Betanax型机器的人也吸引过来。通过建立市场标准,VHS技术在10年内彻底击败了竞争对手而独霸市场。正是这种连带外部正效应,促成了网络经济中的"赢者通吃"规律。

(三)网络经济下的规模收益递增规律

在网络经济中,与边际收益递增相关的另一个规律就是规模收益递增规律。如果说前面关于边际收益递增的规律是基于网络经济的一种短期分析,那么规模收益递增则研究当所有投入要素都按比例提高时,即厂商规模变动时收益的变动情况。在传统经济学中,当厂商的规模发生变化时,其收益可能会呈现出规模收益递增、递减和不变三种情况。一般而言,同一厂商在扩张规模时可能会依次出现规模收益先是递增、随后不变、最后递减的情形,即厂商的长期成本曲线也呈现出U型,这意味着规模收益最终总会出现递减,厂商应该选择适度的规模来进行生产或获取收益。原因在于当生产规模过大时,由于管理大的企业组织存在困难,将导致管理成本最终将达到导致平均成本上升的程度,进而导致规模经济的消失,规模收益递减开始起作用。

传统企业内部的垂直层级式管理,是适应企业内部信息不完善而设置的一种便于监督的治理结构,企业内部的运行费用会随企业规模的扩大而增加。同时,随着企业生产规模的扩大,生产的决策者和第一线的生产人员之间的距离会拉大,信息在传播的过程中被扭曲的概率也会变大,这种现象被称为"代理成本",这种代理成本的存在,极大地限制了企业规模的扩大。当企业在其内部管理中应用网络系统时,企业的管理层能直接通过监视机制激励企业员工的生产效率,并能减少信息传播中的扭曲,从而降低企业内部行政运行费用和代理成本。在网络经济下,企业的组织形式开始发生变化,直线制组织结构受到挑战,而与网络经济相适应的扁平式组织模式将取代传统的直线制组织模式。由于企业的规模扩张将不再受到原有企业内部"代理成本"的制约,这使企业能够取得更长期的规模效益。因此,在网络经济下,传统的U型的长期成本曲线也将受到挑战,企业由于可以长期取得规模收益而使长期成本呈现出持续下降的趋势。当然,这种规模收益仍然是一种基于供给基础的讨论,即需要围绕着生产要素的增加导致的收益变化情况进行分析。供应方规模经济是指因供给方生产要素投入的增加而引起的收益递增。而基于网络外部性的收益递增规律所讨论的则完全是消费者的需求对收益的影响,因此可称为"需求方规模经济",即由于需求量的增加而引起的收益递增。在网络外部性不甚突出的传统经济中,供给方对收益的影响的确是经济中的主要因素;但在网络外部性日益显著的情况下,需求方对收益的影响也开始成为商业和经济活动的焦点。应注意的是,网络外部性带来的收益递增并非是对传统经济学的否定,这二者实际上在经济中共同发挥作用,源于供给方的规模经济使厂商可以持续地享有规模扩张带来的好处而不必为平均成本和边际成本的可能上升而担心,而源于需求方的规模经济则保证获得优势的企业可以通过网络外部性的作用垄断整个市场,将其竞争者排挤出去,从而有效地享受到供给方规模经济,并由此进入正反馈循环。

　　基于网络外部性的收益递增规律与传统经济学中的规模收益递增规律具有共同之处，即它们都是由于达到一定的规模(不论是生产规模还是销售规模、网络规模)而引起的收益递增。但是，传统的基于供应方规模经济的收益递增有自然的限制，即规模扩张到一定程度时管理大组织存在困难，最后将导致收益的递减。而在网络经济下，需求方规模经济保证竞争者被有效排挤出去，而新的供应方规模经济不再受到自然的限制，即生产规模足够大的时候却不会分散，因此收益递增以一种更新的、更强烈的形式出现。因此，供给方规模经济与需求方规模经济相结合将产生"双重作用"，其结果是极强的收益递增效应，从而导致人们对网络外部性的极大关注。

【阅读与思考】　　　　虚拟商圈：从大众消费到圈层消费

扫描二维码

深度学习

【思考题】

1. 网络外部性产生的原因和影响因素有哪些？
2. 解释网络外部性与正反馈之间的关系。
3. 传统经济学边际收益递减规律在网络经济下有何变化？
4. 网络经济的外部性和传统经济的外部性有何差别与相同点？
5. 什么是网络经济外部性？
6. 网络经济外部性对市场效率有哪些影响？
7. 为什么传统经济理论不能作为网络经济下消费者选择的基础？
8. 网络经济外部性对消费者效用有哪些影响？
9. 简述协同价值理论与网络外部性的关系。
10. 概念释义

外部性　网络外部性　需求方　规模经济　路径依赖　标准　兼容　互补　互联

【在线测试题】

　　扫描书背面的二维码，获取答题权限，在线自测。

扫描二维码

在线自测

【参考文献】

［1］　王斐斐.网络外部性研究综述［J］.时代金融,2015(03)：13-14.

［2］　朱宾欣,马志强.盗版和网络外部性下基于免费策略的信息产品定价和质量决策研究［J］.管理评论,2021,33(09)：143-154.

［3］　徐素秀,张雨萌,李从东,等.知识产权保护下数字产品定价策略研究——考虑利益共享与网络外部性的分析［J］.价格理论与实践,2020(12)：115-118＋164.

［4］　程玉鸿,苏小敏.城市网络外部性研究述评［J］.地理科学进展,2021,40(04)：713-720.

［5］　于左,张芝秀,王昊哲.交叉网络外部性、独家交易与互联网平台竞争［J］.改革,2021(10)：131-144.

［6］　张谦,李冰晶.数字平台捆绑销售策略的垄断动机研究：基于交叉网络外部性视角［J］.管理学刊,2021,34(02)：65-79.

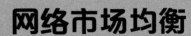

第三章
网络市场均衡

【思政案例导入】

拼多多信息不对称问题

新时代赋予了资本市场新的定位和使命。2018年中央经济工作会议指出,资本市场在金融运行中具有牵一发而动全身的作用,要通过深化改革,打造一个规范、透明、开放、有活力、有韧性的资本市场。习近平总书记在2017年发表的重要讲话中强调,要改善投资和市场环境,加快对外开放步伐,降低市场运行成本,营造稳定公平透明、可预期的营商环境,加快建设开放型经济新体制,推动我国经济持续健康发展。

拼多多本身是以B2C电商模式为主的,企业和商家提供相应的资料,并且缴纳一定的入驻费用和保证金之后,就可以入驻拼多多平台,在拼多多上开店。拼多多交易的特殊性,使得信息不对称问题在此领域表现得尤为突出,买卖双方对店铺信息、商品信息表现出严重的信息不对称。

第一,店铺信息不对称。与传统商务相比,电子商务进出成本较低,表现在无需专门的店面、营业人员和仓储设施,广告及促销成本也大幅减少。但是经营者来去自由,会造成网络市场的高度不稳定性。消费者无法知道经营者何时退出市场。双方的信息不对称给消费者购买的货品及享受的服务大大增加了风险。另外,网上店铺的资金、规模、经营状况等基本信息,消费者都无从获得或者考证,而卖家是十分清楚的。与商家相比,消费者处于严重的信息劣势,故消费者议价能力就受到很大的制约,极有可能遭受损失。

第二,商品信息不对称。在电子商务的交易中,买方对于传统商务中公开信息的获取很困难。由于交易虚拟化,买方无法接触到实物,看到的仅仅是由商家提供商品的文字介绍或图片展示。双方皆无法知晓对方的私人信息。事实上,有过网上购物经历的人,常常会遇到买到的商品与预想的相去甚远的情况。而卖方则拥有所售商品的所有信息,处于绝对的信息优势。另外,为实现利益最大化,商品提供均为正面信息,如功能缺陷和质量问题等负面信息则较少出现。因此,商家拥有商品的所有的正负面信息,而买家只能获得正面信息,双方的信息亦是严重不对称的。

企业为实现长足发展,应尽快解决一系列信息不对称问题,维护消费者合法利益。

资料来源:http://www.scicat.cn/kk/20220428/278821.html.

第一节　网络消费市场均衡

　　网络市场不同于传统市场,网络消费均衡与传统消费市场有差别。市场营销的实质是提供满足消费者需求的产品或服务,而在市场竞争环境下,可供消费者选择的产品或服务是多种多样的,这就需要经营者在进行市场营销的过程中能够尽可能了解消费者的购物心理,满足消费者的购物需求。因此,研究网络市场均衡有利于产品或服务更顺利地销售。

一、消费者选择的理论

　　消费者选择是指消费者为获得最大效用,在产品购买时对不同商品的数量及其比例的最终决策,而这一决策的做出,要受到产品价格与收入的限制,消费者选择理论是对消费者在一定的产品价格和支付约束条件下如何实现效用最大化的研究。

(一)消费者偏好与消费者效用

　　消费者效用是指消费者从消费商品中获得的满足程度,是消费者对商品主观上的偏好和评价,包括基数效用和序数效用两大类。其中,基数效用可以用百分数计量,这种计量办法是根据边际效用直线递减至餍足量处,即边际效用为 0 时,效用最大的原理制定的。在餍足量处效用最大,满足程度为 100%。效用的计量公式为:

$$U = X(2A - X)A^2$$

　　其中 U 为效用,X 为消费数量,A 为餍足量。

　　这种基数效用分析方法为边际效用分析法。序数效用是指用第一、第二、第三等序数来反映效用的序数或等级,这是一种按偏好程度进行排列顺序的方法;基数效用采用的是边际效用分析法,序数效用采用的是无差异曲线分析法。

　　消费者选择依据效用,而效用的评价取决于消费者的偏好。因此,消费者偏好是消费者选择的前提,而消费者均衡则是消费者选择的结果。

1. 消费者偏好的含义

　　消费者偏好(Consumer Preference)是指消费者对一种商品(或者商品组合)的喜好程度。消费者根据自己的意愿对可供消费的商品或商品组合进行排列组合,这种排列组合反映了消费者个人的需要、兴趣和嗜好。某种商品的需求量与消费者对该商品的偏好程度呈正相关关系:如果其他因素不变,对某种商品的偏好程度越高,消费者对该商品的需求量就越多。

2. 消费者偏好的假定

　　为了保证分析的严密性,通常对消费者偏好做出如下假定。

1)完全性

偏好的完全性是指消费者总是可以对所给出的商品组合进行比较和排序。换言之,对于任何两个商品组合 A 和 B,消费者总是可以做出判断,而且也仅仅只能做出以下三种判断中的一种:对 A 的偏好大于对 B 的偏好;对 B 的偏好大于对 A 的偏好;对 A 和 B 的偏好相同(即 A 和 B 是无差异的)。偏好的完全性假定保证消费者对于偏好的表达方式是完备的,消费者总是可以把自己的偏好评价准确地表达出来。

2) 可传递性

可传递性是指对于任何三个商品组合 A、B 和 C,如果消费者对 A 的偏好大于对 B 的偏好,对 B 的偏好大于对 C 的偏好。那么,消费者对 A 的偏好必定大于对 C 的偏好。偏好的可传递性假定保证了消费者偏好的一致性,因而也是理性的。

3) 非饱和性

非饱和性假定是指如果两个商品组合的唯一区别是其中一种商品的数量不同,那么,消费者总是偏好含有这种商品数量较多的商品组合。这说明消费者对每一种商品的消费都没有达到饱和点。换言之,对于任何一种商品,消费者认为数量多比数量少好。此外,这个假设还意味着,消费者认为值得拥有的东西都是"好东西",而不是"坏东西"。在这里,"坏东西"指诸如空气污染、噪声等只能给消费者带来负效用的东西。

(二) 消费者均衡的含义及假设条件

消费者均衡是消费者选择理论的核心,用以说明单个消费者在既定产品价格和收入条件下实现效用最大化的均衡条件。

1. 消费者均衡的含义

消费者均衡是指消费者在特定条件下(如喜好、商品价格和收入既定等),把有限的货币收入分配到各商品的购买中,以达到总效用最大。当消费者实现最大效用时,意味着消费者既不想再增加也不想再减少任何一种商品的购买,因为无论是增加还是减少商品的购买,都会减少其效用,此时消费者选择所呈现出来的相对静止状态就被称为消费者均衡。

2. 消费者均衡的假设条件

同样,对于消费者均衡也需要设定一些假设条件,以保证分析结论的严密性。

1) 偏好既定

消费者对商品的购买首先取决于消费者的偏好。偏好既定是指消费者对各种商品效用的评价是既定的,不会发生变动。也就是说,消费者在购买商品时,对各种商品的购买因需要程度不同,排列的顺序是固定不变的。比如,一个消费者到商店去买吐司、牛奶和咖啡,在去商店之前,对商品购买的排列顺序是吐司、牛奶和咖啡,这一排列顺序到商店后也不会发生改变。这就是说先花第一元钱购买商品时,买吐司在消费者心目中的边际效用最大,牛奶次之,咖啡排在最后。

2) 收入既定

购买商品需要支付货币,而每个人的货币收入是有限的。收入既定是指每个消费者的货币收入是既定的,因此其支付能力也是既定的。货币可以购买一切商品,所以,货币的边际效用不存在递减问题。但因为收入有限,而需要用货币购买的商品很多,因此不可能全部都买,只能买自己认为最重要的几种。因为每一元货币的功能都是一样的,在购买各种商品时最后多花的每一元钱都应该为自己增加同样的满足程度,否则消费者就会放弃不符合这一条件的商品购买量组合,而选择自己认为更合适的商品购买量组合。

3)价格既定

在收入既定的情况下,能够购买商品的多少取决于商品的价格。价格既定是指每一种商品的价格是既定的,不会发生变动。此时消费者就要考虑如何把有限的收入分配到各种商品的购买与消费上,以获得最大效用。由于收入固定,商品价格相对不变,因此消费者用有限的收入能够购买的商品所带来的最大的满足程度也是可以计量的。因为满足程度可以比较,所以,对于商品的不同购买量组合所带来的总效用可以进行主观上的分析评价。

(三)消费者均衡的实现

与关于效用度量的两种不同观点相对应,对消费者均衡实现的分析,也有两种不同分析方法。

1. 消费者均衡的边际效用分析法

边际效用分析法是与基数效用论相对应的消费者均衡的分析方法。基数效用论认为,在消费者收入与商品价格既定时,消费者的最大满足程度受到自身支付能力的制约。如果消费者将其收入全部都用于支出,那么他所购买的各种消费品的数量还必须符合一个限制条件,即预算支出总额等于货币收入总额。用公式表示,即为:

$$R = P_1Q_1 + P_2Q_2 + P_3Q_3 + \cdots + P_nQ_n$$

其中 R 为收入,P_n 为第 n 种商品价格,Q_n 为第 n 种商品数量。

此时,消费者均衡的必要条件是在每一种商品上所获得的边际效用相等,用公式表示,即为:

$$\frac{MU_1}{P_1} = \frac{MU_2}{P_2} = \frac{MU_3}{P_3} = \cdots = \frac{MU_n}{P_n} = MUR \qquad (3\text{-}1)$$

其中:$P_1, P_2, P_3, \cdots, P_n$ 为各种商品的价格,$MU_1, MU_2, MU_3, \cdots, MU_n$ 为各种商品的边际效用,MUR 为每一单位货币的边际效用。

此时,消费者花费一定量收入用于各种商品消费所得到的效用总和已达到极大值。如果再改变这一组合,移用购买某种商品的钱去增加另一种商品的购买量,因为边际效用递减,就会使得少买前一种商品所损失的效用超过多买后一种商品所增加的效用。因此在这时,消费者不会再改变其购入商品的数量,即消费者在这个问题上的决策行为已达到均衡状态。所购各种商品的边际效用之比等于它们的价格之比,也就是达到了消费者均衡的必要条件。当消费者的支出等于预算支出,又使每一种支出所得到的各种商品边际效用相等时,该消费者在其收入许可的条件下,已得到最大的满足,他再也不能从改变消费品构成与数量中得到更多的效用。消费者不再改变其所购消费品的构成与数量,即为消费者均衡。

2. 消费者均衡的无差异曲线分析法

无差异曲线是一条由两种商品的不同数量组合构成的曲线,每一条曲线上的所有商品数量组合给消费者带来的满足程度是相同的。但在一组无差异曲线中,每一条曲线所代表的消费者满足程度是不同的。

1）无差异曲线

无差异曲线是一条表示能够给消费者带来相同满足程度的两种商品的所有组合的曲线，在这条曲线上的所有各点的两种商品的组合带给消费者的满足程度是完全相同的，消费者对这条曲线上各个点的偏好程度是无差异的。

图 3-1 就是一组无差异曲线，在图中，横轴表示消费者对 X 商品的消费量，纵轴表示消费者对 Y 商品的消费量，U_1、U_2、U_3 分别是三条无差异曲线。

无差异曲线具有以下特性：第一，无差异曲线是一条向右下方倾斜的线，斜率是负的。表明为实现相同的满足程度，增加一种商品的消费，就必须减少另一种商品的消费。假定每个商品都被限定为多了比少了好，那么无差异曲线一定向右下方倾斜，也就是说，其斜率一定为负。第二，通常假定效用函数是连续的，所以在同一个坐标平面上的任何两条无差异曲线之间可以有无数条无差异曲线。同一条曲线代表相同的效用，不同的曲线代表不同的效用。在每种商品都不被限定为增加比减少好的前提下，在图中位置越高或距离原点越远的无差异曲线所代表的消费者的满足程度越高。第三，任意两条无差异曲线不能相交。这是因为两条无差异曲线如果相交，就会产生矛盾，即只要消费者的偏好是可传递的，无差异曲线就不可能相交。第四，无差异曲线通常是凸向原点的，即无差异曲线的斜率的绝对值是递减的，这是由边际替代率递减规律所决定的。

边际替代率即在维持效用水平或满足程度不变的前提下，消费者增加一单位的某种商品的消费量所需放弃的另一种商品的消费量。以 MRS 代表商品的边际替代率，ΔX_1、ΔX_2 各为商品 1 和商品 2 的变化量，则商品 1 对商品 2 的边际替代率为：

$$MRS(X_1, X_2) = \frac{\Delta X_1}{\Delta X_2} \tag{3-2}$$

无差异曲线上某一点的边际替代率就是无差异曲线在该点斜率的绝对值。序数效用论在分析消费者行为时提出了商品的边际替代率递减规律的假定，即在维持效用水平不变的前提下，若一种商品的消费量连续增加，消费者为得到每一单位的这种商品所需放弃的另一种商品的消费量是减少的。

2）预算线

预算线又称为预算约束线，表示在消费者收入和商品价格既定的条件下，消费者的全部收入所能购买到的两种商品的不同数量的各种组合。我们假定消费者只购买两种商品，X 和 Y 分别为商品 1 和商品 2 的数量，P_1 和 P_2 分别为两种商品的价格，R 为消费者收入，则预算线方程为：$P_1 X + P_2 Y = R$。预算线如图 3-2 所示。

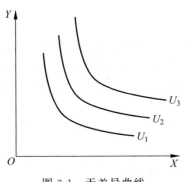

图 3-1　无差异曲线

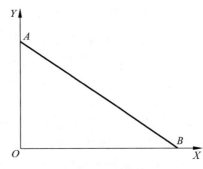

图 3-2　预算线

在图 3-2 中,横轴 X 表示消费者对商品 1 的消费量,纵轴 Y 表示消费者对商品 2 的消费量。X 轴上的 B 点表示消费者对商品 1 的最大消费量,Y 轴上的 A 点表示消费者对商品 2 的最大消费量。由 AB 两点连接而成的线段就是消费者的预算线(预算约束线),代表的是既定收入水平下消费者对商品 1 和商品 2 的不同购买量组合。

消费者收入 R 或商品价格 P_1 和 P_2 变化时,会引起预算线的变动。具体来说,有以下几种情况:①两种商品价格和消费者收入同比例同方向变化时,预算线不变;②两种商品的价格不变,消费者的收入变化时,预算线保持斜率不变且发生平行移动,最终引起预算线的截距变化,使预算线发生平移;③消费者收入不变,两种商品价格同比例同方向变化时,会引起预算线的截距变化,使预算线发生平移;④消费者收入不变,一种商品价格不变而另一种商品价格变化时,会引起预算线的斜率及相应截距变化。

3)消费者均衡

在预算约束给定的条件下,消费者总是可以通过决定两种商品的消费量来实现效用最大化。借助于无差异曲线以及预算线,就可以对消费者均衡进行分析。一般认为,预算线与某一条无差异曲线相切的切点,即为消费者均衡点。在这一点上,消费者在既定的货币收入和商品价格条件下,从购买一定数量的商品中可以得到最大的满足。消费者均衡如图 3-3 所示。

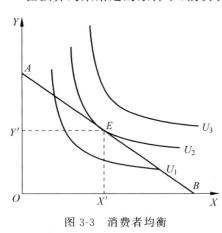

图 3-3　消费者均衡

在图 3-3 中,预算线 AB 与无差异曲线 U_2 在 E 点相切,所对应的商品组合为 (X', Y'),此时消费者的效用已达到最大化,即消费者购买 X' 的商品 1 和 Y' 的商品 2 时所获得的效用最大,消费者均衡在这一点上得以实现。

二、信息产品

在网络经济中,信息不仅是一种重要的资源,同时也成为一种重要的产品。深入了解和准确把握信息产品的范畴和特征,是认识网络经济中的消费与生产以及整个运行过程的前提。

(一)信息产品的概念

信息产品是网络经济中最具代表性的产品,对网络经济的分析,首先要从对信息产品的概念进行界定,并对信息产品的类型进行划分开始。信息技术的发展,使信息本身也成为一种产品。与其他产品相比,信息产品是一种特殊的产品,具有不同于一般物质产品的性质和特征。

信息产品就其本质而言是指包含了某种信息内容,并以信息传播为目的以及为信息的传播提供服务的产品。从狭义上看,信息产品包括软件、教育、娱乐产品以及其他知识产品;从广义上看,信息产品是指能够数字化、可编码为二进制的任何产品。例如,书籍、杂志、音乐、股市行情、体育比赛比分以及因特网上的主页,都被看成是信息产品。这些信息产品对消费者有的可作娱乐之用,有的可为商业服务。

随着科技水平的发展,对信息产品也有了新的定义:信息产品更多是指与信息载体或信息传输体凝结在一起的产品。知识信息的载体(或介质),如光盘、磁带、软件等;信息传输体,如电视机、电子计算机、计算机、复印机、终端机、电话、交换机、收音机、传真机设备、微波通信设备和卫星通信设备等,它们都是信息产品的组成部分。

(二)信息产品的性质

首先,信息产品是信息含量很高的产品。信息产品是对未经加工的信息资源进行加工,或对已加工的信息资源进行再加工而形成的产品,是开发信息资源的结果。与一般物质产品相比,信息产品是以信息为原料,虽然在其生产过程中加入了人们的劳动,但并不改变信息产品中包含了很多的信息这一特性。因此,信息是构成信息产品的主要成分,虽然物质产品中也包含着一定信息成分,但形成物质产品的原材料是物质,其产出物也是以物质成分为主,而信息产品中的信息成分远大于一般物质产品中的信息成分,信息产品的一个重要的本质属性是信息产品是以信息为其生产过程的起点和终点。

其次,信息产品是以智力劳动为主所形成的产品。任何产品的市场都需要花费劳动,但不同的产品市场过程中,所花费的体力劳动和智力劳动的比重有所不同。相比于一般的物质产品,信息产品的生产所花费体力劳动较少,甚至不需要花费体力劳动,信息产品主要是智力劳动的产物。智力劳动是由知识进步所引起的、为满足人类发展需要的一种智力集约化劳动。信息产品是以智力为中心的、具有创造性的、拓展自身知识的劳动人民智力劳动的结晶,没有这种智力劳动,或者这种智力劳动的投入不足,就不可能生产出信息产品。

最后,任何产品,包括信息产品的生产都以满足人们的需求为目的。人们的需求又可分为物质需求和精神需求两大类,而信息产品主要是以满足精神需求为目的,即满足人们在生产和生活中对信息、知识和情报等方面的需求。信息产品既可以用来直接满足人们在生活中的精神需要,也可以用于生产活动中,从而创造并生产出更加丰富多彩的产品,在改善人们物质生活的同时,间接地使人们在精神上得到更大的满足。

(三)信息产品的分类

网络经济以各种信息产品的不断涌现为特征,随着时间的推移和网络经济的发展,信息产品包含的内容将不断增加。按照不同的标准,可以将信息产品分为不同的类型。

1. 有形产品和无形产品

按照信息是否固化在其物质载体上,可将信息产品分为有形产品和无形产品两大类,有形产品具有物质性,它的存在往往基于物体的实质性,而无形产品虽具有内在的价值和使用价值,但没有外在的形体,即具有非物质性。有形的信息产品是指必须依附于物质载体存在的信息产品,又可分为两类:第一类是其内容不随物质载体形态的变化而变化的信息产品,如音乐、影视等,绝大多数有形的信息产品都属于这一类;第二类是随物质载体形态变化而改变其内容的信息产品,如工艺、美术方面的信息产品。无形信息产品是指无固定物质载体的信息产品,这类信息产品是可以脱离物质载体而存在的,或者以人脑为贮存载体,或者以声波、电磁波、数字化形式存在的一种特殊的信息产品,例如在教室上课、听广播、口头咨询服务等,用户只能得到无形的信息。这一提供无形信息产品的过程,即为信息服务。

2. 数字产品和网络产品

按照信息产品的表现形式,信息产品也可分为数字产品和网络产品。数字产品是指信息内容基于数字格式的交换物,数字产品一定是信息产品和数字化产品,并且能通过电子方式传输。数字产品又包括:表达一定内容的数字产品,如数据、代码、程序以及软件等;代表某种现实中应用工具的数字产品,如电子门票、电子机票以及电子货币等。网络产品是指支持网络存在和发展的网络设备以及通过网络产生、发展和销售的软件和服务产品。

网络产品具有跨时空、多媒体、交互式、拟人化、成长性、整合性、超前性、高效性、经济性和技术性等多种特点。网络产品根据其自身的特点又可以分成硬性网络产品和软性网络产品,硬性网络产品主要指网卡、路由器、内存条等网络设备;软性网络产品主要指可以提供各种软件和信息查询服务、股市行情分析服务的产品,比如各种搜索引擎和 App 等。

3. 内容型产品和工具型产品

按照信息产品对用户产生的功能,还可以将信息产品分为内容型产品和工具型产品。内容型信息产品的主要功能是使用户获得所需要的信息内容,例如,调研报告、电视频道、门户网站等,这类产品关注的是为用户提供什么信息,怎样提供并呈现这些信息,不同的用户从这些信息中能够得到什么样的价值。工具型信息产品的主要功能是为用户更好地获得其所想得到的信息,并利用这些信息获得更大的价值,且提供某种工具,例如交易平台、搜索引擎、应用软件等,这些产品关注的是能够给用户提供什么样的应用,以及如何来实现这些应用。

三、信息产品的消费者偏好与消费者均衡

与一般物质产品相比,信息产品首先表现在消费者偏好的不同,进而表现为消费者均衡存在差异。

(一) 信息产品的消费者偏好

由于信息产品具有不同于一般物质产品的一些特征,因而在消费者对信息产品的偏好上,也出现一些与一般物质产品所不同的特点。

1. 信息产品消费需求的非饱和性

与一般产品不同,信息产品不存在一个需求的极限,这就意味着消费者对信息产品的需求将永远得不到满足,也就是所谓的"吃不饱"。大多数信息产品本身既有良好的性能,又具有进一步更新的潜能,从而使得信息产品能够满足消费者似乎无边界的消费需求,以获得更多的效用增量。信息产品本身具有的强大功能,可以使消费者从中不断获得新的消费体验,从而导致人们对信息产品的更多期待,这是产生信息消费需求非饱和的主要原因。同时信息产品的特性使之更易于在既存产品功能及服务的基础上增设新的功能和服务,从而使得消费者在持续消费某类信息产品时,可以实现更进一步的消费需求的满足,这也是导致信息

产品消费需求非饱和性的一个重要原因。

2. 信息产品消费偏好的自我增强性

一般情况下,人们对某种产品的偏好会随着对这种产品的拥有和使用逐渐衰减,从而产生对其他产品尝试的欲望。然而在信息产品中有所不同,人们不仅不会因为已经拥有这种产品而减少对其偏好,相反会因为已经拥有和使用了这种信息产品后对其产生依赖,对其偏好会不断地自我强化。一方面是因为信息产品具有边际效用递增特性,对其拥有得越多和使用得越多,获得的效用越大,消费者就越发离不开这种产品,使消费者的偏好不断得到强化;另一方面是因为信息产品给用户带来的效用并不仅仅局限于生理上和物质上的效用,更多表现为一种心理上和精神上的效用,这种效用会因为对这个产品的使用而使消费者的需求变得更加强烈,其消费偏好也就不断增加。

3. 信息产品对消费者偏好的锁定

信息产品与一般物质产品的一个重要区别就是对其的使用具有一个知识和技术的限定。为了从信息产品中获得更多的效用,使用者必须不断学习和掌握使用这一产品的知识和技能,换句话说,就是要支付较多的学习成本。而当消费者从一个信息产品转向另一个信息产品时,将面临对已有知识和经验的舍弃以及新的学习成本的增加,从而使得对信息产品的放弃以及重新选择将面临巨大的机会成本,亦称"转移成本"。当这种成本足够大时,消费者将放弃重新选择,而被锁定在既定的信息产品的消费之中。由于信息产品本身具有高度知识化,操作专业化、技术化等特性,这就决定了信息产品的转移成本足够大,从而信息产品很容易使消费者被锁定,表现在现实的经济生活中就是消费者并不只是基于品牌忠诚度等条件而固定地消费某类特定的信息产品。

（二）信息产品的消费者均衡

由于信息产品的边际效用递增,所以对信息产品的消费者均衡只能采用无差异曲线法进行分析,并得出与一般物质产品不同的结论。

1. 信息产品消费者均衡的分析方法

由于边际效用均等法分析消费者均衡是建立在边际效用递减基础之上的,而在网络经济下信息产品的消费具有边际效用递增的特性,所以,我们难以通过改进边际效用均等法来分析信息产品的消费者均衡。而无差异曲线分析法是通过建立信息产品的无差异曲线,再结合预算线来分析的,它既可以用于边际效用递减的情形,也可以用于边际效用递增的情形,因此,这种方法可以用来对信息产品消费者均衡进行分析。

2. 信息产品无差异曲线的改变

虽然无差异曲线法可以用于对信息产品的消费者均衡进行分析,但由于信息产品的边际效用不是递减而是递增的,因此,两种信息产品的边际替代率也就不再是递减而是递增的,信息产品的无差异曲线的形状也就发生改变,由凸向原点转变为凹向原点(见图 3-4)。

在图 3-4 中,横轴表示消费者对商品 1 的消费量,纵轴表示消费者对商品 2 的消费量,

U_1、U_2、U_3 分别是三条无差异曲线,由于边际效用递增,此时的无差异曲线凹向原点,意味着当某种商品消费量增加时其边际效用增加,而另一种商品消费量减少时其边际效用也在减少,因而随着两种商品消费量比例的改变,一种商品可以更多地替代另一种商品,即边际替代率递增。

3. 信息产品消费者均衡的实现

用信息产品的无差异曲线和预算线,我们可得到信息产品的消费者均衡。但由于信息产品的无差异曲线是凹向原点的,其解法以及所得到的结果也与一般物质商品的消费者均衡有很大的差别。信息产品的消费者均衡的解法称为角点解法,得到的消费者均衡为角点均衡。角点解是指预算线在位于坐标轴上的点处达到最高的可获得的无差异曲线。表明在有两种商品 1 和 2 的情况下,消费者只有将其全部收入都花在商品 1 或商品 2 上,方能实现其效用大化。信息产品的消费者均衡如图 3-5 所示。

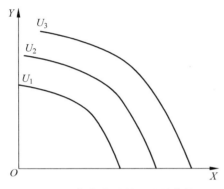

图 3-4　信息产品的无差异曲线

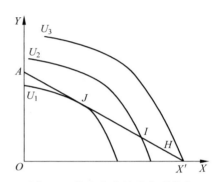

图 3-5　信息产品的消费者均衡

在图 3-5 中,无差异曲线与预算线相切或相交于 J、I 和 H 三点,但 H 点能给消费者带来的效用 U_3 均高于 J 点(对应的效用为 U_1)和 I 点(对应的效用为 U_2)带来的效用。因此,只有 H 点才是消费者均衡的最优解。在 H 点上,预算线与无差异曲线 U_3 相交,同时还与 X 轴相交,这意味着此时的消费组合中只有消费量为 X' 的商品 1,而商品 2 的消费量为 0。由此可以得出结论,在信息产品的消费实现消费者均衡时,消费者最终会选择其中一种信息产品而放弃另一种,只有这样消费者的效用才能够达到最大化。若将我们的消费扩展到市场上存在着的许许多多可以相互替代的信息产品的情况,从这种均衡的结果来看,消费者在进行消费时最终会只选择消费其中的某一特定的产品而放弃其他的产品。这一点可以在现实中找到例证,例如在开始时某人可能安装若干种即时社交工具,如 QQ 微博、新浪微博等,但之后他会逐渐集中使用其中的一种,如新浪微博,而其他的工具,如 QQ 微博等都将被逐步废弃不用。这是因为同时使用许多种即时社交工具不仅不会带来便利反而会给他带来很多麻烦,使他获得的效用不仅没有增加反而下降,而只有集中使用一种即时社交工具时,其所获得的效用才是最大的。

四、网络消费曲线

在市场经济中,消费者需要产品必须到市场上购买,将所有消费者的购买合在一起,就形成了市场上的需求。

（一）需求的概念

在经济学中，需求这一概念指的是消费者在一定时间内，在各种可能的价格水平下，愿意而且有能力购买的商品数量。影响需求的因素很多，除了对商品消费影响最大的因素——商品本身的价格以外，还有相关商品（如互补品和替代品）的价格、消费者的收入水平、消费者的偏好、消费者的人口结构和人口规模、收入分配制度等。在经济学分析过程中，如果我们把所有影响因素都考虑进去，问题将会变得极其复杂甚至不能解决。因此，通常我们假设其他因素不变，来研究某一因素对需求的影响。通常我们所说的需求就是指在其他条件不变的情况下，对应于一定的价格水平，消费者愿意消费并且有能力消费的产品数量。在这里我们要区分需求和需求量这两个概念。需求指在某一特定的价格水平下消费者愿意并且能够购买的商品数量。而消费者对一定数量的商品愿意支付的价格就是需求价格，需求价格是由商品对消费者的边际效应决定的。综上，因为，价格是影响需求的关键因素，因此，一般把需求视为价格的函数，即在其他条件不变的情况下，相对于一定的价格水平，消费者愿意购买的数量。将需求的数量与价格的关系用数学公式来表示，即为：

$$Q_d = f(P_d) \tag{3-3}$$

式中，Q_d 为需求量，是因变量；P_d 为需求价格，是自变量。公式表明，价格决定需求，即价格的变化决定了需求数量的变化。

（二）需求曲线

在其他影响消费者消费的因素不变的情况下，我们将某种产品在某一价格时的消费量绘制成表就形成了消费表，用图形来表示的消费表就是消费曲线，即将不同价格水平上消费者愿意消费产品的数量在坐标图中标出，再将其连在一起，就可以得到一条曲线，即需求曲线（D），如图 3-6 所示。

从图 3-6 我们可以看出，在通常情况下，需求曲线向右下方倾斜，表明价格越低，消费者愿意而且有能力消费的产品数量越多。也就是在其他条件不变的情况下，消费者愿意消费的产品数量同产品的价格呈反方向变化。

消费曲线向右下方倾斜的主要原因是边际效用递减规律的作用。消费者都是理性的，都追求自身利益的最大化，消费者效用最大化的条件是边际效用等于产品价格。当产品数量较少时，边际效用较高，此时一单位产品的边际效用大于一单位货币的效用，消费者愿意出较高的价格。相反，当产品数量较多时，边际效用较低，消费者只愿意出较低的价格。

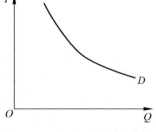

图 3-6 一般产品的需求曲线

（三）不完全信息条件下的需求

需求曲线通常表现为一条向右下倾斜的曲线，但并不总是如此。在信息不完全的情况下，需求变化趋势会发生改变。

1. 不完全信息与信息不对称

标准的需求模型隐含了一个条件,即消费者掌握有关商品的完备信息,例如,对商品质量和效用的判断,每一个卖主给出的价格等,因此,他能够做出最优的决策。但在现实中,消费者拥有的信息往往是不完全的,他不可能完全了解商品的品质,也不可能知道所有卖主给出的价格,我们将这种情况称为不完全信息。在不完全信息的情况下,信息往往又是不对称的,即买主和卖主所拥有的信息不同:通常卖主对商品更了解,拥有的信息更充分,而消费者则对商品了解得很少,拥有的信息不完全。

2. 柠檬市场的逆向选择

柠檬市场也称次品市场,是指信息不对称的市场,即在市场中关于产品的质量,卖方拥有比买方更多的信息。

柠檬市场和逆向选择理论,由阿克洛夫(Akerlof)提出。阿克洛夫在1970年发表的《柠檬市场:产品质量的不确定性与市场机制》中,通过一个旧车市场的例子,说明信息不对称对需求产生的影响。在旧车市场上,显然卖家比买家拥有更多的信息,两者之间的信息是非对称的。在这种情况下,只能按照平均质量给出价格,这样一来,那些高于中等价的上等旧车就可能会退出市场,而由于上等车退出市场,买者会继续降低估价,次上等车会退出市场,直至市场变得"稀薄",以至不存在。阿克洛夫将这一过程称为"逆向选择"(Adverse Selection)。

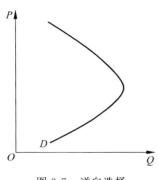

图 3-7   逆向选择

在逆向选择的情况下,需求曲线的后半段向回弯曲(见图 3-7)。这是因为消费者认为价格越低,质量越差,购买量越少。

3. 信息不对称问题的解决办法

通常情况下,因成本很高而收益很低,难以直接改变信息不对称状况。对于消费者来说,要想改变信息不对称就要大量搜寻信息,但通常信息搜寻成本很高,而能够为其带来的收益却很低。对于厂商来说,要改变信息不对称,就要向每一位消费者传递大量的信息,信息传递的成本同样很高,这种改变给厂商带来的收益也很低。

在这种情况下,对于信息不对称造成的逆向选择问题,可以通过两种办法来解决:一种是信号传递,另一种是信号甄别。所谓信号传递(Signaling)就是指通过可观察的行为传递商品价值或质量的确切信息,通常是具有信息优势的一方向具有信息劣势的一方提供信号传递。例如对于优质品,质量保证书、包退、包换、包修等是一种成本低廉且短期效果明显的信号传递方式。另外,建立自己的名牌产品也是一种较好的信号传递方式,虽然投入成本可能较高,但长期回报却十分丰富,如格力空调、肯德基等,其品牌本身就传递了产品是优质产品的信息。所谓信息甄别(Screening)就是指通过不同的合同甄别真实信息,通常由处于信息劣势的一方首先给出区分信息优势方类型的不同合同条款,信息优势一方通过选择与自己的类型相符合的合同来揭示自己的私人信息,从而使得帕累托改进得以实现。例如,在保险市场上,保险公司提供不同的保险合同供投保人选择,而投保人则通过选择适合自己的保险合同来显示自己的风险类型。

在现实生活中,厂商进行信号传递与信号甄别的策略主要有:

(1)承诺。如对消费者承诺退换、保修,厂商这样做不仅可以为消费者消除购买风险,而且也向消费者表明卖主对质量的信心,从而增强消费者对厂商的信任。

(2)广告。一般认为广告的作用是传递信息,其实广告包含的信息十分有限,而更重要的是向消费者传递信号,因为广告成本为沉没成本,如果质量有问题,广告成本无法收回,而某厂商大量做广告,表明对产品质量有信心。

(3)价格。价格也可以起到信号作用,高价的商品也向消费者表明其质量更优,以增强消费者对商品的信任,而使需求曲线处于逆向选择的上半段。

(四)信息产品的需求特征

在网络经济中,由于信息产品性质的改变,其市场需求也不同于一般产品的的市场需求,表现出一些新的特征,需求曲线的形态也随之而改变。在网络经济中,信息产品所具有的不同于一般产品的特性,也决定了消费者对信息产品的需求发生改变,表现出与一般产品需求不同的特征。

1. 价格对需求的影响很小

就单个的消费者来说,消费者的需求价格弹性很小,消费者很少因为价格下降而增加消费数量,价格对需求的影响有限。一方面,网络经济中的产品市场是一个以消费者为主导的市场,生产者必须按照消费者的理性预期来定价,也就是根据在一定的网络规模下,消费者内心愿意接受的价格来定价。另一方面,网络经济极高的固定成本、极低的边际成本这一特征导致了网络经济中规模经济的存在,随着产量的增加,信息产品的边际报酬递增,边际成本递减。生产者可以获得利润的价格也越来越低。

2. 市场规模对需求的影响作用很大

在网络经济中,由于网络外部性的存在,信息产品对消费者的效用随着该产品其他使用者数量增加而增加。也就是说,其他消费者对某一网络产品的需求会直接影响某一消费者对该网络产品的消费,这与传统经济学下其他消费者的需求不是影响消费者需求的直接因素有很大的区别。因此,消费者在决定是否购买某一信息产品时,不仅要考虑该产品现有的用户规模是否足够大,还要根据对该信息产品以后规模扩张潜力的预期进行决策。所以,信息产品的消费是建立在其他消费者对该产品的消费以及消费者对该产品市场前景的预期之上。

(五)信息产品的需求曲线

传统经济中,在假定商品自身价格以外的影响因素保持不变的情况下,市场需求曲线可以通过市场上所有消费者的个人需求曲线水平叠加而得到。但是,对于信息产品,我们必须考虑网络外部性带来的影响,而市场需求作为市场上所有消费者需求的总量,不可能排除因该产品网络规模扩大,消费者对网络带来的效用将增大带来的理性预期。这样一来,将会造成个人需求曲线和市场需求曲线的假设前提不统一,那么,在网络市场上市场需求曲线并不是个人需求曲线的简单加总。

根据我们前面的讨论,网络产品给消费者带来的边际效用的大小主要是由网络的规模决定的,而信息产品的消费价格又主要取决于网络产品给消费者带来的边际效用,因此,网络产品的需求价格就主要取决于网络的规模,即需求量。也就是说,信息产品市场是消费者导向的市场,自变量只能是需求量,而需求价格为因变量,两者的关系不能倒置。如果用公式来表示,即为:

$$P_d = f(Q_d) \tag{3-4}$$

由于信息产品存在网络效应,因此,产品的需求与该产品的使用规模有关。消费者对信息产品的消费是建立在基于该产品现在的消费规模所做出的理性预期之上的,即消费者认为该产品产生边际效用递增时会出现一个临界值,但若某信息产品的用户基数没有达到这个临界值,网络效应就无法显现,消费者是不会愿意为更大的需求量支付更高的价格的。由于价格高于消费者内心愿意接受的价格,消费者不愿购买,要使消费者购买,就必须降价,甚至价格降至 0。直至使用的规模达到一定量 Q^*,产品的边际效用开始上升,买者开始增加,价格也开始上升,最终进入正循环。根据以上分析,我们可以把信息产品的市场需求曲线(见图 3-8)分为两段。在市场需求量 $Q < Q^*$ 时,需求曲线是一条向右下方倾斜的曲线,而当 $Q > Q^*$ 时,需求曲线是一条向右上方倾斜的曲线。

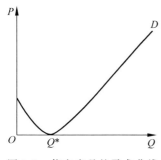

图 3-8　信息产品的需求曲线

由此,我们可以得到网络经济下的新需求定理:当市场需求量低于某一临界值 Q^* 时,需求价格随需求量增加而下降,随需求量的减少而上升;当市场需求量超过临界值 Q^* 以后,需求价格随需求量的增加而上升,随需求量的减少而下降,两者同向变动。

第二节　网络供给市场均衡

网络市场中研究供给市场均衡有利于培育公开、公平、公正的市场环境,使企业成为市场竞争的主体,有利于激发企业创新积极性。一方面可以提高生产质量和效率;另一方面有利于缓解财政压力。因此,优化市场供给,无论是提高经济效率还是从更好地满足社会公平的角度出发,都具有重要意义。

一、信息产品的供给方式

信息产品的供给又可以分为供给次数和供给种类两种情况,前者是指对同一种产品供给的次数,比如对网上同一首歌曲或同一部影片允许下载的次数;后者是指对不同种类产品供给的数量,如对不同歌曲或影片提供下载的数量。在这两种情况下,供给曲线的变化是不同的。

（一）信息产品的供给次数

对同一种产品,由于其生产的边际成本很低,甚至没有成本,如同一首歌让顾客下载一次和下载十次,对供给者来说其成本并没有什么差别。因此,信息产品的供给次数曲线是一条在某一价格水平 P^* 上的水平线。当价格 $P<P^*$,供给次数为 0,当价格 $P \geqslant P^*$,供给次数无限大。信息产品的供给次数曲线如图 3-9 所示。

（二）信息产品的供给种类曲线

信息产品的供给种类是指在一定时期内,在一定的条件下,厂商愿意向市场提供的产品的种类数。生产者都是利润最大化的追求者,所以,信息产品的收益越高,即信息产品的价格越高,厂商越倾向于开发新产品,提供的产品种类越多,直到边际收益等于边际成本为止。反之,信息产品的价格越低,提供的产品种类越少。因而信息产品的供给种类曲线是一条向右上方倾斜的曲线(见图 3-10)。

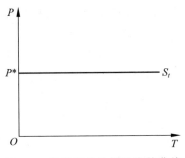
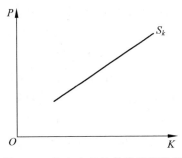

图 3-9　信息产品的供给次数曲线　　　　图 3-10　信息产品的供给种类曲线

由此可见,尽管信息产品的供给次数与价格的关系不大,但信息产品的供给种类与价格成正相关,这与一般产品供给的情况相同。

二、网络供给曲线

（一）供给曲线

供给指的是在某一特定时期内,对应一个给定的价格,生产者愿意且能够提供的商品数量被称为该价格下的供给量。在其他影响厂商计划销售量因素不变的情况下,我们将某种产品在某一价格时的供给量绘制成表就形成了供给表,用图形来表示的供给表就是供给曲线,即将不同价格水平上厂商愿意提供产品的数量在坐标图中标出,再将其连在一起,就可以得到一条曲线,即供给曲线 S,如图 3-11 所示。

由图 3-11 我们可以看出,在通常情况下,供给曲线向右上方倾斜,表明价格越高,厂商愿意提供的产品数量越多。也就是在其他条件不变的情况下,厂商愿意提供的产品数量与

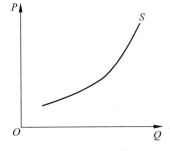

图 3-11　传统产品的供给曲线

产品价格同方向变化。

供给曲线之所以会向右上方倾斜,主要原因是传统经济中的边际成本递增效应。企业利润最大化的条件是边际收益等于边际成本,而企业的边际收益又等于价格,在边际成本随产量增加而递增的情况下,要求有更高的边际收益(价格)来弥补成本。所以,只有当价格上升的情况下,企业才会增加产量,使边际收益与边际成本保持一致。反过来,当价格下降,企业的边际收益无法再弥补边际成本,企业就会减少产量,厂商减产导致市场上的供求关系改变,形成供不应求的买方市场关系,从而价格增加,厂商边际收益增加,又重新回到边际收益等于边际成本的生产者均衡状态。

(二)信息产品的供给曲线

供给曲线是用来表明在其他条件不变的情况下,价格与厂商愿意提供的供给量之间的关系。在传统经济中,厂商是追求最大利润的"理性人",要求边际收益等于边际成本,而传统产品的边际成本会不断递增,因此,厂商的供给曲线与超过其平均成本最低点的边际成本线重合。也就是单个厂商的供给线是向右上方倾斜的。对单个厂商的供给线进行加总,就可以得到整个市场的供给曲线,整个市场的供给曲线也是向右上方倾斜的。

由于传统经济中的报酬递减力量非常强大,以至于几乎所有的传统产品都逃不出边际成本递增规律和规模报酬递减规律。网络经济的产品并非如此,由于网络经济是以知识这种有着很多特性的生产要素作为主要的生产要素,网络经济呈现出高固定成本、极低的边际成本的规律。巨大的固定成本和几乎为零的边际成本,导致了网络经济产品具有很强的报酬递增倾向,其最直接的外在表现就是边际成本递减。

在边际报酬递增、边际成本递减的情况下,如果我们继续以 P 为自变量来描述供给曲线是不合适的,由于边际成本几乎为零,在每一个可能的价格下,厂商为了获得最大利润都会愿意提供尽可能多的产品,直到市场达到饱和。这样市场供给曲线无法获得。但是如果我们转换思路,就不难发现,在任何一个可能的价格下,厂商会有销售产品数量的最低预期。因此,假如我们以厂商预期的产品市场规模 Q 为自变量,相应地,必然可以得到一个厂商愿意接受的最低价格,我们将这一个价格取为因变量,这样就可以得到网络经济产品的供给曲线。由此可见,在网络经济下,不是价格决定供给,而是供给决定价格,用公式表示就是:

$$P_s = f(Q_s) \tag{3-5}$$

其中,P_s 是网络经济产品的价格,为因变量;Q_s 是厂商愿意提供的网络经济产品的数量,为自变量。公式表明,与传统经济不同,信息产品是供给决定价格,即产品的价格随着供给数量的变化而变化。

对于信息产品而言,其边际成本不是随着产量增加而递增,而是递减,因而供给量越多,边际成本越接近零,其售价也就越低。这一变化导致信息产品供给曲线的形态发生变化,正如克鲁格曼(Krugman)所说,"在网络经济中,供给曲线下滑而不是上扬"。信息产品的供给曲线如图 3-12 所示。

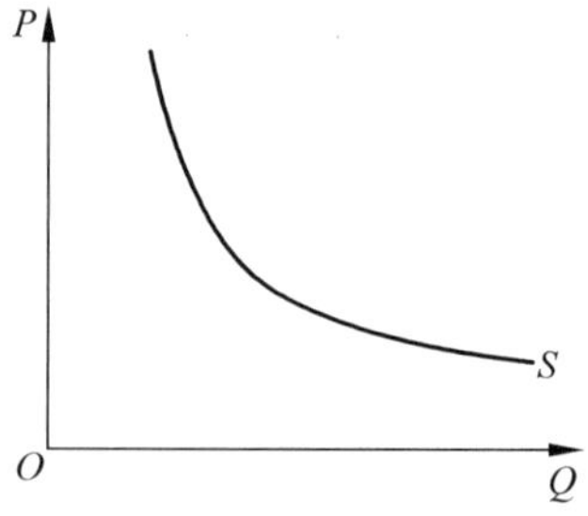

图 3-12　信息产品的供给曲线

三、信息产品的生产者均衡

对于信息产品的生产者来说,由于信息产品的成本与收益发生了本质性的改变,因而传统的边际意义上的生产者均衡不再成立,取而代之的则是超边际意义上的均衡。

(一)信息产品生产者的边际均衡

在西方经济学中,有一个基本的"理性人"或经济人假设,这个所谓的"经济人"假设是对经济社会中从事经济活动的所有市场主体的基本特征的一个一般性抽象,这个基本特征是每一个从事经济活动的人都是利己的。而商品生产者的目标是追求利润最大化,我们都知道利润为总收益与总成本的差额,收益与成本的多少决定了利润的大小。而收益的多少又与产量有关,产量越高,收益越高。但成本随着产量的增加而增加,即产量越多,成本越多。生产者均衡就是在收益与成本之间寻找均衡状态,均衡点即为利润最大点。

生产者利润最大化的条件可以由以下数学推导得出。我们设 $R(Q)$ 为利润, $TR(Q)$ 为生产者的总收益, $TC(Q)$ 为生产的总成本。利润为总收益与总成本之间的差额,即:

$$R(Q) = TR(Q) - TC(Q) \tag{3-6}$$

对其求导,则:

$$\frac{dR(Q)}{dQ} = \frac{dTR(Q)}{dQ} - \frac{dTC(Q)}{dQ} = MR(Q) - MC(Q) = 0 \tag{3-7}$$

即:

$$MR(Q) = MC(Q) \tag{3-8}$$

由此证明,只有当厂商的边际收益等于边际成本时,企业才能获得最大化的利润。因此, $MR = MC$ 就是生产者均衡的条件。在这一点上,能保证厂商处于最好的境况,这由既定的成本状况和既定的收益状况决定。

$MR = MC$,即意味着 TR 与 TC 的斜率相等,相对应的产量为 Q_0 (见图 3-13)。在这一产量水平上,厂商获得最大的利润;偏离这一点,厂商的利润都将减少。所以, Q_0 即为生产者均衡的产量水平。

通过以上分析可知,生产者要想获得最大化的利润,就应该按照边际成本等于边际收益的原则,来确定自己的产量,也就是要满足总成本曲线与总收益曲线的斜率相同的条件。

企业进行生产的目的,是为了获得最大化的利润,而在利润最大化的产量水平上,企业将不会再增加或减少生产,即在这种状态下达到生产者均衡。生产者要想获得最大化的利润,就应该按照边际成本等于边际收益的原则,来确定自己的产量,也就是要满足总成本曲线与总收益曲线的斜率相同的条件(见图 3-14)。

信息产品与一般产品的成本特性不同,因此,生产者若按照边际成本等于边际收益的原则来确定信息产品产量,则无法出现生产者均衡(见图 3-15)。

对于信息产品而言,边际收益曲线(MR)与边际成本曲线(MC)相交并对应 Q_0 的产量,但 Q_0 显然不是均衡点,因为在此之前边际成本高于边际收益,企业无法进行生产,而在这之后,边际收益一直处于高于边际成本的状态,企业将不断扩大生产,以获取更高的利润。

所以,Q_0 只是临界点而不是均衡点。

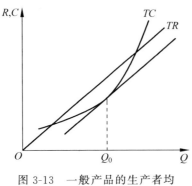

图 3-13　一般产品的生产者均
衡:TR 与 TC 斜率相等

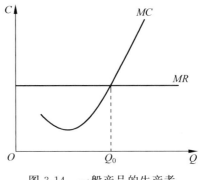

图 3-14　一般产品的生产者
均衡:$MR = MC$

(二) 信息产品生产者的超边际均衡

那么,难道信息产品的生产者不存在均衡吗?事实上,理性的信息产品生产者不会无限制扩大产量,最终产量会停留在一定的水平上,即信息产品会达到一种相对稳定的均衡状态。但这种均衡不是一种边际意义上的均衡,而是一种超边际意义上的均衡。如果我们把均衡不仅仅理解为一个内点解,而是按照超边际分析方法,把角点解也看作生产者均衡的解,则信息产品的生产者均衡有解。与一般产品相比,信息产品均衡解不是一个点,而是一个区域,即 Q_n,$(n > 0)$。在这个区域内,任何一点都有可能成为信息产品生产者均衡的解。

企业进行生产的目的,是为了获得最大化的利润,而在利润的最大化产量水平上,企业将不会再增加或减少生产,即在这种状态下生产者达到均衡。

对于信息产品而言,信息产品不存在生产者均衡还可以通过与一般产品的总收益与总成本对比来说明(见图 3-16)。

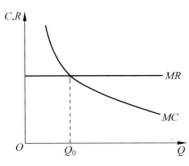

图 3-15　信息产品的生产者均衡

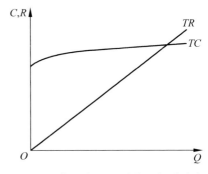

图 3-16　信息产品的总收益与总成本

从图 3-16 可以看出,信息产品总成本曲线与总收益曲线也没有相同的斜率,也就是信息产品的生产者无法找到边际成本等于边际收益的均衡点。显然,信息产品不存在一个最大化的利润,随着产量趋向无穷大,利润也趋向无穷大,所以,我们无法运用传统的边际分析方法来确定信息产品生产者的均衡点,应采用超边际分析法。

第三节　网络市场均衡及演进

　　网络市场的蓬勃发展成了驱动经济发展的强大动力、优化产业结构的重要来源。然而，网络经济发展也带来了部分问题，如资本合纵连横带来的垄断、资本脱实转虚等。研究网络市场均衡对吸纳人才资本等资源、促进市场公平竞争、反哺实体经济、促进经济高质量发展等具有重大意义。

一、市场均衡

　　按照经济学的分析，供给与需求在市场上通过价格机制会相互作用，最后达到供给数量与需求数量相等的状态，这一状态被称为市场均衡。

（一）市场均衡的含义

　　市场均衡是指这样一种状态：在某一价格水平上，对于某种产品，生产者供给的数量与消费者需求的数量正好相等，且无论是生产者还是消费者，都没有动力去改变这种状态。在这种情况下，我们说市场达到均衡，或者称为市场出清。市场均衡是稳态的，收敛于一个稳态点，只要没有外部冲击，均衡点是稳定存在的，是不会改变的。

（二）市场均衡的机理

　　市场均衡的机理在于价格与供给之间的作用和价格与需求之间的作用正好相反。价格与供给为正相关关系，价格与需求为负相关关系。也就是说，价格升高时供给增加、需求减少；而价格下降时供给减少、需求增加。当供给大于需求时，此时市场是供过于求的，那么产品的价格就必然会下降，价格的下降又会导致供给量的减少和需求量的增加，这个过程不断重复直至供给等于需求，达到市场均衡。当供给小于需求的时候，此时市场是供不应求的，那么产品的价格就会上升，价格的上升又会导致供给量的增加和需求量的减少，这个过程不断重复直至供给等于需求，同样达到市场均衡。市场均衡实现的机理如图 3-17 所示。

　　在起始价格为 P_1 时，$Q_{d1} > Q_{s1}$，市场供不应求，市场价格将会上升，直至达到 P^*，使需求减少、供给增加，直至到达 Q^*。由于消费者边际效用递减规律和生产者边际成本递增规律的作用，最终到达稳态点 E。当起始价格为 P_2 时，$Q_{d2} < Q_{s2}$，市场供过于求，市场价格将会下降，直至达到 P^*，使需求增加、供给减少，直至到达 Q^*。同样由于消费者边际效用递减规律和生产者边际成本递增规律的作用，最终也回到稳态点 E。

　　上述过程实际上也就是负反馈的过程。按照控

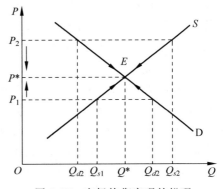

图 3-17　市场均衡实现的机理

制论的观点,均衡的产生源自负反馈机制,即一种力量的增加必然导致另一种力量的减少,其运动方向是相反的。任何变动都会被其产生的反向的变动所抵消。这样的结果必然是均衡。

负反馈是主流经济学赖以存在的前提。由于存在着负反馈机制,才会有市场均衡的出现,进而才会有资源的最优配置。负反馈是一种自我协调机制,它是生态系统中普遍存在的一种抑制性调节机制。市场的供求矛盾得到统一,进而使生产者与消费者的利益矛盾得到统一,负反馈机制作用下的结果是弱者变强,强者变弱。

二、信息产品的市场均衡

我们所说的市场均衡都是在一定条件下的均衡。传统经济中对经济起主导作用的是负反馈机制,即在供求与价格相反的力量作用下,市场均衡才得以实现。但在网络经济中,对经济过程起主导作用的是正反馈机制,传统经济中市场均衡的条件不复存在,因此,市场均衡的状况及其实现过程也发生了重大的甚至是根本性的改变。

传统经济中对经济过程起主导作用的是负反馈机制,这是市场均衡得以实现的必要条件。而网络经济中起主导作用的是正反馈机制,在正反馈机制的作用下,网络经济中的市场均衡不再是传统意义上均衡,而是一种非经济力量作用的结果。正反馈机制形成的原因是网络经济中的报酬递增规律。由于正反馈的出现,市场均衡的条件改变了,且网络经济中市场均衡的实现形式也发生变化。

(一)网络经济中的报酬递增与正反馈效应

传统经济学构建在报酬递减的假设之上,报酬递减形成的负反馈使得价格和市场份额最终达到一种可以预见的均衡。这种负反馈能够使经济稳定,因为任何大的变动将被由其产生的反向偏移所抵消。与之相反,网络经济是一种报酬递增经济,报酬递增使正反馈机制的作用增强,不仅导致了"赢者通吃"市场的形成,同时也使传统意义上的市场均衡难以出现。

实际上,在传统经济中也存在规模报酬递增的现象,即在一定的范围内,扩大规模能够带来规模经济效应,出现报酬递增,但规模经济不一定会推导出规模报酬递增,因为还有可能出现规模报酬不变,所以,规模报酬递增是规模经济的充分非必要条件。传统经济的报酬递增是完全基于供给方规模经济,表现为随着规模的扩大,产量增加的倍数大于成本增加的倍数,但超过一定限度之后,不利方面出现了,即产量增加的倍数小于成本增加的倍数,从而形成规模不经济。

在网络经济中,情况发生了很大的变化。网络的外部性使网络经济中的规模经济不仅是一种供给方的规模经济,同时也是一种需求方的规模经济。网络经济中的规模报酬递增虽有来自供给方的部分,但更多地来自需求方。当市场需求量超过某一个临界值以后,消费者内心愿意接受的价格与需求量呈同方向变动,即随需求量的增加而上升,随着需求量的减少而下降。而且网络经济中的供给方规模经济也不同于传统经济中的供给方规模经济,高固定投入与极低的边际成本使供给方的规模经济和传统经济中供给方规模经济不同,表现在传统经济在远远未能主宰市场的时候高固定投入与极低的边际成本就已经消耗尽了,但网络经济中的供给方规模经济可以在更大的市场上得以延伸。

网络经济中持续的正反馈效应正是这种需求方规模经济和供给方规模经济的共同作用形成的,当企业供给超过临界点之后,价格就可以实现不断增长,规模经济的区间趋向于无穷大。在这种情况下,原来意义上的均衡点不仅对企业不存在,从整个市场看,这个均衡点同样也是不存在的。

(二)正反馈机制作用下的反市场均衡

在网络经济中,在正反馈机制的作用下,供给与价格和需求与价格的关系与传统经济中需求和价格的关系相反,即供给与价格呈负相关关系,需求与价格呈正相关关系。因此,原来的供求原理不再适用于网络经济,用传统的边际分析方法将无法得出一般意义上的市场均衡,人们将这种情况称为"反市场均衡"。

图 3-18 可以说明反市场均衡的机理。在起始价格为 P_1 时,$Q_{s1}>Q_{d1}$,市场供大于求,市场价格将会下降。在通常情况下,价格的下降会使供给增加、需求减少,从而使供求差距缩小,但在网络经济中价格的下降反而会使供给增加、需求减少,供求之间的差距增大,更加偏离稳态点 E。当起始价格为 P_2 时,$Q_{s2}<Q_{d2}$,市场供小于求,市场价格将会上升。同样的道理,由于网络经济中的供求变化方向与传统经济中供求变化方向相反,价格上升不会带来供给增加和需求减少,反而会减少供给、增加需求,从而加大供求之间的差距,离稳态点 E 也更远。

由此可以看出,我们不能用传统的均衡理论来解释网络经济中的均衡,必须用新的方法来分析网络经济中供给和需求的变化,并解析其市场均衡。

三、网络经济中的市场均衡

传统的均衡原理之所以不适合用来分析网络经济中的市场均衡,原因在于它所采用的分析方法为边际分析方法。因此,要解决网络经济中市场均衡的困境,就需要对分析方法进行改进,用新的方法来对网络经济下的市场均衡做出阐释,这种新的方法即为超边际分析方法。

(一)网络经济中的新均衡定理

与传统经济不同,网络经济中的市场均衡遵循的不是一般的供求规律,而是在正反馈机制作用下,依照网络经济的自身法则,来达到一种动态的均衡。我们将这一过程称为新均衡定理。

1. 网络经济中的市场均衡模型

由前面对网络经济中供给与需求的分析中,我们已经知道,在网络经济中供给与需求不是表现为价格的函数,相反,价格则表现为供给与需求的函数。同时,供给与价格成负相关,需求与价格成正相关。现在,我们把前面给出的信息产品的供给曲线和需求曲线放在同一个图中,来分析网络经济中的均衡问题(见图 3-19)。

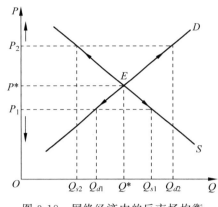
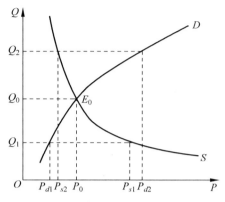

图 3-18　网络经济中的反市场均衡　　　图 3-19　信息产品的市场均衡

在图 3-19 中, Q 为自变量, P 为 Q 的函数,供给曲线和需求曲线相交于 E_0 点。在市场规模 $Q_1 < Q_0$ 时,企业愿意接受的最低价格为 P_{s1},消费者愿意接受的最高价格为 P_{d1},很明显 $P_{s1} > P_{d1}$。由于网络产品市场是以消费者为主导的市场,企业要想把自己的产品销售出去,提高销售量,就必须接受消费者愿意提供的最高价格,即使这个价格低于自己愿意接受的最低价格。所以,企业只能按照 P_{d1} 来定价。此时,企业处于亏损状态。同理,产量在 Q_0 以下的任何生产规模的企业都处于亏损状态。从长期来看,企业不可能一直保持这个生产规模,否则将永远处于亏损状态。所以,不可能长期存在任何的产量在 Q_0 以下的市场规模,即处于亏损状态下的生产规模。

随着网络规模 Q 的不断变大,此时,由于网络外部性的存在,消费者效用将会增加,消费者愿意接受的最高价格不断提高。但从厂商的角度看,由于边际成本递减,厂商愿意接受的最低价格会逐渐下降。当到达临界点 E_0 时,消费者愿意接受的最高价格等于厂商愿意接受的最低价格。

但是, E_0 点与传统经济中的均衡点不同, E_0 点依然不是一个稳态的点,因为,随着新的消费者持续加入网络中来,网络的规模会继续变大,消费者内心愿意接受的最高价格还是会不断提高,厂商意识到消费者预期的这种变化,就会依然按照消费者愿意接受的最高价格来定价,在网络规模不断扩大的同时,"均衡点"会逐渐偏离临界点 E_0。当 Q 超过临界点 Q_0 时,即到达 Q_2 点,此时,厂商愿意接受的最低价格为 P_{s2},消费者愿意接受的最高价格为 P_{d2},很显然 $P_{d2} > P_{s2}$,此时如果市场不存在竞争,追求最大利润的厂商依然会按照 P_{d2} 定价,同理,产量在 Q_0 以上的任何情况都是这样的。厂商将会提供越来越多的产品,获得巨大的超额利润,网络规模将会出现爆炸式的增长。

从以上的分析可见,网络经济中的供给曲线和需求曲线的交点 E_0 不是均衡点,而只是一个临界点, Q_0 也不是均衡产量,而只是个临界产量。

(二)网络经济中市场均衡的性质及特性

从本质上看,网络经济中的市场均衡不再是一般意义上的边际均衡,而是一种具有路径依赖性质的超边际均衡。因此,这种均衡也就具有了路径依赖所特有的不可预测性、非遍历性和潜在非效率性。

1. 网络经济中市场均衡的性质

网络经济中市场的动态均衡源自报酬递增和正反馈机制。在正反馈的情况下,均衡具有路径依赖的性质。所谓路径依赖,是指一个具有正反馈机制的体系,一旦在外部偶然事件的影响下被系统采纳,便会沿着一定的路径发展演进,而很难为其他潜在的甚至更优的体系所取代。简而言之,一旦人们做了某种选择,就好比走上了一条不归之路,惯性的力量会使这一选择不断自我强化,并让你不能轻易走出去。路径依赖就是过去的发展对现在和将来发展的影响。

按照阿瑟(Arthur)的分析,报酬递增导致正反馈,它使经济中出现许多均衡点,并且没有一种机制能够保证市场从诸多可能的结果中挑选出"最优的"结果。而且,一旦某种随机事件选择了某一条路径,这种选择就可能被"锁定"在该路径上,而不会选择更先进或更合适的其他路径。

路径依赖的例子在现实生活中随处可见,路径依赖的背后是巨大的惯性,很多商人也利用这一点来培养用户依赖。"知识焦虑"常被提到,商家抓住这个痛点,贩卖二手知识,隔三岔五,就有一些音频或文字或视频课程横空出世,宣传要点是若了解这些知识便可得到成长,若是不了解便会被时代抛弃,吓得消费者赶紧付费。这种焦虑或者说恐惧,会让消费者对这种付费行为带来的心理安慰形成路径依赖,让消费者进行重复购买。此外,很多 App上都有签到积分,或者打卡奖励,或者连续登录勋章之类的活动。这都是在培养用户习惯,叫作培养用户的路径依赖。

2. 网络经济中市场均衡的特性

网络经济中市场均衡的性质,决定了网络经济中的市场均衡也具有了路径依赖所共有的特性,即这种均衡具有不可预测性、非遍历性和潜在非效率性。

1) 均衡的不可预测性

根据超边际分析理论和"路径依赖"理论,报酬递增会导致正反馈,在正反馈机制的作用下,角点解和内点解都可能是均衡解,即经济中出现了许多可能的均衡点。最后的均衡是市场在诸多因素的作用下最终选择的结果,而这种结果的出现往往取决某种随机的偶然事件。而且,一旦某种随机经济事件选择了某一路径,这种结果就可能被"锁定",即使这种结果并不是最优的结果。例如,一种产品在竞争性市场上因某种"机会"或"机遇"而领先,在增强机制的作用下,它就会一直领先,并扩大这种领先的程度。由此可见,正反馈机制下的市场均衡具有不可预测性。

2) 均衡的非遍历性

非遍历性是相对于遍历性而言。遍历性(Ergodic)是数学和统计学中的概念,即各态历经性。在经济学中,遍历性是主流经济学中的一个公理。然而在网络经济中,经济过程更多表现为非遍历性(Non-Ergodic)。非遍历性意味着不确定性和历史时间,按照阿瑟的说法,在一个动态的经济系统中,不同的历史事件及其发展次序无法以 1 的概率实现同一种市场结果。在网络经济中,由于网络外部性的作用,网络规模扩大这一过去的事件对现在和将来有重要影响,系统具有强烈的滞后效应,它具有非遍历性所具有的不确定性和历史时间的特征。

3）均衡的潜在非效率

由于均衡的不可预测性和非遍历性，均衡的形成往往是由一些偶然的随机事件所决定的，而非各种经济变量相互作用的结果。这就意味着在动态演进过程中，经济最终选择的某种路径就福利意义而言，可能是"劣等的"，而不是"最优的"。经济一旦选择了某种路径就很难从这种路径中摆脱出来，哪怕这种路径并不是最优路径，这也就是路径依赖的含义。路径依赖意味着经济系统的潜在非效率，在路径依赖的情况下，市场将有可能出现失灵。

（三）网络经济中市场均衡的实现

根据前文的讨论我们可以知道，实际上网络经济市场均衡的实现过程也就是正反馈机制作用的过程，在正反馈机制作用的过程中，会出现一个转折点，即临界点。当网络市场规模低于临界点时，市场就处于一种负循环，企业永远处于亏损状态。只有当市场规模高于临界点时，才能进入正循环，企业开始盈利。利用正反馈形成的自增强机制，企业的市场规模才能迅速扩张，最终成为整个市场的垄断者。由此可见，对于企业来说，能否尽快突破临界点、进入正循环至关重要。而正循环不能自动实现，需要有一定的制度安排。

1. 产权制度保障

信息产品具有公共产品的特性，即具有可复制性、非排他性、可共享性、不可耗尽性等，因而产权的界定存在一定困难。产权界定是形成需求的重要前提，若产权界定模糊、不明确的话，人们便可以很容易且不用付出任何代价就可以得到产品的使用权，这样一来，就没有人愿意出钱购买产品，就无法形成有效需求。所以，只有明晰信息产品产权、完善信息产品产权保护制度、对信息产品的产权给予切实的法律保护，才能确保信息产品在临界点以上的区域达到均衡状态。

在当前大数据发展日趋成熟的背景下，对企业，特别是以大数据为商业模式的商业主体而言，其掌握的数据信息就是该企业的立身之本，数据信息的收集、分析等都需要耗费大量的人力、物力和财力。数据信息的使用为公众生活带来便利的同时，对其边界问题的谈论从未停止。有研究表明，只有准确地划定正当与不正当使用信息的边界，才能达到公平和效率的平衡，实现《中华人民共和国反不正当竞争法》维护自由和公平的立法目的。

2. 市场制度保障

信息产品与一般产品不同，正反馈的结果是赢者通吃。这就意味着到最后只有一家企业能够成功，因此必然形成独家垄断。而垄断又是正反馈的条件，因为只有在垄断的情况下，在产量达到临界点后，企业才能够按照需求定价，在临界点之前，企业处于亏损状态。而此时若政府干预过多，使网络市场成为完全竞争市场，那么一旦产量超过临界点，有了超额利润，就会不断有新企业加入，竞争使价格下降，企业只能按照供给定价，产量重新回到临界点以下，最后大家都没有利润。这样一来，企业在产量临界点之前由于高固定成本投入所造成的亏损就很难补回来，最终造成企业失去生产的主动性和积极性，市场出现萎缩。

因此，网络经济需要有一种竞争性垄断的市场结构作为保障，即政府应允许一定条件下的垄断存在，以使企业能够按照供给定价，使其巨大的前期投入能够得到有效的补偿，并获得超额利润。当今数据要素市场加速发展，各种基础性制度建设也不断推进，市场的垄断和竞争相互作用形成了竞争性垄断市场结构,这种结构在保持市场的竞争下,可以促进市场中各主体创新能力的提高,有利于产业结构不断升级和迭代。

3．企业制度保障

在正反馈的情况下,企业将是一种高投入、高风险、高收益的企业,而传统的企业制度就难以适应这样一种正反馈情况。因为企业处在产量临界点以下的区域时,一直处于亏损状态,投资者得不到收益,管理者得不到应有的报酬,因而无法筹集到资金,招募不到优秀的人才,企业难以建立和正常运行。解决的办法,一是实行风险投资,通过风险投资来解决企业的资金问题;二是实行股票期权制度,以解决对经理人激励的问题;三是通过企业制度的创新,为网络经济的发展提供保障。

有序、规范的企业制度可以降低企业的运营成本,增强企业的竞争能力,是企业赖以生存的基础,创新则是企业持续健康发展的内在动力,企业的创新动力需要激励相容的制度支撑。有研究表明,高管与员工之间的薪酬差距有利于企业创新能力的提高,而企业制度环境的不确定性会削弱薪酬差距与创新能力之间的相关关系。

（四）网络经济中市场均衡的演进

1．网络经济中的市场均衡点

在网络经济中,它的市场均衡又应该如何解出呢?实际上,在网络经济中不存在着原来意义上的均衡点。这是因为对网络经济的市场均衡分析采用的不是边际分析方法,而是超边际分析方法,所求出的均衡解不是内点解,而是角点解。

杨小凯创立的超边际分析法是新兴古典经济学中采用的一种分析方法。超边际分析是一种非线性规划方法,它先将所有可能的组合加在一起,由于局部最优决策是在各种组合之间进行非连续地跳跃,因而没有一种方法能一步求出最优决策,所以,必须首先利用库恩-塔克定理(Kuhn-Tucker Theorem)和最优决策的其他条件尽可能多地排除一些组合,然后再对余下的候选组合运用边际分析法,求出每个组合的最优决策,最后比较不同候选组合的目标函数的局部最大值,以确定全局最优决策,这个过程就被称为超边际分析。

在传统的边际分析中采用的是古典数学规划法,只允许内点解的存在,即所有决策变量都取内点解,它是决策变量可能的最大值和最小值中间的一个值,而超边际分析采用的非线性规划,它允许内点解和角点解的存在,角点解就是决策变量的最优解,是其最大或最小值。超边际分析包括角点均衡和全部均衡,每一个均衡都是基于角点解,全部均衡是角点均衡中的一个。如在图 3-20 中,在 D 曲线和 S 曲线上的点是角点解,而 D 曲线与 S 曲线之间的区域内的点是内点解,而临界点实际上也是一个特殊的角点解。

我们可以通过一个例子来说明内点解与角点解的关系。某个移动电话网络,其供给 S 曲线和需

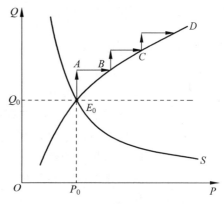

图 3-20　信息产品市场均衡的动态分析

求 D 曲线如图 3-20 所示。

随着用户人数的增多,这个网络的规模变大,从而使每一个消费者从网络中得到的效用增大,这样消费者的心理预期也会发展改变,愿意接受更高的价格。我们从临界点 E_0 开始分析,随着消费者预期从网络中得到的效用增大,消费者愿意接受的价格上升,厂商预期到消费者心理的变化把价格提高后到了内点解 A 处。此时,为了获得最大化的超额利润,厂商会扩大规模,而扩大规模后,会到了另一个角点解 B。而 B 点与 E_0 点的情况相同,这样 B 又会到内点解 C 处,依此类推。由此我们可以看出:内点解是不稳定的,而角点解也只是相对的稳定,网络经济中的市场均衡就是在这样一个由内点解到角点解、再由角点解到内点解动态变化的过程。

在图 3-20 中,我们把每次移动都给放大了,而实际上每次移动都是非常小的,如果我们无限细分,那么移动的轨迹就将与 E_0 点以上的需求线 D 重合。在需求线 D 上有许多个角点解,而市场的均衡点也就是许多角点解中的一个。

所谓临界点市场规模是规模收益用于网络经济的一种方式,通过网络使使用人数达到某个临界点,这时市场规模就会迅速增加(指数级别),而没达到这个临界点之前,购买人数很少。以网约车为例,更多司机对乘客是有好处的,可以减少等待时间,到了一定的点之后,其对乘客的价值就会显著减少,这种现象也在其他双边网络效应上存在,比如等待时间从 8 分钟降至 4 分钟,和从 4 分钟降至 2 分钟的价值差异明显。部分研究者认为互联网对商业的效率提升已经达到临界点,2020 年中国线上零售渗透率为 24.9%(服装、3C 等品类的渗透率在高位,均在 50% 以上),外卖渗透率为 18.1%(中国外卖渗透率 18% VS 日本外卖渗透率 21%),共享出行渗透率为 4.1%,另外 5G 虽在线增长迅速,但是还没有到达总体的临界点,这意味着它将被广泛运用。

【阅读与思考】　　　　　**美零售商用大数据锁定用户**

扫描二维码

深度学习

【思考题】

1. 生活中有哪些信息产品?
2. 分析信息产品的特性。
3. 信息产品的供给方式有哪些?
4. 分析各种市场下临界容量的存在情况。
5. 试述转移成本的含义及分类。
6. 谈谈对路径依赖的理解。
7. 分析正反馈作用机制和其对经济运行的潜在影响。
8. 试比较信息产品与一般产品的市场均衡的不同。
9. 简要分析网络经济中市场均衡的实现过程。

10. 简要分析网络经济中市场均衡的演进过程。

【在线测试题】

扫描书背面的二维码，获取答题权限，在线自测。

扫描二维码

在线自测

【参考文献】

[1] 高鸿业.西方经济学（宏观部分第八版）[M].北京：中国人民大学出版社,2021.

[2] N.格里高利·曼昆.宏观经济学（第十版）[M].北京：中国人民大学出版社,2020.

[3] 奥利维尔·布兰查德.宏观经济学（原书第 7 版）[M].北京：机械工业出版社,2019.

[4] 西方经济学编写组.西方经济学（第二版）下册[M].北京：高等教育出版社,2019.

[5] 张铭洪.网络经济学[M].2 版.北京：科学出版社,2017.

[6] 韩耀,唐红涛,王亮.网络经济学[M].北京：高等教育出版社,2016.

[7] 王晔,张铭洪.网络经济学[M].3 版.北京：高等教育出版社,2019.

[8] 芮廷先.网络经济学[M].2 版.上海：上海财经大学出版社,2021.

[9] 王建伟,张乃侠.网络经济学[M].北京：高等教育出版社,2004.

[10] 谢康,肖静华.信息经济学（第四版）[M].北京：高等教育出版社,2019.

[11] 曾铮,王磊.数据要素市场基础性制度：突出问题与构建思路[J].宏观经济研究,2021(03)：85-101.DOI：10.16304/j.cnki.11-3952/f.2021.03.007.

[12] 杨振.为激发企业创新活力提供高效制度支撑[J].智慧中国,2021(12)：34-36.

第四章

网络市场结构

【思政案例导入】

破局互联网反垄断要监管和发展两手抓

近年来,数字经济快速发展,在提升经济发展质量,为消费者提供更大便利、更高生活质量的同时,垄断问题越发受到关注。在2020年中央经济工作会议提出要防止资本无序扩张后,2021年以来互联网领域的监管明显趋严,其中反垄断格外受到重视。

在此前多起反垄断监管中,互联网行业俨然成为反垄断的主要领域。在2021年8月30日的中央全面深化改革委员会第二十一次会议上,习近平总书记强调,强化反垄断、深入推进公平竞争政策实施,是完善社会主义市场经济体制的内在要求。要从构建新发展格局、推动高质量发展、促进共同富裕的战略高度出发,促进形成公平竞争的市场环境,为各类市场主体特别是中小企业创造广阔的发展空间,更好保护消费者权益。

会议强调,要统筹发展和安全、效率和公平、活力和秩序、国内和国际,坚持监管规范和促进发展两手并重、两手都要硬,明确规则,划出底线,设置好"红绿灯",引导督促企业服从党的领导,服从和服务于经济社会发展大局,鼓励支持企业在促进科技进步、繁荣市场经济、便利人民生活、参与国际竞争中发挥积极作用。这个提法表明,下一步监管工作还是要坚持发展和监管并重。

互联网反垄断规则的创立,是经济社会发展到一定阶段,也是当前资源禀赋状态下为了实现社会福利最大化的公共选择。在现阶段,出于技术上的原因,判别互联网企业是否构成垄断并非像判别传统式垄断那么容易。"两手并重,两手都要硬"最大的意义,就在于让执法部门能够结合以往反垄断治理的实践,从监管规范和促进发展的综合角度,去判定新兴领域的垄断事实及垄断后果,从而使反垄断执法对市场活力的负面影响降至最低,最大限度保证市场的健康运行,而这也是维持充分竞争市场环境所必要的前提。

案例来源:https://china.huanqiu.com/article/44x2rKLacYV.

第一节 网络市场竞争

经济学中假设厂商的行为遵循利润最大化原则,即厂商要将产量确定在这样的点上,在这个点上厂商行为没有变动的趋势,称为厂商均衡。但在现实中,每一个厂商可能会处在不同的市场结构中,如芯片制造商与农场所面对的市场结构就会有着明显区别。由于农业市场趋于完全竞争市场,所以,农场会面临数量极多但规模不大的同质化农场的竞争;芯片制造商会面临规模较大但是只有较少数量的几家大厂的竞争,且他们的产品有较大的差异性。在不同的市场结构下,厂商面临的市场需求曲线依不同的市场类型而存在一定的差别,同样,厂商的供给曲线不仅取决于生产函数和成本函数,也与厂商所处的市场环境相关。因此,市场结构不同,供需曲线也不同,从而均衡条件也不同。产业组织学正是始于对厂商结构和行为的研究。传统的理论按照市场竞争和垄断程度,将市场结构分为完全竞争市场、垄断竞争市场、寡头垄断市场与完全垄断市场。网络经济下市场结构的变化将会表现在两个方面:一方面是由于传统行业的网络化,即企业规模变化带来的市场结构的变化。另一方面表现在以生产数字化产品为代表的 IT 产业,其产品本身所具有的技术性强及更新换代快的特征,使得在这一产业中出现了一种垄断和竞争同时被强化的新型的市场结构——竞争性垄断市场结构。

一、网络市场竞争起源

产业经济学的发展起源于美国两所传统的经济学强校芝加哥大学和哈佛大学,两所大学的学者提出了针锋相对的观点,即发源于哈佛大学的"结构-行为-绩效"范式和具有经验自由主义传统的"芝加哥学派"。"结构-行为-绩效"范式认为,垄断势力的个体行为有着持续性的特征,且这种特征在大多数市场中都表现得非常明显。所以,某些公司采取的策略性行为,会阻止另一些公司在相对公平基础上进行有效竞争。所以,这些公司采取的策略性行为被认为是市场有效运行最严重的阻碍。通过这种策略性行为,公司得以获得和保持控制产品价格的能力,并且凭借这种能力它得以保持足够大的市场势力以维持自身的垄断地位。那么由这种观点延伸出来的政策含义便是政府应该制定一种相对高水平的竞争政策,以便鼓励竞争,同时限制具有支配性地位的企业行使这种策略性行为。"芝加哥学派"则持完全不同的学术观点,认为政府的干预不能解决垄断问题,反而是垄断势力的来源。在排除了政府干预的情况下,市场上任何一个公司能做到的事情,其他有效率的公司同样也能做到。如果一个市场呈现出一家独大,或者少数几家大公司垄断的情况,这恰恰是竞争后最有效率的结果。因此,他们认为政府要做的就是尽可能少地干预市场,采取自由放任的政策。

(一)结构-行为-绩效模型(SCP)

如果追根溯源,一般认为马歇尔(Marshall)的新古典经济学是产业组织理论的源头,其后如 20 世纪前半叶的斯拉法(Sraffa)、张伯伦(Chamberlin)、罗宾逊(Robinson)的垄断竞争理论,以及克拉克(Clark)的"有效竞争理论"都对产业组织理论的产生起了推动作用。如垄断竞争理论认为,由于许多行业存在产品差异,因此即使这些行业是高度竞争性的,个别厂商面对的需求曲线也可能是向下倾斜的,即在定价上具有"垄断性",它们不再是市场价格的接受者。

在不完全竞争的市场结构下,企业的行为将不同于完全竞争市场中的企业行为,由于企业行为可能影响市场价格,因此,市场是否还能够有效地发挥资源配置作用以及如何才能够使市场发挥作用，便成为一个问题，这便是市场的绩效问题。基于对这一问题的研究，哈佛学派建立了完整的产业组织理论体系，即市场结构、市场行为和市场绩效理论。贝恩提出了著名的"结构-绩效"范式，之后由谢勒（Scherer）发展成"结构-行为-绩效"三段范式，成为主流产业组织理论的基本框架。该范式最简单的图示可以参见图 4-1。依据该框架的基本观点，市场结构决定市场中企业的行为，同时企业的行为又决定了市场绩效的各个方面，其影响方向是固定的。

图 4-1　"结构-行为-绩效"三段范式

1．结构

传统微观经济学认为，一个完全竞争的市场结构中应有许多的买者和卖者，交易的是标准化产品，具有无成本且容易进入的特点，拥有充分信息和完全的知识。偏离这种完全竞争条件的市场，可以用下述构成市场结构的基本要素来描述。

1）卖者的数量和规模分布

产业内企业数量的多少会显著影响企业间互相合谋与串通的可能性，较少数量的企业达成共识所花费的谈判、协商等交易成本较低，同时达成的协议可持续较好；而较多数量的企业带来的分歧会增多，买家和卖家影响市场价格的能力会明显降低。由于竞争性产业将以价格等于机会成本的方式供给产品，所以，站在全社会的角度来看，这种市场结构能使社会福利最大化，效率最高。而在完全垄断的市场结构中，由于整个市场只有单个卖家，为了获得更高的价格，它会选择将价格保持在生产的机会成本之上，而要做到这一点必然要通过限制产量来达成目的。但是这种限制产量的做法实际上是一种伤害整体效率的组织生产方式，会造成社会整体福利的损失。但是在现实的市场运行中，整个行业只存在单一卖家的完全垄断市场结构实际上也是很少见的，更多的是存在若干个大厂商控制整个行业的寡头垄断市场结构。

2）买者的数量和规模分布

除了卖家，实际上规模够大的买家也能对市场产生重要影响，甚至产生垄断行为。和卖家的情况类似，当市场存在着数量较少、规模大的买家的时候，该买者在市场上处于垄断地位。与卖家的作用相反，这样的买家可以把价格压低在竞争导致的正常价格水平之下，从而使买家自身获取最大的利益。在企业买卖关系领域中，抵消市场势力理论具有重要影响，该理论认为，当少数大的买者与少数大的卖者进行讨价还价时，如当石油化工企业购买原油时，对卖者来说，要把其价格持续地提高到边际成本以上是非常困难的。所以，买者的数量和规模分布是影响市场行为和市场绩效的一个非常重要的市场结构要素。

3）产品差别化

完全竞争的市场中，假设相互竞争的企业提供完全相同的标准化的产品，这种情形在现实中是不可能出现的。任何产品在品种、等级、规格、花色、交货期、信用条件、售后服务等方面，总会有一定程度差异，产品差别化的存在使产品之间的替代不可能是完全的，从而因产品的差别化产生了一定程度的垄断。

4）进入条件

进入条件是指影响一个企业进入一个此前从未涉足的市场的诸多因素。这些问题都会对企业进入市场的决策产生影响。进入障碍可分为四种类型：绝对成本优势、规模经济、资本需求和产品差别化。哈佛学派认为这是市场结构影响厂商行为的最重要因素，有利于解释市场中公司的数量和规模分布。

2. 行为

在完全竞争市场中，任何一个厂商都只能以市场价格出售产品，且出售产品的数量除了自身的产能以外不受到任何限制。在这种情况下，厂商既没有动力也没有能力去刊登广告或者对竞争对手做出的事情做出任何反应。由于进入没有任何壁垒，因此，任何企图合谋的行为从长期来看，也是注定不存在持续性的，这与不完全竞争时的情况有很大不同。

1）合谋

当独立的公司之间通过某种协议共同协调其行为，就构成了合谋，合谋往往意味着垄断的产生，因为它可以通过限制利益共同体的产量，并将价格定于边际生产成本之上来增加每一个公司的利润。而合谋能否长期保持很大程度上取决于市场结构，具体来说，包括公司的数量和规模分布、产品差别化以及进入条件等。在公司数量较少且进入成本很高的行业里，合谋成功的机会更大。

2）策略性行为

与完全竞争市场结构不同，在不完全竞争的市场中，已有的生产者有能力通过采取策略性行为阻止新公司的进入，这里，产业内在位者的行为本身成为影响市场进入条件的决定因素。在位者可以通过压低价格达到这一目标，使进入变得没有吸引力，如果这种价格竞争演变为某种形式的策略性行为，如阻止进入定价、掠夺性定价或某种形式的价格歧视等，就可能对社会效率产生损害。

3）广告和研究开发

如上文所述，在完全竞争市场中，由于市场上销售的是完全同质的产品，厂商没有动力也没有能力去刊登广告。但是在不完全竞争市场中，由于存在产品差异，此时刊登广告有强化产品差异性的作用，因而广告和研究开发成为现代社会厂商竞争的主要手段。

3. 绩效

一个竞争性的市场在长期均衡时，价格等于生产的边际成本，需求的数量等于供给的数量，这时的生产是最有效率的。这种效率称为生产效率，资源在竞争后的使用能够达到社会福利最大化的程度称为配置效率，它们都是判断市场绩效的标准。当市场处于不完全竞争时，判断市场绩效的标准会有所不同。

1）获利能力

在完全竞争条件下，公司仅能获得正常的回报，而此时的利润为零；在不完全竞争条件下，公司必然会获得一定的经济利润。利润越接近正常回报，价格越接近于边际成本，市场绩效也越好，因而从厂商的获利能力可以大概判断市场绩效。

2）效率

在不完全竞争条件下,远离竞争威胁的厂商可以通过操纵价格长期获得经济利润,高成本伴随高价格和低社会福利,从而导致资源配置的浪费。

效率可以具体分为静态效率和动态效率,静态效率没有考虑技术进步,更强调较短时间内的情况。相对于静态效率,动态效率考虑到技术进步问题,指资源用于研究开发是否能得到充分的成果来达到产出最佳的技术成长率。实现动态效率往往需要企业具有一定的市场力量,而这必然又会与静态效率产生矛盾,社会是否应该允许公司进行垄断以鼓励其创新?这是一个两难的选择。

4. 不完全竞争下的市场结构

上面我们介绍了产业经济学关于结构-行为-绩效的分析范式,在这一结构决定行为、行为决定绩效的模型中,市场结构的状况是这一模型逻辑的出发点。新古典经济学关于完全竞争市场的假设在解释垄断或不完全竞争中是失败的,特别是伴随着20世纪大型制造公司的迅猛涌现,现实的市场更多的是不完全竞争而非完全竞争,产业经济学也正是在这一背景下成为一门独立学科的。在传统的微观经济学市场结构理论中,市场通常被分为竞争性市场和非竞争性市场来进行研究,产业经济学更关注后者,即不完全竞争的市场结构下企业的行为及其绩效。不完全竞争市场按照竞争程度的大小可分为垄断竞争市场、寡头垄断市场和完全垄断市场。

1）垄断竞争与完全垄断市场

在垄断竞争市场和完全垄断市场结构下,由于厂商之间不存在相互影响的外部性,厂商均衡具有明确的解。垄断竞争市场因可替代商品的差异性而产生,在该市场中,众多的厂商生产既具有差异性又可相互替代的商品,差异性导致了厂商在一定程度上的垄断,可替代性及产业进入自由又使该产业充满竞争性。

当某一个市场上所有的商品全部由一家厂商独家提供,该市场就是一个完全垄断市场。结构—行为—绩效论者认为,一个完全垄断的厂商可以通过策略性行为阻止潜在竞争者进入该产业,从而操纵整个产业的产量和价格,垄断者提供更低的产量并向消费者索取更高的价格,由此使整个社会福利受到损害,但垄断者在长期将获得超额垄断利润。

垄断竞争性市场达到长期均衡的条件是边际收益等于边际成本,同时平均收益(即价格)等于平均成本,表示由于竞争的存在,在长期中,每个厂商仍然只能获得正常利润。同时,差异性所导致的垄断使该市场的均衡产量低于完全竞争下的效率产量。从垄断竞争市场绩效来看,尽管垄断造成了一定的效率损失,但通常认为该市场结构不需要进行管制。一方面在于竞争性使得任意一个厂商不可能具有可观的垄断势力,因而效率的损失并不会太大;另一方面,垄断竞争市场产品的多样化带给消费者的收益足以抵消其微不足道的效率损失。

2）寡头垄断市场

寡头垄断市场是一种介于完全垄断市场与完全竞争市场之间的市场结构,这种市场结构是最贴近我们日常生活大部分市场结构的真实情况的。与网络经济的垄断竞争市场相比,这种市场的垄断因素更强一些,更加接近于完全垄断市场。在寡头垄断市场下,少数几家厂商控制了整个行业的产品供给。寡头垄断市场与完全垄断、完全竞争和竞争垄断市场最大的区别在于,由于行业内厂商数量较少,厂商的行为受到其他厂商行为的影响,而不是像其他三种市场结构下的厂商一样能够完全独立自主地进行决策。任何一个厂商做出的决策,其结果自己不能左右,而取决于竞争对手的反应,这种反应是厂商无法预料的。由于这种相互依存关系的广泛存在,造成了寡头垄断市场下厂商的行为长期存在不确定性,这种不确定性又给每一个市场上的厂商做决策时带来了巨大的困难。由此长期以来,寡头理论分析存在一个难题,即寡头垄断厂商的均衡产量和价格难以有一个确定的解。

由于存在着上述的种种困难,传统的均衡分析法难以对寡头垄断市场做出有效分析,因此借鉴了博弈论模型的相关方法对其进行分析。这种新的分析工具的广泛应用大大拓展了寡头理论的内容,也将产业组织理论的研究推向了一个新的阶段。博弈论是一种数学方法,它研究决策主体的行为发生直接相互作用时候的决策以及这种决策的均衡问题,也就是说,当一个主体,比如一个人或一个企业的选择受到其他人、其他企业选择的影响,而且反过来影响到其他人、其他企业选择时的决策问题和均衡问题。寡头市场上厂商之间相互依存的特点使博弈论成为分析该市场的有效工具。20世纪70年代以来,产业组织问题的研究吸引了越来越多的经济学家,西方经济学家的理论创新活动不断地引入新的研究范式和概念,信息经济学和研究不完全竞争市场的博弈论模型成为分析策略冲突的标准工具,给这一领域带来了一种统一的方法论。当代产业组织理论研究的重点也发生了转变,更加注重寡头垄断市场中的市场结构、公司行为和市场绩效问题。

5. 政策主张

基于结构-行为-绩效范式相互关系的研究,哈佛学派提出了其反托拉斯的政策主张。

1) 强烈要求实施反垄断政策

对垄断性的市场结构,要求在考虑规模经济和技术进步的情况下,给予结构性矫正;对于自然垄断,则必须关注其垄断性定价所带来的配置低效率现象;对高度集中产业中大厂商勾结所形成的市场势力,也要给予特别关注。

2) 要求政府采取严厉的法令管制企业间的联合和并购行为

高度集中的市场中容易达成垄断合谋并形成限制产出、固定价格、市场协议分割、默契的价格领导等行为,这就必然会影响市场绩效,所以,必须由法令来限制这类行为。有效的产业组织政策首先应该着眼于形成和维护有效竞争的市场结构,主张对经济生活中的垄断和寡占采取规制政策。特别是对企业间的并购行为,政府应该加大审查力度,对于造成垄断的并购,政府应该阻止,对于规模过大的企业组织甚至应予以拆分。

3) 要求政府严格执行对限制性交易的反托拉斯法

反托拉斯法即反垄断法,是国内外经济活动中,用以控制垄断活动的立法、行政规章、司法判例以及国际条约的总称。从广义上讲,垄断活动同限制性商业惯例("限制"指限制竞争)、卡特尔行为以及托拉斯活动含义相当。从狭义上讲,国际间的限制性商业惯例指在经济活动中,企业为牟取高额利润而进行的合并、接管(狭义的垄断活动),或勾结起来进行串通投标、操纵价格、划分市场等不正当的经营活动(狭义的限制性商业惯例)。

国际上最早出现的反托拉斯法是1890年美国颁布的《谢尔曼反托拉斯法》,禁止垄断的行为。1914年10月15日,联邦国会通过《克莱顿反托拉斯法》,该法主要禁止某些在实践中会削弱竞争的行为。它包括4个实质性条款:

（1）禁止价格歧视。

（2）禁止附带条件销售或签订排他性合同。

（3）禁止为减少竞争的企业合并。

（4）禁止兼任公司董事。同时规定完全或部分的豁免权。

（二）芝加哥学派的研究范式

如上文所述,结构-行为-绩效强调市场势力的个体行为导致了糟糕的市场绩效,因此需要政府专门出台有关政策来保障市场的竞争能力与市场活力。而芝加哥学派恰恰认为政府对于市场的干预造成了市场的垄断,政府不对市场进行干预的情况下,任何个体的垄断势力或者垄断行为都是不可持续的。芝加哥学派通常否认在位公司能够对潜在进入者实施策略性行动的可能性,认为技术和进入自由这两个因素决定市场结构,特别是进入自由可以保证取得最优的市场行为和绩效。

研究方法的不同导致了芝加哥学派与哈佛学派在一系列学术观点上的分歧。

芝加哥学派认为,不论市场结构是否集中,竞争都应该被看成是厂商获取最佳产业绩效的“过程”,该过程将导致产业依其产业特性而产生最佳的集中度。所以,不论现在市场呈现出什么类型的结构,不论是倾向于垄断还是倾向于竞争,都是竞争这个“过程”呈现出来的结果。只有适合小而有效率的个体来经营的行业,才会产生“竞争”性的市场结构。而在竞争中成长起来的大企业,如果没有政府限制和进入障碍,潜在竞争的存在将使厂商具有灵活性和效率。所以,芝加哥学派认为,垄断的市场结构并不一定意味着效率的损失,只要市场进入是无障碍的,潜在的竞争也可迫使垄断者产生效率产量。实际上这与网络经济的竞争垄断市场中保持效率与持续创新的原因高度一致,即潜在进入者的威胁,使得哪怕是处于垄断地位的企业也不敢懈怠,从而造成效率的损失。

芝加哥学派对市场集中和垄断的看法与结构-行为-绩效学派的观点截然不同,在其看来,垄断是竞争的结果,只有那些适合集中或垄断的行业才会在竞争过程中不断将低效率企业驱逐出市场,从而树立自己在行业内的垄断地位,但只要该行业是可以自由进入的,行业内的厂商仍会采取有效率的行动。与此观点相适应的政策主张是政府不一定要强烈地通过反托拉斯法限制垄断,而应该努力保持垄断产业的市场进入自由,这样才能保证产业内的垄断厂商的灵活性和效率。

芝加哥学派把结构-行为-绩效的因果关系颠倒分析,认为企业为生存而战的获利能力决定现有的市场结构。如果某产业的最佳规模是适合大企业的,则该产业中的厂商就是大企业,该市场结构就一定是高度集中的。正如前文所言,这种高度集中的市场结构如果没有竞争限制,同样应该是有效率的市场结构。

芝加哥学派并不认为在集中性产业中,就一定会出现垄断合谋对产出的限制现象,认为只要竞争过程存在,垄断合谋行为就会被自动消除,这不仅因为合谋团体内部具有相互欺骗的动机,而且因为新企业的加入将毁坏彼此的默契和利益。

芝加哥学派对垄断的看法和政策主张更适用于分析网络经济下市场结构的变化,由于网络外部性和锁定效应的存在,网络经济下的 IT 产业在竞争中必然会形成产业内的垄断,如微软对于 PC 机操作系统的霸主地位。然而另一方面,网络经济下的 IT 产业又是技术更新速度最快的产业,并且这种技术构成了产业主要的进入条件,新的企业一旦开发出更新更好的技术,就有可能挑战行业内在位者的霸主地位,这导致行业内的在位者从来不敢怠慢自身的研究开发,也不可能无限制地将产品价格定得过于偏离竞争性价格,因而网络经济下竞争与垄断同时被强化了,外部性、锁定及产品在一定程度上所具有的自然垄断性质使 IT 产业在产业内集中成为必然趋势,而以技术为进入条件则导致进入该产业相对自由,从而使该产业同样属于没有竞争限制的市场,技术更新速度的加快提高了竞争的激烈程度,由此,网络经济下新的竞争性垄断市场结构才可能会出现。按照结构-行为-绩效学派的分析,这种市场结构显然是反托拉斯法应限制的。按照芝加哥学派的观点,这种市场结构同样是适应该产业的合适的市场结构,网络经济下值得注意的效率损失并不是对于这种市场结构提出的质疑,而是关于网络经济垄断形成的原因分析,传统经济在竞争过程中,高效率的企业通过挤出低效率的企业占据垄断地位,而网络经济下锁定效应和网络外部性的存在则可能因为偶然的因素就会成就一个企业,企业之所以垄断并不是因其产品更好,而是锁定和正的外部性使企业进入正反馈循环,网络经济下企业的这种特征是其区别于传统经济中企业的最主要特征,也是我们应该关注的。

二、网络对传统市场结构的影响

(一)网络经济下交易成本的降低

交易成本理论认为,一项交易不是仅仅供给和需求达成一致就能发生。受到信息的不透明、不完全的影响,在达成交易的前后还需要付出相当的成本来搜寻、签约、谈判及监督。这些额外的成本就是交易成本,交易成本是对社会资源的一种浪费。但是随着现代网络经济的不断发展,大大加大了信息透明度,极大地降低了交易成本。举个例子,传统交易中买卖双方需要通过一些传统的方式,比如传真询盘、电话查询、线下奔波、谈判从而完成签约。这些做法的搜寻成本很高而且效率也很低,搜索面很窄。而在现代的网络经济条件下,通过国际互联网与互联网购物平台,买卖双方搜寻效率大大提升,降低了搜寻成本。我们回顾现代网络经济降低交易成本的原因可以发现,交易成本的来源主要是买卖双方的信息不对称,而交易成本的大量存在阻碍了市场交易的顺利进行并使交易的范围受到局限。而国际互联网的出现,一方面,使得信息传送的速度大大加快了,同时使得信息的受众范围进一步拓展。另一方面,大数据的应用使得这些信息得到了更好的储存与匹配,使得厂商的产品能快速匹配消费者的偏好。同时在传统经济条件下很难得到满足的个性化需求,经过互联网的快速匹配,厂商能根据这些需求进行一对一定制化服务,从而实现"长尾效应"。

(二)网络通过影响交易成本改变产业结构

网络的作用不仅仅在于它能够通过降低交易成本从而提高效率,其对经济更重要的作用还体现在通过对交易成本的影响而改变产业结构。网络革命带来的不仅是企业与企业、企业与顾客的交易费用的大幅降低,它所导致的产业结构的变革应该引起经济学家的关注。科斯曾经以交易成本解释企业与市场的边界,他认为正是因为市场中存在着高额的交易成本,为了节省市场中的交易成本,生产链中的上游企业和下游企业之间就会通过"垂直合并"的方法来减少市场中的交易成本。互联网的应用可以极大地减少市场交易中的"交易成本"，交易成本降低的一个直接结果就是企业不必再进行垂直合并，而是更多地展开垂直分工。企业因此会变得更专业化，一家企业会集中发展优势产品，对非核心产品和服务，企业会通过市场交易从其他企业得到。因此，网络经济下企业经营的一个显著特征是越来越倾向于专业化，而不是"大而全""小而全"。生产的高度专业化意味着企业即使在相当小的规模上也可以展开经营并生存下去。比如，汽车产业在网络经济下，原来大规模的汽车生产厂商不必再自己生产汽车的各个部件，而是由高度专业化的小企业去专门生产某一种汽车组件。由于展开高度专业化分工，与传统的汽车产业高度的进入壁垒（如前期高额的资金投入和研发投入）相比，这类产业的进入壁垒也将变得很低，这意味着在该生产领域会有无数类似这样的企业。因此，传统经济下汽车产业的寡头垄断结构可能被打破，而更倾向于以竞争性的竞争结构取而代之。网络经济下的企业由于经营的专业化而导致的垄断性市场结构向竞争性市场结构的转变，是传统产业市场结构在网络经济下的主要变化之一。

（三）网络通过影响企业结构和规模改变产业结构

我们知道企业内部的"代理成本"极大地限制了企业规模的扩大。而企业内部网络系统的使用及企业管理模式由传统的层级式向扁平式的转化，则使企业的规模不再受传统企业代理成本的制约，传统企业规模收益递减的规律将被打破，企业可以不断扩大其规模，同时又能获得规模收益递增的好处。比如，一家厂商生产的产品在传统经济下其规模可以供应某一省份，在网络经济下，其规模可以扩张至供应整个地区甚至整个国家的产品需求，即在市场可容纳的范围之内，由于规模收益递增的作用，企业的平均成本将持续下降。也就是说，在传统经济下由于受到规模收益递减规律作用而不得不将规模控制在市场容纳范围之内的企业，在网络经济规模收益递增作用下，市场结构将呈现出垄断的特征。

三、网络市场竞争效率

效率是与福利相联系的概念。通常，我们把社会福利水平作为衡量一个市场是否有效率的重要标准。但这只是一种在理论意义上的阐释。在对某个市场的效率进行实证分析时，还需要采用其他的一些标准和方法。

（一）市场效率的衡量标准

研究一个市场效率变化的方法有两种："微观方法"和"宏观方法"。"微观方法"是通过市场总剩余的变化来研究效率变化，关于这个问题我们在前面已经进行了分析，在此不再重复。"宏观方法"则通过价格变化来研究效率变化，具体通过价格水平、价格离散程度、菜单成本和价格弹性四个指标来度量。

1. 价格水平（Price Level）

在一个竞争性市场中（假定处于长期均衡），当价格等于生产的边际成本（$P=MC$）时，需求的数量等于供给的数量，这时的生产是最有效率的，因为当价格高于边际成本（$P>MC$）时，降低价格可以提高消费者的福利水平；当价格低于边际成本（$P<MC$）时，提高价格则可以提高生产者的福利水平。因此，只有当价格与边际成本相等（$P=MC$）时，此时的

社会福利达到最大化,表明资源实现了最优化的配置,此时的市场是最有效率的。所以,价格水平就成为衡量一个市场是否有效率的一个标志。在不降低消费者福利的前提下,较高的价格水平能够提高生产者的福利水平,使总的市场效率得到提高。相反,在不降低生产者福利的前提下,较低的价格水平能够提高消费者的福利水平,使总的市场效率得到改善。

2. 价格离散程度(Price Dispersion)

价格离散程度,就是指市场上同一种商品的价格分布偏离某一中心价格的程度。价格离散程度越大,表明对同一种商品,不同商家销售的价格差异越大。从价格离散程度的视角,我们也能观察到市场效率的高低。有效率的市场意味着信息透明度很高,消费者与销售商的信息不对称程度也会减弱。这样市场的价格水平也就应该位于与厂商的边际成本一致的水平,即实现了资源的有效率的配置。而如果市场效率较低,市场中存在着市场的封闭或垄断,新的厂商进入的成本很高,消费者与商家的信息不对称的程度就会变大,表现出来也就是价格的离散程度变大。

3. 菜单成本(Menu Cost)

菜单成本是指销售商在调整价格时所要付出的成本。在传统市场中,菜单成本主要由调整价格所带来的的物质产品消耗成本构成,如对原有价格标签的撤销成本和新价格标签的印制修改成本等。此外,我们还需要注意,由于菜单成本的出现还会导致价格黏性,也就是造成销售商的价格变动会比市场价格的变化要慢一些。在一般情况下,零售商只有在进行价格调整的收益高于其所发生的成本时,才会进行价格调整。如果菜单成本太高,零售商就不会频繁地调整价格,这样价格的变化也就较小。正因为如此,菜单成本也就成为反映市场效率的一个标准。一般认为,菜单成本越低,价格变动越频繁,市场的效率也就越高。

4. 价格弹性(Price Elasticity)

价格弹性是用于测度消费者对价格变动的敏感程度的一个指标,它反映的是价格变动对消费者购买行为影响的程度。此外价格弹性与市场效率水平有着密切的联系,可以看作反映市场效率的重要信号,因为在一个有较高效率的市场里,消费者可以掌握更多的商品信息,具有更多进行选择的余地,因而对商品价格的微小变化和差异都会十分敏感。所以,一般而言,越有效率的市场,其价格弹性就越大;而市场效率越低,则价格弹性就越小。

(二) 对网络经济市场效率的分析

对网络经济条件下的市场效率进行考察的指标与传统经济中的指标并无二致。但是,得到的结论却大不相同,其原因就是网络经济改变了资源结构和配置方式,使市场效率比传统经济的市场效率有了很大的改善和提高。尤其是以互联网为依托的虚拟市场的出现,代表了"无摩擦市场"的理想经济模型,表现为较低的搜索成本、较强的价格竞争力、较低的边际成本以及较低的额外效率损失。所以,在价格水平、价格弹性、菜单成本和价格离散程度四个指标上都具有不同于传统经济条件的特征。

1. 网络经济中的价格水平

一般而言,网络市场上的价格水平要低于传统市场的价格水平。其原因可以归结为:

(1)网络市场上生产商较低的成本结构,使得商品可以在不降低利润的前提下以较低的价格销售。网络市场具有较低的生产者进入成本,促使更多的生产商进入市场,加剧了市场竞争,而竞争的直接后果就是价格水平的大幅下降;(2)在网络市场上,销售商的广告等促销费用也降低了很多;(3)网络市场的运营和维护需要投入的人员相比传统市场减少很多,人员工资也减少了很多。例如,DELL电脑的网上或电话销售系统就使其在同等利润下可以降低价格,迅速占领市场,主要就是其所采用的销售系统降低了不必要的成本,增加了自己的福利,同时也提高了消费者的福利水平。这样,在竞争更为充分的市场环境下,生产商成本结构的差异就使得长期均衡点的价格水平逐步下降。

2. 网络经济中的价格离散程度

价格离散程度的高低取决于信息搜索成本以及消费者对商品价格信息掌握的完全程度。在传统经济中,由于信息搜索成本很高,消费者不可能花很大的代价去获取更多商品价格的信息,与商家之间的信息不对称程度很高,因而价格的离散程度也就变得很高。而网络改变了这种状况,信息、网络技术的应用使信息搜寻成本变得很低,消费者有可能获得充分的商品信息,信息不对称的程度大为降低,使得价格离散程度有可能低于传统经济下价格离散程度。但是,由于信息、网络技术不仅使消费者掌握更多商家的信息,也使商家掌握了更多消费者的信息,可以根据不同消费者的需求实行歧视性价格策略,为每一个消费者制定一个不同的价格,这在另一方面又增大了价格的离散程度。

3. 网络经济中的菜单成本

网络经济中的菜单成本也要比传统经济中菜单成本低得多。在传统经济中,商品的销售必须以物理的方法进行,对价格进行调整要耗费很大的物力和人力,并且在商品种类繁多的情况下,还很容易出错。相反,在网络经济的虚拟市场中,商品的交易过程在很大程度上是以虚拟的方法完成,对价格进行调整的菜单成本可以大大地减少,往往只需要对存储和管理价格的数据库进行一些数据或公式的调整即可,并不需要大量的物耗和人力投入。由于网络经济中的菜单成本更低,因此,价格调整的频率要比传统经济更高,并且由于网络经济中消费者对价格变动更敏感,即价格弹性更高,商家每次调整价格的幅度比传统经济下价格调整幅度要小得多。

4. 网络经济中的价格弹性

在网络市场上,其市场效率应当高于传统市场的市场效率,这是因为网络市场具有更低的信息搜寻成本,从而降低了生产者和消费者之间的信息不对称程度。与传统市场相比较,在网络市场中,消费者只需要轻轻点击鼠标,就可以查询不同的供应商所提供的商品的相关信息,如价格、质量、售后服务以及已经购买过该产品的消费者的使用感受和购买建议等。由于消费者通过网络可以获得更多商家的商品销售和价格的信息,可以进行更多的比较,供需之间的信息不对称被大大降低了,消费者拥有更完全的与商品购买有关的信息,所以,消费者对网络商品的价格差异与价格变化更加敏感,价格弹性也就变得更高。

（三）关于网络市场效率的讨论

在对网络市场效率的研究中,大多数人都认为相对于传统市场,网络市场的价格水平、菜单成本和价格离散程度更低,价格弹性更高,因而具有比传统市场更高的市场效率。但这一结论并没有完全得到实证检验的证明,相反,许多对网络市场的统计分析结果表明,在一些市场效率的分析指标上,网络市场并不优于传统市场,甚至有些方面还不如传统市场。这一结果被称为"网络市场效率悖论"。

1．对网络市场效率悖论的解释

对网络市场的实证研究表明,其市场效率并不完全表现为高于传统市场的市场效率。对此现象产生的原因,主要有以下几种解释。

1）网络市场的不成熟

许多人都把网络市场效率悖论的原因归结为网络市场的不成熟。例如,Bailey(1998)就用市场不成熟来解释网络市场的价格水平更低的现象。这种解释可以在 Brynjolfsson 和 Smith(2000)的结论中得到印证,因为后者的研究数据搜集时间比前者晚两年,在此期间在线图书和 CD 市场变得更成熟,因而其价格水平就更低了。

2）过高的物流、配送成本

网络只是提高了商流、资金流和信息流的效率,但物流和配送过程还需要以传统方式进行,而低效率的物流、配送系统将抵消网络所带来的效率提高。Lee(2000)的研究表明,柜台药的在线价格比传统价格低,但经过配送成本调整后的完全价格比离线价格要高。但该研究同时发现,在线柜台药的价格加成很低(只有 5.26％),比离线产品的价格加成少近 11％。这表明,柜台药品完全价格高的主要原因是配送体系的低效率和高成本,而不是网络市场本身的低效率。

3）消费者主观价值判断的差异性

消费者对商品价值的主观判断存在差异,即使是对同一种商品,不同消费者对其评价会有很大不同,因此愿意接受的价格会有很大的差异。网络购物的便利性为消费者创造了时间价值,但不同的消费者对时间价值的主观感受不同,有人更关注时间的节约而不太关注商品的价格,有人则完全相反。这样,对不同类型的消费者,商家必须采取不同的价格策略,使价格的离散程度加大。

4）商家采取的歧视价格策略

网络极大地降低了销售商的搜索成本,赋予在线销售商更强的歧视定价能力。价格歧视的前提条件是掌握消费者偏好、用户单独付账和防止用户套利。而利用信息、网络技术,在线销售商很容易实现这三个条件:销售商可以记录每一个购买者的信息,并利用这些信息为消费者定制产品和匹配价格,从而实现差别定价;因为在线购物的消费者与销售商之间是一对一的交易,并通过相应的支付体系单独完成,所以支付也都是一对一进行;针对不同消费者的不同的访问界面可以有效限制消费者之间的套利行为。对于支付意愿较低的消费者可以设置一个需要花费更长时间完成交易的界面,因为他们的时间价值较低。反之对于高支付意愿的消费者,快捷界面的设置可以帮助他们快速完成交易。然而,大多数人都认为,上述问题应该看作网络经济发展过程中暂时的现象。从长期看,随着网络经济的发展和网络市场的进一步成熟,物流与配送体系的不断完善,网络销售的成本将随之下降,网络销售商品的价格水平也将会进一步下降。同时,随着市场竞争的进一步加剧,企业将提供更全面的信息和更友好的购物界面来争夺消费者,从而降低企业的歧视定价能力,价格离散程度也随着下降。总之,网络市场的效率将随着网络经济的发展而不断提高,网络市场将表现出比传统市场更大的优越性。

2. 网络市场效率高于传统市场效率的解释

但是依然有一大批学者认为网络市场的效率会高于传统市场的效率。主要有以下观点。

1）生产者的角度

有观点认为信息技术的发展使得网络市场由卖方市场转向买方市场,消费者获得了更多的信息,厂商之间竞争更加激烈,进而提高了市场效率。Hagel(1996)提出由于开设网络商店的成本很低,激烈的竞争迫使经销商将生产者剩余以低价格的形式转让给消费者,加之消费者能够轻易地在成千上万的销售商中搜寻最低价格,使得价格下降和趋同的压力大大增加。Zettlemeyer(2000)认为互联网的不断发展带来的"信息爆炸"会促成更低的价格、公司之间更为激烈的竞争和更低的价格离散程度。

2）消费者的角度

Stigler(1996)首次提出了"搜寻"的概念,即一个消费者为了获取最优价格而对不同的销售商进行调查对比的现象,在此基础上提出,如果存在有效的媒介能够降低消费者的搜寻成本,那么市场效率将得到提高,市场上的价格离散程度也会减小。互联网带来的平台经济会降低买卖双方的搜寻成本,从消费者角度来看,消费者能够通过互联网平台更轻松地比较不同销售商的价格,相较于传统经济方式可以节省大量的财力、物力和时间。同样,从销售者角度来看,一家平台的线上店铺就可以把商品推到全国乃至全世界消费者面前,而传统的连锁店模式所花费的时间和金钱,远高于线上店铺花费的时间和金钱。

3）移动互联网市场效率讨论

相比于传统互联网,移动互联网显然更具有优势,效率也相应地提高。第一,由于在传统互联网建设中,很多内容和应用已经发展得较为成熟。因此,通过对信息、技术、业务模式等功能进行合理化的改进与拓展后,应用于移动互联网行业。第二,传统的互联网缺少相应的管理系统。而移动互联网则与松散的传统互联网结构不同,由于它产生于电信网络,拥有计费管理等相应的管理机制,因此,移动互联网具有较为明确的层次管理机制。第三,与传统的互联网终端相比,互联网的移动性和个性化更加适应当今社会的发展,用户体验得到了极大的提升。综上,移动互联网是在传统互联网与移动通信基础上产生的新产业模式,它同时继承了移动通信的不受地理与时间限制、可监管以及互联网开放、分享、互动的特点。这些特点使其在世界范围内得到了广泛的应用和快速发展。

第二节　网络市场的垄断结构

网络市场与传统市场一样,也存在垄断的情况,但是网络经济下的市场垄断与传统经济条件下的垄断有着非常明显的区别。本章着重介绍了网络市场垄断的特点以及垄断与竞争的交互。其中在网络市场垄断与竞争中最重要的是标准竞争策略以及标准竞争策略的影响因素。

一、网络市场垄断的特点

（一）虚拟经济与实体经济

当今的经济运动分为实体经济（real economy）运动和虚拟经济（fictitious economy）运动。从经济运动的发展历程来看，实体经济早于虚拟经济，虚拟经济的发展是以实体经济为基础的。虚拟经济是实体经济某种价值的衍生形态，这种衍生是实体经济发展到一定程度时一定会出现的。比如，由传统的货币形态最终产生出价值运动的虚拟形态——股票、期货、期权等实体经济价值运动的衍生形态。随着网络经济的不断发展，实体经济被进一步划分为实物经济（material economy）与虚拟经济（virtual economy）。需要特别指出的是，这里的虚拟经济（也可称为网络经济）和前面的虚拟经济不是同一个事物。这里的虚拟经济属于实体经济范畴，也是现实经济的一部分，主要指信息经济、数字经济等。以信息作为主要资源构成的经济活动是现代经济活动的重要组成部分。和实物经济一样，这种经济活动也有虚拟经济形式。

（二）数字经济形势下的竞争性垄断的生成

现代微观经济学在讨论市场结构时，一般都是从竞争程度或垄断程度上把市场分为完全竞争、垄断竞争、寡头垄断和完全垄断四种基本形式。这种理论框架，不仅可以涵盖所有的市场经济活动，而且可以从结构-行为-绩效的角度对微观经济活动给出一种有效的解释。然而，对传统经济有效的理论，在新经济条件下却受到一定的挑战，新经济领域存在的不同于传统经济的特点决定了一个新的竞争性垄断市场结构正在形成。这种特点表现在以下几个方面：第一，信息资源的特点决定了新经济具有不同于传统经济的结构和规则；第二，技术的市场不相容性定律存在于新经济领域。由于上述原因，导致了特殊市场结构——竞争性垄断的出现。

1. 竞争性垄断市场结构的特点

由于网络经济市场是一个高度开放的市场，这导致与传统的市场相比，网络经济市场的竞争和垄断同时被强化了。信息产品的特点导致了竞争的最主要方面是技术竞争，竞争愈激烈，越发刺激技术创新，这也会导致行业集中度迅速提高，行业垄断性增强。但是与传统市场垄断导致的结果最大的不同在于，这种行业垄断不会抑制竞争，反而会促进竞争。在竞争和垄断双强态势的作用下，竞争和垄断的共生现象演化出一种不同于传统市场结构的新的市场结构——竞争性垄断市场结构，这种市场结构的形成可以用新经济的资源特点和技术的市场不相容性定理来解释。

2. 竞争性垄断市场结构的形成机制分析

竞争性垄断市场结构的最大特点在于竞争与垄断在一个统一的市场中并存并双双得以

强化。分析这种特殊市场结构的形成机制,也应从两方面进行分析,即分别从该市场结构的垄断性和竞争性两方面进行分析。正如我们在本书前面所分析的,网络经济下信息产品具有极强的边际收益递增效应和规模经济效应,这意味着厂商的规模越大,越容易吸引更多的用户,从而收益也越大,形成正反馈循环,网络经济下的行业垄断势不可免。一个企业在初期的竞争中一旦获得了领先优势,这种优势就会在正反馈机制下不断得以强化,从而将对手排挤出局,获得垄断地位,而其他的企业再试图与之竞争则相当困难。

网络经济下的这种经济特征根源于其产品两方面的因素:供给方规模经济与需求方规模经济。从前者而言,信息产品由于其特殊的成本结构(极高的固定成本与极低的变动成本),使平均成本持续递减,意味着规模经济趋于无穷大,这种现象在传统经济模式下从未出现过,即使在自然垄断行业,其平均成本和边际成本递减趋势也不是无限延伸的。比如电力、天然气等行业在市区现有设备的运输承受能力内可以做到边际成本递减,但是一旦超过了设备的承受能力,就需要增加相应的设备等多项成本投入,否则就无法增加产量。造成这种现象的原因在于传统经济与网络经济的产品特点不同。传统经济的各类物质产品的物质禀赋是稀缺的,且具有不可重复使用的性质,所以,规模经济的有效范围会受到限制。只有在合理的规模内平均成本和边际成本才会递减,一旦超过了这个规模限制,额外的成本投入会导致这种递减陷入停滞。但是由于信息产品具有可重复使用、低成本、大量制造等反向的特点,使得持续的边际成本和平均成本递减成为可能。而网络经济的需求方规模经济则根源于网络经济的外部性及转换成本的存在,使在竞争中获胜的企业很容易进入正反馈循环:企业的规模越大,吸引的用户越多,从而轻易将竞争对手排挤出去,使企业处于垄断地位。

这里,来自信息产业的另一个重要特点——技术的市场不相容性定律强化了"赢者通吃"的市场垄断效应,这也是新经济与传统产业最重要的区别之一。在传统产业里,某些传统产品可用不同层面的技术来生产,从而可以满足不同层次的消费需求。昂贵的高新技术和一般的工业技术甚至手工技术所生产的同类产品都有着一定的市场需求,这是因为人们的收入水平及由此决定的生活需求水平差异很大,特别是人们的偏好不同,因此,不同技术生产的各种不同价位的产品恰好能满足不同消费水平的市场需求。但对于信息产品来说,所适用的规则完全不同。以智能手机的操作系统为例,谷歌在 2008 年成功推出第一代 Android 操作系统,它很快就替代了其他操作系统,成为人们使用最多的平台。2011 年第一季度,它成功超过塞班系统,跃居全球市场份额第一。随着 Android 系统的不断更新,原来系统中出现的种种问题不断被修复,使得系统越发完善。2013 年采用 Android 系统的设备数量已达 10 亿台,2021 年 5 月 19 日,谷歌宣布 Android12 正式发布。与之相对的老牌系统塞班,由于缺乏技术创新,用户流失严重,缺乏有效数据支撑系统更新,陷入恶性循环,已于 2013 年被诺基亚公司放弃,早早退出了历史舞台。

根据摩尔定律,随着信息技术功能的增加和完善,价格则呈现出周期性的下降。一旦新技术和新产品推出,会导致使用老技术的产品的价值迅速降低,最终会淘汰旧产品,这一点以电子产品,诸如手机、电脑的周期性"挤牙膏"式升级最为明显。一旦新技术推出,使用这种技术的产品就可以卖出高价,并且迅速占领整个市场,使用老技术的产品被淘汰。由于信息技术市场存在明显的"马太效应",为了占领市场垄断地位,对新技术的持续研发显得尤为重要。除此之外,信息的标准化导致了多种技术并存实际上并不存在,这就更有利于先期进入或占有技术优势的强者,同时也在一定程度上增加了其他后来进入者的竞争难度,从而助长了垄断趋势。

由此可见,网络经济下垄断的形成是由网络产品本身的特性所决定的。在新经济的竞争性垄断市场结构中,竞争的结果必然形成垄断。企业的垄断地位一旦形成,在网络产品特殊的成本结构下,网络产品的定价与传统产品定价相比有着巨大的差别。其价格变化更多的是依据顾客对于产品的价值评价,而不是传统产品的以生产成本为基础,受到市场供求关系的影响。举个例子来说,游戏盘分为平装版和皇家版,本质上内容相差不多,平装版包括游戏本体内容和DLC(资料片),皇家版除此之外会附赠特典,一般是游戏内容的周边画册、游戏内的特殊皮肤等。向价格敏感的玩家,售卖平装版,可以使其完整体验游戏内容;向价格不敏感,但是重视体验和质量的玩家,售卖皇家版,可以使其有更好的游戏体验,皇家版也有更高的收藏价值。或者实行分期定价的原则,即对不同时期的顾客实行不同的价格,同时以不断降低价格来吸引顾客。首发游戏价格较高,但能第一时间体验游戏,晚一点游戏打折时可以以更低的价格体验游戏。俗话说:"早买早享受,晚买有折扣!"歧视性定价成为竞争性垄断市场的主要定价模式。对于信息产品来说,价格不再主要由成本基础和供求关系来决定,个别企业的价格控制能力被强化了。当固定成本较高时,它可以以此作为获取高额经济利润的借口,把价格定在高于成本几倍、十几倍甚至几十倍的价位上。这可以从近些年来美国微软等诸多高新技术企业的快速发家史中得到验证。随着平均成本和边际成本下降幅度达到一定程度,它又可以进行低价"倾销"甚至赠送。可见,在新经济中,由于规则的变动,尽管企业仍然处于垄断地位,但在定价方式上,与传统垄断企业的利润最大化的边际定价原则有所区别,企业控制价格的能力更加强化和灵活,信息企业对价格的控制程度主要取决于需求方的价格竞争,即顾客对信息产品价值评价高低的竞争。

上面的分析告诉我们,新经济下竞争性垄断市场结构中竞争如何最终必然导致垄断,这种必然性是由信息产品的技术特点决定的,然而信息产品的技术特点不仅是该市场结构中垄断形成的原因,同时也是竞争激烈的原因。在竞争性垄断市场结构中,垄断是对某种技术的垄断,但技术的垄断不是最终的结局,而仅仅是新一轮更激烈的竞争的开始。这是因为对于竞争性垄断市场结构而言,竞争是对技术的竞争,而该市场上技术竞争是完全开放的,即不存在任何技术上的壁垒,而新经济下的技术创新频率是人类发展迄今最快的(正如摩尔定律所描述的),由此竞争的效率比以前空前提高。因此,拥有技术优势的企业不会遇到来自其他方面的不可逾越的障碍,往往一出手就得益于正反馈机制的调节作用,占有"赢者通吃"的市场地位,而在技术上处于劣势的企业往往会一败涂地,很快失去已有的市场份额。此时,"赢者通吃"的网络规则既是网络经济下垄断的典型表现,同时也是吸引竞争者的强烈激励,而技术的完全开放性使这种竞争成为现实并且更加激烈,随着技术创新的跟进,旧的垄断地位被打破,新的垄断不断形成。

综上所述,新经济的垄断性主要是由它的产品的资源特点和技术特征等决定的,其独特的成本结构与网络外部性下的网络效应的存在使优势企业更容易形成垄断地位。因此,信息产业垄断地位的形成与传统行业垄断地位的形式相比有明显的区别,是技术竞争而不是垄断行为造就了垄断地位。我们将这样的垄断称为竞争性垄断,以此将它与传统经济的垄断相区分。我们需要注意的是,更激烈的竞争和更开放的竞争环境促进了竞争性垄断的形成,而不是抑制,这与传统意义上的垄断有着明显区别。受到"赢者通吃"的影响,竞争程度越高,垄断程度也越高;而垄断程度越高,竞争就越激烈,创新的频率也就越快。

在这种市场结构下,处在垄断地位的企业具有更强的危机感。企业要想占据垄断地位并维持下去,就得不断提高自己的竞争力,而提高竞争力的最有效手段是技术创新,否则就会被潜在的竞争者取而代之。

(三)竞争性垄断市场结构的特点

与传统的几种市场结构相比,竞争性垄断市场结构的形成在资源禀赋、技术的市场不相容性等方面有着自己独特的原因,竞争性有其自身的特点。竞争性垄断市场与其他两种不完全竞争市场的比较情况如表 4-1 所示。

表 4-1　竞争性垄断市场特点

因　素	市　场　类　型		
	竞争性垄断	垄断竞争	寡头垄断
企业数量	较少	很多	很少
企业间利害关系	存在	基本不存在	非常尖锐
价格决定	自行决定	相互影响	受其他厂商制衡
定价方式	区别定价	高于边际成本	不确定
价格变动趋势	持续性下降	比较稳定	基本稳定
核心竞争力	技术创新能力	品牌	多因素(市场营销、企业管理等)
进退障碍	进入障碍	进退容易	进退较难、成本较高
产品差异	与寡头市场类似	有差异	纯寡头无差异、差异化寡头有差异
行业分布	信息产业	日用工业品	机械、重化工等

为了明确和深入地了解竞争性垄断市场结构的特征,下面做进一步比较。

第一,市场上生产同类信息产品的企业数量始终有限,不会太多,与此同时,潜在的市场进入者始终对现有市场虎视眈眈。少数的一个或者几个技术领先者始终占据市场的大部分份额,这造成了市场垄断态势的形成。虽然市场垄断态势已经形成,但是与传统市场垄断最大的区别在于,这种垄断的态势不是稳固的,反而是有极大的不确定性。由于技术创新会导致原来的市场领先者被赶下王位,导致竞争性垄断市场结构中处于垄断地位企业的更换率非常高。此外,还需要注意,与传统市场相比,信息产品市场中产品的差异化相比于传统市场中产品差异化会小很多。这主要是因为随着信息市场的不断规范,标准化的要求导致各种信息产品的差异化迅速缩小。由于产品差异化的缩小,导致竞争更加集中,特别是缩小到技术创新上,这加剧了竞争的激烈程度,提升了创新频率。在网络经济条件下,市场份额与技术创新频率的关系十分密切,远胜于传统市场中水平。一旦市场领先者创新停滞,它的市场份额会迅速被其他创新者瓜分,从而失去市场垄断地位。

第二,竞争性垄断市场结构下,企业对价格的控制也与传统市场结构下价格控制有着非常明显的区别。传统的垄断市场中,企业确定产品的市场价格主要受到自身的市场垄断地位和政府监管程度等因素的影响。而在网络经济条件下,由于信息产品低成本、可快速复制等特点,导致价格主要受到消费者的价值判断和对价格敏感程度等因素的影响。竞争性垄断市场与传统市场的产品价格确定方式的区别是整体性的,不仅是整个产业,还涉及微观层面每个企业的价格制定规则。造成这种情况最主要的原因是信息产品的生产边际成本递减不存在边界限制,这导致企业原有的定价规则,即边际成本定价和平均成本加成定价的原则不再适用。倘若采用原有的定价规则,最终结果是导致信息产品的价格无限趋近于零。此时企业若想获得最大的收益,最佳的方法是针对不同消费者采用不同定价,这种一级价格歧视的定价方式就是根据每个消费者对同一信息产品的价格敏感程度和价值判断不同而确立的。向价格较为敏感的消费者提供较低的定价以满足其基本需求,向价格不敏感的消费者提供较高价格的产品,以满足其多样化需求,较为常见的例子是平装版和精装版图书。

第三,竞争性垄断市场结构发生在新的经济形势下,特别是在网络经济条件下,这意味着高强度的市场竞争和极快速的技术迭代创新。同时我们也需要注意,网络经济条件下的高度竞争不同于传统经济的充分竞争,要注意区分。充分竞争主要存在于完全竞争的市场结构中,它通常意味着由于不存在政府干预等阻碍市场竞争的机制,使得市场上有数量极多的企业,它们生产同质产品,可以自由进出市场,它们没有控制市场价格的能力,都是价格的被动接受者。高度竞争与充分竞争最大的区别在于,高度竞争市场上的企业数量很少,要么处于赢者独吃的垄断地位,要么被淘汰出局。导致这种情况是因为在技术不相容定理的作用下,市场竞争的激烈程度远超传统经济中竞争激烈程度,技术创新是决定企业能否在这个市场结构下占据垄断地位的唯一决定因素。同时,在高度竞争的市场下,企业可以针对不同消费者实行歧视性市场价格。但是高度竞争与充分竞争也有相似之处,比如两者的出现,都需要自由的行业进出和尽量少的政府不正当干预的行为。

第四,与古典经济学均衡不同的是,竞争性垄断均衡从长期来看,价格有持续下降的趋势,而不是传统垄断所导致的价格维持在一个较高的水平上。处于竞争性垄断市场中的企业除了可以通过传统市场结构下的限制产量和降低价格等途径来获得利润,因为其平均成本下降没有限度等原因,还可以通过不断提高产量和降低价格的方式来获取长期利益和维持生存。同时信息产品自身具有的,诸如高固定成本、低变动成本等特点,导致信息产品的贬值速度远高于传统商品贬值速度。因此,只有持续增加产量,才能做到不断降低成本,这样持续降低产品价格,可以有效防止潜在竞争者进入市场,保持其垄断地位。

第五,竞争性垄断市场结构对人才素质提出了更高的要求,特别是对人才的创新能力提出了新的要求。这主要受到技术的市场不相容性定理的影响。在传统的产业中要求专业技术人才拥有丰富的经验和创新能力,在这种情况下,经验和创新能力是同等重要的。这是因为许多传统产业具有经验主导型的特征,这使得很多经验丰富但是相对缺少创新能力的技术人才也能生存。但是在信息产业中,由于信息产品快速迭代、技术不相容性等特点,导致经验不一定会带来正向的影响,反而会带来时过境迁的负面影响,这种时候,人才创新能力的重要性远远超过了经验的重要性。因此我们可以看到,在信息产业的有关人才流动是十分迅速的,不断淘汰不能持续创新的人员,寻找新的创新型人才。

第六,竞争性垄断市场结构下的产品生命周期变化与传统市场结构下的产品生命周期变化也有重大的区别。从具体的表现来看,传统市场结构下产品生命周期呈现波浪式变化,而竞争性垄断市场结构下的产品的生命周期呈现指数型变化。导致这种情况出现的原因主要是在网络经济环境下,技术创新频率明显提升,产品的更新速度相比于传统产品更新速度也快很多,销售量和利润也大幅增长。原来的波浪式变化已经不能反映信息产品在市场上的情况,只有变化幅度更大的指数型变化趋势才符合这种情况。

第七,竞争性垄断市场的竞争性与垄断性不是互相冲突而是共存的,"可竞争性"和"可垄断性"是竞争性垄断市场的双重特性。可竞争性市场(Contestable Markets)是在传统的市场结构基础上发展起来的一种新的市场结构。当一个行业处于垄断或者寡头市场且进出自由时,由于潜在进入者的威胁,使得价格等于边际成本,那么这种市场即为可竞争性市场。"可垄断性"是不同于传统市场下的垄断的,在网络经济条件下,由于缺少政府管制,市场进出是相对自由的。但是即使是像谷歌这样的行业巨头,面对潜在市场进入者的威胁依然丝毫不敢有所松懈,不敢放慢创新的步伐,否则有被淘汰出局的危险。这是"可垄断性"市场的垄断与传统垄断的区别。除此之外,"可垄断性"也表现为长期来看市场的一种垄断趋势。具体来说,是由于信息产品市场的特殊性质导致一种产品的生产只能有一种标准化的技术,因此,这导致拥有该项技术的企业必然在市场上形成垄断态势。这是由产业标准化和规范化下市场的不相容性所决定的。

(四)对竞争性垄断市场的评价

竞争性垄断市场结构是信息经济中技术竞争和创新以及标准化约束的必然结果。否定这种特殊的市场结构,就等于排斥高度竞争和创新,否定规模经济和范围经济,摒弃标准化。在信息经济中,竞争性垄断市场结构是高度的竞争与高度的垄断二者的奇妙结合,因而对于网络经济来说是最有效率的。原因在于在完全竞争市场中,受制于企业自身规模较小,能力不足,即使市场上有着充分竞争也不能做到最有效率的创新。而在传统市场结构下的寡头垄断和垄断竞争市场缺乏足够活力,创新动力不足导致竞争程度和创新速度比不上竞争性垄断市场。但是在网络经济条件下,垄断性保障了企业的规模足够大,能力足够强。同时可竞争性,即潜在进入者的威胁,又保证了市场创新的活力,使市场上不缺乏创新的动力。这些特征保证了竞争性垄断市场创新的效率相比传统市场更高。造成这种差异最主要的原因是信息产品和传统物质产品在特性上有明显差异。

(1)竞争性垄断市场的效率保障来源于它能保持高度竞争的特性。在这种特殊的市场结构下,垄断和竞争达成了一种循环。垄断是高强度竞争的结果,又是一轮崭新竞争的开端。与传统垄断最鲜明的区别是这种垄断不仅无法抑制竞争反而会加剧竞争。因为在足够成熟的网络经济条件下,技术是最主要的垄断因素,除此之外不存在任何妨碍竞争的不可逾越的障碍。在这种情况下,企业为了高额的垄断利润,会刺激企业不断持续地进行技术创新。需要说明的是,这种情况下的垄断利润与传统意义上的垄断利润是有区别的,这种垄断利润指的是可以在市场中针对不同的个体进行定价的价格歧视能力。在网络经济条件下,信息产品的价值会随时间迅速贬值,竞争和创新的程度稍微降低,就会导致产品更新换代速度降低。这一方面使企业产品的销量和利润增长幅度都会明显下降,另一方面还会受到其他潜在进入者推出新的信息产品的威胁。这些因素迫使企业持续不断地进行创新。

(2)竞争性垄断市场结构最有利于创新。首先,我们应该明白创新是可以促进市场提高效率、降低成本的重要方式之一。所以,创新应该作为衡量市场结构是否合理的重要标志之一。创新的方式很多,不仅仅局限于技术创新。但是技术进步是最有效率的创新方式之一,是推动社会进步的重要动力。如上文所述,在完全竞争的市场中,受限于企业规模,难以应付投资规模巨大的新经济产业中的技术创新。而竞争性垄断市场给予技术创新最好的条件,因为它的竞争相比于传统市场更为激烈,给企业带来了更大的创新动力。而这种竞争带来的垄断态势和垄断利润可以帮助企业迅速做大做强,这解决了传统完全竞争市场带来的企业规模受限的问题,为进一步的技术创新提供有效的人力和物力支撑。此外,竞争性垄断市场的行业垄断态势,又持续吸引潜在进入企业与占据垄断地位的企业进行技术创新,从而形成良好的创新氛围。所以,在网络经济条件下,企业获得了最良好的技术创新动力和能力。

总而言之,竞争性垄断市场,是兼具垄断和竞争两种特性的一种独特的市场结构。其最独特的特点就是高烈度的持续竞争与快速的创新带来的高效率与快节奏。

二、竞争与垄断交互

网络经济中依然存在着激烈的市场竞争,企业仍需要努力建立自己的竞争优势,否则将会被市场淘汰。然而,由于企业内部条件和外部环境的改变,传统的竞争手段已不能适应网络经济的要求,因而企业必须采取一些新的竞争策略,以为自己赢得更大的生存和发展空间。

(一)标准竞争策略

在网络经济中,标准竞争日益成为市场竞争的一个新特征,同时也是企业建立核心竞争优势的一个重要途径。如今,国际上众多领先企业已将标准竞争作为一种基本的竞争战略,并通过标准竞争建立其他方式难以获取的核心竞争力。

1. 标准

标准实质上是一种为人们所共同遵守的技术规范,根据其形成的形式不同,又分为基础标准和要素标准。其中要素标准是通过竞争而形成的,企业为成为标准的主导者而采取的策略,即为标准竞争策略。

标准,是某一产业范围内的所有产品、生产过程、规格或程序的所有要素都必须遵循的一套技术上的规范。一般情况下,标准可以分为基础标准和要素标准两种类型。

基础标准也称官方标准,属于公共标准的范畴,它是由政府制定并强制执行的标准。基础标准一般由政府职能机构组织相关企业及专家通过协商制定,再由标准管理机构批准并发布实施,且要求所有人都必须遵守。基础标准在一定范围内可以直接应用,也可以作为其他标准的依据和基础,具有普遍的指导意义。也就是说,基础标准既存在于国家标准和专业标准中,也存在于企业标准中,它是该领域中所有标准的共同基础。

要素标准也称市场标准,属于非公共标准的范畴,它常常是由于一个或数个厂商垄断了市场,从而迫使其他厂商接受其专有技术所形成的事实上的标准。要素标准主要存在于企业标准之中,它体现为"企业所遵循的一系列技术指标,无论这种技术指标是默认的还是通过一个正式的协议而产生的"。要素标准的产生一般有两种方式:一是通过领导地位形成,即某一领导者的技术成为主流,导致其他企业纷纷跟进;二是通过竞争形成,即若干同类但相互不兼容的技术相互进行竞争,其中某个技术在竞争中取胜并占据主流,而其他技术从市场上消失。要素标准遵循自愿遵守的原则,不具有强制性。

2. 标准竞争策略

网络经济的法则,就是强者越强,弱者越弱。而所谓强者,就是其产品成为市场主流的企业。努力争取成为市场主流,是网络经济下企业的重要战略目标。而实现主流化的一条重要途径,就是成为行业的标准。要素标准实际上是企业之间激烈竞争的结果。标准竞争策略,就是企业为使自己成为标准或标准的一部分而采取的方式和方法。为了取得竞争的优势,每个企业都希望通过自己的努力能够成为行业的标准,或者在标准的制定中取得主导地位。因此,网络经济下企业之间的竞争由产品竞争发展为标准竞争。在网络经济中标准表现出了不同于以往的作用。在以往的工业经济时代,标准的形成往往落后于产品的生产。到了网络经济时代,企业总是在产品进入大规模生产之前,就试图制定和控制产品的行业标准。因此,在网络经济时代企业开始把成为标准作为自己的目标,并通过一系列策略来实现这一目标。

(二)影响标准确立的因素

在标准竞争中,谁的技术能够成为标准,主要取决于哪种技术能够为更多的人所采用。采用的人越多,就越有可能成为标准。使用者的多少,一方面与用户基数的大小紧密相关;另一方面也与产品的兼容性有关。

1. 用户基数

用户基数,是指由以往的用户所形成的产品使用规模。达到一定的用户规模,是网络效应的前提。因此,标准竞争必须以一定的用户基数为前提。当用户基数达到一定的量,拥有该技术的企业就会通过自我增强机制而成为产业的主导者。

2. 兼容性

兼容性,是指不同厂商所生产的产品或服务在技术上的相互融合程度。兼容分单向兼容和双向兼容。单向兼容只增加一方的用户基数,双向兼容使双方的用户基数都增加。一种技术的兼容性如何,会直接影响用户基数的大小,进而影响标准竞争的结果。

(三)基于标准的竞争策略

标准竞争策略是指企业为使自己成为标准或标准的一部分而采取的方式和方法。由于在众多的技术中,只有一种技术能够成为标准,因而标准的竞争比产品的竞争更加激烈,也更加残酷。为此,企业在进行标准竞争时,需要采取一定的策略。这些策略包括组建标准技术联盟、渗透式定价和选择技术的兼容。

1. 组建标准技术联盟

企业联盟是指企业之间为实现一定目标而结成的经济联盟,而为成为标准的主导者而在技术上结成的联盟即为标准技术联盟。根据联盟成员的构成不同,标准技术联盟又可以分为纵向联盟和横向联盟两种类型。

1)纵向联盟

纵向联盟是基于供应链关系的原材料或零部件供应商和产品制造商组成的标准技术联盟,产品制造商是核心企业,在保证原材料、零部件与产品技术标准兼容的前提下实现高水平的质量。其目的是扩大并形成稳定的互补产品的供给来源,以此来影响消费者对未来市场的预期。

2）横向联盟

横向联盟是竞争者之间建立起来的联盟。由于合作各方在连续不断的基础上共同从事一项活动,从而改变了一项活动的进行方式。联盟包括研发方面的联盟、生产阶段的联盟和销售阶段的联盟。研发中的合作可以通过降低联盟成员的成本提高效率,通过共享财务资源获得新的财力资源或分散风险而增加规模经济。横向联盟常以合资企业的形式出现,但它们也包括技术分享、交叉许可证转让和其他合作协议,或以授权的方式允许其他企业使用自己的技术,削弱其他企业自行开发、研制的积极性,减少竞争。与竞争对手进行横向联盟的目的是扩大用户基数,避免对抗,取得双赢。

2. 渗透式定价

为了使自己成为标准,企业往往需要在最短的时间内形成尽可能大的用户规模,因此渗透式定价就成为标准竞争策略的又一内容。渗透式定价是以一个较低的产品价格打入市场,目的是为了在短期内迅速扩大用户基数,使之达到临界规模,牺牲高毛利以期获得较高的销售量及市场占有率,进而产生显著的成本经济效益,使成本和价格得以不断降低。虽然给产品定低价将有可能会给企业带来亏损,但是作为一种竞争策略,企业往往制定低于成本的价格,有时企业甚至以免费赠送(零价格)的形式来达到建立用户基数的目的。因为只有先有了用户基数,才能通过网络效应进入正反馈,最终使自己在标准的形成过程中占据主导地位。

3. 选择技术的兼容

在自己不能成为标准制定者的情况下,企业还可以通过与标准制定者相互兼容来成为标准的参与者,因而选择技术的兼容性也就成为标准竞争策略的一个重要内容。在一般情况下,自己的技术对其他企业兼容性越强,其他企业对自己的技术兼容性越差,对自己越有利。企业对于技术兼容性的选择遵循以下基本规则:第一,倘若企业拥有全方位的优势偏好不兼容,当企业只有某一方面拥有优势时,偏好兼容。第二,是否兼容与产品所处的生命周期密切相关,当产品处于生命周期的初级阶段,此时竞争相对不激烈,倾向于兼容。当产品步入生命周期的相对靠后阶段,此时竞争越发激烈,偏向于不兼容。第三,新进入市场的企业,倾向于兼容;而传统的市场在位者,倾向于兼容。

第三节　垄断市场的福利与政策分析

网络经济中的生产均衡条件与表现形式都发生了改变,这种改变是否会影响社会的福利水平? 对此,需要借助福利经济学的分析方法,来对网络经济中市场均衡的福利状况及其变化进行分析。

此外,本节的另一个研究的重点在于网络经济时代下的反垄断政策。从 2007 年《中华人民共和国反垄断法》(以下简称《反垄断法》)颁布实施,到 2020 年首次大幅度修订,再到 2021 年开出互联网时代第一张反垄断罚单,种种行为显示出政府和市场对于互联网时代越发严重的垄断情况的关切和重视。学术界也从网络经济下的垄断形式、网络经济垄断的特征、网络经济下垄断问题的规制措施等几个方面进行了研究。

一、网络市场垄断福利分析

(一) 社会福利的度量

社会福利(welfare)是个公共经济学概念。"福利经济学之父"阿瑟·塞西尔·庇古在其代表作《福利经济学》中,将福利分成两类:一类是广义的福利,即社会福利;另一类是狭义的福利,即经济福利。在他看来,一个人的经济福利就是由效用构成的。我们在此讨论的福利即指经济福利。但是,包括自由、家庭幸福、精神愉快和友谊等在内的广义福利,在经济学家看来,也可以将其量化并纳入经济福利。所以,对福利的理解一般可以不必去区分它是广义的还是狭义的,而都称之为社会福利。

那么究竟如何度量社会福利呢?对它的判断牵涉"公平"的标准问题。在此,我们首先引入剩余(Surplus)的概念,它是社会福利的度量标准。光有剩余最大化是不够的,社会总剩余在成员间的分配也是一个重要问题。如果在一个经济中 99% 的剩余归一个人所有,而在另一个经济中,人人获得均等的剩余。那么,即使前者比后者的剩余大,也不能说前者中成员的福利比后者中成员的福利大。从另外一个角度来看,因为资源的配置不同,可能导致效率提高。如果只追求公平而放弃效率的话,最终又会导致整个社会福利水平的降低。所以,效率与公平之间的关系是经济学家和政策制定者们长期以来争论不休的问题。

(二) 网络经济下社会福利水平的提高

由于网络经济改变了资源配置的形式和方式,提高了经济运行的效率,因而也就有助于改善社会的福利。相比较而言,网络经济带来了比传统经济更高的福利水平。

1. 古典经济学的福利理论

从整个市场来看,根据古典经济学的福利学说,对于市场上所有参与者当前的福利水平而言,如果不可能在不严格损害某些人利益的前提下使另一些人严格获益,那么这时市场的最优效率水平就实现了,资源要素也实现了最理想化的配置(福利经济学第一定理)。从生产者角度来看,假设生产者所获得的价格水平(P)与其所生产产品的边际成本(MC)相等($P=MC$),价格等于边际成本的均衡点就是最优效率产出点。因为当价格高于边际成本($P>MC$)时,降价可以使消费者的福利水平提升;当价格低于边际成本($P<MC$)时,提高价格可以使生产商的福利水平提升。所以,只有在价格等于边际成本($P=MC$)的点才能实现整个社会资源配置的"帕累托有效"或"帕累托最优"。

从消费者角度来看,消费者对商品的估价完全是一种主观的判断。这种判断来自他对所支付的货币与所得到的效用之间的比较,我们称这种估价为消费者对商品的保留价格

(reservation price),也就是消费者支付意愿(consumer willingness to Pay),它等于商品所产生效用的货币价值。当商品价格低于保留价格时,消费者就会购买该商品以增加其净效用。消费者通过购买商品而获得的净效用就是消费者剩余(Consumer's Surplus)。从图 4-2 可以看出,它的价值是消费者的保留价格与商品价格之差(即图中阴影部分 PP_0B),表示消费者从交换中获得的福利。

同理,我们还可以得出生产者剩余(Producer's Surplus)。它表示生产者从交换中获得的福利。如图 4-3 所示,只有当商品价格(P_0)高于生产者的保留价格(A)时,他才会出售商品。此时的生产者剩余就是:

$$S = P * Q - \int_0^n MC(q)dq \qquad (4-1)$$

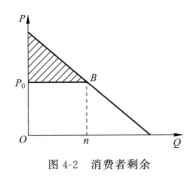

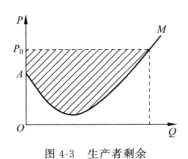

图 4-2　消费者剩余　　　　图 4-3　生产者剩余

2. 网络经济条件下的社会福利水平

由于在网络经济条件下存在着正的外部性,使得消费者的效用呈现出不同于传统经济条件下的特性。例如,消费者购买一台电脑给他带来 1 个单位的效用,当与他相联系的另一消费者也购买了电脑,并且可以交互信息的情况下,两个消费者的效用已经大于 1+1 个效用单位。这使得在越来越多的消费者都有购买欲望时,消费者愿意支付的货币数量也越来越多,消费者的边际效用呈现递增的趋势。这个例子所反应的网络经济现象就是著名的"梅特卡夫定律"。

如图 4-4 所示,假定市场价格不变,消费者支付意愿(A)不断增加,使得消费者剩余从 $P_0C_1A_1$ 到 $P_0C_2A_2$ 到 $P_0C_3A_3$,也在不断增加,消费者这种福利单方面的增加就是一种"帕累托改进"。

对网络经济下的生产者来说,因为信息产品具有高固定成本和低边际成本的特性,当需求不断扩大时,生产商几乎是无成本地供给。例如,Microsoft 公司在开发 Windows 系统的初期,其高额的研究开发费用会造成巨额的固定成本。但是一旦系统被开发出来之后,多生产一张存储 Windows 系统的光盘几乎是无成本的,这种极低的边际成本促使生产者几乎可以无限供给。如图 4-5 所示,当需求从 n_1 向 n_2 变化时,生产者剩余也从 $P_0AC_1B_1$ 到 $P_0AC_2B_2$,以更快的速度增加。消费者剩余与生产者剩余的总和就是总剩余(Total Surplus),它衡量整个社会的福利状况。由以上分析可以得出结论:在网络经济条件下,社会福利水平要高于传统经济下的福利水平。

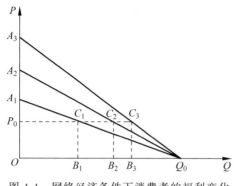
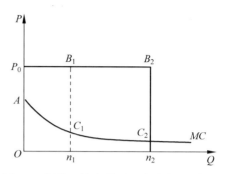

图 4-4　网络经济条件下消费者的福利变化　　　　图 4-5　网络经济条件下生产者的福利变化

（三）网络经济下福利水平提高的原因

网络经济下的福利水平要高于传统经济下的福利水平，其原因主要包括以下几点。

1．网络经济的正外部性和锁定效应

在传统的经济效率模型中，生产过程只是在成本方面进行比较，而忽视了正的网络外部性的收益。而在网络经济条件下，网络外部性成为网络形成背后关键的驱动力。它促使消费者都更倾向于加入网络，而网络的不断扩大本身就是对消费者福利的增进，而且网络的锁定效应也会使生产者的福利增加。

2．网络经济中信息或技术要素的作用

网络经济本身就是以信息等要素为劳动对象的，信息和技术要素占主导地位，这就使得网络经济的发展加速。与传统经济相比，信息要素在网络经济条件下的生产效率要更高，从而也增进了社会福利。

3．网络经济中产品的多重变化性定价

网络经济中，产品采取的是具有价格歧视特点的变化性定价，不同的消费者为相同的产品支付不同的价格。这种价格歧视在泰勒尔（2001）看来是一种"更为有利"的价格歧视。由此形成的多重价格体系能够提高产品的社会总产量，减少效率的损失。由于效用上的差别不是很大，可以认为在消费者角度不存在福利损失，但是生产者因为差别定价获得了更多了收益，得到了更多的福利。

4．网络经济中更高的市场效率

网络经济具有更高的市场效率，使得同样的资源配置在网络经济下可以得到更多产出，在边际成本很小的情况下，消费者和生产者都获得了更大的剩余，增加了福利。同时，网络经济中的交易成本与交易环节减少，使市场摩擦减少，也提高了市场效率，增进了整个社会的福利。

二、网络经济中的反垄断政策

市场机制有效作用的条件之一是充分竞争,而垄断将破坏竞争,抑制市场对经济运行的正常作用。因此,几乎所有国家的政府都把反垄断作为对经济运行进行规制的重要政策。然而,网络经济中垄断的性质与传统经济相比发生了改变,因而政府对垄断采取的政策也应该进行相应的调整,以适应网络经济的特点及其发展的要求。

(一)网络经济中的垄断问题

网络经济的一条重要法则,就是"赢者通吃"。这就意味着在市场上只有一家企业占据主导地位,而且一旦这家企业占据主导地位后,其他企业都将被排斥在市场之外。从这一点上看,网络经济中更容易出现一家企业独占和垄断市场的局面。网络经济下垄断出现的原因,主要可以归结为几个方面。

1. 信息网络产品的规模经济

信息网络产品是凝聚了大量的技术创新成果的产品,具有高固定成本、低边际成本的特性。信息网络产品在前期需投入巨额的研制开发成本,但当产品研制开发出来后,将产品进行复制的成本则低到可以忽略的程度。由此决定了信息网络产品的平均成本随着产量的增加一直处于递减的趋势,因而企业在后期的生产规模越大,其收益也就越高,这也就是信息网络产品的规模经济性。在这种情况下,企业必然要尽可能地扩大其生产的规模和市场的份额,以补偿其前期的投入,同时获得更多的利润。

2. 信息网络产品的网络效应

信息网络产品还具有网络效应,即每个用户对该产品的使用不仅能给自己带来效用,还会给其他用户也带来效用。网络效应的存在决定了信息网络产品的用户越多,该产品的价值越大。由此形成的正反馈效应会促进用户网络的自我扩张,吸引更多的新用户加入;同时对老用户产生锁定效应,从而形成"赢者通吃"的市场格局。

3. 信息网络产品的技术壁垒

信息网络产业大多是技术与知识密集型产业,在各种生产要素中,技术与知识是最主要的、起着决定性作用的要素。由于对专利和专有技术的制度保护,加之创新技术和专有知识的不易扩散和难以仿制的特点,创新企业能取得一定程度的技术垄断从而对潜在竞争企业形成一道难以逾越的技术壁垒,这就使掌握专有技术与知识的企业更容易形成垄断。

(二)对网络经济中垄断的再认识

根据经济学的分析,在垄断的条件下,企业可以通过限制产量而将价格定在边际成本之上,从而获得超额利润。这就使市场偏离了最优的均衡状态,从而带来效率及福利损失。

如图 4-6 所示正常情况下企业的产量应为 Q_0,并按照 C_0 的水平定价为 P_0。但由于垄断,企业将产量控制在 Q_1,此时企业的成本为 C_1,而价格则定在 P_1。这样,企业因垄断获

得相当于图上 P_1C_1BA 围成矩形面积的超额利润,而消费者受到相当于 ACD 围成三角形面积的福利损失。为避免这种情况的发生,政府需要对企业的垄断行为进行规制,以保证市场的效率和社会福利的最大化。

然而,网络经济的情况却与此不同。信息网络产品的极高的研制开发成本和极低的复制成本这一特性,使得信息网络产品生产的平均成本呈现不断递减的趋势,在图 4-7 中表现为一条不断向右下方倾斜的曲线,同时信息网络产品的边际成本曲线一直位于平均成本曲线的下方并靠近横轴的位置。因此,信息网络产品的价格不是由边际成本所决定,而是由平均成本所决定,否则,企业就无法收回其前期的研制开发成本,市场也就无法存在。

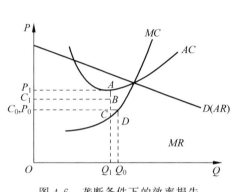
图 4-6   垄断条件下的效率损失

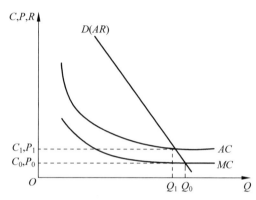
图 4-7   网络经济下的市场均衡

图 4-7 说明,对于信息网络产品,如果按照边际成本 C_0 确定价格 P_0,因边际成本低于平均成本,企业将出现亏损,市场无法存在;而按照平均成本 C_1 确定价格 P_1,企业的总收益正好弥补其总成本,市场达到均衡。

在信息网络产品的平均成本呈不断递减趋势的情况下,垄断的性质发生了改变。首先,垄断并不像传统经济中垄断那样必然导致企业减少产量以获取超额利润。相反,还会促使企业扩大产量,以在更低的成本水平上获得更多的利润。其次,垄断也并不必然会使消费者的福利减少。因为垄断企业要保持其技术领先的地位,就必须不断开发新技术和新产品。而技术的进步则将给消费者带来性能更好、价格更低廉的产品,使消费者的福利不是减少而是增加。最后,网络经济中的垄断并不必然会导致产品的价格上升。因为有潜在的竞争者的存在,一旦垄断者将价格提高到平均成本之上,就立刻会有潜在的竞争者进入,并取代垄断者的地位。实际上,信息网络产品的规模经济使垄断企业的成本更低,因而更有条件不断地降低产品的价格。现实的情况也证明了这一点。正如著名的摩尔定律所表明的那样,在许多信息网络产品性能不断提高的同时,其价格却在不断下降,从而给消费者带来了更多的实际利益。

对于网络经济中的这种具有特殊性质的垄断形式,也有人将其称为竞争性垄断,即这种市场结构既有竞争的特点,同时也具有垄断的效应。由于信息网络产品的特征和高度的技术竞争,出现竞争和垄断同时双双被强化的态势,即市场的开放度越高(进退无障碍),竞争就越激烈,技术创新的速度也就越快,所形成的行业垄断性就越强,集中度也就越高;而垄断性越强,集中度越高,市场竞争反而越激烈。这样就导致一种新的市场结构——竞争性垄断的产生。

竞争性垄断与传统经济中的垄断、垄断竞争等之间的根本区别,就是它不是作为竞争的对立物而出现,反而是以高度的竞争为其存在的条件。竞争性垄断形成的主要原因恰恰在于竞争程度更高和竞争环境无障碍。也就是说,竞争程度越高,垄断程度也就越高,甚至形成寡头垄断;而垄断程度越高,竞争就越激烈,创新的频率也就越快。因为垄断地位所带来的经济利润是最强有力的激励,而在位者只有通过更快的创新速度,才有可能保持自己的地位,否则将会被潜在的竞争对手取代。所以,竞争性垄断的市场结构不仅不是低效率的,相反具有比一般的市场结构更高的效率。

(三) 反垄断研究的最新动态

随着网络经济的不断发展,垄断的形式发生了改变,为此反垄断的具体形式也相应地进行改变。与解决传统的垄断问题和数字治理的其他问题一样,解决网络经济的垄断问题,也要解决好三个层面的问题:①自律。主要是指企业自律,即通过营造一种倡导科学精神、互联网精神和良性竞争的社会环境,来影响企业自身的行为并提升企业的使命感和社会责任感;②共律。主要是指来自行业和市场的约束力,即通过加强行业自律和促进自由竞争的方式,形成多样化的行业竞合模式与良性的市场竞争环境;③他律。主要是指来自国家层面的法律约束力,即通过立法的形式以威慑和惩戒等强制性手段来规范企业的不正当竞争行为。其中,以世界各国的《反垄断法》最为有力。

随着互联网技术和大数据技术的快速发展,数据已经成人工智能时代最核心的资源之一,关系到国家的政治安全、经济安全和社会安全。党的十九届四中全会指出,要"健全劳动、资本、土地、知识、技术、管理、数据等生产要素由市场评价贡献、按贡献决定报酬的机制"。可以看出,数据已经成了新的生产要素,其价值在网络经济中将得到前所未有的重视。要解决网络经济的垄断问题,必须以数据治理为核心抓手。

随着网络经济的发展和互联网平台的崛起,网络经济的垄断问题呈现出了与传统经济中垄断不同的新的表现形式。为此,政府部门、行业组织、学术团体都为网络经济下的垄断问题提出了一定的解读和相应的解决思路。

1. 网络经济垄断的表现形式

我们把网络经济垄断的表现形式分为两种情况:一种是传统经济的垄断形式在网络经济中的表现;另一种是网络经济下新出现的垄断形式。其中,传统经济垄断形式在网络经济中的表现主要有两种形式:①平台经济与掠夺性定价;②超级平台与"自我优待"。网络经济下新出现的垄断形式主要有四种:①封禁;②数据垄断;③算法歧视;④站队。接下来,对上述六种主要的垄断形式进行介绍。

1) 平台经济下的掠夺性定价

互联网平台是指通过网络信息技术,使相互依赖的双边或者多边主体在特定载体提供的规则下交互,以此共同创造价值的商业组织形态。平台的内涵包含三个层次:第一,互联网技术是平台整合资源的基础;第二,平台是双边或多边主体交互的载体,平台承载着多主体的多种法律关系,形成平台与平台内经营者的纵向关系、平台内经营者之间的横向关系及其与平台参与主体之间的关系;第三,平台是相关主体共同创造价值的组织形态。

（1）掠夺性定价的含义

什么叫作"掠夺性定价"（Predatory Pricing）呢？从最一般的角度讲，它是企业的一种商业策略，即通过制定低于合理水平的价格，将竞争对手排挤出市场，从而实现对市场的占有和控制。一般来说，当企业执行掠夺性定价行为时，都会在短期内牺牲一定的利润，但从长期看，如果它可以通过这个行为垄断市场，就可以获取高额的垄断利润来补偿前期的损失。从这个意义上看，掠夺性定价的本质其实是一种通过牺牲短期利益来换取长期利益的策略性行为。

（2）掠夺性定价的特征与判定准则

目前，在各国的法律实践中，都对掠夺性定价的判定做了规定。尽管不同国家和地区的法律有所出入，但总体来说，要判定一个行为是非法的掠夺性定价，需要满足三个条件：一是企业必须具有排挤对手的动机。二是企业必须在前期有现实的利润牺牲。换言之，为了达成将对手挤出市场的目的，它必须放弃一部分它原本可以获得的利润。三是企业在后期必须能够找到机会对前期的牺牲进行补偿。需要指出的是，对于这几个条件，不同国家的重视程度也是不同的，例如，美国就更加重视牺牲和补偿，而欧盟则对于动机和牺牲更为重视。

当然，以上的这些判定条件都是抽象的、原则性的。在实践当中，人们为了可以更为便捷地对掠夺性定价行为做出判定，发明了很多专门的判定方法。其中，最为有名的判定方法就是所谓的"阿里达-特纳准则"（Areeda-Turner Rule）。根据这个准则，如果一个企业的定价是低于其边际成本（即多生产一单位产量而产生的成本）的，那么这种定价行为就应该被认定为是掠夺性定价。理由很简单，如果企业是理性决策的，那么出于短期利润最大化的考虑，它的价格就不应该低于其成本，否则就意味着企业多卖一件货就多亏一份钱。因此，如果是这样，就只能说明它是一种更为长期的布局，即用低价驱逐对手，在占领整个市场之后再通过高价来收回利润。由于在操作当中，边际成本很难测度，因此，这个准则的两位提出者建议用平均可变成本代替边际成本进行测试。这样，现实当中的"阿里达-特纳准则"就可以表述为：如果一个企业的定价低于其平均可变成本，那么这种定价行为就应该被认定为是掠夺性定价。

（3）掠夺性定价的有关案例

随着平台经济的兴起，关于掠夺性定价问题的讨论又随之激烈起来。在平台时代，人们经常可以享受到很多以往难以享受到的便宜服务，甚至是免费服务。例如，我们平时用的社交软件、搜索引擎，都是不收钱的。由于这种免费销售策略现在已经十分常见，所以，大家也都见怪不怪了。但凡事就怕认真二字，如果我们较一下真，套用一下"阿里达-特纳准则"，那么提供这些产品的企业就基本可以认定为是在搞掠夺性定价了。事实上，在几年前，类似的问题还闹出过诉讼案件。

2）超级平台的"自我优待"

中国信通院发布的《2021年平台经济与竞争政策观察》报告显示，截至2020年年底，我国市场价值超10亿美元的数字平台企业达197家，较2019年增加23家；价值规模达3.5万亿美元，同比增长56.3%。伴随着平台经济的蓬勃发展，不同平台之间的"马太效应"不断放大，市场竞争失序、损害用户权益、财富分配失衡等问题日益突出。2021年2月7日，国务院反垄断委员会制定发布《国务院反垄断委员会关于平台经济领域的反垄断指南》，以此为标志，维护平台经济的可持续发展已提上议程。

（1）超级平台与"自我优待"的含义

超级平台"自我优待"涉及两个问题：超级平台和"自我优待"。前者很容易理解，在市场上占据绝对优势地位的大型互联网平台企业，就是超级平台。后者则要复杂得多：作为一个市场主体，超级平台近乎本能地希望维护自身优势地位，很容易利用基础市场中的主导地位，对自己在平台上经营业务进行特别优待。这样的"自我优待"，既可以体现为超级平台对自己产品的特别推荐，也可以体现为对试图"搭便车"的竞品采取限制。在满足相关法律测试条件的前提下，自我优待还可以与竞争法所规定的其他滥用类型重叠或互相包含，比如搭售、差别待遇或者拒绝交易。

（2）"自我优待"的后果

同样是"自我优待"，因为"优待"内容和方式的不同，面对的是不一样的法律后果。《反垄断法》规定了七种行为属于"滥用市场支配地位"，除了第七项兜底条款之外，其余六种行为都是针对"交易行为"。由此可见，影响"交易行为"是"滥用市场支配地位"的主要表现，这也正是"二选一"和"竞价排名"受到法律严厉制裁的关键所在——他们的所谓"自我优待"，是建立在破坏市场秩序、践踏公共利益的基础之上。相比之下，平台能不能对"搭便车"的竞品说"不"，无疑是个更加发人深省的问题。

（3）"自我优待"的案例

关于平台"自我优待"的有关问题，这些年来受到了广泛的关注，特别是在欧盟和北美地区。从2012年开始，美国联邦贸易委员会、欧盟委员会、德国反垄断委员等多个反垄断执法机构开始针对数字市场下的竞争问题开展调研。在2020年的美国众议院反垄断听证会上，亚马逊就受到了类似指控。同年4月，据《华尔街日报》报道，亚马逊员工有权访问第三方卖家的销售数据，并借以开发自有品牌的产品。亚马逊CEO贝索斯回应称，平台有相关禁令，但他也承认，"我不能保证从未违反过这项政策。"

对平台企业来说，这种自我优待可以积极地为自己的产品或服务提供某种优惠，同时也可以消极地防止竞争对手从相邻的市场进入核心市场。

另外一个例子来自另一家互联网巨头谷歌。2017年7月，欧盟委员会向其下达处罚公告，认定谷歌利用其在搜索引擎市场的支配地位，在搜索结果中优待自己的购物比较服务，排挤竞争对手，损害消费者利益，违反了欧盟竞争法。

处罚生效后，虽然谷歌也做了相应改变，但是，41家欧洲比较购物服务商于2019年再次致信欧委会副主席玛格丽特·韦斯塔格，控诉谷歌避免了法律合规和欧盟的处罚，并且仍在继续滥用其市场支配力。2019年2月，谷歌宣布对欧盟委员会2017年的处罚进行上诉。

对此，谷歌表示，2017年的处罚"在法律、事实和经济上都是错误的"。谷歌认为自己已经尽到了平台经营者的义务，不能要求他们对平台内的其他竞争对手施加过度的优惠政策。目前，此案还没有最终定论。

3）封禁

封禁的意思较为直白，即对某些竞争对手的产品进行封锁。具体可以表现为禁止有关下载链接出现、封禁有关关键词等。本质上这种行为是对"互联互通"的冲击，也可以形象地把封禁看作是一种"围墙花园"。

（1）"围墙花园"的含义与特征

互联网平台之间无选择、无歧视、无差别、无条件的开放与互联，本来就应该是互联网业界的常态。但是,随着超级平台的崛起和资本无序扩张的加剧,形势逐渐恶化,"互联互通"问题凸显。可以说,"互联互通"问题的治理,是这一轮中国反垄断浪潮效果的一块试金石。

讨论"互联互通"问题,需要化繁就简,抓住当今互联网发展问题的焦点。商业领域的碎片化问题,也就是商业层面的"互联互通"问题,我们形象地称为"围墙花园"。"围墙花园"是一个控制用户对应用、网页和服务进行访问的环境。"围墙花园"把用户限制在一个特定范围内,只允许用户访问或享受指定的内容、应用或服务,禁止或限制用户访问或享受其他未被允许的内容。

"围墙花园"的鲜明特征包括:①主要局限在商业领域;②主要通过互联网应用层(直接面向用户);③其行为主体主要是互联网巨头,用户规模是"围墙花园"的首要因素;④给社会、产业和用户造成巨大的负外部性,而且还在不断升级之中;⑤具有国际性,已成为当今全球互联网发展最大的挑战之一。

（2）封禁的有关案例

关于封禁导致冲突,乃至诉诸法律的例子数不胜数,从早期的阿里封禁百度,到后来的360大战腾讯,腾讯与阿里的冲突等。近年来,最具有代表性的例子是字节跳动与腾讯的冲突。

从2018年3月开始,字节跳动遭遇腾讯的屏蔽和封禁。3月25日,部分用户发现抖音、火山小视频分享至朋友圈仅为自己可见。3月25日,抖音分享至QQ空间后也出现类似情况。"朋友圈屏蔽抖音"登上微博热搜。2018年4月11日,腾讯正式封杀抖音、西瓜视频、火山小视频,相关分享链接在微信、QQ内无法正常播放。5月15日,微信封禁进一步升级,除短视频外,朋友圈开始屏蔽抖音个人主页图。媒体关注后,微信解除了封禁。18日,腾讯发布"史上最严"外链管控公告,称只有拥有监管部门颁发的视听许可证的短视频产品才能在微信内传播。此举影响超过30家短视频App的分享传播。6月1日,腾讯公司以"严重影响腾讯公司声誉"为由起诉今日头条及抖音,并单方面宣布终止一切相关合作。2019年1月18日,微信屏蔽字节跳动域名。5月20日,微信封杀字节跳动当天上线的聊天软件飞聊,封禁提示为"网页存在安全风险,被多人投诉,为维护绿色上网环境,已停止访问"。2020年2月28日,微信全面封禁飞书产品及域名。2021年1月7日,微信禁止"飞书文档"微信小程序上线;1月12日,微信发布《对第三方违规导流链接的处理公示》,对QQ音乐、知乎、快手等多个产品违规外部链接进行限制。

围绕不断升级的封禁行为,字节跳动和腾讯展开了持续的舆论战,并进入了法律战。2021年2月2日,抖音起诉腾讯涉嫌垄断,被称为互联网平台反垄断第一案。显然这是一大进步,并且标志着依靠企业自律已经难以有效解决互联网领域的"互联互通"问题,只有通过强有力的法律手段,才可能破解"互联互通"的负循环。

4）数据垄断

（1）数据垄断的含义

"数据垄断",并不是一个严谨的学术词汇,它主要流行于媒体报道和名人演讲。正因为如此,其实这个流行词汇并没有十分精确的定义。翻阅最近两年来关于"数据垄断"的很多文章,发现根据使用语境的不同,这个词其实有两个不同的含义。

第一个含义是对于数据的垄断,即指某些数据被某个企业独自占有了。这一点,主要是针对数据的生产和储存而言的。第二个含义则是,企业通过掌握的数据来获取,或者巩固自己的垄断地位。这一点,主要是针对数据的使用而言的。

（2）数据垄断的特点

第一,数据资源并不是恒定不变的,相反,它在不断地产生出来。由于这个特征,即使有企业真的独占了某一类数据资源,那也只能占有一时,不能占有一世。我们知道,在大数据时代,数据的价值是和其时效性密切挂钩的。因此,除非这个企业可以不断对新产生出来的数据加以垄断,否则其手中拥有的存量数据将很快失去其价值。

第二,正如我们前面强调的,数据搜集的排他性很弱,你可以搜集,但也不妨碍别人搜集。从这个角度看,某个企业也很难通过排除他人搜集来保证自己持久占有最新产生的数据。

第三,数据所具有的高度可替代性。对于同样的问题,可以利用很多不同的数据进行分析,得出的结论都是有价值的。从这个意义上讲,即使一个企业完全拥有了某些数据也不能完全排除竞争,从而实现垄断。

第四,尽管数据是一种有用的要素,但是这种要素是不会单独起作用的,必须配合企业的技术实力和组织力量,才能真正发挥其作用。

（3）"数据垄断"的后果

现在,且让我们暂时丢开关于"数据垄断"是否可能的讨论,假设某些企业依靠自身的能力可以垄断数据资源,或者可以通过数据来对自身的垄断地位加以巩固,这又会产生什么后果呢?

在现有讨论中,认为"数据垄断"带来的危害大约有三个方面:一是对竞争的破坏;二是对消费者利益的损害;三是可能带来的隐私等方面的风险。

先看对竞争的破坏。为什么数据垄断会产生这个后果呢?综合起来,可能的原因主要有两个。

第一个原因是拥有更多数据资源的企业可能会利用手中的资源来采取一些"妨碍性滥用"行为。例如,如果一个优势企业掌握了关于交易对象的充足数据,则它可以强迫对方接受自己的某些条件,一旦数据显示对方没有按自己的要求办事,就停止与其交易。

第二个原因是拥有丰富数据的企业之间可以更好地进行交流,从而进行合谋。这一点看似有道理,但其实并不正确。诚然,在数字经济时代下,很多企业之间已经可以利用算法来监控彼此的经营数据,并以这些数据为根据来调整自身产销,从而达到合谋的目的。

再看对于消费者利益的损害。这一点指控,最主要来自于对"个性化服务"的抱怨。当企业拥有了海量的数据之后,就可以对消费者进行精准的画像,从而对其提供"个性化服务"。在欧洲委员会的一份报告中,将"个性化服务"分成了个性化广告、个性化搜索,以及个性化定价这三个类别,并指出尽管这三种形式在表现上存在着不同,但本质上都是经济学上所说的"价格歧视"的一种体现。价格歧视,也就是对不同的消费者收取不同的价格,会让部分的消费者剩余转移到企业手中,从而让消费者剩余下降。

最后是隐私方面的风险。目前很多企业出于商业目的,对用户的个人信息进行了过度的搜集,从而产生了侵犯用户隐私的后果。更有甚者,还衍生出了"剑桥分析门"那样的丑闻。

从现有状况看,确实有很多在业内具有较大市场份额、较强市场力量的企业侵犯了用户的隐私。但是,这并不意味着企业的规模更大、占有的数据更多,就和侵犯隐私之间存在着因果关系。在一次会议上,诺贝尔经济学奖得主梯若尔(Tirole),对"剑桥分析门"事件,进行了自己的阐述。梯若尔不认为拆分一定能解决这个问题,他直言道:"你认为拆分就能解决问题吗? 如果将一个大的公司拆分成几个小公司,那么这几个小公司为了竞争的需要,不是会加强对用户信息的采集和争夺吗? 你认为这是会促进隐私保护,还是相反?"

梯若尔的这番评论颇值得玩味。如果企业对数据的争夺是为了竞争,那么竞争越激烈,消费者信息被侵犯的概率就越大。从这个意义上讲,如果真的存在着"数据垄断"(当然,这很难达到),那么从保护用户隐私和信息安全的角度看,这倒可能是一种最优的状况,因为这时人们只要管好一家企业的安全,就可以防止问题的发生了。

通过如上冗长的分析我们可以看到,所谓"数据垄断"其实并不是一个十分明确的概念。在现实中,它似乎很难存在,即使存在,其所谓的危害也是颇值得商榷的。基于这个原因,在数字经济条件下,应该对所谓的"数据垄断"抱有一种更为理性、审慎的态度。应该看到它所隐含的风险,但也不宜盲目渲染它的危害。

(4) 数据歧视的有关案例

2016 年发生的欧盟批准收购领英(LinkedIn)案是一个十分典型的例子。在微软向欧盟反垄断机构提交申请后,欧盟委员会内部曾为是否通过这一申请发生过不小的争议。一些人认为,微软收购领英之后,可能整合双方原有的数据库,这不仅会消除两个企业之间原本存在的基于数据的广告竞争,还会强化合并之后的企业的市场力量,从而起到排除、限制竞争的作用。然而,在经过一系列审查之后,欧盟委员会最终认为这类竞争问题很难出现。原因就在于即使在两家企业合并之后,其他广告企业仍然可以通过很多渠道继续获得对广告有价值的互联网数据。

5) 算法歧视

(1) 算法歧视的含义

算法的内在力量是自动化决策,它包括排序、分类、关联和过滤。算法歧视就发生在自动化决策之中,比如,排序被滥用和误用引发的风险分配不公平问题。建立在数据基础之上的算法系统也会犯错、带有偏见,而且比以往的数字歧视更加隐秘。

算法歧视的具体表现是价格歧视。网络经济下最常见的价格歧视表现为"大数据杀熟",早在 2000 年,某网站就曾经搞过算法"杀熟",同一款 DVD 碟片,对老用户报价 26.24 美元,对新用户仅报价 22.74 美元。近年来,我国一些网购平台利用大数据"杀熟"的现象也是屡见不鲜。

(2) 算法歧视的特征

第一,算法歧视更加精准。算法能够对每个用户精准画像,被打上歧视标签的用户绝无逃脱的可能。

第二,算法歧视更加多元。人类歧视通常依据性别、学历等显性特征,但算法能够挖掘出更加深层次的隐形特征来作为其依据,包括网页浏览记录、购物记录、行车路线等。

第三,算法歧视更加片面。人类社会对于个体的判断通常是综合和动态的,而算法获取或处理用户的全部数据。

第四,算法歧视更加隐蔽。传统基于种族、性别、民族等特征的歧视是被法律所禁止的,但算法却可以规避这些规定。

（3）算法歧视的后果与危害

算法将个体进行分类、排序和过滤，对个人生活产生了深远的影响。算法不仅仅是个人隐私的问题、信息安全问题，还包括社会公正的问题。

第一，继续固化和扩大偏见和歧视。算法歧视延续着传统，即处于不利于地位的群体实际上应该得到更少的优待。如果没有刻意地关注，这些创新可以很容易地固化歧视，强化偏见，掩盖机会。在没有任何特殊处理的情况下，数据挖掘可以重现原有的歧视模式，继承决策者的偏见，或者仅仅反映出社会中普遍存在的偏见。

第二，不断蚕食消费者剩余，压榨消费者个人财富。《经济学家》杂志显示，2014年在排名前100名最受欢迎网站中，超过1300多家公司在追踪消费者。利用算法技术，根据消费者网页浏览历史来调整价格会增加企业14%～55%的利润，而只使用人口统计数据来个性化定价只会使利润增长0.3%，这意味着企业通过算法和大数据进行的个性化定价使利润已经增加了48倍。在企业利润增加的同时，消费者剩余被企业剥夺，消费者个人福利被减少。

第三，剥夺个人自我决定权，破坏了信息的多样性。算法推荐信息可以点对点提供个性化、定制化信息，但也让个体放弃了自我决断权，数据控制者比我们更了解我们，可以告诉我们需要什么信息，算法操纵着我们的世界和决定，又强加给我们另一种特定的价值体系。个性化的选择引发了信息偏向，我们的视野更加狭隘，产生了井蛙效应、信息茧房效应，还可能带来群集化风险。个体沉浸在算法推荐营造的信息世界，逃避和过滤那些与自己看法不同，容易形成信息偏向的问题（陈昌凤和张心蔚，2017）。

第四，对个体生命构成潜在的威胁。研究者发现将数据转化为信息的算法系统并不是绝对可靠的，它依赖不完美的输入、逻辑、概率和设计人员，即使有过于乐观的假设，数据挖掘算法准确率为99.9%。当应用到2亿人的时候，有成千上万的人会经历错误的治疗。因此，在医学领域，大规模筛查的方法备受争议（Helbing，2015）。换句话说，尽管大数据的挖掘者可能会假装采取更科学、更好、更公平的决策，但结果往往会有随意性，只具有有限的精确性。许多数据挖掘者可能不知道这一点，但也不关心。许多算法在没有警告的情况下产生输出，这一事实造成了危险的过度自信，极有可能对个体的生命造成损害。

6）以"二选一"为代表的站队问题

（1）"二选一"的含义

"二选一"是指平台利用优势地位和经营者对其的依赖性，采取不正当手段强迫经营者在平台间进行唯一选择。例如，某电商平台为了垄断市场，要求商家只能在本平台经营，否则不再合作或对其进行打击。"二选一"是滥用市场支配地位的表现，降低了社会效益，损害了消费者权益。

目前购物、外卖、社交、酒店、旅游等电商市场集中度日益提高，有的平台利用优势地位和商家的依赖性，强迫中小商家在平台间"二选一"，如果商家被发现在其他平台销售商品，平台会对商家进行惩处甚至直接下线其所有商品。部分商家因此压减产能、裁减员工，导致线上影响向线下传导。

有的外卖平台随着商家对其依赖度的提高而向其收取更高比例的佣金，商家经营压力不断增大，经常是赔本赚吆喝，部分难以承受压力的商户要么离开平台，要么压降商品质量，最终损害消费者的权益。

同样,快递行业中通过恶性低价竞争抢夺市场愈演愈烈,头部企业通过规模优势不断压价竞争,中间层商户则被迫降低快递员派送费来跟随降价,有些中小快递商户倒闭,对快递员队伍的稳定性也带来冲击,对市场竞争秩序产生不利影响。

(2)"二选一"的有关案例

2017年6月13日,京东618促销前夕,突然有不少服饰类品牌商通知京东,要求撤出京东会场。据《财经》杂志调查报道,这些商家表示,自己是收到了某电商平台通知,要求必须撤出京东,否则,会面临被搜索限制甚至屏蔽等处罚。

当年的这场618促销,成了著名的电商"二选一"案例。

两大平台隔空交战,代价则是夹在两大平台之间的中小商家们。有媒体探访战场,有小商家对着记者哭诉:我们被夹在中间,左也不是右也不是,损失最大。

历史总是惊人的相似,后来的新电商平台拼多多,对这一段故事也不会陌生。

2019年4月初,网红品牌"大喜服饰"突然发微博指责拼多多上有山寨店铺。几个小时后,拼多多小二晒出证据,证明这一指控并不真实,拼多多上的店铺的确是售卖正品的代理商店铺。

先表态,再站队,事情又回到了熟悉的轨道。大喜服饰只是一个开始,据媒体不完全统计,2019年以来,在6个月内,被迫先表态再站队的品牌商,至少有20个以上,其中既有大喜服饰、驰伟插座这样的小厂商,也有苏泊尔、美的、九阳这些大品牌。

2019年618期间,愤而反对被二选一的格兰仕曾经录过一系列视频,视频显示,在拒绝从其他电商平台下架之后,格兰仕的店铺连正常的搜索也都被屏蔽,用户就算搜索"格兰仕"关键词,也会被平台导向其他品牌的店铺。

电商已经是今天零售渠道之中的重要一极,对于这些品牌来说,曾经投入巨资花费了五六年时间在电商平台开设店铺、积累粉丝,但只是因为没有发表声明攻击其他平台,这些店铺被限流之后,等于一夜清零。

一位微博网友在围观了格兰仕的视频后发表评论称,"有一种遭遇强拆"的感觉。

对于品牌商来说,京东、拼多多都意味着新的流量和新的人群,京东有3.105亿用户,拼多多平台有4.83亿用户,平台的能力再大,也不能强迫别人轻易割舍掉7亿消费者。对于很多品牌商来说,可能这就是"盈利与亏损"的临界点。

2. 网络经济下垄断问题的规制措施

1)以《反垄断法》为代表的法律约束

《反垄断法》是为预防和制止垄断行为,保护市场公平竞争,提高经济运行效率,维护消费者利益和社会公共利益,促进社会主义市场经济健康发展而制定的法律。《反垄断法》由中华人民共和国第十届全国人民代表大会常务委员会第二十九次会议于2007年8月30日通过,自2008年8月1日起施行。

一种以政府为主体,规制平台企业,保护社会的"反向运动"势在必行。在反垄断措施中,数据运用与良性竞争也是重点。重磅推出的《反垄断法》和《关于平台经济领域的反垄断指南(征求意见稿)》都对"二选一""大数据杀熟"等恶性垄断行为进行了强调和详细阐释,并将其作为认定"滥用市场支配地位"的评判要素,一律从重从严处罚。在"十四五"开局之时,中国政府在立法和执行两方面都显示出前所未有的力度和决心,这或许是为下一步深化经济改革、把握国家主权和整体的治理协调能力扫除障碍。实际上，在平台企业扩张提速的同时，世界主要发达经济体都面临着类似的网络治理难题，也在近年采取了类似的规制措施。2020年10月9日，美国众议院司法委员会的反托拉斯小组完成了对亚马逊、苹果、脸书和谷歌四家平台企业长达16个月的调查，以大量证据指认这几家企业的反竞争行为阻碍了创新，减少了消费者的选择，甚至削弱了民主制度的根基。此后，美国联邦贸易委员又会同48个州政府机构，起诉脸书在社交网络领域的非法垄断，并试图迫使该公司拆分部分社交媒体业务。

积极推动《反垄断法》的修订作为全国人大2021年的重点工作之一，修订案目前已进入审议程序。《反垄断法》修订可能会遵循如下原则：鼓励创新，公平竞争审查制度，强化竞争政策的基础地位；并对平台经济领域公平竞争做出专门规定，增强法律制度的针对性。

2）以反托拉斯调查案件为代表的法案约束

第一，推动拆除互联网平台之间的壁垒。对于当前互联网企业之间互相不兼容、不能够互相进入的情况，采取有力措施进行干预。例如，现在微信、淘宝之间互不打通，在微信上需要通过口令才能发送淘宝链接。而根据道琼斯新闻2021年7月14日的新闻，阿里巴巴和腾讯考虑互相开放生态系统，双方都在分别制订放松限制的计划。阿里巴巴的初步举措可能包括将腾讯的微信支付引入淘宝和天猫，而腾讯可能将允许阿里巴巴的电商信息在微信分享。

第二，限制经营者集中。限制市场过度集中，尤其是通过投资并购等方式来快速实现市场份额的集中和提升，这本质上是对消费者利益的一种破坏。

第三，打击滥用市场支配地位。重点打击"二选一"或者设立门槛限制这种对中小企业产生不利影响的行为。把"大数据杀熟"和"算法合谋"作为重点监管对象。一是大数据杀熟。即新用户和老用户购买同样的商品或服务时，老用户看到的价格要比新用户看到的价格高。主要表现如下：根据用户使用设备的不同而差别定价；根据用户消费时所处的场所不同而差别定价；根据用户消费频率的不同而差别定价。二是算法合谋。即基于需要，利用算法实施的合谋，既包括明示合谋，也包括默示合谋，从而达到排除、限制竞争的效果。

第四，限制平台企业进入新产业领域后整合产业链。单一互联网平台企业在某一产业领域全面整合上下游产业链，导致具体项目可以实现全产业链跑通式的运行。产业链"协同"的行为，将会被重点监管。

3）以数字税为代表的税收制度约束

征收数字税可能是互联网平台经济反垄断的合适办法。互联网的内在规律要求互联网企业要走平台化与生态系统化的道路，才能在生死存亡的激烈竞争中生存下来，否则极有可能被后来者颠覆。如日中天的雅虎市值最高时高达1000亿美元，而后来破产重组时则被以48亿美元贱卖。当然，由于互联网平台企业市场集中度较高，营业收入和销售收入的净利润率也很高，对传统产业和中小企业也会带来较大影响。因此，在充分发挥互联网平台企业的主动性、创造性和引领性的作用时，也要通过征收数字税来增加国家的财政收入以及在一定程度上降低互联网平台经济的平台权力。所谓数字税（数字服务税），即针对某些数字服务（互联网业务）产生的有效利润而专门征收的税种，其征收对象多为大型互联网公司。背后的理论依据则是，目前的税收制度主要针对传统企业制定，而互联网企业，尤其是平台企业存在诸多灰色地带，导致互联网企业缴税不足，而数字税则用来完善和规范对互联网企业的商业征税。2020年10月,欧盟委员会公布2021年工作计划,该计划提出了关于征收数字税的立法提案。2021年在威尼斯举行的二十国集团(G20)财长会议上,支持132个国家达成新的税率计划改革共识,即全球公司最低税率至少为15%,并允许各国对全球最大公司的利润份额征税,无论这些公司的总部在哪里。显而易见,该计划将彻底改革包括美国互联网平台企业在内的跨国公司的征税方式,但2021年7月12日,欧盟委员会表示将暂缓推出原定本月底出台的数字税征收计划,以免妨碍达成更公平的全球税收协议,并将于2021年秋季对该计划进行重新评估。

4) 以合规部门为代表的行业组织约束

互联网平台企业成立合规部门是大势所趋。目前,互联网平台企业成立合规部门势在必行。一是监管的强化促使互联网巨头成立合规部门。二是企业经营需要合规化。未来相关管理部门会采取行政措施干预互联网企业之间互相不兼容、互相不能进入的情况,以有效打破企业间壁垒。三是建立企业内部经营管理制度和配套措施。在进行数据管理和企业经营管理时,需要增加反垄断视角的评估、评审及备案。四是限制企业大范围、大规模的资本运作。腾讯是互联网平台企业中最早设立安全合规部门的企业,早在2018年就开始从整体上设立合规部门。目前字节跳动、拼多多等互联网平台企业内部也设立了合规部门,而未来所有的互联网企业都会设立合规部门。

3. 网络经济下反垄断政策的调整

实施反垄断政策的目的,是为了避免市场效率和社会福利的损失。但并不是所有垄断都必然带来市场效率和社会福利的损失。的确,在传统经济下由供给方规模经济导致的垄断有可能阻碍技术的进步,同时损害消费者的利益,对这种垄断进行规制有其合理性和必要性。然而,正如前面所分析的,网络经济中的垄断是一种由需求方规模经济所导致的垄断,这种垄断并不阻碍技术进步,反而会促进技术进步,不仅不会损害消费者利益,反而会增加消费者的利益,总而言之,这种垄断并不会造成市场效率和社会福利的损失,反而有利于提高市场效率和增进社会福利。因此,对于网络经济中这种由需求方规模经济所产生的垄断也就没有必要进行政府干预,而是应该让其在市场的作用下来实现一种竞争性的垄断均衡。而且,由于这种竞争性的垄断是网络经济所具有的一个带有本质性的特征,因此它是网络经济得以正常运行和顺利发展的重要条件。从这个意义上说,政府不仅不应该限制和禁止这种垄断,反而还要通过一定的政策对这种自然形成的垄断给予一定程度的保护,以维护和促进网络经济的发展。

当然,网络经济中竞争性垄断的出现,并不意味着网络经济中就没有非竞争性垄断的存在。事实上,网络经济中既有需求方的规模经济,同时也有供给方的规模经济,因而非竞争性的垄断也是不可避免的。即使是在需求方规模经济的领域中,也不能排除一些企业利用自己的有利地位而采取一些阻碍技术进步和损害消费者利益的行为。因此,网络经济中政府对于那些属于非竞争性的垄断行业和垄断行为依然要采取规制政策和措施,以保障有效竞争的开展,保护消费者和社会利益。但政府对垄断的规制仅限于非竞争性垄断的行业和行为,不能超出这一范围。而且,一旦垄断被打破,形成竞争,政府就应该停止干预,恢复到由市场调节的正常状态。

【阅读与思考】阿里巴巴集团被罚 182 亿元，互联网反垄断"强监管"时代到来

扫描二维码

深度学习

【思考题】

1. 网络经济下垄断与传统经济下垄断的区别有哪些？
2. 简述产业经济学结构—行为—绩效学派与芝加哥学派的观点有何不同。
3. 网络经济下传统市场结构有何变化？
4. 什么是竞争性垄断市场结构？
5. 网络经济下垄断与竞争之间关系的特征有哪些？
6. 网络经济下的行业进入壁垒有哪些？
7. 试列举生活中碰到的新出现的垄断现象。
8. 网络经济下产生垄断的原因有哪些？网络经济的出现是否加剧了垄断？
9. 网络经济的资源配置呈现出哪几个方面的特征？

【在线测试题】

扫描书背面的二维码，获取答题权限，在线自测。

扫描二维码

在线自测

【参考文献】

[1] 蒋传海. 网络效应、转移成本和竞争性价格歧视[J]. 经济研究, 2010, 45(09): 55-66.

[2] 程虹, 王华星. 互联网平台垄断与低质量陷阱[J]. 南方经济, 2021(11): 44-59.

[3] 李彪. 互联网平台的垄断特性、社会影响及规制策略[J]. 人民论坛·学术前沿, 2021(21): 37-43.

[4] 侯利阳. 互联网资本无序扩张的反垄断规制[J]. 人民论坛·学术前沿, 2021(20): 78-85.

[5] 王坤沂, 张永峰, 洪银兴. 中国互联网平台市场垄断: 形成逻辑、行为界定与政府规制[J]. 财经科学, 2021(10): 56-69.

[6] 潘家栋, 储昊东. 互联网第三方支付平台形成垄断了吗——基于市场势力测度的研究[J]. 广东财经大学学报, 2021, 36(04): 29-37.

[7] 张晨颖. 公共性视角下的互联网平台反垄断规制[J]. 法学研究, 2021, 43(04): 149-170.

第五章
网络市场运行

【思政案例导入】

中国首例"大数据杀熟"案被判一赔三，企业如何处理合规问题

2022年7月25日，最高人民法院发布《关于为加快建设全国统一大市场提供司法服务和保障的意见》（简称《意见》）。随着平台经济的快速发展，涉网络平台的反垄断、反不正当竞争案件日益增多。《意见》对此提出，加强对平台企业垄断的司法规制，及时制止利用数据、算法、技术手段等方式排除、限制竞争行为，依法严惩强制"二选一"、大数据杀熟、低价倾销、强制搭售等破坏公平竞争、扰乱市场秩序行为，防止平台垄断和资本无序扩张。

据《人民法院报》2021年7月13日报道，浙江省绍兴市柯桥区人民法院开庭审理了胡女士起诉上海携程商务有限公司侵权纠纷一案。胡女士系携程App上享受8.5折优惠价的钻石贵宾客户。2020年7月，胡女士通过携程App订购了一间客房，支付价款2889元。离开酒店时，胡女士偶然发现，酒店的实际挂牌价仅为1377.63元。胡女士以上海携程商务有限公司采集其个人非必要信息，进行"大数据杀熟"等为由诉至柯桥区法院，提出退一赔三等多项请求，法院认为携程公司存在虚假宣传、价格欺诈和欺骗行为，支持胡女士请求。

"大数据杀熟"指的是互联网平台基于用户数据，使得同样的产品或服务，老用户看到的价格反而比新用户看到的价格高出许多的价格歧视行为。具备一定市场垄断势力和信息不对称是价格歧视的两大法宝，一方面，当前的互联网平台往往具备一定的市场垄断势力；另一方面，隐蔽的个性化推荐和展示制造了信息不对称，可以说互联网平台是价格歧视的温床。大数据和算法是互联网平台的超级武器，价格歧视是资本主义的老玩法，"大数据杀熟"便是二者的完美结合。"大数据杀熟"的对象往往是老用户，一则老用户基于对平台的信任，往往不会付出更多的时间成本去货比三家，如此就会产生信息不对称，平台正是利用这一老用户的惯性而隐蔽地进行杀熟；二则平台为了扩大自身用户量，往往需要下血本去吸引新用户，新用户也对平台价格更加敏感。因此，对新用户下手显然并不合理，但盈利是平台刻在骨子里的基因，于是只能对老用户下手。

案例来源：https://new.qq.com/omn/20210715/20210715A05VFS00.html.

第一节　网络市场定价

网络经济中依然存在着激烈的市场竞争,企业仍需要努力建立自己的竞争优势,否则将会被市场淘汰。然而,由于企业内部条件和外部环境的改变,传统的竞争手段已不能适应网络经济的要求。因此,企业必须采取一些新的竞争策略和定价策略,为产品妥善定价既能使企业发展战略与市场行情有效契合,又能增强企业对区域市场的掌控程度,极大地提升产品在市场上的表现,促进企业利润目标的实现,为自己赢得更大的生存和发展空间。

一、网络歧视定价

所谓歧视性定价,实质上是一种价格差异,通常指商品或服务的提供者在向不同的接受者提供相同等级、质量的商品或服务时,在接受者之间实行不同的销售价格或收费标准。

(一)价格歧视的条件

厂商以追求利润最大化为目的,当厂商想要获取超额利润时会采取歧视性定价。价格歧视得以实现,要具备以下三个条件:一是市场存在不完善性,二是不同市场对同一商品的需求弹性不同,三是市场与市场间或同一市场各部分间需分开。

(1)市场的不完善性。当市场不存在竞争,交易双方存在信息不对称,或者由于种种原因信息搜集被分割时,会出现价格歧视。在市场活动中,不同的市场主体对信息获取是有差异的,掌握信息较充分的人往往处于优势地位,而信息掌握不充分的人往往处于劣势地位,这样垄断者就可以利用掌握信息是否完备这一点实行价格歧视。

(2)不同市场的需求弹性不同。需求弹性指的是商品价格上升或下降时需求量的变化,包括需求价格弹性、需求交叉弹性和需求收入弹性。需求弹性小的商品,即对价格变动不敏感的商品通常都是一些生活必需品,需求弹性较高的商品就是对价格变化敏感的商品,即奢侈品,这时若垄断者想获得垄断利润,可以对需求弹性小的市场实行高价格策略。

(3)市场间的贸易壁垒。地区封锁和限制贸易自由的各种壁垒往往有利于垄断者实行价格歧视,贸易壁垒指的国与国之间进行正常的贸易活动时受到阻碍,竞争机制和市场机制受到人为的干扰。因此,反垄断要限制价格歧视,就应该改变环境条件。

此外,实现价格歧视还有其他条件,一是厂商能够以合理的成本进行市场细分,即两个及以上的团体购买同一商品时,他们各自的成本应当区分开,且区分他们的成本不能超过区分他们所能带来的收入。二是必须阻止不同购买集团之间"贱买贵卖"的转卖行为。

(二)价格歧视的三个等级

价格歧视分为三个等级,包括一级价格歧视、二级价格歧视和三级价格歧视。

一级价格歧视,又称完全价格歧视,就是每一单位产品都有不同的价格。即假定垄断者知道每一个消费者对任何数量的产品所愿意支付的最大货币量,并以此决定产品的价格,简而言之,就是看人定价。用户愿意支付的最高价格与商品实际价格之间的差额为消费者剩余,其中的差额越大,可以操作的空间就越大。

二级价格歧视,即垄断厂商了解消费者的需求曲线,把这种需求曲线分为不同段,据根据购买量来确定商品价格。即按需定价,也就是买得越多价格越低,此时垄断者会获得一部分而不是全部的消费者剩余,其本质就是让拥有高消费能力且不太在意小钱的人支付利润最高的那部分。团购就是典型的二级价格歧视,这种模式在互联网中也大量存在。拼多多在确定对某一产品的需求时,先建立这些买家与供应商之间的关系,通过大量的订单与供应商砍价,确定最低价格,同时借助社交网络传播获取巨大流量。

三级价格歧视是指垄断厂商对不同市场的不同消费者实行不同的价格,即按群体定价。互联网中大数据的广泛运用帮助企业对用户的各个特点进行整合,即用户画像,从而制定满足用户需求的相应产品,以帮助企业在实行高价格的市场上获得超额利润。

(三) 网络经济与价格歧视

采用差别定价的定价方式需要具备一定的条件,而在传统经济下因一些条件的限制而影响差别定价策略的实施。而网络经济的发展,则为实施差别定价,特别是完全价格歧视的差别定价,创造了有利的条件。

1. 传统经济中的价格歧视

企业采取价格歧视,特别是采取完全的价格歧视,需要满足一定的条件。首先,企业应具有商品定价权,即企业并不是单纯的价格接受者,而是价格的制定者,这就意味着企业必须对市场形成一定程度的垄断。其次,企业知道每个消费者的需求曲线,即企业能够判断每个消费者的支付意愿,这样,才能够为每一个人确定一个单独的,而且是消费者愿意接受的有效价格。最后,企业还要能够有效防止套利行为,即企业有能力阻止或限制支付低价的顾客,将产品转卖给支付高价的顾客。如果出现套利行为,价格就会最后回复到最低价格。在传统经济中,上述条件在一般情况下很难达到,所以,在传统经济下进行差别定价,特别是按照完全价格歧视进行差别定价,实际上是很难做到的,在应用上也受到很多的限制。

2. 网络经济中的价格歧视

在网络经济下,信息技术的应用给差别定价创造了条件。因此,价格歧视或差别定价就成为信息产品定价的基本策略。首先,网络经济的网络效应及正反馈机制,使企业有可能成为主流或标准,从而取得市场的支配权,也就取得了价格的支配权,能够决定价格的高低。其次,信息技术可以帮助企业能够更有效地与每一位顾客进行沟通,了解其需求,为其提供个性化的服务,并采取不同的价格。最后,在信息技术的支持下,企业实行定制式生产,使顾客之间失去比较机会和条件,使差别定价更具有可行性。

二、网络捆绑定价

(一) 捆绑定价的含义

捆绑定价,是指将两种或两种以上的相关产品进行组合,制定一个合理的价格后捆绑打包出售。这种销售行为和定价方法经常出现在信息商品领域,例如,办公软件 Word、Excel 和 PowerPoint 捆绑销售,不单卖。这种形式有利于商家获取更多的利润。

(二)捆绑定价的形式

根据捆绑定价性质,可以将其划分为以下几种形式。

1. 同质产品捆绑定价

同质产品捆绑定价,按照组合中产品不同,又可以划分为单一产品组合定价和混合产品组合定价。单一产品组合定价例,如在酒吧点啤酒一般都是以打为单位,混合产品组合定价常见的就是各航空公司对出发地和目的地相同的往返机票定价。

2. 互补产品捆绑定价

即捆绑定价的产品在用途上具有互补性,互补式捆绑定价已成为信息产品内常见的营销手段,这种经营方式分为两种,一种是"软硬捆绑",即把软件安装在指定的硬件设备上进行捆绑出售,另一种是"软软捆绑",即软件打包出售。

3. 非相关性产品捆绑定价

生产者将产品与同它有竞争关系的产品进行组合,实施捆绑定价。被捆绑的产品不一定是与其具有互补关系的产品,而只需要两种产品的捆绑能使消费者产生愿意消费的意愿即可。非相关性产品捆绑定价在一些商场促销活动中和多元化企业中较为常见,例如商场大规模促销、同种产品买一送一等。

4. 捆绑式免费

捆绑式免费是指将免费产品和服务与收费产品和服务捆绑在一起,用户在购买某产品或者服务时免费赠送其他产品。捆绑式免费的目的是增加收费产品和服务的价值,通过免费产品和服务来吸引用户对收费产品和服务的购买。

捆绑式免费策略常为一些软件生产商使用,将不同的软件捆绑在一起,通过成熟软件的销售带动新软件进入市场。例如,微软公司在推出 IE 浏览器的时候,将 IE 浏览器与 Windows 操作系统进行捆绑销售,其中 Windows 操作系统为收费产品,而 IE 浏览器则为免费赠送。这样,当用户购买并安装了 Windows 操作系统,IE 浏览器也就免费安装在用户的电脑上并可以免费不受限制地使用。捆绑式免费策略虽然不能为企业带来直接收入,但有助于企业的新产品迅速推广并占领市场。微软公司正是通过这一策略,借助 Windows 操作系统占据了绝大部分的市场份额的优势,带动 IE 浏览器的推广,使之迅速占据了浏览器市场绝大部分市场份额。

(三)捆绑定价的实施条件

1. 捆绑定价产品具有一定的市场统治地位

企业实施捆绑定价,要求捆绑产品具有一定的市场统治地位。企业在实行捆绑定价策略时必须充分考虑自身的核心竞争力,所推出的产品组合要具有一定的市场支配力,从而依据这种市场支配力将产品进行捆绑定价销售,以实现自身产品与其他竞争产品的价格差别,获取尽可能多的消费者剩余,即企业能获得更多的利润。反之,对企业而言,如果将两个完全没有市场支配力的产品僵硬地捆绑在一起定价销售,意义不大,只会给企业增加更多的负担。

2. 捆绑的产品必须是优质产品

质量向来是一个产品能否走向市场并占领市场的关键因素,这与企业的形象和信誉度紧密相关。若捆绑产品组合中出现了一个或多个质量差的产品,即以次充好,达到增加销售收入的目的,这样的结果往往是失败的,后果就是严重破坏了企业形象,该企业在消费者心中的信誉度大打折扣,同时其优质产品也相应掉价。因此,企业若想成功实施捆绑定价销售策略,就必须保证产品组合中所有的产品都是优质产品,全面推行企业内部产品的质量管理,在增加销售收入的同时还能将企业良好的形象推广出去。

3. 捆绑定价产品之间的关联性

尽管在非相关性产品捆绑定价方式下销售的产品之间可以并无任何联系,但其顺利实施要求基本产品和捆绑产品之间在消费对象、销售终端、品牌效应等方面相同或相近,一般要求具有以下条件。

1) 捆绑定价产品之间的互补性

一般来说,捆绑定价的产品最好是互补性产品。这种互补性不仅仅是指产品之间的功能性互补,比如乒乓球和乒乓球拍这种功能性互补,还包括消费者认为捆绑定价的产品之间可以联系在一起,或者是可以通过某种外力联系在一起,并且产品之间对彼此在市场中的竞争地位有显著影响。这样,消费者通过互补产品之间的关联将它们的形象联系在一起,综合地而不是单独地衡量它们的功能,或者将它们作为一个整体来衡量购买使用成本。

2) 捆绑定价产品目标顾客的重叠性

在捆绑定价中,两种产品或者几种产品的目标市场应有较大交叉重叠部分,只有这样才能保证两种或几种同时捆绑定价销售的产品处在目标消费者的需求区域。如果捆绑定价的产品的目标消费者是不同的,将大大降低消费者对捆绑定价产品的需求。

3) 捆绑定价产品之间市场定位的同一性

消费心理学依据人们的年龄、职业、学历、收入、交易水平等变量将社会划分为不同的阶层,而不同社会阶层的人在消费习惯、消费观念等方面存在较大的差异。因此,在对产品实施捆绑定价策略时,需要优先考虑捆绑产品的市场定位是否具有市场同一性,即捆绑产品市场定位至少是相同或者相近的,否则,捆绑定价策略就难以成功,比如奢侈品与劣等品也不能捆绑定价。

三、网络平台定价

(一) 平台经济

平台经济作为伴随互联网经济产生的新业态,是未来二十年最重要的商业趋势之一。

其中,共享经济是平台经济渗透本地生活服务的结果,极大地扩大了平台经济的应用场景和范围,也使得平台经济成为全球范围内学术界、商界、投资界的关注焦点。平台定价的合理性是长久以来困扰平台型企业的问题。一方面,价格是调节供给和需求的杠杆;另一方面,通过供需平衡产生的价格是反映供需动态变化的灵敏信号。

(二)双边市场

1. 双边市场的定义

在现实经济中,有很多交易活动并不是由产品或服务的供应商直接面对消费者进行交易,而是通过某些平台将供应商和消费者联系在一起,平台通过一定的定价策略向交易双方提供产品或服务,促成它们在平台上实现交易。例如,在线应用商店将开发商和消费者联系起来,信用卡支付平台联系商户与消费者,电视机联系着广告商和观众等。这种由供应商(卖方)、消费者(买方)和中介平台构成的市场形态被称为双边市场。

2. 双边市场的特征

双边市场与单边的市场相比,具有鲜明的特征:

(1)双边市场具有"交叉网络外部性"特征。网络外部性是指某个产品或服务的价值随着消费该产品或服务的消费者数量的增加而增加,是来自同一类用户的规模经济。双边市场的网络外部性取决于平台双边的同类用户数量,是一种具有交叉性质的网络外部性。比如,淘宝起初没有那么多的消费者和商家,但随着时间的迁移,商家越来越多,带来的商品种类也越多,那么消费者也就越来越多,相应地,消费者要是增加,则商家同样增加。即基于淘宝这个平台,商家数量的多少取决于有多少消费者,而消费者需求又取决于淘宝上的商家规模。

(2)双边市场价格具有不对称性。单边市场中的产品或服务面对的是同一类用户,其产生的网络外部性会自然被用户内部化。在双边市场中,平台提供的产品服务面对的是两类明显不同的用户,不同的参与者对平台的偏好存在差异,所以,双边市场中两边的交叉网络外部性并不会被用户内部化。因此,平台通常采取不对称定价的方式以平衡市场两方消费者不同的需求,以吸引更多的用户参与平台交易。一般来说。平台企业向市场需求弹性较大的一方所收取的价格比向市场需求弹性较小的一方收取的价格低,但是随着时间迁移,市场逐渐趋于成熟,竞争强度不断增大,一些平台可能会为快速占据更多的市场份额对某一方实行低价策略甚至是免费策略。如网购平台,其中的商家入驻网购平台之后,成交的每一笔订单都需向平台交一定比例的佣金,但消费者付出的代价是只需在一个 App 上注册,填写收货信息等。单边市场中企业由于只面对一类消费者,可能会根据不同用户群体的不同需求采取不同的定价策略,这跟双边市场定价的平衡法则所发挥的作用不同。

3. 双边市场的分类

一般而言,双边市场分为三类,一是市场创造型;二是受众创造型;三是需求协调型。

(1)市场创造型。这种双边市场主要是优化平台结构,提高交易双方效率,通过增加买卖双方配对成功的可能性来降低用户搜寻成本。如电子商务平台、婚姻中介、房屋中介、猎头等都属于这类双边市场,这些中介平台都是利用依附于交易对象的特点,通过不断降低交易成本来赚取尽可能多的利润。

(2) 受众创造型。这种双边市场平台往往是站在双边市场的角度,借助媒体平台,在上面发布广告和产品信息,以吸引更多的观众、读者和网民等。这种平台借助网络媒介传播信息,充分利用传媒行业的微观结构的有效性应用,电视、报纸、杂志、网站等就属于这类市场平台。

(3) 需求协调型。这类双边市场主要依赖双边市场平台结构,能帮助两边的用户通过平台来满足相互的需求,来实现双边需求的协调性应用,如 Windows 操作系统、银行卡系统、移动增值业务平台等。

以上三种类型的双边市场大致包括了目前双边市场的基本形态,从双边市场的研究文献来看,关于市场创造型和需求协调型双边市场的研究成果较多,而关于受众创造型双边市场的研究成果较少,且当前电子商务平台这一双边市场已成为研究热点。

4. 双边市场定价策略的影响因素

一般认为影响双边市场定价策略的因素包括两边的需求价格弹性、收回成本、网络外部性、两边收费的难易程度、平台观察用户参与和交易量的难易程度、单归属和多归属、排他行为、产品差异化、互联互通。

(1) 两边的需求价格弹性。与单边市场定价策略相同,需求价格弹性对双边市场定价也会有影响。一般来说,产品的价格随着需求的增加而下降,对于双边市场来说,价格会下降得更快,即双边市场中需求弹性大的产品的价格低于需求弹性小的产品的价格,平台一边的价格甚至低于边际成本定价,或是免费乃至补贴。

(2) 收回成本。众所周知,利润多少取决于销售额与成本之间的差额,因此,成本是影响双边市场的重要因素,而网络产业的前期固定成本投入一般都很高,无论是营利性平台还是非营利性平台都必须收回成本并实现盈利。

(3) 网络外部性。网络外部性是指消费者从市场中获得的效用与市场规模呈正相关关系,网络外部性越强,平台两边的价格不对称性越明显。在强网络外部性的条件下,平台的一边可能会出现负价格。

(4) 两边收费的难易程度。在平台某一边收费可能比较困难时,如电子商务平台难以向消费者收费,就只能主要依靠向入驻平台的商家收取佣金和广告费来获得收入。

(5) 平台观察用户参与和交易量的难易程度。现实生活中,平台很难准确观察到用户的参与度与交易量,如媒体平台可能不清楚有多少用户在听它们的歌曲。在这种情况下,平台会倾向于收取会员费,而不是按交易量来收费。

(6) 单归属和多归属。单归属是指用户只在一个平台上注册交易,而多归属是指用户同时在多个平台上注册交易。我国移动电话用户一般都是单归属,要么加入中国移动的网络,要么加入中国联通的网络,同时使用多家网络运营商的用户占相对少数;而电子商务平台则属于多归属,消费者一般会在多个电子商务平台注册账户,而很少只在一个电子商务平台注册。单归属会形成平台间的竞争瓶颈,平台一般会对单归属的一方设定低于成本的价格,而对多归属的一方设定高价。

(7) 排他行为。互为竞争关系的平台通常会采用排他行为来阻止用户的多归属行为,如采用各种优惠措施诱使用户放弃多归属行为或者采取拒绝交易的方式来迫使用户只在其平台上交易,例如京东无法使用支付宝进行支付,以及在各大购物节时,不同平台上的优惠策略不同,且不能跨平台使用。

（8）产品差异化。在现实中,平台往往会实施产品差异化策略,即产品的质量、款式方面会有不同。双边市场中平台两边的产品差异会影响用户的归属数量,从而影响平台的定价策略。

（9）互联互通。竞争性平台不仅只有竞争才能实现获利,双方之间的互联互通可以提高效率和社会福利的同时实现资源节约,如用户接入一个平台,就可以访问互联平台的信息资源,有利于消费者效用的增加。从定价角度看,平台为了收回互联互通的成本,通常会提高价格。

4. 双边市场的定价方式

1）多归属

单归属是指用户在一个平台上注册交易并只交纳一次注册费,而多归属用户则在两个或两个以上平台上进行注册并交纳注册费。若平台没有对用户实行排他行为,那用户就有可能在在多个平台上进行注册,即多归属。用户往往会权衡多归属的支出和收益。多归属收益是指用户在多个平台上交易可扩大另一边可交易用户的范围,提高交易成功率和效率。从这个角度看,如果平台对用户只按交易次数收费,则会助长用户的多归属行为,因为多归属并不会造成额外的成本。音乐平台是一种双边市场,这个市场的一边是拥有视频播放软件的用户,另一边则是提供歌曲服务的版权所有者。平台如果对用户收取较高的会员费,且有些歌曲是独家版权并须是会员才可收听,那么就能抑制用户的多归属行为,而用户持有多个音乐平台的行为就会减少。

2）用户的产品多样性偏好

不同的用户对不同的产品其偏好性不同,且往往存在较大的差异,游戏平台和软件操作平台的消费者就是如此。电子游戏的生命周期一般明显短于应用软件的生命周期,一个游戏平台可能有数十种游戏供用户选择,而电脑应用软件的用户不会频繁地更换软件,例如,WPS的用户会长时间使用该软件进行办公操作。两者的收费重点截然不同,游戏平台通过向产品提供方,即游戏开发商收取特许使用费来获得收入,向产品消费者,即游戏玩家收取低于边际成本的费用;而软件操作平台对产品提供方会给予相应补贴,主要向产品消费方,即软件用户收取使用费来获得收入。

3）平台的排他行为

双边市场和单边市场一样,无论用户处于单归属还是多归属的状态,都会采取排他行为。通过签订独家协议等方式来限制用户到与其互为竞争关系的平台上注册交易。但是,在现实经济生活中,并不是所有的双边平台都会采取排他行为,例如,电子商务平台也不限制用户只在一家平台上注册交易,信用卡平台也不限制用户只能拥有一张信用卡。

第二节　网络企业竞争

互联网企业之间的竞争变成了大企业与大企业、大企业与中小企业、中小企业与中小企业之间的混合竞争。而在当前我国互联网这种竞争体系下,大企业的竞争力更加明显。伴随互联网繁荣发展而来的是互联网企业之间的竞争日趋激烈。互联网的快速发展带来了新的造富效应,无论是大企业,还是中小企业,都希望在互联网的快速发展中有一席之地。

一、兼容与互联

(一)兼容

1. 兼容的定义

兼容是衡量软件好坏的一个重要指标。兼容性是指硬件之间、软件之间或是软硬件组合系统之间的相互协调工作的程度。对于软件而言,一种兼容是指某个软件能稳定地工作在某操作系统之中,就说这个软件对这个操作系统是兼容的。另一种兼容就是在多任务操作系统中,在几个同时运行的软件之间,如果这几个软件能稳定地工作且不出经常性的错误,就说它们之间的兼容性好,反之则是兼容性不好。

2. 兼容性的属性

(1)与软件适应于并非为该软件准备的活动或手段相对应的规定环境有关的软件属性。

(2)使软件遵循与可移植性有关的标准或约定的软件属性。

(3)与软件在该软件环境中用来替代指定的其他软件的机会和努力有关的软件属性。

3. 兼容的分类

根据兼容的方向不同,可以分为前向兼容(也叫向上兼容)和后向兼容(向下兼容)。

(1)前向兼容(向上兼容),指的是老版本的软/硬件可以使用新版本的软/硬件产生的数据。

例如,CD 光盘是向前兼容的,CD 光盘既可以被老旧的 CD 光驱读取,也可以被新的 DVD 光驱读取。比特币区块链系统是向前兼容的,老版本的节点依然可以验证新版本产生的区块,这也是比特币区块链不会产生永久分叉的基础。

(2)后向兼容(向下兼容),指的是新版本的软/硬件可以使用老版本的软/硬件产生的数据。

例如,Windows 操作系统是向后兼容的,大部分针对 Windows 7 开发的软件依然可以很好地在 Windows 10 下运行。Windows 通过保证系统 API 的稳定不变,只增加不删除的策略,保证了老系统上开发的软件可以很容易地在新系统上运行。

4. 兼容与企业竞争

借助历史销售优势和适当的兼容策略,优势企业可以设置策略壁垒,防止潜在进入者的进入和胁迫市场内的竞争对手退出市场,通过限定产品的市场销售量来对市场的竞争基础产生影响。我们关心的是,在什么条件下具有历史销售优势的企业才能采用胁迫策略阻止潜在进入者的进入和将市场内竞争对手逐出市场。

　　综合起来看,由于策略效应的作用方向不易判断,因此,优势企业调整产品兼容性能对劣势企业具有正负两方面的影响。企业可采取如下的竞争策略。

　　第一,在历史销售量较大、产品兼容性能较强的情况下,市场竞争的加剧可能打破双寡头垄断格局,由优势企业垄断市场。前面的分析表明,产品的网络效应越大,或者相对差异越小,竞争越激烈,越容易发生阻止进入的策略行为,优势企业实现垄断的可能性越大。因此,在市场竞争中,劣势企业应该积极阻止竞争对手实施上述策略,以维护自己的市场竞争地位。

　　第二,许多网络产业都具有锁定现有用户的性质,消费者必须付出大量的沉淀成本才能转换为其他厂商的用户。这时,新进入企业需要定位在一个容量足够大的市场区域,以使它能够获得进入后的利润。而现有企业则会毫不犹豫地用自己的产品和服务占领现有市场,不给新进入企业留下可乘之机。固定成本越高,新进入企业实现盈亏平衡所要求达到的产量和市场份额就越大,新企业的进入难度也越大。现有企业可以在新进入者进入前通过扩散其产品和服务的市场来实施策略行为,即生产与新进入者完全一样的产品或服务以分散消费者对新进入企业的注意力来限制新进入者的市场。

　　第三,网络效应较强的产品在市场销售的初期阶段,会遇到很多阻力。为了降低第一批客户的购买风险,促进销售,企业可以采用价格差别策略,对精心挑选的用户群体提供特别优惠,以激发用户的购买兴趣,引起销售的连锁反应。同时,通过各种营销手段为产品制造声势,甚至在新产品投入市场之前就广而告之,营造该产品将成为主流产品的市场预期。

（二）互联

1. 互联的定义

　　互联是指在两个物理网络之间至少有一条在物理上连接的线路,它为两个网络的数据交换提供了物质基础可能性,但并不能保证两个网络之间一定能够进行数据交换,这要取决于两个网络的通信协议是不是相互兼容。

　　网络互联,是指将分布在不同地理位置、使用不同数据链路层协议的单个网络,通过网络互联设备进行连接,使之成为一个更大规模的互联网络系统。网络互联的目的是使处于不同网络上的用户间能够相互通信和相互交流,以实现更大范围的数据通信和资源共享。

2. 互联的优点

1）扩大资源共享范围

　　将多个计算机网络互联起来,就构成一个更大的网络——互联网。互联网上的用户只要遵循相同的协议,就能相互通信,并且互联网上的资源也可以被更多的用户共享。

2）提高网络性能

　　随着用户数的增多,总线型网络中冲突的发生概率和数据发送延迟会显著增大,网络性能也会随之降低。但如果采用子网自治以及子网互联的方法就可以缩小冲突域,有效提高网络性能。

3）降低联网成本

　　当同一地区的多台主机希望接入另一地区的某个网络时,一般都采用主机先行联网（构成局域网),再通过网络互联技术和其他网络连接的方式,这样可以大大降低联网成本。

4)提高网络安全性

将具有相同权限的用户主机组成一个网络,在网络互联设备上严格控制其他用户对该网的访问,从而可以提高网络的安全机制。

5)提高网络可靠性

设备的故障可能导致整个网络的瘫痪,而通过子网的划分可以有效地限制设备故障对网络的影响范围。

3. 互联的类型

1)局域网-局域网互联

在实际的网络应用中,局域网-局域网互联(LAN-LAN)是最常见的一种形式。局域网-局域网互联一般可分为以下两种:

(1)同种局域网互联。同种局域网互联是指符合相同协议的局域网之间的互联。例如,两个以太网之间的互联,或是两个令牌环网之间的互联。

(2)异种局域网互联。异种局域网互联是指不符合相同协议的局域网之间的互联。例如,一个以太网和一个令牌环网之间的互联或是令牌环网和 ATM 网络之间的互联。

2)局域网-广域网互联

局域网-广域网互联(LAN-WAN)也是常见的网络互联方式之一。局域网-广域网互联一般可以通过路由器(Router)或网关(Gateway)来实现。

3)局域网-广域网-局域网互联

将两个分布在不同地理位置的局域网通过广域网实现互联也是常见的网络互联方式。局域网-广域网-局域网互联(IAN-WAN-LAN)也可以通过路由器和网关来实现。

4)广域网-广域网互联

广域网与广域网之间的互联(WAN-WAN)同样也可以通过路由器和网关来实现。

4. 互联与企业竞争

企业的长期成功,不只是能够提供产品和服务,更重要的是要发展能够增值互联的关系。因此,即或是拥有行业先进水平甚至是世界水平的质量、成本和服务,将不再是一种赢得竞争的优势,而只是企业经营的敲门砖。由于企业的竞争战略重点正在发生新的转变,那么,谁在这样的转变中有远见卓识,重视相互合作,重视相互利益,谁就能够在未来的市场中获得持续发展的竞争优势。因此,互联"合作",已成为企业赢得竞争的新的战略选择。

企业要推行以合作求竞争这种新的企业战略,就必须认识和掌握与之配套的新的组织站构、合作形式和战略安排技术,通过研究许多成功企业合作竞争的方式,可以将合作竞争归纳为以下类型:

第一,供应商型:这是企业与供应商之间主要的连通合作方式。由于企业的增值链中,供应过程占有较多的成本,因此,供应能的动态互联至关重要。第二,战略网络型:主要是企业通过建立与供应商、经销商以及最终用户的价值链形成的一种战略网络。第三,协作联营型:主要表现为企业通过有选择地与竞争对手,以及与供成商或其他经营组织分离和交换控制权、成本、资本、进入市场的机会、信息和技术等,产生特定的协作关系,形成一种联营组织,从而在市场竞争中为顾客和股东创造最高的价值。跨国公司在跨国经营中,主要都采用这样的竞争方式,可以说,一家公司要去国外经营,它的协作意愿和合作能力就是预测其能否成功的最佳标准。第四,虚拟组织型:虚拟组织是一种相对较新的经营组织形式,它利用信息技术把各种资源、能力和思想动态地连接起来,是一种有机的企业网络组织。虚拟组织可以灵活地把企业自己的优势资源与其他企业或市场主体的优势资源充分地结合起来,以最低的成本、最快的速度创造出最佳的收益。它通过虚拟人员、虚拟部门、虚拟工厂等进行经营,无须企业投资设立实体机构,因此使企业容易拥有最低成本、最佳产品和最佳服务的竞争优势。

二、合作与竞争

(一)网络经济中的合作竞争战略

"合作竞争"理论是经济学面临的一个新课题,主要研究企业之间既合作又竞争的交互作用方式及内在的机理。尤其是网络经济学中,企业之间的关系是一种合作竞争关系。而合作竞争概念的提出,反映了人们对合作与竞争关系的一种全新的认识。

1. 合作竞争理论的提出

合作竞争理论又被称为竞合理论,合作竞争用以表达一种既有竞争、又有合作,在竞争中合作、在合作中竞争的行为。"合作竞争"一词最早出现在内勒巴夫和布兰登勃格于1996年出版的《合作竞争》一书中,用博弈论来描述包含竞争与合作两个组成部分的现象。同年,柯克和宾森对企业网络的合作竞争进行了研究,认为合作是企业网络中的一种新的企业关系形态。之后,洛贝克和菲尼玛(1997)等则将竞争合作与知识转移联系起来,认为知识的共享性是合作竞争的基础。麦克和安东尼(1999)等还从外部性角度研究合作竞争,即合作基于其他企业正的外部性,而竞争基于其他企业负的外部性。

在信息化和全球化这个大时代背景下,合作竞争思想开始萌芽、发展。在这样一个背景下,传统的单纯以压倒竞争对手为目的的竞争方法逐渐失效。"商场上没有永远的朋友,也没有永远的敌人。"这句蕴含哲理的名言揭示了竞争合作的辩证关系,竞争不排斥合作,合作中也会有竞争。美国商界有句名言:"如果你不能战胜竞争对手,就加入他们中间去。"现代损人利己的竞争时代已经完全结束,"你死我活"的竞争状态也不再是企业追求的状态,现代企业追求的是更高层次的竞争与合作,不是"单赢",而是"双赢"和多赢。竞争合作是密不可分的,缺乏竞争的合作没有动力,竞争是一个企业成长的根本途径,也是一个行业能健康发展的前提。同时缺乏合作的竞争必然混乱,参与合作的企业比"单打独斗"的企业占有更大的竞争优势,因此,未来的企业将日益以合作而非单纯的竞争为重要经营手段,企业会把合作竞争视为长期的发展战略之一。

2. 合作竞争的要素

合作竞争是一种高层次的竞争,合作竞争并不是完全没有竞争,它只是从企业自身发展的角度和优化社会资源配置的角度出发,调整企业间的关系,使之不再是单纯的对抗竞争关系,而是一定程度的合作关系。合作竞争的三要素理论由尼尔·瑞克曼(Rackham)、劳伦斯·傅德曼(Friedman)和李察·鲁夫(Ruff)提出,他们在进行了大量实证研究后认为,合作竞争取得成功必须具备的条件有三个,即贡献、亲密和远景。

1) 贡献

贡献是指建立竞争合作关系之后能够创造的具体有效的成果,即能够增加的实际生产力和价值。贡献是三个因素中最根本的因素,是成功的竞争合作关系存在的理由。贡献主要来源于以下三个方面。一是减少重复与浪费。当两个企业不合作时,对于同样的任务,两个企业将会各自运作,由具有相同功能的部门来完成,此时,两个企业没有信息交流,产生重复劳动,成本增加。而若两个企业合作,相同功能部门完成的任务可只由一方完成,消除重复,减少浪费,从而有显著的节约成本收益。二是借助彼此的核心能力。一个企业能在竞争激烈的市场中长期发展,一定有自己的核心优势,否则被淘汰只是时间问题,因此,合作双方可以利用比较优势原则,彼此运用对方的专业和核心能力并从中获益。将自己的劣势部分外包出去,专注于自身的核心能力,有利于提升竞争优势。有时,这种核心能力不限于正式的组织层面,员工个人层面的核心能力也是借助的来源之一。三是创造新机会。这是合作最重要的贡献来源,通过合作可以提升各自的能力,在合作中碰撞出新的火花,最大限度地利用好各种积极因素,创造出新契机。

2) 亲密

传统的交易模式中,因为利益关系的存在,虽会存在亲密关系,但是成功的合作竞争关系会超越一般的交易伙伴关系,从而达到相当的亲密程度。要建立起这种亲密关系应坚持三个原则,即互信、信息共享和建立有利的伙伴团队。一是互信。互信的确是成功竞争合作关系的核心。信任对一个有效的团队而言是必不可少的,就供应商而言,他应完全从客户的利益与立场考虑问题,把客户当作自己的员工,信任他们,这样他们才会产生安全感,并愿意承担适当风险;就客户而言,他相信供应商能做到这一点,如果没有信任,创新、协作以及生产力会大大减少。二是信息共享。企业想获得竞争优势,那么就必须了解顾客需求、企业方向、策略、偏好及市场趋向等方面的信息,合作双方必须做到共享,这样可以提高信息资源利用率,避免在信息收集、储存和管理上的浪费。三是建立有力的伙伴团队。合作关系需要团队资源的投入,有力的团队会激发成员的积极性和创造性,有助于提高团队的整体能力,把成员的优势都集中在一起,可以提高整体工作效率,因此,借助团队的力量建立起亲密关系是非常有必要的。

3) 远景

远景也称愿景,它是合作关系的导向系统,促使所在组织中的所有部门向同一目标努力,可以生动地描绘出合作关系所要达到的目标与达到的方法。但远景不是毫无根据且不切实际的幻想,而是能够发挥实际作用的指导机制。要创造这样的远景,就必须选择合适的合作伙伴。选择良好合作伙伴的根据四个方面,第一,是否存在创造贡献的潜能。即伙伴关系是否可为伙伴双方创造传统买卖关系所无法创造的价值。第二,是否拥有共同的价值观。即合作双方在驱动整个企业的基础价值观上是否具有共通性。第三,是否存在有利于伙伴关系的环境。这主要由合作者对伙伴关系所持的态度、合作者对于未来长远的计划与看法和可能的交易频率来决定。第四,伙伴关系的机会是否与企业本身的未来相谋合。这可从产业焦点、产品方向以及市场地位等方面考察。如果上述几点的回答都是肯定的,则对方就是一个良好的合作伙伴。

（二）竞争与合作的关系

在传统经济学中，竞争与合作是两个相对的概念。竞争是为实现利己的目的而进行的活动，合作则是从利他的角度为实现共同目标而进行的活动。换句话说，竞争以优先考虑自己的利益为准则，而合作以双方互利共赢为考量准则。所以，这是两个相对的概念。在通常的情况下，竞争与合作是相互对立的，不可能同时并存。

对于竞争与合作的评判，社会学与经济学存在着很大的差异。从社会学角度看，一般认为合作比竞争好，应反对利己主义，提倡利他主义。但经济学中的看法则相反，认为竞争是市场机制实现的条件，因而主张竞争，同时认为合作有可能会导致垄断，使市场效率和社会福利水平降低，因而反对合作。

按照传统的观点，虽然在竞争中每个人在主观上都在追求个人利益，但在客观上却增进了社会利益。这也就是著名的"看不见的手"的理论，用亚当·斯密的话来说："每个人都试图应用他的资本，来使其生产品得到最大的价值。一般来说，他并不企图增进公共福利，也不清楚增进的公共福利有多少，他所追求的仅仅是他个人的安乐、个人的利益，但当他这样做的时候，就会有一双看不见的手引导他去达到另一个目标，而这个目标绝不是他所追求的东西。由于追逐他个人的利益，他经常促进了社会利益，其效果比他真正想促进社会收益时所得到的效果为大。"

然而，"看不见的手"的观点受到了许多质疑，特别是纳什的博弈论的提出，进一步证明当人们都以自己利益最大化为目标时，并不一定会导致整体利益的最优，相反还有可能导致整体利益最劣的结果。而合作博弈的研究进一步证明，当人们采取合作的行为时，则有可能取得利人又利己的结果，不仅增加了整体利益，个体的利益也因此而增加。合作博弈理论为企业之间的合作行为提供了理论依据。

（三）网络经济中的竞争与合作

网络经济改变了人们对竞争与合作的认识，将二者之间原来的对立关系转变为相互统一的关系。为了竞争必须进行合作，合作是为了更好的竞争，这样的观点逐渐成为人们的共识。在认识转变的基础上，网络经济同时也改变了企业间的竞争规则，由原来只强调竞争转变为更加注重合作。

网络经济中更加强调合作的原因可以归结为这样几个方面。

首先，在传统经济中占主导地位的是物质资源，物质资源是有限的和稀缺的，所以，人们必须通过竞争以在其中获取更大的份额。而在网络经济中，资源的构成改变，由以物质资源为主转变为以非物质资源为主。非物质资源不具有排他性，无须相互争夺，同时非物质资源可以共享，并在共享的同时具有网络效应，因而对企业来说，与他人合作比竞争更有利。

其次，网络经济是创新主导的经济，科技进步成为经济发展的核心驱动力。科学技术的快速发展，一方面使消费者的需求越来越多样化，另一方面也大大缩短了产品的生命周期。这就要求企业对市场做出快速响应，谁响应得越快，谁就能够在市场上取得优势地位。而快速响应光靠一个企业很难做到，这就迫使企业在竞争的同时进行合作，通过与他人的合作来加速产品开发与推广，提高自己的竞争力。

再次,网络经济中,以信息产业为代表的高科技产业成为规模经济的主导产业,对经济发展起着决定性的作用。高科技产业与传统产业的一个重要区别,就是在有可能取得超出一般产业收益的高收益的同时,也面临着比一般产业风险更高的风险。任何企业都难以独自承担如此巨大的风险成本,而企业间相互合作将会分散风险,降低了高科技产业的风险成本,使高风险投入成为可能,从而为网络经济的发展提供了保障。

最后,合作的前提是相互信任,同时合作需要进行协调,由此产生协调成本。传统经济中受技术条件的限制,进行合作的交易成本很高,限制了合作的开展。在网络经济中,随着信息技术的不断发展,很大程度上改善了原有的信息不对称状况,消除了原来的一些不利于合作的障碍,合作的交易成本大大降低,这也为企业间进行合作创造了有利的条件,促进了企业合作的发展。

(四)网络经济中合作的实现

同样,在网络经济中合作也是要有条件的,这些条件除了包括合作博弈的一般条件外,还需要具备其他的一些条件,主要包括核心竞争力、互利和双赢以及激励和惩罚机制。缺少这些条件,合作就难以实现。

1. 核心竞争力

核心竞争力是一个企业所特有的、能够经得起时间考验的、具有延展性,并且是竞争对手难以模仿的技术或能力。没有一个企业能在所有方面都做到最好,但一个企业若想在市场中占据一席之地,那么至少要在某一个方面比别人做得好,这一方面的优势就是企业的核心竞争力。网络经济下的合作是以核心竞争力为基础的合作,每个合作者都必须有自己独有的优势,这样才能实现优势互补,合作才会有效。而那些在所有方面都表现平平,缺乏核心竞争力的企业,将失去与他人合作的机会,被排除在合作阵营之外。

2. 互利和双赢

合作虽然是以利他为出发点,但最终还是要以对己有利为终点,否则,人们就失去了合作的动力。合作的一个重要的特征,就是所有参与者能够通过合作获得额外的收益,如果只是单方面的获益,没有获益的一方就会退出,合作就没法继续下去。因此,企业间的合作必须遵循互利的原则,双赢是合作的结果,在合作过程中,任何一方都不能为增加自身利益而去损害对方利益,这就违背了合作的初衷,而应在增加他人利益的同时增加自己的利益,这样方可实现互利共赢。

3. 激励与惩罚

企业在进行合作时,必须建立必要的激励与惩罚机制,以维护合作关系的延续,保证合作的顺利进行。机理和惩罚都是为维持合作正常进行的手段,激励即为合作带来的可以得到的或预期可得到的收益,惩罚就是不合作带来的损失。要保持合作竞争的均衡状态,就是要使合作收益大于不合作收益,或违约收益小于违约成本。只有这样,合作才能够维持并得到不断强化。

（五）合作竞争的要点

内勒巴夫、布兰登勃格在《合作竞争》中，用博弈论的思想来阐述企业的合作竞争战略。他们认为，一种结合了竞争与合作的革命性的思维博弈战略正在改变商业游戏。只有竞争的博弈是双输的博弈，而合作竞争博弈才是双赢的博弈。根据这一思想，他们提出了合作竞争战略的以下基本要点。

1. 价值链

价值链是合作竞争战略的核心内容，指企业价值创造过程中一系列不相同但相互联系的价值活动的总和，处于同一价值链的商业游戏参与者之间是相互依存的。波特的价值链是以公司的前端为供应商、后端为顾客的纵向的价值链。内勒巴夫和布兰登勃格在波特的价值链基础上，在公司左右两边又增加了竞争者和互补者，从而形成纵横交错的立体的价值链（见图 5-1）。其中，顾客和供应商组成的纵向价值链、竞争者和互补者组成的横向价值链对企业的发展具有同样的价值。

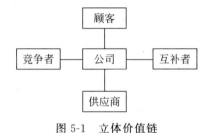

图 5-1　立体价值链

2. 竞争者与互补者

企业与企业之间的关系，存在两种情况，即竞争关系与互补关系。按照内勒巴夫和布兰登勃格的说法，如果顾客在同时拥有你和其他参与者的产品时获得的价值，要少于单独拥有你的产品时的价值，那么这个参与者就是你的竞争者；如果顾客在同时拥有你和其他参与者的产品时获得的价值，要高于单独拥有你的产品时的价值，那么这个参与者就是你的互补者。

竞争者与互补者的身份不是完全截然分开的。某个参与者在不同的情况下可能扮演不同的角色，甚至同时扮演两种角色。一般来说，某个参与者在创造市场时，可能扮演的是互补者角色，而在瓜分市场时，则又可能扮演竞争者角色。

3. 合作博弈与附加值

在合作的情况下，每个参与者都会产生出附加值。按照内勒巴夫和布兰登勃格的定义，附加值是指每个参与者给游戏（博弈）带来的价值。可以用一个公式来表示，即：

某一参与者的附加值＝其参与游戏时市场的大小－其不参与游戏时市场的大小　（5-1）

每个参与者都要创造附加值，而且这个附加值要大于他的收益，这是合作博弈的前提。这就产生了一个问题：如果收益小于他创造的附加值，这样是否会没有人愿意与他合作？答案是否定的，因为如果不加入合作，他就没有合作的收益，收益为 0；而加入合作，就会有正的收益,收益大于0。也就是说,加入合作要比不加入更优,因此,即便得到的额外收益小于附加值,但只要大于不合作的收益,人们还是会选择进行合作。

4. 价值认知的差异性

合作博弈的一个重要前提是价值认知的差异性,如果没有价值认知的差异性,博弈只能是非合作的;只有当存在价值认知差异的情况下,才可能出现合作博弈。价值认知的差异性是指人们在价值取向上存在着差异,即对同一事物不同的人其价值判断是不一样的。价值认识的不同导致需求的不同,需求可以通过不同方式得到满足。而只有这样,合作博弈才能在不减少一方利益的同时而增加另一方的利益,甚至使双方的利益同时增加。

这一问题可以用两个小孩分蛋糕的例子来说明。假定两个小孩分一个蛋糕,为保证公平,需要先制定一定的规则:切蛋糕的人不能先挑选,先挑选的人不能切蛋糕。这样,无论是由谁来切蛋糕,切蛋糕的小孩就会尽量将蛋糕切得一样大,否则会使自己的利益受到损失。

然而,上述情况只是一种零和博弈,因为这里隐含一个假定,即博弈双方在对蛋糕价值的认知上无差异。也就是说,每一单位蛋糕对于两个小孩的价值都是相同的,一个人分的蛋糕增加必定使另一个人的蛋糕减少。

但是,实际上不同的人对同一事物在价值的认知上是有差异的,而在这一前提下,就可以采取另外的游戏规则,并取得不同的结果。比如,我们假定两个小孩对蛋糕的价值认知存在差异:一个小孩喜欢吃蛋糕的皮,一个小孩喜欢吃蛋糕的中间的内瓤,这时就可能出现与前一种情况下不同的蛋糕切法(见图5-2)。

(a) 价值认知无差异　　　(b) 价值认知有差异

图 5-2　价值认知无差异与有差异下的分蛋糕

在价值认知存在差异的情况下,就可以采用第二种方法切蛋糕,两个小孩各取所需,每个人的收益都增加了,出现正和博弈的结果,即双方的收益之和大于0。分析其原因,是第一种情况中每个人都没有为对方创造附加值,附加值之和为0;而第二种情况下,每个人都为对方做出了贡献,一方为对方贡献了蛋糕皮,另一方为对方贡献了蛋糕瓤,附加值之和大于0。因此,在蛋糕总量相同的情况下,每个人都得到了更多的利益,喜欢吃皮的小孩得到了更多的蛋糕皮,喜欢吃瓤的小孩得到了更多的蛋糕瓤,最后形成了双赢的结果。

(六)合作竞争的优势

在网络经济中,企业采取合作竞争的竞争战略可以突破自身的边界,整合不同企业的资源及优势,注重发展自身核心能力,共同创新技术、开拓市场、参与市场竞争,获取更多的市场份额,增强企业在市场上的竞争力。合作竞争的优势主要体现在实现规模经济、降低交易成本、强化组织协同和提升创新能力四个方面。

1. 实现规模经济

合作竞争使企业实现了规模经济。首先,合作竞争的条件下每个企业可以专注于自己最擅长的业务,使各自的相对优势得到了更大程度的发挥。其次,合作提高了专业化和分工程度,即合作使企业的分工更加精细、明确,通过整合合作伙伴在各个环节的优势,放大了规模效应,比如,在零部件生产、成品组装、研发、营销、物流等环节,放大了规模效应。最后,企业通过合作制定行业技术标准,标准是企业产品生产的重要依据,也是保证产品质量,提高自己的产品在市场中竞争力的前提条件。企业合作制定的行业标准形成了格式系统,增强了网络的外部性,更有利于行业发展。

2. 降低交易成本

合作竞争降低了企业的内部交易成本和内部组织成本。降低内部交易成本主要表现在两个方面,一是把生意变得简单,二是使交流变得简单。企业间合作降低了因市场的不确定和频繁的交易而导致的较高的交易成本。同时,由于合作企业间要进行信息交流,但是不同的企业有不同的文化和组织架构,要实现沟通,就要解决交易双方之间信息不对称的问题,而企业间的合作可以有效降低信息搜寻成本。内部组织成本主要指的是内部的管理成本,主要指在审批环节、等待时间方面,通过签订相关契约,与其他企业建立稳定的合作关系,会有效降低企业内部的管理成本,有效沟通得以实现,这有利于优化组织结构,提高组织效率。

3. 强化组织协同

不同企业获取竞争资源的能力不同,且同一类型的资源在不同企业中也存在异质性,这就给企业资源互补融合提供了可操作的空间。合作竞争扩大了企业的资源边界,任何一个企业拥有再多的资源也是有限的,企业不仅要拥有资源,而且要充分利用外部资源,因此,合作竞争可以使企业既充分利用对方的异质性资源,又可以提高本企业资源的利用效率。此外,任何企业不可能在所有类型资源中都拥有绝对优势,即使同一资源在不同企业中也表现出极强的比较优势,从而构成了企业资源互补融合的基础。合作竞争节约了企业在资源方面的投入,合理优化资源配置,减少了企业的沉没成本,提高了企业战略的灵活性。通过双方资源和能力的互补,产生了"1+1>2"的协同效应,使企业整体的竞争力得到了提升。

4. 提升创新能力

首先,合作竞争使企业可以加强相互学习,实现创新资源的优势互补,从而有利于合作企业间传播知识、应用知识和创新知识,同时也有利于企业将各自的能力结合创造出新的能力。企业间根据需求和结构的互补性合理配置资源,会比单个企业单一使用资源的效率更高。其次,合作组织整体的信息搜集、沟通成本较低,能够有效减少创新时滞,从而缩短创新时间,并且可以更加关注行业竞争对手的动向和产业发展动态、跟踪外部技术、管理创新等,为企业提供新的思想和活力。最后,企业间竞争合作有利于分散创新风险。具有不同优势的企业参与创新过程,基于相互信任的合作有利于风险分散化,大大增强了企业的创新能力和应对外部环境的能力。

三、破坏性创新

（一）破坏性创新的定义

破坏式创新亦称破坏性创新，早期也曾被翻译为"颠覆式创新"，是一种与主流市场发展趋势背道而驰的创新活动，它的破坏威力极为强大，一般的企业都难以适应这类创新带来的挑战。因此，以现有的企业形态与利益机制，确实很难突破这种破坏性创新所造成的两难困境，企业需要以体制外另起炉灶的方式来推动这种创新。

（二）破坏性创新的特征

1. 破坏性创新具有相对性

破坏是相对于现有的主流技术、主流客户和关联企业而言的，一旦破坏性创新形成明确的性能改进轨道，也就演变为维持性创新，其后又会出现下一轮新的破坏性创新。创新的出现对不同的公司有不同的影响，对一家企业来说具有破坏性的创新可能对另一家企业是具有维持性的创新。维持性创新是指按照主流市场中大多数用户历来重视的方面改进已定型产品的性能，如，iPhone将移动手机变成储存图片、音乐、视频的设备和网络设备，并不断更新换代，这对苹果公司本身来说是维持性创新，对诺基亚则是破坏性创新。

2. 破坏性创新是一个过程

技术进步的速度总是超过用户需求提升的速度，破坏性创新刚开始的目标并不是为主流市场的消费者提供功能更强大的产品，而是针对次要市场的消费者，甚至是潜在的消费者，为其提供与现有产品相比性能尚不够好，但却比较简单、更加便利与廉价的产品。这种产品在利基市场站稳脚跟后，通过快速的技术进步迅速逼近旧产品的性能水平，新属性逐渐达到主流用户的要求，吸引更多的主流用户并最终占领主流市场。相比于支付宝，财付通是一种破坏性创新，主要是微信支付。人类使用智能手机最多的功能是社交，在微信给人转账，只需点开对话框输入金额和密码即可，而使用支付宝的话需要进入一个新的软件界面，显然，用微信支付更加方便。微信支付的使用成本低于支付宝的使用成本，开始吸引越来越多的主流市场用户，占据的市场份额逐渐扩大。需要注意的是，破坏性创新与产品之间是否存在替代无关，即破坏性创新产品并不一定替代现有产品。例如，在移动电话进入市场的很长一段时间内，移动电话和固定电话之间几乎没有相互影响，在两个市场经营，两个产品之间存在着"蓝海"。

（三）破坏性创新的模式

克里斯坦森（Christensen）将破坏性创新分为新市场破坏和低端破坏两种基本模式（见图 5-3）。

新市场破坏并不会正面侵犯主流市场，而是针对非消费者，即潜在的消费者。这些潜在的消费者有对某类产品的需求，但是他们承担不起价格而不能消费。因此，最初这些消费者只能选择相对廉价的破坏性创新产生的相似产品，但随着产品性能的改进，原来对产品性能

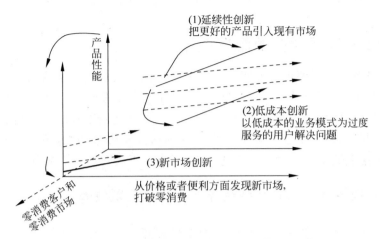

图 5-3　破坏性创新模式三维立体图

比较挑剔的主流消费者也逐渐脱离原来的价值网络,进入这个从最不挑剔的市场层级发展起来的新网络,因为这个新市场的产品更加便利。

低端破坏是指在现有的市场和价值网络内,以低成本的商业模式,通过吸引主流企业不看重的低端顾客进行消费而发展壮大。低端市场破坏的原则是寻找过度满足的市场,这些顾客之前也购买主流产品,但是消费者不愿意一直为超过其需求的服务或功能支付溢价,一旦有了满足消费水平的同类产品,他们将非常愿意购买。例如,轻奢餐厅对五星级酒店的破坏,对大多数消费者来说,五星级酒店给消费者提供的需求已饱和,他们不太看重其提供的附加价值(轻奢环境等),更看重饭菜的品质;而海底捞看重的是另外一个低端市场,消费者更看重海底捞的服务。对于低端破坏而言,在其向高端市场挺进的过程中,可以非常容易地制订出正确的产品改进次序。

第三节　网络产业市场绩效

网络经济下的市场结构变化突出表现在两个方面:一是在"水泥＋鼠标"之后,网络通过对交易成本的影响而改变传统经济原有的产业结构,从而使传统的市场结构发生变化,即网络对传统市场结构产生影响。二是作为网络经济下迅速崛起和发展的 IT 产业,由于其产品本身的技术特征而带来了一种新型的竞争与垄断双双被强化的市场结构——竞争性垄断市场结构。

市场绩效是指在一定的市场结构下,企业通过各种价格和非价格竞争行为形成的资源配置和利益分配状态,它是反映市场运行效率的综合性概念。研究市场绩效就是通过对市场格局的分析来评判市场结构和市场行为的合理性和有效性程度。网络经济由于其自身的特殊性,带来的市场绩效也与传统经济不同,但评价市场绩效的体系和指标几乎没有改变,依然是资源配置效率、技术进步和经济收益。

一、网络经济下的资源配置效率

资源配置效率是用于评价市场绩效的最重要指标。微观经济学认为,完全竞争的市场机制能够保证资源的最优配置。通过前面的学习我们已经看到,在网络经济条件下,市场结构表现出新的特点,即竞争和垄断同时被强化的"竞争性垄断市场结构",也就是说,网络经济下的市场机制仍然是不完全竞争的。那么,在网络经济带来的"竞争性垄断"这样一个市场结构下,资源配置效率如何呢?对于这一点,下面主要从宏观与微观两个层次进行分析。

(一)从宏观经济层面看网络经济下的资源配置效率

1. 网络经济使资源在全球范围内得到最优配置

网络经济的产生和发展使资源在全世界范围内进行最优配置成为可能。当今世界发展的趋势可以概括为三个:市场化、国际化和知识化。自20世纪80年代以来,世界各国就在酝酿着各种各样的经济和贸易联盟,并先后出现了欧共体、北美自由贸易区、东南亚经济联盟、亚太经合组织、RCEP等跨国经济和贸易集团。各国商业和经济发展也越来越依赖国际贸易业务。于是,跨国、跨地区的商贸文件、资金流动、物资流动就变得频繁起来。因此,谁先获得信息,谁就会获得竞争优势,并在竞争中取胜。另外,制造业技术的发展,使产品的零部件和生产过程越来越具有可分性,同一种产品(如汽车和大型的电信设备)的不同部分可以同时分布在几十个国家生产,使每个国家都能发挥其比较优势,使最终产品成为国际性的产品,这样一来,跨国公司把生产过程分布到全球各地的重要条件就是提高通信和运输效率,并降低成本。而互联网必将极大地提高市场的运作效率,使资源在世界范围内进行最优配置成为可能。

2. 网络经济带动新的市场均衡

资源配置效率是经济学的一大主题。有的学者甚至认为经济学就是研究稀缺资源最优利用的科学,从而把资源合理配置问题归结为经济学研究的全部内容。由此可见,强调网络经济下的资源配置效率问题并把其作为中心问题来研究,既有理论意义又有实际意义。从理论研究看,研究网络经济下的资源配置效率问题会使网络经济学有助于政府、企业和民众等各行为主体进行科学决策;从实践看,研究网络经济下的资源配置效率问题有利于加速我国网络经济的发展。研究网络经济下的资源配置效率问题,首先要明确网络经济所使用的主要资源是信息,而且信息资源有其特殊性。美国新经济为什么表现得十分出色?这完全是由信息资源的特殊性决定的,如果离开信息资源的特殊性,网络经济和传统经济没有什么实质性区别。显然,我们对信息的奥秘知道得还不太多,不能从信息的特点来解释网络经济的特点及其发展变化,这是一种遗憾。要知道,从实物经济到网络经济的发展,标志着人类社会经济形态质的飞跃(从物质经济到信息经济),以及由此引发的人类价值观念的进步及其未来可能发生的、我们现在还无法预料的社会变迁。

在现实经济生活中,一国的经济(特别是网络经济发达的国家)通常是由传统经济和新经济两部分整合而成。在总供给和总需求理论模型中(见图5-4),在传统经济市场板块上又增加了一个网络经济市场板块,从而增大了市场容量,推动 AS_0 曲线和 AD_0 曲线向右移动到 AS_1 和 AD_1,使国民产出增加。这一传统经济和网络经济的整合理论可以有效地解释美国经济在 20 世纪 90 年代以来的持续增长。应当说,在网络经济带动下形成的新的市场均衡中,网络经济代表了一个新的市场份额和经济增量。

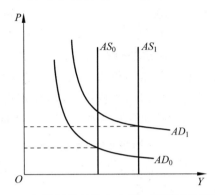

图 5-4　包括网络经济在内的一国国民经济模型

从图 5-4 可以看出,包括网络经济在内的一国国民经济的总产出会有一个增量,这是由网络经济中信息资源的特殊性决定的。在传统经济中,决定供给变化的主要是成本因素,当然网络经济也不例外。在信息网络时代,市场主体之所以愿意在网上从事经济活动,最根本的原因在于交易费用的差异和网络经济效应的存在。按照科斯(Coase)的分析,交易费用是获得准确的市场信息所需要付出的费用以及谈判和经常性契约的费用。交易费用在市场经济中是不可避免的,这是由信息不对称和信息不充分所决定的。正像企业的存在是为了节约市场交易费用,即用费用较低的企业内交易替代费用较高的市场交易一样,网络经济之所以产生并快速发展,也是因为它可以节约交易费用,即用费用较低的网络交易替代费用较高的市场交易。市场主体进入信息网络不仅可以极大地降低为获取准确的市场信息所要付出的费用,而且能够在极短的时间内迅速完成对信息的收集、处理、加工和分析工作,使信息资源同物质资源与能量资源有机结合,创造出"互补效应"。另外,信息网络化可以使市场主体及时掌握现时信息,从而改变过去依靠经验和"预测"进行事前决策的行为方式,转向依靠学习和适应的"即时决策"的行为方式,从而产生巨大的学习效应。这样,网络经济下交易成本的降低以及决策方式的变化使供给曲线向右上方移动。

对于网络经济下需求曲线的变化,在网络外部性方面也有体现,网络外部性表明,一个具有网络外部性的商品的价值随其销售量的增加而增长,它强调预期的作用,反映了预期数量对价格的作用。也就是说,需求曲线随着预期销售数量的增加而上升。

由此可见,网络经济下的资源配置效率比传统经济下资源配置效率要高,其表现在于产出的增长。

3. 网络经济下消费者剩余的变化

传统经济理论中,表示资源配置效率高低的一个重要概念就是消费者剩余。一般地说,如果消费者剩余减少,则这种减少就是社会福利的损失,反之亦然。所谓消费者剩余是指消费者愿意对某物品支付的价格与实际支付价格的差额。一般地说,消费者按他对物品效用的评价来决定他愿意支付的价格,但是,市场上的实际价格并不一定等于他愿意支付的价格。我们用表 5-1 来说明。对某消费者来说,他愿意付出的价格取决于他对该物品效用的评价,边际效用递减规律决定了他愿意付出的价格是随对该物品购买数量的增加而递减的。在表 5-1 中,随着某物品数量从 1 增加到 5,消费者愿意付出的价格从 5 元下降为 1 元,但是,市场价格是由整个市场的供求关系所决定的,不以某一消费者的愿望为转移。某一消费者对该物品的购买仅占市场上一个微不足道的份额,也无法影响价格,因此,市场价格是固定的。在表 5-1 中,由市场供求关系决定的价格为 1 元。当该消费者买一单位某物品时,他愿意付出的价格为 5 元,但实际付出的市场价格仅为 1 元,这样,消费者剩余就是 4 元。随着该消费者购买数量的增加,他愿意付出的价格在下降,而市场价格始终不变。因此,随着某消费者购买数量的增加,他从每单位物品购买中所获得的消费者剩余在减少。

表 5-1　消费者剩余变化情况

消费者愿意付的价格(元)	某物品的数量	市场价格(元)	消费者剩余(元)
5	1	1	4
4	2	1	3
3	3	1	2
2	4	1	1
1	5	1	0

资料来源:作者整理。

　　上面的分析是以完全竞争市场为例进行的。但是,网络经济条件下的市场结构已经发生了新变化,是竞争性垄断的市场结构,既有竞争又有垄断,竞争与垄断被同时强化。因此,在网络经济下,产品价格决定方式与完全竞争下市场的产品价格决定方式不同。传统经济学理论采用 $MR=MC=P$ 的边际成本定价方式。而网络经济时代,由于数字产品的大量出现,传统 $MC=P$ 的定价方式面临巨大的挑战。数字产品的成本结构具有高固定成本和低变动成本的显著特点,而这种成本结构使数字产品平均成本和边际成本的特性也发生了变化,即生产规模越大,产量越多,产品的平均成本就越低。对于边际成本而言,数字产品的可复制性,决定了一旦第一份数字产品被生产出来,多生产一张拷贝的边际成本不仅不会增加,而且几乎为零。平均成本和边际成本的这种特性给我们提出了新问题:生产的边际成本接近零时,如何进行产品定价?是否以接近零的边际成本来定价?这显然是不合理的,因为以接近零的边际成本定价,价格过低,无法弥补生产初期投入的大量固定成本。同时,竞争性垄断市场结构的出现,也给厂商实现利润最大化创造了条件。由此可见,网络经济下应该采用多重价格模式,这是一种价格歧视,即对同一数字产品或者相似数字产品制定不同的价格。由这种价格歧视所形成的多重价格体系能够提高消费者福利、产品的社会总产量,减少社会效率的损失。可见,多重价格体系不仅满足了更多的消费者,包括有较低支付意愿的消费者需求,而且充分调动了数字产品生产商的主动性和积极性。更为重要的是,多重价格体系的形成使现有价格体系能够建立在更尊重效率的基础之上。

　　由此可见,网络经济下的不完全竞争与传统经济下的完全竞争相比,社会福利发生了变化,究竟是增加了,还是减少了,我们不能一概而论,要具体分析。但是从社会资源配置效率的角度看,社会福利肯定是增加了,因为竞争更加激烈;从消费者得到的消费者剩余看,与传统经济相比,总体上肯定也是增加了。但是,与网络经济的发展本身应该给予消费者的消费者剩余相比,肯定没有达到消费者效用的最大化,因为垄断程度也在加强。按照经济学原理,垄断程度越高,经济效率损失越大。

4. 网络经济对产业结构的优化

网络经济的兴起推动了产业结构的调整,并从根本上使经济结构向高级化、信息化方向发展。由于信息产业本身具备的特点,其对国民经济的发展具有重要作用,不仅表现在信息产业本身是重要的经济成分,而且还表现为信息产业不断促进国民经济的发展,它在国民经济中已成为与农业、钢铁、能源、汽车相并列的支柱产业和先导产业。这主要表现为:信息产业在发展过程中,对产业结构和消费结构具有软化作用,通过与传统产业的结合、渗透,可以改进传统技术并促进传统产业的改造与升级。信息产业也是促进其他高技术产业形成和发展的基础之一,保持较高的产业结构高级化,有利于信息产业集聚,从而使经济健康持续的发展。信息网络化的过程实质上是物质和劳务向知识转化,产业结构的中心向附加值较高的信息产业演变的过程。网络经济对经济结构的优化作用,主要表现在产业结构的高级化、劳动结构的知识密集化、消费结构的信息网络化方面,其中产业结构高级化表现为物质生产单位不断减少而知识服务单位所占比重不断增加的趋势。劳动结构的知识密集化表现为在生产过程中对信息、知识等软要素的依赖程度不断加深,这是一个高加工度化行为和技术的集约过程,消费结构的信息网络化表现为居民消费支出中吃穿用住等基础消费支出减少,并且消费内容和消费方式出现服务化、信息化的趋势。

1)产业结构的高级化

所谓产业结构高级化,也被称作产业结构高度化,是指高技术产业部门在整个国民经济体系中所占比重增加,地位日益重要,成为带动国民经济发展的主导产业。在一国产业结构由第一产业向第二产业和第三产业不断转移的过程中,高技术工业品或具有高附加值的产品在产业中的比重不断增加,成为整个国民经济发展水平的重要标志。资本的驱动是产业结构高级化的重要原因,资本逐利的特性驱使社会资本不断从低盈利产业流向高盈利产业。但技术进步和劳动生产率的提高才是产业结构高级化的根本原因,网络经济和信息产业高附加值高效率的特性,一定会促进服务业的发展,特别是信息服务业,多方面满足消费者的需求,进而推动传统制造业向新兴制造业升级和发展,加速整个国民经济的产业结构高级化进程。

2)劳动结构的知识密集化

信息技术产业化和传统产业的信息化使生产要素的投入结构发生重大变化,知识、技术、信息、服务成为重要的生产要素,脑力劳动相对于体力劳动所占比重不断增大。劳动结构的变化主要体现在以下几个方面。

(1)知识、信息成为独立的产业部门,吸纳越来越多的劳动就业人员。美国是世界上信息服务业最发达的国家之一,美国信息服务业总体规模约占全球的三分之一左右,也是美国发展最迅速的产业之一。

(2)新兴产业是知识密集型的高技术产业,更多地需要智力劳动者,而不是体力劳动者。大力推进新兴技术和新兴产业的发展,聚集各类创新要素,发挥科研院所和高等学校孵化高成长初创企业的独特优势,积极吸引社会资本和优秀管理团队参与科技成果产业化,促进技术和人才优势尽快转化为产业发展优势。

（3）传统产业的信息化已成为一个趋势。传统产业要想得到发展，就必须适当转型，传统产业就业人员要不断加强学习，跟上时代潮流，接纳先进文化和技术知识，提高自身在信息化潮流中的工作能力，否则，他们就不能适应新的工作岗位而面临失业。传统产业的劳动结构也将向知识密集化发展。

（4）随着信息网络技术的飞速发展和新冠肺炎疫情的影响，在家办公越来越成为现代人的工作方式，现在计算机、手机等电子设备几乎每个家庭必备，许多行业，如科研、教学、医疗、新闻，甚至连工厂中的工程师，都可以在家完成工作，这打破了就业人员的空间限制。

3）消费结构的信息网络化

在发达国家的国民生产总值中，居民消费支出中大约 2/3 消费结构的变化对整个经济结构有着重大影响。居民消费结构的变化既受生活水平提高的影响，也反映着网络时代的特点，随着生活水平的提高，吃、穿、住等生活费用开支在居民消费结构中所占比重逐渐降低，精神生活和服务等方面的开支所占比重逐渐增大。从传统的国际经验来看，发达国家或富足国家的恩格尔系数一般为 20%～30%，也就是说，人们的生活中食物消费已经不是最主要的了。此外，人们的消费支出逐渐呈现服务化、信息化趋势。例如，近年来网约车、在线教育、网络消费等新消费形态得到了大力发展。

网络经济的发展对经济结构的影响是多方面的，如投资向信息产业的倾斜，网络经济为中小企业发展创造机遇，区域经济越来越趋向于数字化、信息化，跨境电商对传统国际贸易的影响等，都反映出经济结构网络化发展的特点。

（二）从微观层面看网络经下的济资源配置效率

1．传统企业在网络经济下如何提高效率

首先，网络经济下企业内部组织形式发生变化。市场条件的不完全性，迫使企业用建立组织的办法解决生产经营中碰到的问题。美国经营战略学者迈克尔·波特提出著名的"价值链理论"。波特认为，如果把企业经营和生产的各种活动做仔细的分解，可以看到一系列互不相同但又相互关联的"增值活动"。这些具体的增值活动成为"价值流"，价值流的总和构成了价值链，每一项生产经营活动都是这一价值链上的一个环节。

一个企业的独特价值链，决定它能否最大限度地合理利用资源，并形成自己的组织结构。也就是说，企业的组织结构建立在价值链的基础上，目的是使自己的价值链顺畅地运行并与供应商和销售渠道的价值链相互协调。如果一个企业把会计人员和出纳人员编入两个互不相干的部门，作为企业经营活动重要方面的财务工作显然也不能以最有效的方式运作。一个生产企业，如果把自己的生产车间放在工厂的显赫位置，把销售部门放在一个偏僻的、别人难以找到的地方，这显然没有处理好与销售渠道价值链的协调问题。

早期的企业组织是一种机械类结构，内部等级分明、要求严格。这种机械式结构以职能型组织和分布型组织为代表。职能型组织的优点是职能部门专业化程度高，能具体深入指导相关业务，缺点是没有一个直接对项目负责的强有力的权力中心或个人，不同部门的人员之间相互隔离，交流较少，而由于各自的利益不同，可能导致职能部门之间的冲突。分布型组织结构以事业部型为代表，最早起源于美国通用汽车公司的事业部制组织结构，它是对职

能型组织结构的改进。它的优点是权力下放,有利于高层管理人员从日常的琐事中脱身,集中思考重大战略,并且各个事业部有很大自主权,有助于增强其责任感,提高企业经营适应能力。缺点是容易造成机构重叠,管理人员膨胀;各事业部独立性强,考虑问题时容易忽视企业整体利益。这些机械式组织结构发展到后期局限性显现,虽然分工能提高工作效率,但长期来看,具体分工后分配给每个人员的工作内容过于单一,不利于调动工作积极性和主动性;在市场快速变化的今天,需处理重大事务时,各个事业部对公司总部下达的命令执行速度较慢,不能对市场变化做出及时的反应。最重要的是,企业的价值链会随着经济发展的变化而变化,标准化、规范化和一成不变的工作流程已不再能适应企业价值链的演变,在信息化高度发展的今天,企业若想获得持续健康的发展,就必须拥有灵活且快速反应的能力和更能发挥员工创造性和主动性的组织。

新的组织被称为"有机式组织",目前广泛采用的有机式组织结构是"矩阵型组织"。矩阵型组织是一种混合体,是职能型组织结构和分布型组织结构的混合。它既有分布型组织结构注重项目和客户(业主)的特点,也保留了职能型组织结构的职能特点。它的优点是企业有了直接对项目负责的人和客户问题处理中心,能够以项目为导向,协调工作由项目管理队伍承担,资源来自各职能部门且这些资源可在不同项目中共享,专业人员在技术上可相互支持,各专业员工在组织上仍归属其职能部门等。因此,项目结束后,员工"有家可归"。项目组织与职能部门同时存在,既发挥职能部门纵向优势,又发挥项目组织横向优势。专业职能部门是永久性的,项目组织是临时性的。职能部门负责人对参与项目的人员有调配和业务指导的责任,项目经理将参与项目的职能人员在横向上有效地组织在一起。项目经理对项目的结果负责,而职能经理则负责为项目的成功提供所需资源。但是,矩阵式组织也有缺点,组织中信息和权力等资源一旦不能共享,项目经理与职能经理之间势必会为争取有限的资源或权力不平衡而发生矛盾,这反而会产生适得其反的后果,协调处理这些矛盾必然要牵扯管理者更多的精力,并付出更多组织成本。另外,一些项目成员接受双重领导,他们要具备较好的人际沟通能力和平衡协调矛盾的技能;成员之间还可能会存在任务分配不明确、权责不统一的问题,这同样会影响组织效率的发挥。

在考量一个企业在市场中的相对优势时,不难发现,没有一个企业可以在所有方面取得绝对优势,即没有一个企业在所有方面比其他企业更有效率。但是每个企业都有自己擅长的领域,那么生产过程中,企业若是能将生产经营所必需但非擅长的部分外包出去,专注于自身核心优势,那么竞争效率就会大大提高。因此,单纯从发挥企业的核心优势方面看,理想的企业组织是"网络式组织"。采用这种组织结构的企业,以自己的核心业务为主,并以合同的形式选择最好的外包企业,将自己并不擅长,却必不可少的关键任务外包给更加擅长此业务的企业,形成一个生产经营的网络,更加合理地利用企业资源。

其次,组织形式的变化引起效率的提高。电子信息网络的出现从根本上改变了企业的生存环境,企业原有的价值链发生变化,新的市场机会不知在什么地方忽然涌现,交易的成本和企业内部化的成本有时迅速飙升,有时陡然下降。从金字塔式的职能型组织到平行的分布式组织,再到棋盘式矩阵组织,都以清楚的任务和等级为思考原则将公司组织整合起来。这种有着辉煌历史的经营观念,目前却是阻碍许多公司进步的瓶颈。为了培养新竞争力,许多企业正在把自己的组织变成一张网,形成最机动、灵活、最少等级的"网络组织"。

传统的企业组织,如职能型组织、分布型组织,甚至矩阵式组织等都花很多精力处理企业内部部门间的关系,所花精力超出一定限度以后就是在浪费企业资源,若是企业把多出来的精力花在重新设计组织结构上,这样有利于更流畅地创造价值。价值流小组的不同是它具备执行整个价值流的条件和权利,拥有很大的自主权,不用经领导决定就可直接操作。价值流小组以完成任务为中心,运用最有力的技术和最简单的方式完成工作,没有交接和部门间的缝隙,不受非必要关系的约束。固特异公司是世界著名的轮胎生产厂家,它原来设立独立的采购部门,负责从第三世界采购材料,在原材料被送至工厂后进行质量检验,结果通常发现原材料的质量高低不一,有些根本不能用,有些只能勉强用于低级产品的生产。固特异公司认识到这不是一个好的价值创造方式,决定利用电子信息网络,使采购和生产统一起来,把价值流拉直,在采购地点直接进行原材料质量检验,并把检验结果传给自己的各个生产厂家。这就杜绝了不合格物品的运输费用,并使工厂可以根据还在运输途中的原材料情况,及时进行生产计划的制订,大大节约了成本,提高了资源的利用效率。

2. 网络企业效率指标

在传统经济条件下,经济活动的主体是一个个的实体,而在网络经济条件下,经济实体的形态发生了许多变化,出现了网络企业、网络银行、网络政府、网络学校等。这些虚拟经济实体主要通过网络从事经济活动,其规模不断扩大。但是,虚拟经济不能离开实体经济而存在,他们相互依存,共同发展。网络经济资源配置的特征主要表现在:一是人人平等、共享信息,人人都可以接受信息和反馈信息。二是使人们能够实现预期。市场主体可以在信息网络上及时了解市场情况,并能迅速做出决策,调整自己的经营决策、产品数量和规格,最大限度地达到全社会资源的最优配置,这种资源配置方式低能耗、低成本、高效率。我们可以通过对一些指标的分析来看网络市场的竞争力水平,这些指标包括价格水平、价格弹性、菜单成本和价格离散度。

1) 价格水平

在网络市场中,其效率水平应高于传统市场效率水平,这是因为低的信息搜索成本降低了生产者和消费者之间的信息不对称。由于传统市场上较高的信息搜索成本的存在,使得生产商的边际成本一般低于均衡点的价格水平,这样也就没有实现"帕累托最优"。网络市场与传统市场不同,互联网高度发展,出现了许多搜索引擎,如百度等,缩短了地理距离、时间距离、贸易距离,从而降低了影响信息传递的搜索成本,可以较低成本找到想购买商品的信息,包括价格、品质、物流、售后等,从而也就降低了零售商和消费者之间的信息不对称。因此,网络市场与传统市场相比,无论是同类商品还是不同类商品,前者价格水平应低于后者价格水平。

从理论上分析,生产商不同的成本结构也是网络市场上的商品具有较低价格水平的一个原因。首先,低的市场进入成本降低了原本在传统市场的价格,由于传统市场上存在垄断,使得大多数生产商游离于市场之外。因成本的降低使得网络市场加入了更多的零售商,竞争更为激烈,而价格水平的下降是竞争产生的直接结果之一。其次,具有较低的成本结构的生产商也将通过低溢价部分而降低整个市场长期均衡点的价格水平。

2) 价格弹性

价格弹性是衡量市场效率水平高低的重要指标,当市场效率很高且替代品数量多时,消费者对价格变化非常敏感。由于网络市场具有较低的信息搜索成本和很低的零售商转换成本(这是网络市场"无边界"的特点造成的),因此,消费者对于商品价格的微小变化都很敏感,与传统市场相比,网络市场上销售的商品应有更高的价格弹性。

有两个方面的原因可以解释为什么网络市场上商品的价格弹性会高于传统市场中商品的价格弹性。首先,低的信息搜索成本使得消费者可以很快地找到适合他们的商品的所有相关信息,包括价格、质量、产品特征、售后服务等。其次,对网上商品进行估价时,存在"信息不对称"成本,使得消费者更加依赖与品牌有关的信号。上述任何一个方面都将会弱化价格竞争程度,从而使网络商品的价格弹性更高。

3) 菜单成本

菜单成本是指零售商对价格进行调整时所产生的成本负担。传统市场的菜单成本主要是价格调整的物质损耗,例如,撤销原有价格标签的成本,打印新价格标签的成本等。而在网络市场中,其菜单成本很低,更改价格无须打印标签,在浏览器后台修改价格即可。一般而言,零售商只有在价格调整的收益高于其价格调整的成本时,才调整价格。如果价格调整的成本,即菜单成本高于调整价格带来的收益,那么零售商就不会改变价格,这样对商品供求关系也没什么影响。因此,菜单成本也可以作为效率分析的重要部分。

4) 价格离散度

价格离散度是指市场上同类商品价格相对于某一中心价格分布的偏离程度。价格离散度同样也是衡量市场效率水平的一项重要指标。在一个高效率市场中,消费者和零售商之间的信息不对称大幅降低,市场上某种商品的均衡点的价格水平一般也应低于与零售商边际成本($P = MC$)相等的价格水平,此时为实现资源要素配置"帕累托最优"的价格水平,同类商品价格分布的离散程度也就较小。

从理论上而言,一个市场中若存在较高的信息搜索成本,或者消费者没有获得足够的产品信息,价格离散度就会出现。由于网络市场中的信息搜索成本低于传统市场中的信息搜索成本,网络市场产品价格的离散度应低于传统市场的价格离散度,但由于现存市场的不成熟以及部分零售商实施价格分割战略和价格歧视战略,使得网络市场的价格离散度并不一定比传统市场的低。

二、网络经济下的产业技术进步

在任何经济条件下,技术进步都是经济向前发展的直接动力。不同规模的企业在技术进步过程中的作用又是不同的。无论是研究开发导致新产品出现(产品创新),或者以更有效率的方式生产现有产品(工艺创新),都会给社会带来收益,新产品和新的生产技术本质上都是技术进步,都是令人满意的市场绩效的因素。

(一) 网络经济下的"新产品"

互联网的冲击已经开始实质性地波及社会各个层面,网络正在以革命性的力量改变着人们购物理财、获取信息等事务的处理方式。网络经济对传统产业的冲击是多方面的,如商业、金融业、媒体业等。网络先锋们正以征服者的姿态步入一个又一个充满诱人前景的崭新领域。网络经济下,传统产业内部越来越多新产业涌现出来。

1) 家用计算机业

互联网加速了计算机行业进入家电产品市场。过去计算机的主要销售对象是企业用户,家电的主要销售对象是家庭,两者并不冲突。随着互联网深入家庭,帮助计算机行业打开了家庭市场的大门,各种家电型计算机纷纷出炉,还把传真、电话音响、光盘和电视功能加入进去,快速挤入家电市场。以美国为首的信息产业,对以日本为首的家电业发起全面的进攻。同时,信息产业在全球范围内也在增长。

2) 商业

与其他产业相似,商业发展至今也经历了一长串的演变历程,从物物交换的地摊市集,到商肆和杂货铺,再到一段时间内统一天下的百货商店,然后进入繁荣时期,大商厦、专卖店、大卖场此起彼伏。就在这滚滚商潮之中,网络商务悄然诞生,并迅速成为当今最具有发展前景的商业形态。虚拟商业的优势有以下四点:

(1) 可以降低成本,在低开支下实现高额收入。虚拟商业的最大优势在于它废弃了传统商业的砖墙式店面建筑、庞大的管理机构,减少了员工开支以及惊人的占地面积所带来的租金和税金开支,以虚拟空间和软硬件设备就可以提供全时段、无地域限制的商业服务,而只要经营服务有特色,能将注意力资源转化为购买力,就能在低成本下实现令人无法想象的高额销售收入。因此,从理论上讲,它具备无限的扩张能力,而这一点是成本高昂的传统商业无论如何也达不到的。

(2) 开展个性化服务的便利性。传统商业也提供个性化服务,但由于针对客户信息数据库建立所需的专人培训、专区设立等需要耗费大量精力和金钱,因此,优秀的个性化服务往往只局限于高档商业消费圈,能享受服务的也只是比例极少的消费者。而虚拟商业就不同了,它的立身之本就是对客户信息资料的收集、存储和反馈,同时,开设大量的个性化服务网页对其而言也非难事,消费者可以方便地根据自己的喜好对号入座。因此,虚拟商业的优势在于个性化、人性化的服务手段和信息交互方式,以达到与目标客户的顺畅沟通。

(3) 无限的信息量和便捷的查询方式。网络资源的信息无限,厂商行动的关键在于对目标客户的需求收集和整合有价值的信息。虚拟商业提供的是前所未有的便利查询方式,随着用户在使用过程中留下越来越多的数据,获取信息的机会也随之增加。大数据时代的到来使这个社会中的海量数据变成了巨大的潜在财富,大数据的作用是不可估量的,而且大数据已经渗透社会的各个领域。在教育领域中,可以通过大数据为学生制定个性化的培养方案,也可以对大数据进行分析来指导教育的发展方向以及完善教育评价机制。在零售业中,从大数据中可以获得市场行情、竞争对手情况、物流信息等一系列信息,有利于管理者的决策,进而提高利润和收益。

(4) 新商业模式层出不穷。互联网是一个实现梦想、创造无限可能的地方,在这里,优秀的商业创意再次得到极大的激发和贯彻,例如,“互联网+”形成的新商业模式——跨境电商。跨境电子商务作为推动经济一体化、贸易全球化的技术基础,具有非常重要的战略意义。跨境电子商务不仅冲破了国家间的障碍,使国际贸易走向无国界贸易,同时它也正在引起世界经济贸易的巨大变革。对企业来说,跨境电子商务构建的开放、多维、立体的多边经贸合作模式,极大地拓宽了进入国际市场的路径,大大促进了多边资源的优化配置与企业间的互利共赢;对于消费者来说,跨境电子商务使他们非常容易地获取其他国家的商品信息并买到物美价廉的商品。

3）银行业

在网络对传统行业的摧毁式改造过程中，金融业可能是感受最早、感受最深的了。随着网络交易活动的增加，一种适应网络交易需要、区别于传统货币和银行信用卡的交换媒介——电子货币正在悄然兴起。电子货币为网络经济发展开拓了广阔的空间。此外，一系列现代化的电子工具，如电子资料交换、电子资金转账、数字现金、电子密码、电子签名等在商务活动中日益普及，为利用网络进行银行业务创造了可能。网上银行系统的功能非常广泛，包括发布公共信息和提供金融服务。

现在的网络银行服务只是重复传统银行的服务。当网络银行服务在与传统银行服务的渠道竞争中取得优势时，这一市场将进一步增长。电子支付能为客户节省时间，这将促使更多的客户使用网络银行服务。随着越来越多的消费者认识到网络银行的优越性，这一业务的增长就会更快。

4）媒体业

互联网的出现，使传统媒体面临前所未有的挑战，它被称为"第四媒体"。互联网使得信息的载体不再是笔墨和纸张，而是数字信号。数字产品具有低成本、易复制和方便快捷的特点，这使得新闻成为各网站提高知名度、吸引网民的一张"王牌"。对于媒体而言，真正带来收益的是广告。随着互联网的飞速发展，我国的信息产业界和广告界早在多年前就开始注意到网络广告的广阔前景。借助网上广告，企业不仅可以提高自身的知名度，更重要的是它可以维持和扩大产品服务的市场份额，增加销售收入，从而使企业获得更多的利益回报。

（二）网络经济下新的生活方式

网络经济为人们提供了可以跨越时间以及距离障碍的虚拟生活模式。网络经济对社会生活的提升作用，将有赖于人们掌握知识（信息）的能力。

1）网上购物——网络经济社会新的消费方式

1997年"电子圣诞节"的出现掀起了全球电子商务的热潮，也使得向往数字化生活的人们开始憧憬购物活动的"数字化"。

网络市场中，信息化、电子化的不断加持，为消费者提供了一个虚拟购物环境，建成了一个电子商场，由于网络市场"无疆界"的特点，企业可提供的商品种类更丰富，消费者的购买力更加集中。消费者在电子商场内，利用搜索工具方便地查找所需要的商品，具有更广泛的选择权，不能快速响应消费者需求的产品及其生产企业将被迅速淘汰。网上商场为消费者提供论坛等交流工具，集聚同类型的消费者，使生产企业平等享有商品信息。"无市场边界"的环境使得消费者形成规模优势，电子商场内的市场主体能够动用金融、运输等其他环节的力量，及时设计有利的交易方式，如支付宝、财付通。

网上电子商场营运商的业务重点放在聚集商品、聚集消费者这两个方面，主要是在交易的广度上取得优势，通过降低商品售价、扩大市场容量来获得盈利，降低交易费用的基础是充分利用电子化的手段。

2）网上社区——网络经济社会新的交流方式

在网络经济社会，以计算机互联网为基础通信设施的世界为人们提供了跨越现实时间和空间的生活模式。技术的发展改变了人们的生活方式和生活空间，互联网为人们提供了一个冲破传统地理限制的信息通道，使得人们可以在网络空间中交流。

网上社区以网络沟通为纽带,由达到一定数量规模的网络人群构成,网上社区内的人群相互联系,共同参与网络社会相关事务。该网络人群依赖从事沟通和共同活动的域名系统,这一系统是网络用户之间经过整合而成的交流空间。网上社区还具备相对完整的、可以满足网络人群某种特定需要的信息服务系统,统一主题的网上社区具备共同的文化和制度,且集中了具有共同兴趣的访问者,同一网络社区的人们有地缘上的归属感和心理上的认同感,成员们把他们在现实生活中遇到的人和事,发表在网上供大家讨论,这样就很可能引起了"共鸣"和"共振",其中包括共同的话题、适合社区生活的网络伦理、约束网络行为的法规制度等。网上社区可以被认为是一个相对独立的社会共同体,人们在网络社区中具备自己独立的空间,如微博等,需要娱乐和交流的场所,如游戏等,需要各种服务,如商城、咨询等,这也是人们生活中除家庭和工作单位以外的"第三个住处",成为人们现实生活的延伸。其成员将网络作为进行心理交流和行为交往的社会场所,同时这个场所超越了传统社区的地域疆界和社会行政区划中的地区控制,成为独有的界域形式。网络社区里的活动大多是思想的交流和人际互动。

3）网上炒股——网络经济社会新的投资方式

当今社会,随着市场经济的发展,人们的投资观念也在发生着变化,越来越意识到投资理财的重要性。一方面,投资股票的人越来越多,但证券交易所的发展速度却是总赶不上股民增加的速度。另一方面,不少个人投资者由于出差在外,难以及时获得行情信息,更无法及时买进和卖出,由此而受到的经济损失的确令人懊恼。现在,随着互联网与网络经济的进一步发展,股民们通过互联网证券交易商,可以突破时空限制关注自己的投资。这种互联网证券交易形式因投资快捷、便利、自由、个性化而深受广大投资者的欢迎。互联网证券交易商通常在其网站上适时发布证券交易行情,同时为其客户提供通过互联网直接在其网站上填写证券买卖单证的服务,证券交易商则把这些买卖单证适时传给证券交易所。

4）网上保险——网络经济社会新的投保方式

网上投保具有很大优势,保险公司据此可以拓宽宣传渠道以提高企业知名度,从而提升企业竞争力,大部分保险公司已经通过设立主页、宣传保险知识、提供咨询服务、推销保险商品来扩大市场份额。它还可以简化交易手续,提高工作效率,在互联网上开展业务缩短了销售渠道,大大降低服务费用,从而能获得更高的利润。

网上保险公司需为投保人或被保险人保密,保险公司对在办理保险业务过程中知道的投保人或被保险人的业务、财产、家庭、身体健康等状况,负有保密义务,不得向任何组织或者个人泄漏;不得向第三方出售、租借、交换、泄露客户的有关情况。保险公司如不履行约定的责任和义务,则需承担必要的法律后果。网上投保的具体流程有五个步骤:一是注册会员;二是选择产品;三是保费测算;四是填写投保信息;五是支付并获得保单。

在世界网络保险业务蓬勃发展的同时,我国的网络保险也正在兴起,1998 年,我国第一家保险专业网站中国保险信息网(现为中国保险网)诞生,中国保险信息网由中国保险协会和北京维信投资顾问有限公司共同设立。银保监会和中国保险行业协会的数据显示,我国网络保险呈蓬勃发展态势,2020 年保险公司一共有 235 家,经营互联网保险业务的公司有134 家,其中参与互联网人身险的公司为 61 家,参与互联网财产险的公司为 73 家。网络保险规模逐年增长,截止至 2020 年,中国互联网保险保费规模超 2900 亿元。近年来,虽然我国电子科技和通信网络快速发展,但与世界领先水平还存在一定差距。当前,保险与科技深度融合成为新趋势,要缩小差距,保险行业加快保险科技应用,逐步实现数字化转型,我国保险监管部门也要制定相关的法规以确保保险行业平稳健康的发展。

5)网上教育——网络经济社会新的求学方式

信息技术的迅猛发展,使各行各业看到机会或是受到冲击,教育行业正是其中之一。中国的在线教育在20世纪末开始起步,从最初的网校到"互联网+"的教育阶段,再到直播式的移动互联网教育阶段,随着互联网技术的发展,教育行业与互联网的联系更加密切,提升了用户体验,推动了线上教育行业迅速发展。针对不同人群的需求,在线教育出现了多种模式,如早教、K12教育、素质教育、语言培训等。

新冠肺炎疫情的发生,使在线教育已经成了学习的刚需,其优点体现在以下几个方面:一是资源利用。教育资源跨越了空间距离的限制,各类优势教育资源可以通过网络传播到四面八方;二是学习行为。任何人都可以在任何时间、任何地点开始学习,不受限于学习章节和学习课程,充分满足现代教育和终生教育的要求;三是学习形式。教师与学生、学生与学生之间,通过网络进行全方位的交流,拉近了教师与学生的心理距离,增加了教师与学生的交流机会和范围。其缺点表现在以下几个方面:一是发展不均衡。受基础设施建设的影响,我国东部地区在线教育总体发展水平高于西部地区水平;二是人才紧缺。以网络为载体的教育行业中,既懂得网络技术,教育素质又过硬的人较少;三是教学交互性差。通过网络实现的教育教学过程,不要求教师和学生在时间和空间上严格同步,客观上造成教学交互性差。

当前,我国在线教育已处在成熟阶段,在线教育行业已形成多样的细分领域,行业呈现精细化发展趋势。中国互联网络信息中心(CNNIC)发布的第46次《中国互联网络发展状况统计报告》显示,截至2020年12月,我国在线教育用户规模达3.42亿人,占总体网民的34.6%;手机在线教育用户规模达3.41亿人,占手机网民的34.6%。在线教育向上发展是必然的,随着我国科技水平与人民生活水平的日益提高,家庭的教育意识将会发生改变,家长们将会对在线教育的领域开始投入一定的关注。同时,人均可支配收入的提高,也让家长在孩子的教育投资上加大力度。此外,科技的提高、技术的变革必然会催化在线教育的继续发展。

三、网络经济下生产技术的提高

(一)影响技术进步的因素

不同规模的企业在技术进步过程中的作用和地位不同。影响技术进步的因素包括金融支持条件、研发费用的分布、人才激励机制、构建研究开发联合体和竞争的压力和开拓需求的机会。

1)金融支持条件

资本的驱动是影响技术进步的关键因素,实现技术的突破与创新离不开大量研究开发费用的投入,这些投资能否获得回报是影响技术创新的重要因素。从国际经验来看,大力发展风险投资事业,塑造极力追逐技术进步和高额回报的风险投资主体是开展技术进步的有效融资机制。

2）研发费用的分布

研究表明研究开发费用分布的特点是：大企业占有大多数研究开发费用，其金额随企业销售规模扩大而增加。在不同产业中，研究费用和销售规模的关系有所差别，其中革新产业中，随销售规模增大，研发费用上升速度很快；而在成熟产业和衰退产业，随销售规模增加，研发费用上升速度下降，最后停止增加。研究开发密度与产业集中度的对应关系不很明显，而与因技术因素造成的产品差别化和产业所处阶段有较密切的关系。

3）人才激励机制

实现技术进步的核心是将精英人才凝聚到科技开发、科技创业活动之中。面向市场、面向社会，真正开展对企业、对社会有使用价值的项目的研究、开发与推广。如果缺少一套能够激励科技人员顺应市场开发新工艺、新产品，鼓励知识型人才科技创业的制度，就会导致科技事业对年轻一代缺乏吸引力，致使有价值的科研成果不能转化为生产力。为此，必须营造优良的创业环境，使敢于承担创业风险的科技与经营人才能够在市场竞争中获取高额回报，为高新技术产业化储备大量的人才。

4）构建研究开发联合体

随着科技创新节奏的加快和重大领域突破所需的协同效应，企业与企业之间、企业与科研机构之间需要联手开展关键技术的研究与开发，共同承担研究开发的费用与风险，共享技术创新带来的收益，把产品的通用性技术平台搭建得更高。研发团队之间可以通过构建创新联合体进一步提高科研实力，创新联合体能够为企业进行跨界合作、创新生产模式提供新知识，有利于提升企业的技术创新能力。实践表明，关键核心技术都是复杂的综合性技术，其研发突破非单一创新主体能够承担与完成。因此，创新联合体是提升企业技术创新能力、实现关键核心技术突破的有效组织形式。

5）竞争的压力和开拓需求的机会

如果说研究开发投入是技术进步的物质基础的话，那么市场竞争则是推动企业技术创新的外在强制机制，而把握和开拓市场则是促成技术成果产业化的条件。当今中小企业面临的市场竞争压力较大，表现为中小企业从事的行业多容易进入，在扩大其产业市场时，竞争对手不断增多，而中小企业自身弱小，很难禁得起时常波动的冲击。出于这种原因，中小企业的经营者为了生存，必须寻找出路，在质量、性能、设计上搞差别化，不断创新以提高自身核心竞争力，同时积极瞄准市场，把握现有市场的同时不断开拓新的市场。

（二）网络经济的作用

1. 网络经济中技术进步促进经济增长的理论基础

数字化、网络化、宽频带、智能化和多媒体化是现代信息技术的主要特点。网络经济生产函数遵从边际效用递增的规律。信息是网络经济中的主要要素，信息资源是可再生资源，可以重复使用，且具有无竞争性和非排他性的特点。随着使用量的增长，其成本并不会成比例地增加，达到一定规模后，其边际成本逐渐降低，甚至趋近于零。高速度、需求往往是由供给创造的，产品受网络市场容量饱和的影响较小。因此，网络市场的边际效用并非递减，而是递增，并随网络效应的作用而强化。

在网络经济中，知识溢出效应得到充分的体现，劳动工具网络化、智能化，以及隐含在其中的信息和知识的比重急剧增加,使信息网络本身也成为公用的或专用的劳动工具。劳动对象得到更好的利用,劳动对象涵盖的范围扩大,数据、信息、知识等都成了新的劳动对象。科学技术是第一生产力,信息技术有力地促进了现代生产力的突破性进展和经济发展,信息技术成为高科技的重要代表,对社会和经济的渗透作用和推动作用不断增强。

网络经济是创新型经济,技术进步是网络经济发展的根本原因,创新是网络经济的原动力。创新包括技术创新、制度创新、组织创新、管理创新以及观念创新。创新对于一个国家和民族而言,有着重要的影响,它是国家发展和民族振兴的前提保证,当前的社会发展需要创新型的人才。创新是网络经济发展的中坚力量,因为只有创新,才可以打破传统的思维模式;只有创新,才可以不断取得进步;只有创新,才可以随时都走在世界前列。它揭示了网络经济高速增长、日新月异的源泉和动力。

2. 网络经济中技术进步促进经济增长的实践措施

1）新的人才激励机制

新技术日新月异发展的今天,虽然通过资源合理配置和运作,可以创造一时的最大化收益,但是从企业长远稳定发展的角度来看,一个成熟的员工团队才是企业生存的保障。在知识经济时代,人力资源是促进生产力发展的重要因素,而所谓的人才激励机制是把企业员工作为企业全部财富的一个重要组成部分来进行分析和规划,使其潜能得到发挥的全部管理活动。

在传统的流水线上,工人只需专注一道细微的工序,此时工人对整个产品的生产和流水线乃至工厂的管理任务毫不了解。管理信息的分割一方面因为其产生的枯燥无聊的工作,不利于调动工人的生产积极性,另一方面又会使管理人员因独享信息而造成武断。这是人类在一定的经济发展阶段为换取效率而不得不支付的一种成本,现代信息技术正在消除这笔成本。企业激励机制包括物质激励、精神激励和奖惩激励。企业采用激励机制,能够营造良好的企业环境,提高员工的工作质量,为创造企业和谐生产环境提供强大的推动力。同时良好的人才激励机制使员工能够在团队建设的过程中,更加主动地学习各项业务,激发员工的工作创新精神,提高团队建设的发展水平和企业的工作收益。

2）充分利用"智能资本"

智能资本一向是企业的重要资产,但从来没有像现在这样重要过。智能资本包括专利、工艺流程、管理技术、关于客户和供应商的信息和经验。这种知识集合并不容易被收集和认清,要迅速有效地加以利用就更困难。而如今一家公司的成败越来越取决于它的研究和开发能力。美国宝丽来公司生产的被称为"太阳神"的医学成像设备,从研究设计到投放市场仅用了三年时间,其速度比最乐观的预计要快一倍。

要从智力资产中获得更多收益,第一步是要及时和准确地发现这些资产。特斯利曾经在利特尔咨询公司和数字设备公司工作过。他帮助各公司计划他们的技术资产,即找出这些公司资产的价值所在,明确它们的范围,并绘制出将它们输送到各分公司和其他部门的线路。AMP公司的一个分公司能够在超薄的塑料和金属上钻极小的孔以制造光纤电缆的接收器。该公司的钻工是世界上最优秀的,他们的工作精度极高,能够使AMP公司以竞争对手生产成本的一半来赢得市场。然而,直到进行了技术知识管理,并同特斯利合作之后,该公司才发现这些技术也能够移用在铜质电线系统的接收器制造方面,这无疑会成倍地带来收益。

3）新型竞争关系——商业网络

网络经济的特点是,不断增加的产品和服务是以系统产品的形式出现的。也就是说,用户评价产品价值时,不是评价产品的单独部分,而是评价整个产品(或者说是系统产品)。单个的子系统之间是互补的关系。由于网络经济中系统产品的增加,竞争的战略观点也被拓宽,重点放在生产互补的系统产品与服务上。系统供应商了解网络效果,积极的反馈使自己具有决定性的竞争优势。在这种环境中,公司需要选择或者自己生产完整的系统,或者只生产系统的一部分。由于劳动分工能产生更高的效率,很多情况下最好的办法是由许多公司共同完成系统产品的生产。商业网络中成批参与相同价值链的公司相互独立存在,但具有互补的关系。这些公司共享市场的成功,因为用户只接受价值网络整体创造的系统产品的整体效果。连接特定商业网络系统结构的要素在大多数情况下是建立在特定技术基础之上的,同样也包括用户。第一类要素是指技术网络,第二类要素是指用户网络。

在更新迭代较快的行业中,形成商业网络不仅是一个有吸引力的战略选择,而且是一个要取得竞争实力的必然选择,因为只有通过集中核心竞争力,公司才能加强自己的专业性。商业网络中核心竞争力的结合从长远来说,就是提高系统产品的质量。商业网络通过共担风险,可以大大降低公司在这种复杂、高度动态的市场中的不确定性。商业网络还可以通过共同承担附加值活动来发挥网络效果,从而达到高度的灵活性。此外,系统产品的模块化为革新提供了巨大的潜力,并能快速渗透市场。商业网络伙伴的结合提供了具有更广泛资源的系统产品。商业网络具有进行富有成果的竞争和合作的相互作用的空间。

四、网络产业中的经济收益

一般认为,经济收益是指劳动占有和劳动耗费与所起的有用成果的对比关系,也就是指投入与产出的对比关系。网络经济收益主要有两方面的内容,一方面是指网络企业在生产或销售网络产品和信息活动中的投入与产出的比较,如亚马逊网上书店为网上购书者提供图书信息和售书业务的投入产出比;另一方面是指网络用户在使用和消费网络产品和信息过程中的投入与产出之比,如网上购书者使用亚马逊网上书店的图书时的投入与获得的收益等。

（一）网络经济下的广度经济收益

随着信息网络技术的发展与传播,社会分工、市场需求和企业组织已经走上了一个新的历史阶段,一个很明显的特性是产品生命周期越来越短。过去的产品生命周期长达几年甚至更长时间,大部分企业要想获得稳定发展,凭借其产品的大量生产所形成的规模经济即可。但随着科技的不断进步,产品生命周期逐渐缩短,高科技产品更新迭代的速度不断加快,甚至没有形成规模经济的时间。"灵活性"取代"稳定性"、以"快"制"大"是现代企业发展的一个显著特征。企业速度已经成为制约企业发展与提高企业竞争力的至关重要的因素,谁拥有了速度优势,谁就容易抢占市场先机。

1. 规模经济收益

当今科学技术的发展日新月异,科技越发达,社会分工越细,生产社会化程度也越高。

与此同时,新兴产业部门不断出现,它们利用科技进步的后发优势,抢占市场竞争的最有利位置,通过"强强联合"集中全社会乃至全球范围内的生产要素,谋求规模经营,以获取最大可能的利润,同时也推动了全社会存量资产和闲置资产的有序合理流动。

规模经济是指在增加投入要素数量的过程中,产出增加的比例超过投入增加的比例,其平均成本随着产量的增加而下降的现象。在固定成本不变的情况下,随着投入的增加,产量也不断增加,当产量达到某一临界值 Q_1 时,单位产量的平均固定成本开始下降,进而导致平均成本降低,此时出现规模经济效应。随着投入的增加,产出增加的比例会继续大于投入增加的比例,当产量增加到下一个临界值 Q_2 时,产出增加的比例不再大于投入增加的比例,规模经济效应停止。也就是说,当产量处于 Q_1 与 Q_2 之间的区间时,产生了规模经济收益。可见,规模经济是一个过程,而不是一个状态。

在一定的限度内,经济规模的增加使经济收益提高,这就是规模经济。如机械化、自动化程度的提高,大规模的生产可以更有效地利用专用资本设备以及运用自动化生产、计算机设计与操作更快地完成简单和重复性的劳动。不仅如此,当固定成本占总成本的比例很大并起主导作用时,在一定限度内,扩大生产规模可以使固定资产得到充分利用,从而使分摊到单位产品的固定成本下降,随着产品数量的增加使产品成本不断下降而带来经济性。在传统经济中,大多数产业的规模都有一个最高容纳的限度,生产效率并不会随着规模的扩大而无限提高,生产一旦超过固定资产所能容纳的极限,生产效率就会下降,即使追加固定资本也不能立即提高生产效率,从而使得边际收益递减。网络经济和传统经济不同,因为信息是网络经济中的主要产品,而信息又具有几近于零的再生产成本,因此,以信息产品为主的网络企业的规模经济性是无限的,即可以随着生产规模的不断扩大,其生产效率不断提高。

2. 集团竞争

大企业之间为了增强市场竞争力,获得更大经济收益而实行合并,简称"强强联合"。组建企业集团是壮大企业规模的有效途径,而实行"强强联合"就是由同一个行业中或生产相关产品的两个或两个以上实力较强、收益较好的大企业形成紧密联合体,作为集团的核心。企业间"强强联合"可以实现优势互补,优化资源配置,降低生产成本,提高劳动生产率,促进研究和开发,达到扩大市场占有额、获取更大经济收益的目的。同时,还能提高企业的国际竞争力,促进企业的发展。

另外,"强强联合"并不是一心只想扩大企业的规模,而是以提高收益为原则和目标。要在实现各种生产要素优化配置的同时,按照"产权清晰、权责明确、政企分开、管理科学"的要求建立全新的运营机制,在技术、管理、产品质量上下功夫。

集团竞争就是若干具有市场、技术、资金内在联系的企业、科研设计单位,按照专业化、协作化、集中化的原则,以获得生产要素的优化组合和规模经济为目的而组成企业集团的一种竞争形式。集团竞争的组织形式包括单点辐射型、项目承包型、连锁经营型、纵向一体化型、横向多样化型和契约合作型。

(1)单点辐射型是指以大型骨干企业的系列产品为龙头向外辐射,逐步扩散产品零部件的加工业务,形成多层次配套的网络集团。这是最常见的一类企业集团,形成这类企业集团的条件是骨干企业系列产品的批量大、销售稳定,产品与行业生命周期长。

(2)项目承包型是指以几个大型骨干企业及相关设计单位为主体,从设备设计制造、供应、安装、调试到人员培训、维修、服务等以项目承包方式组成的企业集团。

（3）连锁经营型是指以连锁经营的形式组建企业集团,主要出现在商业及服务领域。所谓连锁经营即以母店为样板,在其他各处开设经营方式与经营理念与母店统一的分店。实施统一进货、统一宣传、统一价格、统一服务规范、统一促销和统一企业形象设计。通过连锁经营,可以在进货时获得较低的价格,并分摊促销费用,达到管理经验共享。

（4）纵向一体化型是指若干个加工企业和原材料生产企业通过合同或投资紧密地或松散地联合起来,形成从原料、半成品到产品的大跨度的企业集团。这种企业集团通过组织"一条龙"开发系统,以提高经济收益。

（5）横向多样化型即购买企业竞争对手企业,增加新的产品和劳务,从而扩大实力,提高竞争力。只有极具实力的大型企业,才可采用这种方式,形成企业集团。在西方经济发达国家中,这是一种常见的形成集团的方式。由于我国的产权市场并不完善,购买竞争对手企业较为困难,所以这种形成企业集团的方式较为少见。

（6）契约合作型是指通过同行业的数个契约,企业自发地联合起来,以合同明确各自的责权与利益关系,集中各自技术优势、资金优势、销售优势,组织技术攻关或开发市场的企业集团。

企业集团总是在特定的目的下形成的。形成企业集团,可能在下述的九个方面降低企业营运本。这九个方面也就是形成企业集团的原则。一般而言,企业是为了下述九个原因中的一个或数个而形成集团的。

1）销售渠道共享（销售协同）

销售渠道是企业经营所需的最重要的资源之一。销售渠道与其他实物资源不同,实物资源随着使用而消耗,而销售渠道不会因使用而消耗或消失。这是销售渠道最重要的特征之一。当某项产品要占领某片新市场时,有两种基本进入方法。一种方法是建立新的销售渠道,另一种方法是利用别人现存的销售渠道。前一种方法所需费用常常是高昂的,后一种方法的费用常常是较低廉的。

2）采购渠道共享（采购协同）

优质的采购渠道也是影响企业竞争力的因素之一。所谓优质的采购渠道,是指通过该渠道能获得经济、迅速、稳定的货物供应。在市场经济条件下,建立一条采购渠道虽然较容易,但建立一条优质的采购渠道仍旧要支付相当大的成本。这是因为在市场经济条件下,仍旧存在信息不对称性（信息交流不完全）,企业发现优质供货渠道需支付"搜寻成本"。另外,当供应商认为某顾客有较高的信誉时（付款有保证、长期订货、不低价转售商品,不搞恶性竞争）,常常给予顾客某种价格折扣或延期付款优惠,而这种信誉的建立也是要支付相当多的费用的。同销售渠道一样,采购渠道也不会因使用而消耗。因此,企业之间也存在合办优质采购渠道的可能性。例如,连销企业集团的采购成本就更低。

3）共创名牌,共担费用

名牌战略是现在流行的企业战略,但实施名牌战略需要大量的广告费用和宣传费用。广告的特点是:少量的广告不起作用,只有大量的广告才会有作用。换言之,做广告越多,收益越大。因此,非大型企业,无法实施名牌战略。所以,一些中小型企业便联合起来,设置共同的品牌,以此品牌进行广告和宣传活动,并共同分摊费用。例如,上海有的美容院想做广告,又无法承担费用,于是20多家美容院组成契约合作型同盟,统一品牌、统一广告,经济收益奇佳。

4）廉价的资本

公司新开张，多半要亏损很长一段时间才能建立盈利渠道。建立新的销售渠道、获得专利、购进设备、训练人员等都要求在正式收益前投放资金。即使已投产开业，仍然少不了增长所需的流动资金和固定资产。公司所需的资金多半要到资金市场上去筹措。在资金市场上，公司规模越小，借款所需支付利息越高。因为大家认为借款给小公司风险大。当集团公司形成后，以集团公司的名义就能筹措到廉价的资金，供给各个子公司。这比子公司自己筹措资金，既便宜又可靠些。或者母公司对子公司股票的价格/收益（PIE）之比率相当满意，利用股东资本筹措资金，也是合理的选择。

5）整体的科研与开发

有用的创造和办法，尤其是在经过科学验证后，是极有价值的。不过这种验证，花费昂贵，非小公司所能承受。集团公司则可以设立统一而又集中、具备各种人才、布局合理的科研机构和开发机构。

6）充分利用原材料

纵向一体化的集团公司，可以充分利用原料。如森林工业中的各种产品，胶合板、木材、纸浆和各类纸张，都可按产品分成不同的经营体，进行独立的经营管理。但如果这些公司统一于集团公司之下，便能有机地组合，充分利用木材资源，以最少的成本获得最大的收益。集团公司的任务，便是使这种有机组合产生的经济收益，超过多个经营体独立经营获得的经济收益之和。

7）分散风险

组建集团公司，还可以分散风险和对付周期性的风险。例如，你正在经营火锅城，同时又开设冷饮公司。天冷时资金移入火锅城，天热时资金又流到冷饮公司。又如，你在经营建筑业，同时又经营保险业，建筑业衰退常常是全国经济不景气的标志，不景气时失业人数增加，人们对安全的需求增加，保险业转向兴旺。不过两面下赌注，脚踏两只船的做法很难，因为很难寻找到周期相反的行业，而且这两个行业跨度太大时，管理上就很困难。

8）规模经济收益

获取规模经济收益是企业集团化的常见原因。企业运行中发生的成本分为两大类。一类为变动成本，该成本总额随企业的产量变动而变动。另一类为固定成本，该成本不因企业的产量变动而变动。当企业规模扩大后，随着产量增长，单位固定成本下降，产品成本下降，这就是规模经济收益。

9）售后服务协同

机械、家电、交通工具、计算机供应商为了增强竞争力，就必须在销售区域建小的售后服务企业。因售后服务网络费用高昂而导致产品成本上升、竞争力下降，或者根本无力去组建售后服务网络，而集团公司可以在售后服务方面发挥协同作用。

3. 范围经济收益

范围经济指由厂商的范围而非规模带来的经济，即当同时生产两种产品的费用低于分别生产每种产品所需成本的总和时，所存在的状况就被称为范围经济。范围经济的特点是小批量、多品种，通过联合生产，增加产品种类而实现单位成本的下降，体现了生产的灵活性,因此"灵活制造"也成为企业增加收益的方法。

美、日等国 10 年来一直对灵活制造进行投资,德意志银行驻东京的高级经济学家肯尼斯·考蒂斯说,日本从事的建立灵活制造系统的努力是资本投资激增促成的。从 1986 年到 1991 年,日本对国内工厂和设备的投资为 3 万亿美元。近几年虽然由于经济放慢了速度,日本的投资停止了增长,但是私营工业于 1991 年在日本购买了人均价值 5320 美元的新的工厂和设备。科尔尼管理咨询公司东京办事处的一项分析表明,在一般情况下,每四个制造商中大约有三个用于信息方面的支出是注入敏捷制造系统。

灵活制造的投资并不便宜,但是时间长了就能节约资金。虽然以较高的成本生产小批量的产品,但由于小批量的产品之间有着更多的差别,因此能得到更高的价格。灵活制造在现在的汽车工业中最为典型。

传统的社会经济背景下,单一的市场主体往往是靠自身的力量拓展产品的经营范围、实现多角化经营、实现"范围经济型",但是由多数市场主体通过信息网络的联结所产生的复合效应要比"范围经济性"更为可观。

(二) 新形势下的广度经济收益

企业为了追求规模收益必须扩大自身的生产和经营规模,但为了满足消费者的不同需求,提高占有率,企业还必须重视范围经济收益,实行"灵活制造"。在经济快速发展,信息传播迅速的网络经济条件下,各企业必须把二者结合起来,追求广度的经济收益。目前,中小企业的集群现象就是追求广度经济的典范。

在经济全球化日渐成熟的今天,世界范围内的中小企业出现明显的集群趋势,这种集群趋势主要不是外生性的,而是内生性的。即集群的形成主要不是靠外力的强制,而是靠市场自身发展的内在逻辑自然形成的。如美国的硅谷和 128 公路代表了高科技产业集群。

企业集群是中小企业克服规模与范围经济劣势与大企业克服低效的有效方式,规模不经济限制了企业边界的无限膨胀。受边际效用递减规律的制约,企业的规模是有限的,且企业的规模并不是越大越好,企业最合理的规模是能够实现生产要素最佳使用法则的企业规模。

企业的最佳边界就在企业内部交易成本与纯粹市场交易成本相等的地方。当企业规模扩张越过最佳边界时,企业就很有可能患上"大企业病",特点是组织层级过多、信息传递缓慢、决策过程烦琐、管理成本过高与市场反应迟钝等。如果企业不幸患上了"大企业病",首先要做的就是压缩企业规模。可以通过两条途径:一是分拆企业,压缩企业规模,提高企业竞争力,形成中小企业集群;二是出售部分非核心业务。企业可以将部分或者全部非核心业务发外承包,企业自己只需控制与管理企业的核心业务,从而在企业周围可以形成一些专业性很强的中小企业集群。

企业集群是克服中小企业规模经济与范围经济劣势的有效途径。原因如下。

(1) 中小企业可以充分运用企业集群中的信息集聚效应,降低企业的搜寻成本,例如,搜集市场信息、资金信息、政策信息、人才信息等的成本。

(2) 集群内企业之间相对稳定与熟悉的关系所形成的隐形契约关系,使企业的每个订单都能很方便地在企业集群内找到合适的委托生产者,从而大大地降低了企业之间的契约成本与监督成本等;同时也会大大提高集群内上下游企业之间的资金周转率。

(3) 分工所带来的经济收益的提升将大大弥补中小企业的规模经济与范围经济的劣

势。集群内的企业存在着精细的专业化分工,这大大地提高了企业生产收益,降低了生产成本,并有效地提高了企业的竞争力。

（4）企业集群内的共享将使其享受集群外的企业享受不到的范围经济优势。例如,集群内企业共享品牌、管理知识与技术技能等。

随着计算机网络的深入发展,企业逐渐转型为跨网络式企业。这改变了产品的生产方式、企业的经营方式,是一个前所未有的促进社会发展、改善生活质量的新系统,为社会带来显著的广度经济收益。运用大众信息平台的跨网络式企业,以中心厂商为核心,将下游经销商、最终消费者、上游零部件供应商以及有关金融单位结合为一个整体。下游经销商和消费者将市场需求趋势及销售状况及时通过网络传输给制造商,也通过网络完成订货、预付款等交易活动。制造商综合下游经销商和消费者提供的各地市场需求和销售状况来调整生产计划,并将生产计划、零部件设计制造图及订货单等通过网络传送给上游供应商。上中下游企业和消费者在网络上共享生产计划、产品设计及技术手册等信息,形成整体配合,减少库存,及时反映客户的需求。

【阅读与思考】　　　　　　小米"小快好省"的破坏性创新

扫描二维码

深度学习

【思考题】

1. 生活中有哪些价格歧视的例子?
2. 谈谈对捆绑定价的理解。
3. 兼容的分类有哪些?
4. 为什么技术创新程度高的企业偏好不兼容?
5. 分析双边市场和单边市场的异同。
6. 简要分析竞争性垄断市场结构的形成机制。
7. 如何看待网络经济下"新产品"的出现?
8. 如何利用破坏性创新实现进步?
9. 简要分析不完全竞争市场结构的特征。
10. 当前形势下,企业如何实现经济收益最大化?

【在线测试题】

扫描书背面的二维码,获取答题权限,在线自测。

扫描二维码

在线自测

【参考文献】

［1］ 亚当·斯密.国富论［M］.北京：中国华侨出版社,2018.

［2］ 约翰·冯·诺依曼.博弈论［M］.沈阳：沈阳出版社,2020.

［3］ 韩耀,唐红涛,王亮.网络经济学［M］.北京：高等教育出版社,2016.

［4］ 朱·弗登博格.博弈论［M］.北京：中国人民大学出版社,2018.

［5］ 张铭洪.网络经济学［M］.2 版.北京：科学出版社,2017.

［6］ 王晔,张铭洪.网络经济学［M］.3 版.北京：高等教育出版社,2019.

［7］ 芮廷先.网络经济学［M］.2 版.上海：上海财经大学出版社,2021.

［8］ 王建伟,张乃侠.网络经济学［M］.北京：高等教育出版社,2004.

［9］ 谢康,肖静华.信息经济学［M］.4 版.北京：高等教育出版社,2019.

［10］ 金碚.产业组织规则博弈、协调与平衡［J］.经济纵横,2022(01)：25-30.

［11］ 郭彦丽,陈建斌.信息经济学［M］.2 版.北京：清华大学出版社,2019.

第六章

网络贸易理论

【思政案例导入】

后疫情时代跨境电商的崛起

与传统外贸相比,以跨境电商 B2B 为代表的数字化新外贸正成为疫情以来发展最快的贸易方式。2021 年国务院办公厅发布的《国务院办公厅关于加快发展外贸新业态新模式的实施意见》明确指出,跨境电商是发展最快、潜力最大、带动效应最强的外贸新业态。商务部外贸司司长李星也指出,新的数字技术和工具正在推动整个外贸流程各方面的优化升级,"中国经验""中国方案"成为全球跨境电商发展的新样本。

作为最具代表性的跨境电商 B2B 平台,阿里巴巴国际站将支付、营销、交付等场景与数字化相结合,形成贸易和服务解绑的新业态、新环境、新平台模式;其在外贸领域的数字化实践为顶层设计提供了理论基础。据了解,2021 阿里巴巴国际站的卖家来自全球 140 多个国家和地区,买家覆盖 200 多个国家和地区,平台交易额已经实现三位数的增长。

阿里巴巴集团副总裁、国际站总经理张阔认为,未来 2～3 年仍将是跨境电商的红利期,在此期间更需要追求长期价值和高质量增长。《国务院办公厅关于加快发展外贸新业态新模式的实施意见》指出,以跨境电商为首的外贸新业态、新模式,是我国外贸发展的有生力量,成为驱动外贸转型升级的新引擎,也是国际贸易多元化发展的重要趋势。

案例来源:/https://www.snhtdc.com.cn/articles/262124.html.

第一节　网络贸易理论

网络贸易是指在网络平台上直接进行在线贸易。具体来说,它是利用电子网络技术将企业、海关、运输、金融、商检、税务和消费者有机地连接起来,实现浏览、洽谈、签约、交货、付款等全部或部分业务的自动化处理。从外延上看,网络贸易既包括通过电子数据交换(Electronic Data Interchange,EDI)进行的贸易往来,也包括通过因特网进行的贸易往来。而研究网络贸易应从熟悉网络贸易理论开始。

一、网络贸易理论的理论基础

（一）边际分析和均衡理论——新古典经济学

从 19 世纪 70 年代开始，早期的古典经济学（Classical Economics）开始被新古典经济学（Neoclassical Economics）取代，经济学进入了新古典时期。新古典经济学的一个最重要的贡献就是进行了"边际革命"，即采用边际的方法来对消费者与生产者的行为以及经济运行过程进行分析。此后，边际分析法也成了经济学研究中最基本的方法。

1. 新古典经济学的产生

从亚当•斯密（A. Smith，1876）开始，经济学便成了一门独立的学科，他提出的价值理论、分工理论以及"看不见的手"的理论，为后来的经济学奠定了基础。这一时期的经济学被称为古典经济学。到 19 世纪中期，古典经济学遭遇空前危机，各类学派涌现，其中的新古典学派后来成了主流学派，该流派形成的经济学思想被称为新古典经济学。在 19 世纪 70 年代，曾经有许多人为新古典经济学的创立做出了贡献，如门格尔（Menger，1871）、杰文斯（Jevons，1871）、瓦尔拉斯（Walras，1874）等。这些人的思想经过马歇尔（Marshall）的整理和提炼，于 1890 年出版了《经济学原理》一书，代表新古典经济学理论体系的形成。新古典经济学的理论基础与古典经济学的理论基础是保持一致的，不同的是前者开创了新的分析方法——边际分析法，在此基础上建立了消费理论、厂商理论以及市场均衡理论。这些理论又成为现代经济学的最基本的理论，是对市场经济最有价值的阐释和说明。

2. 新古典经济学的核心内容

首先，新古典经济学宣称除去了政治经济学的政治色彩，只研究在稀缺的情况下如何进行资源的有效配置，达到效用最大化。他们采用了边际的概念来解决这个问题。得出边际效用递减规律以及相关的经济学基本定律，如著名的戈森定律等。之后这一思想被拓展到整个经济过程，通过边际收益递减和边际成本递增，得出利润最大化条件，即边际收益等于边际成本，由此建立厂商理论，并在此基础上构筑了均衡理论，如瓦尔拉斯均衡、帕累托均衡等。

3. 新古典经济学与网络经济学的关系

经济学研究中的最基本的方法是边际分析方法，这对网络经济学研究来说也不例外。网络经济也是市场经济，在网络经济中同样也存在着边际问题和均衡问题，虽然其表现出来的规律与传统经济规律有所差异，但仍需要采用新古典经济学的分析方法来解释。因此，网络经济学的研究并没有脱离新古典经济学的分析框架，新古典经济学依然是网络经济学进行研究的起点和基础。

（二）交易费用理论——新制度经济学

新制度经济学（New Institutional Economics）的研究侧重于交易成本。交易成本是指在商品交易过程中,没有被交易主体考虑到但是会损耗掉的成本,如,讨价还价花去的精力与时间,为防止受骗而采取的保险措施等。交易成本与一定的制度密切相关,一种制度必须能够降低交易成本,否则旧的制度将会被新的制度所取代。这样,制度分析被纳入了经济学分析之中。

1. 从经济制度的角度来分析和解释经济问题

新制度经济学的起源是制度经济学,制度经济学是从经济制度的角度来分析和解释经济问题的。在 18 世纪,以康芒斯(Commons,1934)为代表的制度经济学派致力于研究在既定的制度下如何达到最优。1937 年,科斯(Coase)发表《企业的性质》,将交易成本这一概念引入了经济学的分析中,并指出企业和市场在经济交往中的不同作用,从而开创了新制度经济学。之后,威廉姆森(Williamson)、德姆塞茨(Demsetz)等人对这门新兴学科做出了重大的贡献,使其成为近几十年蓬勃发展的一个经济学分支。由于新制度经济学的理论对经济制度的演化给出了更有说服力的解释,因而被纳入主流经济学的体系,成为重要的经济分析工具和方法。

2. 新制度经济学的核心内容

新制度经济学最核心的概念是交易费用。所谓交易费用是指企业用于寻找交易对象、订立合同、执行交易、洽谈交易、监督交易等方面的费用与支出,主要由搜索成本、谈判成本、签约成本与监督成本构成。在新古典经济学中,市场被视为一个零交易成本的世界,也就是假设制度是给定不变的,因而对企业为什么存在、由什么决定企业的结构和规模边界等问题都无法做出解释。新制度经济学则认为市场运行同样是需要成本的,交易费用决定了经济主体在市场与企业之间的选择。因此,交易费用理论为说明企业的产生以及企业组织的演化提供了更为充分的理论基础。不仅如此,在社会经济的各个方面,也都存在着交易费用,对节约交易费用的追求会促使人们进行制度创新。因此,交易费用又决定了制度的变迁以及人们对各种制度安排的选择。

3. 新制度经济学与网络经济学的关系

交易费用理论对于网络经济的研究同样也具有重要的意义。网络经济的出现并不仅仅改变人们的交易方式,更重要的是它改变人与人之间进行联系和沟通的方式,从而改变了相互之间的经济联系。在这种情况下,交易费用的条件和状况也将随之而改变,从而导致新的制度变迁。对于这一点,需要借助交易费用理论来进行分析和说明。因此,网络经济学与新制度经济学也有着密切的关系。

(三)信息不对称原理——信息经济学

信息经济学(Information Economics)诞生于 20 世纪 50 年代。随着科学技术的创新和人类社会的巨大变革,信息经济学经历了从萌芽、形成、发展到逐步成熟的发展过程。如今,信息经济学作为一门独立的经济学分支学科,其不断丰富的理论成果在当代经济学的诸多领域得到了十分重要的应用。

1. 信息经济学的起源

信息经济学是对经济活动中信息因素及其影响进行经济分析的经济学,也是对被信息及其技术与产业所改变的经济进行研究的经济学。信息经济学的思想最早追溯到 20 世纪 20 年代,美国经济学家奈特(Knight)在 1921 年出版的《风险、不确定性和利润》一书中把信息与市场竞争、企业利润的不确定性、风险联系起来,认识到企业为了获取完备的信息而进行投入的重要性。但信息经济的正式诞生则是以马尔萨克(Marschak)1959 年发表的《信息经济学评论》一文为标志,该文讨论了信息的获得使概率的后验分布与先验分布有差别的问题。另一位美国经济学家斯蒂格勒(Stigler)于 1961 年在《政治经济学杂志》上发表题为《信息经济学》的著名论文,研究了信息的成本和价值,以及信息对价格、工资和其他生产要素的影响,斯蒂格勒也因此被誉为信息经济学的创始人。之后,西蒙(Simon,1960)、马克卢普(Machlup)、阿罗(Arrow,1965)、希尔(Theil,1967)等分别从管理决策、信息搜寻、知识产业、信息社会和信息论的角度对信息经济学问题进行了分析,他们的研究成果产生了广泛的社会影响。

2. 信息经济学的核心内容

按照赫什雷弗和赖利(Hirshleifer and Rily,1979)的划分,信息经济学又分为微观信息经济学和宏观信息经济学。微观信息经济学主要是研究不确定性对经济行为的影响以及缩小和排除这种影响的途径,包括分析信息在经济中的作用及其边际效用递增的趋势,说明信息的可靠性和完整程度以及披露方式对市场有效运转的重要作用,揭示信息分布的非对称性对激励机制、商业谈判、制度安排的影响。宏观信息经济学则集中于对信息产品的特性、信息产业的产生和发展、信息产业在国民经济中的地位以及如何实现国民经济信息化等问题的研究,主要包括信息的经济属性及其在经济发展中的作用,信息产业在国民经济中的地位和功能,信息技术的发展完善对社会经济的影响,信息与社会生产的规模、结构形式、组织管理的关系,信息经济模式在经济结构中的应用过程和作用等。

3. 信息经济学与网络经济学的关系

显然,信息经济学与网络经济学之间具有比其他经济学科与网络经济学之间更为密切的关系。一方面,信息不对称是对主体行为产生影响的一个非常重要的因素,网络经济下的信息条件及其状况发生了改变,因而经济主体的行为也将随之发生改变,而微观信息经济学的分析方法将对我们研究网络经济下的主体行为提供借鉴。另一方面,网络经济下的产业结构也将发生重大改变,信息产业上升为主导产业。这一方面的问题,恰恰是宏观信息经济学的研究内容。因此,信息经济学和网络经济学存在着交叉关系,信息经济学的许多研究成果,对网络经济学的研究具有理论与实证的意义。

(四)超边际分析理论——新兴古典经济学

自 20 世纪 80 年代以后,以杨小凯为代表的一批经济学家,用非线性规划和其他非古典数学规划方法,将被新古典经济学遗弃的古典经济学中关于分工和专业化的精彩经济思想,变成决策和均衡模型,掀起一股用现代分析工具复活古典经济学的思潮。新学说得到了越来越广泛的认可,并逐渐形成一个新的经济学流派,这个流派被称为新兴古典经济学(New Classical Economics)。

1. 新兴古典经济学的产生

新兴古典经济学是由杨小凯创立的一个新的经济学流派。1991 年,杨小凯发表题为《经济增长的微观基础》的论文,提出用现代分析工具来复兴古典经济学。但杨小凯的分析工具不是新古典经济学的边际分析,而是由布坎南(Buchanan)在 1962 年提出、杨小凯创立的超边际分析。为此,杨小凯将自己的理论定名为新兴古典经济学,以示与新古典经济学的区别。之后,杨小凯又先后出版了《专业化与经济组织:一种新兴古典微观经济学框架》《劳动分工网络的超边际分析》《经济学:新兴古典与新古典框架》等一系列的专著,还有一批经济学者,如博兰(Borland)、罗森(Rosen)、贝克尔(Beker)、黄有光,等也发表了诸多的文章,新兴古典经济学逐渐形成一个完整的体系,并成为现代经济学的一个最前沿的流派和学科。

2. 新兴古典经济学的核心内容

新兴古典经济学的最主要思想就是把分工、专业化内生化,从而解释交易费用和制度对分工和生产力演进的意义,进而解释诸如货币的出现、生产与商业的分工、一体化的形成、国际贸易的产生以及产业的演化和政府的规制与政策等一系列的经济问题。新兴古典经济学最突出的特点是它采用的超边际分析方法。超边际分析(Inframarginal Analysis)是相对于新古典经济学的边际分析而言的。边际分析属于线性规划的范畴,要求必须求出内点解。而超边际分析是一种非线性规划,它不一定要求有内点解,而是允许有角点解。由于现实中的问题更多是属于非线性的问题,因此,超边际分析比边际分析对现实的解释力更强。

3. 新兴古典经济学与网络经济学的关系

从根本上看,网络属于拓扑结构,在网络中,很多问题都不是连续的。因此,网络决策从根本上讲是一种超边际决策,对此边际分析不再适用。这也就是为什么新古典经济学的理论不能充分解释许多网络经济现象的原因所在。而超边际分析克服了边际分析的局限,可以解释在非连续的情况下的均衡问题,因此,对网络经济的分析具有特殊的价值。正如杨小凯所说:"网络经济学的兴起对经济学形成了一个很严重的挑战。"他认为,"经济学原来的边际分析方法对于分析没有网络经济时的经济现象本来就有问题,本来就不够,网络经济起来以后就更加突显了这个问题。网络经济的兴起使传统经济学,特别是边际分析方法的局限性更加明显。"由于超边际分析是一种非线性规划分析,所以,"这个领域发展起来以后就特别适合分析网络经济。"而且杨小凯还认为,经济网络不仅是网络经济下才有的现象,它也存在于传统的经济中,因此,超边际分析"不是光适用于网络经济,它适用于对原来的没有电子网络时代的任何市场网络的分析。"例如,按照边际分析,在报酬递增情况下不存在一般意义上的均衡,但用超边际分析,这种均衡是存在的和有解的,只不过均衡解不再是一个唯一的内点解,而是多重的角点解。超边际分析方法为网络经济研究提供了更为有效的分析思路和方法,因而具有十分重要的意义。

二、网络贸易理论的应用场景

网络经济的发展加速了经济全球化的进程,各国之间的经济联系更加紧密。随着网络经济的出现,国际贸易也开始进入一个信息化、网络化的时代。国际贸易的信息化、网络化发展,改变了国际贸易的结构,也给国际贸易方式带来根本性变革。

(一)网络经济下的国际贸易环境

网络经济也是全球化的经济,信息网络技术的发展,消除了不同地域在时间与空间上的障碍,极大地推动了世界经济一体化的进程,世界各国之间的经济联系更加紧密,越来越多的国家和地区被融入经济全球化的浪潮中。

1.经济全球化的含义

经济全球化(economic globalization)是指超越国界,商品、技术、信息、服务、货币、人员等生产要素的跨国跨地区流动的世界经济活动,通过对外贸易、资本流动、技术转移、提供服务、相互依存、相互联系而形成全球范围的有机经济整体的历史过程。经济全球化有利于全球资源和生产要素的合理有效配置,有利于资本和产品在全球的流动,有利于科技在全球的扩张,有利于促进不发达地区经济的发展。因而经济全球化是人类发展进步的表现,是世界经济发展的必然结果。

经济全球化最早可以追溯到资本主义早期。在工业革命的推动下,西方资本主义国家的生产力得到巨大的发展,开始向全球进行殖民扩张,形成新的世界范围的国际分工。但这一时期的经济全球化由工业化国家主导,主要是通过政治和军事的手段来实现的,表现发达国家对落后国家财富的掠夺。

今天所指的经济全球化,一般是指第二次世界大战以后在世界范围内由物资、劳务和资本构成的国际市场的融合与世界经济一体化的形成。在多数情况下,全球化现象被人们看作从 19 世纪中叶到第一次世界大战时期一体化的再启动。然而,与 1914 年以前的世界经济进程相比,今天的全球化相较于那个时期有着深刻的内涵,与一个世纪以前不可同日而语。与第一次全球化不同的是,这一次经济全球化是在经济规律作用下形成的,表现为各国经济的相互融合。不仅发达国家热衷于全球化,发展中国家也表现出对全球化的渴望,并努力加入全球化的过程,使全球化真正成为一种世界性的潮流。

2.经济全球化形成的原因

经济全球化的形成有着多方面的原因,其中既有经济方面的原因,也有技术方面的原因,此外还有制度方面的原因。

1)经济原因

导致经济全球化的根本原因,可以归结为经济利益的驱动。由于世界不同国家和地区存在"区位差异",商品和要素的价格不同,通过对外投资、技术转让、企业生产过程的分解和全球配置,可以使企业获取更大的利润。利用区位差异而谋求更大的利益,成为经济全球化的基本动力。

2）技术原因

当今世界经济的一体化发展，与科学技术的飞速发展也有着密切的关系。技术进步为经济全球化奠定了物质基础，使全球范围的经济活动的成本降低。特别是信息、网络技术的发展，降低了企业远距离控制和运作的成本，扩大了企业经济活动的半径，使更多的企业有可能进行全球化的扩张和国际化的经营，为经济全球化提供了技术上的支持。

3）制度原因

世界经济的相互融合还需要一定的制度条件。经过一个多世纪的历史检验，市场经济体制已被公认为是目前最有效率的经济体制。一些原来非市场经济的国家以各种途径转变为市场经济国家，世界各国在经济体制上趋向一致。同时，以市场经济为基础的国际经济体系不断发展，共同的国际经济规则形成，从而为全球化扫清了制度障碍。

3. 经济全球化的表现

1）贸易全球化

全球货物贸易、服务贸易、技术贸易的飞速发展，经济全球化有力地促进了以 WTO 为代表的世界多边贸易体制的形成，同时，如欧盟、北美自由贸易区、南方共同市场等区域经济一体化组织不断兴起，从而加快了国际贸易的增长速度，促进了全球贸易自由化的发展。

2）生产全球化

以互联网为标志的科技革命，使得各国之间的距离在时间和空间上得到了有效缩小，同时也让世界贸易结构发生巨大变化，促使生产要素跨国流动，生产要素跨国流动不仅对生产超越国界提出了内在要求，也为全球化生产准备了条件。在这一背景下，跨国公司取得了前所未有的发展并成了世界经济的主宰力量。跨国公司将其生产环节分布于不同国家，形成全球生产体系，各国的经济依赖性增强，生产联系对经济的影响大大超过了贸易本身的影响。目前，全球有跨国公司 6 万多家，跨国公司的 GDP 占世界总 GDP 的 40%，贸易额占世界总贸易额的 60%。

3）金融全球化

跨国公司的发展，使国际资本流动增大，促进了金融国际化的发展。由于资本流动的国际化，各国金融市场的联系更加紧密，加速了全球金融市场一体化的进程，资本流动超越了主权国家的监控能力。

4）科技全球化

科技全球化是指各国科技资源在全球范围内的优化配置。这是经济全球化的最新扩张和快速进步，表现在先进技术和研发能力的大规模跨境转移和跨境联合研发的广泛存在。以信息技术产业为典型代表，各国的技术标准越来越一致。跨国公司巨头通过垄断技术标准的使用，控制着行业的发展，获取大量超额利润。

在网络经济中，在新技术革命的推动下，国际贸易的结构与方式都将产生很大的变化，而且这种变化已经开始逐步显现出来，成为当前国际贸易变化的一种新特点。

4. 网络经济对贸易环境的影响

网络经济改变了国际贸易的环境和条件，促使了新的国际贸易机制的形成。

1）商务活动的虚拟化

网络经济的虚拟性和直接性为国际贸易提供了新的市场环境，网络改变了传统国际贸易中商业活动的位置。市场已经从现实空间移到虚拟空间,突破了传统市场必须建立在一定区域的基础上的存在条件。全球贸易已经成为一个由信息网络连接起来的统一的贸易空间,极大地扩大了国际贸易的区域和范围,从而有效地促进了国际贸易的发展。

2) 信息资源的共享化

网络经济的交互性和共享性,也为国际贸易的开展创造了更加有利的条件。网络经济减少了传统贸易活动中对双方物质、时间和空间的限制,实现了资源的跨国传递和信息共享,减少了国际贸易的不确定性和国际市场开发的盲目性,削弱了信息不完全或信息不对称造成的国际市场垄断,更好地实现了国际市场资源的有效配置和全球资源的优化配置。

5. 网络经济对贸易结构的影响

对外贸易结构是指一个国家一定时期内货物贸易与服务贸易进出口额,以及在货物贸易中各种类别的商品进出口额占整个进出口贸易额的比例。在网络经济条件下,国际贸易的结构表现出一些新的特点,主要体现在以下几个方面。

1) 服务贸易在世界贸易中所占比重不断扩大

国际服务贸易是指国际间服务的输入和输出。狭义的服务贸易是指运输、保险、金融、旅游等国际货物贸易中的传统无形服务贸易,广义的服务贸易还包括现代发展起来的、与货物贸易有关的服务以外的新的贸易活动,如承包劳务、卫星传输和通信等。网络经济的一个重要特征就是服务业的高度发达,因而网络经济的出现必然带来服务贸易的不断增长。自20世纪80年代以来,服务贸易年增长率为5%,高于商品贸易2.5%的增长速度。

2) 技术密集产品的贸易增长快于劳动密集产品的贸易增长

随着技术的不断进步,技术密集型的产业快速发展,并在世界经济中占据越来越大的比重。与之相对应,技术密集产品在国际贸易中的比重也越来越大。从历史数据看,在20世纪60年代,技术密集产品贸易占世界贸易比重只有20%,到90年代则上升为30%以上。在1986年,美国出口第一位的产品是飞机,而到1996年,占出口第一位的产品是电脑芯片。

3) 技术贸易规模不断扩大

网络经济是以技术进步和创新为基础的经济。因此,网络经济的发展增加了技术密集型产品的贸易,而且技术本身也作为一种产品进入国际贸易,其贸易量也以非常快的速度增长。1985年,世界技术贸易总额为500亿美元,1989年为1100亿美元,1995年为2600亿美元,2000年为5000亿美元,平均每五年翻一番。而全球信息和通信技术产品的进口额在2012年接近2万亿美元。可见技术贸易增长速度之快。

4) 软技术贸易的地位不断增强

软技术,指专利、许可证、技术标准、管理知识、科技情报等。与一般的技术相比,软技术更具有垄断性和排他性,因此,技术输入国难以进行模仿,使技术输出国可以获得长期的贸易利益。目前,发达国家已经开始由一般的技术出口转向软技术出口,发达国家的软技术出口占所有技术转让的80%,软技术贸易在国际贸易中的地位不断增强。

6. 网络经济对贸易方式的影响

网络经济条件下的贸易方式最显著的特征是电子商务的兴起。从宏观上看,电子商务是计算机网络的又一次革命,其目的是通过电子手段建立新的经济秩序。它不仅涉及电子技术本身,还涉及金融、税收、教育等其他社会层面。从微观角度来看,电子商务是指各种实体(生产企业、商业企业、金融机构、政府机构、个人消费者等)利用网络和先进的数字媒体技术开展的各种商业和贸易活动。电子商务为各国的企业架设了快捷、高效、直接的流通渠道,企业借助网络获取并传播信息。

基于互联网的电子商务模式能够有效克服国际贸易发展中诸多因素的不利影响,为国际贸易发展提供有力保障。电子商务对国际贸易的影响主要体现在降低运营成本和提供标准化运营模式等方面。

一方面,电子商务为贸易国际化创造了一个低成本的经营环境。从某种意义上说,贸易国际化是国内贸易在空间和区域上的扩张。这种扩张必然受到许多因素的制约,如,目标市场的容量和规模、消费者的收入水平、关税和非关税壁垒、流通基础设施等。电子商务可以大大降低跨境交易的成本压力。在互联网的覆盖范围内,企业可以以非常低的成本与任何潜在买家充分互动。信息的传输和获取、商品实体的移动,甚至企业组织的扩张都可以以较低的成本实现。在网络经济中,地域不再是制约跨国经营的重要因素。

另一方面,电子商务也为网络经济下的国际贸易提供了一种规范的运作模式。就整个网络环境而言,标准的兼容性和普遍性非常重要,它们是在线互动交流的指南。互联网技术标准定义了用户界面、传输协议、信息发布标准、安全协议等技术细节。这些技术标准淡化了传统模式下人文、地理等因素对流通的影响,将所有参与网上交易的组织和个人纳入一个共同的体系,形成统一的虚拟市场。人类将首次摆脱文化、心理差异和地理空间的限制,在虚拟世界中快速、经济地获取各种信息,组织流通活动,追求自己的利益目标。

此外,电子商务还促进了经济全球化与消费者个性化发展的有机结合。需要指出的是,经济全球化和贸易国际化不仅促进了经济发展和社会进步,还使得人类的个性发展也达到了一个新的高度,电子商务渗透个人生活的各个方面,包括消费行为。消费需求的个性化发展对企业跨境贸易活动提出了新的要求。电子商务为贸易国际化和消费个性化的协调提供了有效的结合点。在互联网环境下,电子商务通过与消费者的实时沟通和交流,可以极大地促进网络经济下国际贸易的发展。

(二) 网络经济下的国际贸易理论

1. 知识要素禀赋

网络经济是信息与知识在社会资源中占主导地位的经济,在网络经济条件下,知识作为一种生产要素,不仅对一国的经济增长起着决定性的作用,在国际分工与贸易中也扮演着重要的角色。不同国家的知识禀赋状况及差异,对于分工与贸易的演化和发展,同样会产生重要影响。一个国家可以通过努力改变自己的知识禀赋状况,提升国家的知识水平,在此基础上形成新的比较优势。

1) 知识与知识要素禀赋的界定

在网络经济中,知识成为经济发展的核心要素。与资本与劳动等要素一样,不同国家在知识要素的禀赋上存在一定的差异,而知识要素禀赋的差异必然也将对不同国家之间的分工与贸易产生影响。

所谓知识,就是人们在改造客观世界和主观世界的实践中,通过学习、探索、发现和感知,对主观世界和客观世界的理解和体验的总和。知识既可以是认识上的,即对世界客观事物的本质,即内在联系的了解和判断,也可以是能力上的,即能够从事人类活动并在活动中达到预定的目的。

从不同角度,知识可以分为以下不同类型。按照知识的对象来分,可以分为科学知识和技术知识。科学知识是指反映自然、社会、思维等客观规律的知识体系,反映的是人们对事物本质的认识,属于基础性知识。技术知识是指人类在利用自然和改造自然的过程中累积起来的并在生产劳动中体现出来的经验、有价值的技能和方法,属于应用性知识。

按照知识的属性来分,可以分为技术性知识和制度性知识。技术性知识主要指影响生产过程中的工艺流程与产品质量等方面的知识,属于自然性知识。制度性知识则包括微观经济组织知识,如,企业组织管理知识和宏观经济管理制度方面的知识,如,金融制度、税收制度、外贸制度、知识产权制度等,属于社会性知识。

2) 知识要素禀赋的内涵

经济学所言禀赋,是指一国拥有的生产要素的类型、数量及特质。一个国家拥有的生产要素可以分为物质禀赋和非物质禀赋。物质禀赋是指一国经济运行和发展所依赖的物质要素的构成和丰富度,如,土地、资本、劳动力等;非物质禀赋是指一国经济运行和发展所依赖的无形要素的构成和丰富程度,如,技术禀赋、制度禀赋等。

非物质要素是指除土地、资本、劳动力等物质要素以外的各种非物质形态的要素,如,信息、知识、科技、制度等。由于这些要素都是以知识的形式来表现,所以一般人们将所有非物质要素都统称为知识要素。

与其他物质要素相同,在生产过程中增加知识要素的投入,一样可以使产出增加,直接或间接地带来更多的财富。但与一般物质要素不同的是,知识要素不会因投入的增加而使收益递减,而是出现持续的收益递增,因此,知识要素的投入是实现报酬递增的重要条件,只有不断增加知识要素的投入,才有可能实现经济的可持续发展。

3) 知识要素禀赋的引入

H-O模型最重要的不足之处就是缺乏一个知识要素,也就是说忽视了技术进步和知识积累在一个国家资源禀赋和比较优势(或比较劣势)变动中的作用,从而使该模型与现实并不完全相符,难以完全解释国际分工与贸易的所有实践。

传统贸易理论只考虑两个要素:劳动力和资本。但实际上,任何经济活动除了这两个要素外,还需要第三个要素:知识。在绝对意义上,如果不存在任何知识,即知识的存量为0,即使有再多的劳动力和资本,也不可能有任何产出。在贸易模型中引入知识要素禀赋,将更加完整、准确地反映国际贸易的形成机理,特别是对网络经济下国际分工与贸易的发展,具有更强的解释力。

4) 知识要素禀赋的形成

与传统要素相比,知识要素形成的途径不同,其所产生的效应也与传统要素产生的效应存在着很大的差别。

首先,知识要素禀赋的形成。对于一般物质要素来说,形成主要取决于自然的、客观的因素,而知识要素属于非物质要素,它的形成更多地取决于社会的、主观的因素。从总体上看,知识禀赋的形成主要来自两个方面:一是知识的内生,二是知识的外溢。首先从根本上说,任何知识都是来源于社会实践,通过对实践经验的不断总结而形成。因此,与一般的物质要素不同,知识是可以内生的,可以从无到有,在社会活动的过程中不断产生出来。从这个意义上说,知识的内生是一个国家知识禀赋形成的基本途径。通过知识内生的方法形成知识要素禀赋,主要是强调经济主体通过自身的实践经验不断积累,形成"干中学"的机制,在理论和实践中不断对过去的知识进行总结提升,形成自己的知识要素禀赋。其次,知识要素与一般物质要素的另一个重要区别在于其具有非排他性和共享性。因此,除了通过自身的实践来总结、创造知识以外,还可以通过对他人已经形成的知识进行学习、模仿而获得知识,即通过他人的知识外溢来改变自己的知识要素禀赋。知识外溢在国家层面、产业层面和企业层面均存在,在国家层面主要是技术引进,企业层面主要是技术模仿。经济主体通过向其他先进经济主体进行学习、模仿来获得新的知识,不断提升自己的知识要素禀赋。

5) 知识要素禀赋效应

对于国际分工与贸易活动的开展,知识要素禀赋会产生以下效应。

(1) 分工专业化效应。知识要素禀赋与分工专业化有着密切的关系。分工导致专业化,专业化带来知识存量的提升,而知识存量的提升又促使分工与专业化的进一步深入,这一过程推动了经济的发展。从现实看,随着社会分工不断深入,专业化程度也在不断提升,从而形成一定的知识要素禀赋。而分工越深入,专业化程度越高,知识要素禀赋的作用日益明显,并且知识要素本身的专业化程度也日益提升。

(2) 规模经济效应。规模经济的特性是规模报酬递增,即在生产规模高于最低经济规模时,产出的增加要高于投入要素的增加,一旦超出最大经济规模,报酬将出现递减。在其他条件既定的情况下,报酬递增与递减之间的拐点出现在什么地方,主要取决知识存量。随着知识存量的增加,报酬递增将不断延续,经济过程一直处于报酬递增阶段,特别是在网络经济条件下,由于网络效应的存在,使知识的报酬递增效应也更加凸显。

(3) 范围经济效应。范围经济(economies of scope)指由厂商的范围而非规模带来的经济,即是当同时生产两种产品的费用低于分别生产每种产品所需成本的总和时,所存在的状况就被称为范围经济。知识的共享性是知识要素禀赋产生范围经济效应的基础,一种知识可以用于不同方面,扩大应用的范围可以增加知识的用途,提高知识的利用率,从而带来收益递增。知识共享的范围经济是指在不同用途的活动和过程中或在不同的使用者之间可通过知识的共享,由知识总量增加的成本分摊而引起共享成本下降,同时知识的收益增加。

2. 知识要素禀赋与国际分工与贸易

与资本和垄断要素一样,知识要素的禀赋差异同样会对比较优势的产生及其变化产生重要影响,进而改变国际分工的形式以及贸易格局的形成。

1) 基于知识要素禀赋的比较优势

在贸易模型中引入知识要素后,对于某个国家而言,参与国际分工与贸易的原因,除了具有资本或劳动力方面的比较优势外,还可以具有知识要素方面的比较优势。按照要素禀赋理论的分析逻辑,比较优势导致不同国家的成本差异以至价格差异,使双方贸易成为互利的选择。而知识要素禀赋的差异同样可以导致成本的差异和价格的差异,因而也同样能够导致国际分工与贸易。

2) 知识要素禀赋对国际分工的影响

知识要素禀赋对国际分工有着非常直接的影响,它改变了现有的产业分工方式,将现有的国际产业分为知识密集型产品分工与非知识密集型产品分工,包括:不同类型产品分工,表现在高科技产品与低科技产品的分工,新科技产品与旧科技产品的分工;同一类型产品分工,表现在高端产品与低端产品的分工,核心零部件与一般零部件的分工。不管哪种分工都表现为知识要素禀赋的差异,这也影响了国际贸易的比较优势格局。

　　3)知识要素禀赋对国际贸易的影响

　　知识要素禀赋不同,形成的比较优势也不相同,所导致的贸易类型也出现差别。不同要素的比较优势导致不同类型的贸易(见表 6-1)。从表中可知,当国家之间没有不同的要素禀赋,国家之间形成的必然是产业内贸易模式;而当国家之间仅仅在资本和劳动层面存在着要素禀赋差异,则必然会形成传统的 H-O 优势,从而出现产业间贸易;而当国家之间存在着知识层面的禀赋差异时,此时由于国家之间的技术差异,因此,有可能实现产业内贸易。

表 6-1　要素禀赋差异与贸易类型

相同要素	不同要素	比较优势类型	贸易类型
资本、劳动、知识	—	—	产业内贸易
知识	资本、劳动	H-O 优势	产业间贸易
—	资本、劳动、知识	H-O 优势	产业间贸易
		技术优势	产业内贸易
资本、劳动	知识	技术优势	产业内贸易

　　资料来源:作者整理。

3. 网络经济中的国际分工

　　随着计算机信息网络技术的迅速发展,在网络经济中,原来支配和决定各个国家和地区之间国际分工的法则发生了改变,从而导致国际分工形式和格局也发生了改变。

　　信息技术以及网络技术的发展,为虚拟公司的产生创造了条件,由此引发了国际分工的进一步演化,开始出现由垂直一体化向垂直分离化的转变。

　　网络经济中虚拟公司的出现和国际贸易的信息化、网络化,不仅带来了贸易方式的重大变革,也导致了国际贸易主体的深刻变革,出现了依托网络的"虚拟公司"。依托单个公司在各自专业领域拥有的核心技术,利用现代信息技术将多家公司连接成企业集团网络,完成单个公司无法承担的市场承接功能,更有效地向市场提供商品和服务。这种新的企业组织形式并没有权力迫使每个公司在资本关系方面进行联系,而是因为每个公司承担着一定的信息收集、处理和传输功能,从而将一系列相关企业连接成一个协作社区。

　　跨国公司战略联盟是这种虚拟公司的主要形式。它通过开放系统的动态网络组合寻求资源和联盟,实施"虚拟管理",以适应快速变化的经济竞争环境和消费者需求,并朝着个性化和多样化的方向发展。虚拟企业是通过非资本参与、自发协议形成的信息网络,它打破了传统企业组织的层次和边界,使跨国公司成为一个开放的系统。这种外部资源的"虚拟"内部化形式,使公司的运营朝着灵活性的方向发展。跨国公司的所有生产环节都已融入现代信息网络,并利用在线"虚拟现实"技术在全世界进行直观的生产协调。这不仅削弱了公司活动的区域边界,而且有效利用了公司的经营资源和能力,促进了跨国公司内部贸易的增长,也带来了国际贸易整体规模的扩大,带来了分工合作和优势互补,实现了资源的相互利用和跨国公司的利益分享。

网络经济下从垂直一体化向垂直分离化的转变、贸易模式的转变和贸易管理主体的转变进一步推动了国际分工形式的转变,并逐渐从原来的垂直一体化分工向垂直分离化分工转变。所谓垂直一体化,是指将几个相邻的生产阶段或具有投入产出关系的企业进行一体化的过程。完全的垂直一体化应该包括两个方面:一是资产的完全一体化,二是交易的完全内部化。根据威廉姆森的解释,垂直一体化是在资产专用性提高后,应对机会主义行为导致的交易不稳定性的一种方法。随着资产专用性的提高,将资产转用于其他目的变得更加困难。即使可以挪作他用,也会造成巨大损失。此时,双方之间的交易关系高度依赖。如果优势方采取机会主义行为,如改变价格、降低价格、终止供应或购买,另一方将遭受巨大损失。在这种情况下,企业可以实施垂直一体化,以减少亏损的可能性。然而,随着全球市场一体化的进程,生产体系发生了新的变化。许多企业越来越多地采用部分外包、外包和战略联盟的方式,建立企业之间的关系,形成全球生产网络。费恩斯用垂直分离化来描述这个全球生产网络的形成过程。

1) 垂直分离化的界定

所谓垂直分离化是一个与垂直一体化相反的过程。它指的是将一些生产环节(主要是制造环节)从原始集成系统中分离出来的过程。垂直分离化表现为两个层面:一是地理空间层面的垂直分离化分工,即企业通过境外投资或将原企业在本国的部分生产或服务环节外包,形成离岸生产,企业整合海外和母国的生产活动;二是所有权层次上的垂直分离化分工,即将原来属于一个公司的采购、研发、制造、营销等环节外包给其他的公司,它表现为原有产业价值链的分解。这两种垂直分离化的分工往往是交织在一起的,即在许多情况下,垂直分离化既是空间层面上的,又是所有权层面上的。

随着信息技术的快速发展,垂直分离化分工的趋势日益明显,有越来越多的跨国公司开始采用外包、战略联盟的形式重新构造企业的生产价值链。例如,世界著名品牌耐克公司的所有产品都不是自己生产制造的,而是外包给东亚等地的发展中国家来完成。在一双"耐克"牌运动鞋中,劳动成本所占比重多在10%以下,有些甚至低于5%。由于耐克不投资建厂,不装配生产线,在成本支出中资本与土地所占的比重也不大。实施虚拟化生产之后,耐克公司不仅节约了大量资金和资源,而且充分利用了其他公司的生产能力,使自己的生产具有无限扩大的趋势。当然,耐克公司并非一本万利,其主要成本支出是研究与开发,其次是市场营销。换而言之,耐克鞋的主要价值来源是知识和网络。耐克公司正是凭借知识和网络,从耐克鞋的生产经营中赚取了大量利润。

2) 垂直分离化的形成机理

垂直分离化的出现需要具备一定的条件。从经济学的角度分析,垂直分离化的形成取决于交易成本及收益。当垂直分离化能够降低交易成本,同时给企业带来更多的收益时,就有可能代替垂直一体化分工,成为在新的条件下占主导地位的国际分工形式。

关于垂直分离化的交易费用。垂直分离化是一种松散的分工体制,若要有效发挥作用,企业之间必须有着比垂直一体化更加紧密的联系与沟通。否则,信息传递产生的障碍,将会使交易成本加大,导致分工无法进行下去。只有当垂直分离化的交易费用低于垂直一体化的交易费用时,垂直分离化分工才能代替垂直一体化分工,并得到进一步发展。由于垂直分离化是一种建立在分工协作基础的生产体制,因而其交易费用主要包括寻找合作者的成本和签约成本两个方面。

首先是寻找合作者的成本。实行垂直分离化分工的前提是需要寻找合适的合作者,由此产生寻找合作者的成本,而这项成本的大小与中间产品生产商的规模成反向关系。中间产品生产商是相对最终产品生产商而言的,即该企业不承担产品生产的整个过程,而只是生产产品中的某个部件或完成生产过程的某个环节。在实行垂直分离化分工的情况下,最终产品生产商要把大部分的生产环节交给中间产品生产商来承担,因而中间产品生产商的数量越多,最终产品生产商越容易找到合适的交易伙伴,搜寻合作者的成本也就越低。因此,只有当中间产品生产商达到一定的市场规模时,寻找合作者的交易费用才能降低到合适的水平。

其次是签约成本。当寻找到合适的合作者后,最终产品生产商将与中间产品生产商签订合作协议,而协议的签订以及履行都要发生成本,即签约成本,它包含了双方为保证合同尽可能完善以及为保证合同的最终实现而付出的代价。签约成本的高低与中间产品生产商和最终产品生产商之间的技术差距呈正向关系。双方的技术差距越大,中间产品生产商的投入就越多,就越容易被锁定。在这种情况下,居优势地位的最终产品生产商容易滋生机会主义行为,使签约成本加大。当中间产品生产商与最终产品生产商的技术水平接近时,签约成本才能有效降低。

3)垂直分离化的收益

垂直分离化之所以能够成为一种新的国际分工形式,其前提是能够为合作的双方带来更多的利益。对于实行垂直分离化的企业来说,他们可以通过外包来扩大生产规模,从规模经济中获得更多的收益,同时它也可以将低附加值的生产环节外包出去,集中力量进行高附加值环节的生产,提高效率,从而使收益增加。对于加入垂直分离化体系的企业来说,它可以通过规模经济获得更多的利益。尽管专门生产低附加值的产品可能会降低其单位产品的收益率,但由于突破了原来生产边界的限制,生产规模的扩大,使其收益也通过分工而增加。

垂直分离化使企业收益增加可以通过图 6-1 来说明。在图 6-1 中,我们假定有两个企业 A 和企业 B,生产相同的产品,并都独立完成产品生产的全过程。两个企业的生产技术条件相同,即单位产品的收益相同。

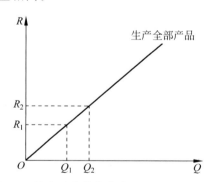

图 6-1　没有垂直分离化分工时的产量与收益

在没有垂直分离化分工的情况下,由于两个企业的生产规模(产量)不同,因而所获得的收益也不同。企业 A 的产量为 Q_1,收益为 R_1;企业 B 的产量为 Q_2,收益为 R_2。

现在两个企业进行垂直分离化分工,其中企业 A 只生产中间产品,企业 B 只生产最终产品。假定生产的总规模不变,但由于企业 A 和 B 均只生产部分产品,因此,它们的产量均

为 Q_1+Q_2。垂直分离化分工导致两个企业的收益均发生改变（见图6-2）。

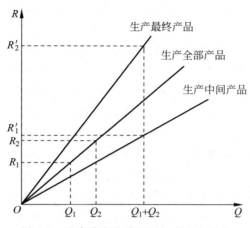

图6-2　垂直分离化分工后的产量与收益

　　在通常的情况下，生产中间产品的收益率要低于生产最终产品的收益率，甚至低于生产全部产品的收益率，因此，生产中间产品的收益曲线位于生产最终产品以及生产全部产品的收益曲线之下。但即便如此，由于分工使生产的规模扩大，因此，企业 A 的收益由 R_1 提高到 R_1'；而企业 B 的收益则由 R_2 提高到 R_2'。

　　由于生产中间产品的收益率大大低于生产最终产品的收益率，因此使企业 A 的收益水平大大低于企业 B 的收益水平，但与原来相比，企业 A 的收益仍然有了一定程度的提高。从实践来看，垂直分离化可以使跨国公司将低收益环节分离出去，而将其资源集中于高收益环节，从而提高了资源的利用率。同时，发展中国家出口加工企业的努力将在垂直分离化体系中得到进一步改善，这无疑对跨国公司非常有利。

　　因此，垂直分离化可能成为网络经济条件下跨国公司组织生产的最佳方式。垂直分离化可以使发展中国家和大批中小企业参与国际分工，获得新的发展机遇。在垂直分离化体系中，跨国公司为了保证合作的有效性，经常向合作企业转让生产技术，为合作企业培养人才，从而提高合作企业的技术和管理水平，这对参与国际分工的发展中国家和中小企业也非常有利。

　　4）网络经济中实行垂直分离化的原因

　　由上面的分析可以看出，只有当垂直分离化的交易费用低于垂直一体化的交易费用时，也即当中间产品生产商达到一定的市场规模，同时中间产品生产商的技术水平与最终产品生产商技术水平相互接近时，垂直分离化分工才会使交易费用降低，才有可能代替垂直一体化分工，从而得到进一步的发展。正因如此，垂直分离化的社会分工与信息化、网络化发展就具有了某种必然的联系。从总体上看，网络经济下由垂直一体化向垂直分离化演化的经济原因，主要体现在以下几个方面。

　　第一，交易效率的提高。在网络化的背景下，国际贸易活动通过采用 EDI、E-mail、电子公告牌、电子转账、安全认证等方式，将公司、海关、商检、银行、保险、运输、中间商和研究院所集成在电子信息交换平台上，这使得信息能够在各个实体之间快速流动，并通过电子程序有效地控制一些交易流程，从而提高交易效率，减少交易环节，这就为国际间更深入的分工和垂直分离创造了条件。对于跨国公司来说，他们可以借助电子信息网络，在全球对生产区位进行重新调整和分配,将各个生产工序和环节分布于世界不同的国家和地区。而对于中小企业而言,借助电子商务则可以以较低成本参与国际分工,从更深入的国际分工中获得更多的利益。

第二,投资风险的增大。网络经济中,随着产品生命周期的大大缩短,大规模投资的风险加大,为适应这一变化,企业通过分离化分工来加速技术和产品更新的速度,化解大规模投资的风险。钱德勒(Chandler,1999)研究了20世纪80年代以来美国、英国和德国现代工业企业发展的共性,认为铁路、电报等工业技术的发展使企业形成了垂直一体化结构,并在生产设施、销售网络和管理机构上进行了大规模投资,使大企业充分实现规模经济和范围经济,从而降低生产成本。然而,随着产品生命周期的缩短和互联网的出现,对市场的反应速度要求加快,单一企业大规模生产的弊端开始显现,即市场波动的加速。这使得这种纵向一体化的生产模式无法跟上市场变化的速度,需求的不确定性也增加了大规模投资的风险。为了分散风险和快速响应,企业组织中存在垂直分离和水平分离。

第三,网络效应的凸显。按照斯密定理,市场容量由分工网络的规模决定,而市场容量决定分工。在制造商做出分工决策时,分工网络的规模起着决定性的作用。所谓网络效应,是指每个人的网络决策不仅影响自己的生产力,还影响他人产品的市场,从而影响他人的生产力。因此,每个人的生产力不仅与个人努力有关,还与参与网络的人数(网络规模)有关,而这反过来又取决于每个人的网络决策。当交易成本降低时,如果某一生产环节达到最小生产规模,制造商就会选择分工,分工网络就会变大。由于分工后厂商是相互的供求关系,这样,在网络经济条件下,国际贸易中的分工从原来单纯的供给侧规模经济转变为供给侧规模经济和需求侧规模经济共同主导。按照夏皮罗的观点,供给方的规模经济要受到有限的管理成本的约束;而需求方的规模经济因为网络经济的正反馈效应,导致强者越强。在网络经济中正反馈机制的作用下,就使得基于需求方规模经济的分工网络得到进一步的强化。

5) 网络经济对国际分工的影响

网络经济的发展改变了国际分工的外部条件以及内在动因,从而对国际分工产生巨大的影响,使国际分工无论在形式上,还是在内容上都正在发生重大的变化,从而形成新的国际分工格局和体系。

首先,从垂直型分工向水平型分工发展。20世纪后半期开始,随着第三次科技革命的兴起和生产国际化的推进,发达国家将重化工业转移到发展中国家,导致国际分工的形式开始发生根本变化,从发达国家生产制成品,发展中国家生产农产品、矿产品的垂直型分工,发展到发达国家内部以及发达国家与发展中国家之间的水平型分工,即按工艺和生产阶段实行的专业化分工。虽然,这一时期发达国家与发展中国家之间依然还存在部分垂直分工,但这种垂直分工已经不再占据主导地位,而让位于不同国家之间的水平型分工。

其次,从产业间分工向产业内分工发展。在科技革命的影响下,用于国际交流的产品更加多样化,产品生产过程更加复杂,产品技术和质量要求更加严格。这就需要更高水平的生产专业化,主要是零部件生产的专业化,即在同一产业部门内实现国际专业化和合作。这促使原有产业之间的国际分工日益转变为产业内的国际分工,同时,从以产品为界限的产业间的国际分工到产品内分工使国际分工继续深化。当涉及的中间产品越来越细化和专业化时,国际分工更多地表现为以要素为边界的分工。

再次,从企业间分工向企业内分工发展。随着经济全球化的发展,跨国公司不断壮大,在国际经济活动中发挥着越来越重要的作用。跨国公司的内部交易也在增加，这使得企业内部贸易在国际贸易中的比重上升。在这种情况下，国际分工的主体将从国家转向跨国公司，国际分工的对象也将从最终产品转向最终产品的不同增值环节。同时，原来由市场调节的各部门、各企业间的分工开始逐步过渡到由跨国公司协调的企业内部的分工，跨国公司已经成为国际分工中日益重要的协调者和组织者。

最后，从制造业分工向服务业分工发展。制造业因其易于标准化和技术扩散能力强，一直都是国际分工的主要内容。然而，随着经济全球化的不断发展，信息通信技术的广泛应用，新兴市场国家基础设施和劳动力素质的提高，原有服务业的不可贸易性质发生了变化，服务业只能局限于一个国家的格局被打破，服务业加快了全球调整和转移的步伐，出现了服务业结构调整和产业转移的新趋势。服务外包已成为服务业跨国转移增长最快的形式，极大地推动了服务业进入国际分工体系，服务业的国际分工已经成为国际分工的发展新趋势。

4. 网络经济与经济全球化发展

网络经济与经济全球化的关系可以从两方面来看：一方面，经济全球化的发展，使国际间的经济交往活动更加频繁，交易规模的扩大，要求在技术上进行改进，以降低交易费用，这就推动了技术的进步与创新，如无纸贸易、电子商务等，为网络经济的发展提供了动力。另一方面，网络经济的发展，使国际间的经济联系与合作更加容易实现，交易费用大大降低，全球化的资源配置能够更有效率的进行，从而又推动和加速了经济全球化的发展。我们可以通过以下模型，从交易费用的角度来说明经济全球化与网络经济的关系。通常的贸易模型没有考虑交易费用，即假定交易费用为 0。但事实上，交易费用是存在的，它包括：①因地域和空间上的距离引起的运输、通信方面的成本；②因文化背景、经济体制和法律制度方面的差异引起的成本；③因限制性贸易政策引起的成本。在有交易费用的情况下，贸易的规模会减少。原因在于，有交易费用的情况下，交易费用要列入国际交换价格，从而改变贸易的均衡条件，使贸易量降低，并使福利水平下降（见图 6-3）。

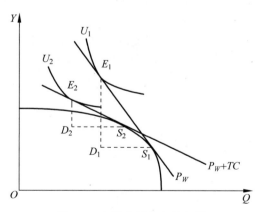

图 6-3　交易费用与贸易规模

当没有交易费用时，国际交换价格为 P_W，均衡点为 S_1，本国福利为 U_1，贸易三角形为 $\triangle S_1 D_1 E_1$。当出现交易费用 TC 时，国际交换价格为 $P_W + TC$，均衡点为 S_2，本国福利为 U_2，贸易三角形为 $\triangle S_2 D_2 E_2$。从图 6-3 可以看出，贸易三角形 $\triangle S_2 D_2 E_2 < \triangle S_1 D_1 E_1$；无

差异曲线 U_2 的斜率小于 U_1 的斜率,表明在有交易费用的情况下,贸易量将减少,并导致福利水平的下降。

但从另一个角度来看,在存在交易费用的情况下,如果降低交易费用,则会使贸易的规模扩大,促使福利水平提高。网络经济作为一种社会化的直接经济形态,交易成本随着社会化范围的扩大而减少,从而创造和刺激了巨大的消费市场,给企业带来了新的发展机遇,也激发了新的创业浪潮和技术创新能力,从而促进了对外经贸活动开展,使得整个社会福利水平得到提高。这就从理论上说明了网络经济对经济全球化的促进作用。

5. 知识禀赋差异与动态比较优势

技术进步是网络经济发展的主导力量。而在不同的国家和地区,知识禀赋与其他生产要素一样存在差异,对国际分工与贸易产生重要影响。但与一般要素禀赋不同的是,知识禀赋是可以改变的,通过参与国际分工与贸易,可以提高一个国家的知识禀赋,从而形成动态比较优势。

1)网络经济条件下的知识禀赋差异

在网络经济条件下,知识成为最主要的生产要素。我们将要素禀赋理论加以扩展,把知识也作为一种要素,并假定各国在知识禀赋条件上存在差异,同时将产品分为高知识密集产品和低知识密集产品。按照要素禀赋理论的分析方法,在知识禀赋不同的情况下,高知识密集产品与低知识密集产品的边际替代率不同。当两国各自生产所有的产品,得到的福利水平较低;当两国进行分工,知识禀赋高的国家生产高知识密集产品,知识禀赋低的国家生产低知识密集产品,然后进行交换,可以使两国的福利水平都得到提高。

如图 6-4 所示,有高知识禀赋、低知识禀赋两个国家。由于存在外部规模经济,生产可能性曲线是凹的,而不是凸的,表明机会成本递减;由于两国的市场规模很可能不一样,所以,出现两条相对价格曲线 P_{W1} 和 P_{W2}。P_{W1}、P_{W2} 分别与两条无差异曲线 U_1、U_2 相切,均衡点分别为 E_1、E_2。这表明,两国在参与国际分工中得到的福利水平不同,高知识禀赋国家的福利水平要优于低知识禀赋国家的福利水平。这是因为知识要素与其他要素不同,知识要素的报酬递增,而非知识要素的报酬递减。这样,低知识禀赋国家从分工和贸易中得到的利益要大大低于高知识禀赋国家从分工和贸易中得到的收益。这样的结果,就有可能将高知识禀赋国家与低知识禀赋国家之间的差距拉大。

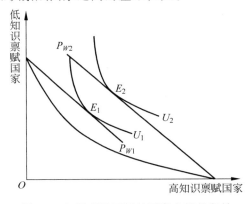

图 6-4 知识禀赋不同的国家之间的贸易

这种情况被称为"比较优势陷阱"。所谓"比较优势陷阱",是指一国(尤其是发展中国家)如果完全按照比较优势生产和出口初级产品和劳动密集型产品,在与主要出口资本和技术密集型产品的经济发达国家的国际贸易中,由于贸易结构不稳定,将始终处于不利地位,从而落入"比较优势陷阱"。按照这一观点,如果单纯按照要素禀赋,尤其是知识禀赋参与国际分工和贸易,将使发展中国家的落后局面难以得到改变。

2)网络经济条件下的动态比较优势

然而,"比较优势陷阱"理论是建立在静态比较优势基础上的,即认为比较优势条件是外生的和不变的。与静态比较优势理论相对应的是动态比较优势理论。动态比较优势理论认为比较优势是内生的和变化的,即一个国家可以通过一定途径来改变其禀赋条件,培育出自己的优势。例如,国家可以通过制定产业政策,对高新技术产业给予扶持,以降低其成本,提高其国际竞争力。当产业发展到一定规模,利用规模报酬递增的效应,就会形成新的优势并参与国际竞争。

动态比较优势的形成离不开一些初始要素,包括土地、劳动力、资本以及知识(技术)。在四个生产要素中,土地、劳动力和资本是基础要素,而知识(技术)要素则是动态比较优势形成的核心和关键的要素。在此基础上,动态比较优势主要通过"干中学"机制和创新机制而得以形成。

"干中学"是指落后的国家或行业不用进行专门的研究与开发,而是在技术外溢的过程中通过边干边学获取先进技术。阿罗(Arrow,1962)强调了实践学习的重要作用,认为学习有两种效果:一是由于生产更多的资本品而积累更多的知识,从而提高下一代资本品包含的技术水平;第二,由于非排他性知识的溢出效应,可以提高最终产品生产中所有劳动力和固定资产的效率。

一国范围内的知识溢出或部门内的"干中学"会不断强化原有的比较优势,比较优势模式的演变呈现出固化性特征;而国际范围内的知识外溢、部门间的"干中学"可能导致初始比较优势发生转化,比较优势呈现出流动性、动态化的特征。

与"干中学"不同,创新机制是从知识及技术内生的角度说明动态比较优势的形成。创新分为水平产品创新和垂直产品创新,无论是何种形式的创新,动态比较优势都是通过创新机制改变知识资本和人力资本的数量以及研究部门的生产效率来实现的。格罗斯曼和赫尔普曼(Grossman and Helpman,1985)分析了水平产品创新时动态比较优势的差异,证明了各国研发出的新技术数量决定各国的贸易模式;而在垂直产品创新的情形下,技术领先的行业数量决定各行业的贸易模式。创新机制能牵制比较优势的反转,初始比较优势有概率转变,从而使比较优势动态化。

相对而言,"干中学"是一种短期机制,可以使一个国家、行业或企业在短时间内获得动态比较优势。创新机制是一种长期机制,通过创新,我们可以不断积累技术优势,实现长期技术领先,长期保持比较优势。

与传统的贸易保护主义不同,实施动态比较优势战略并不是限制国际贸易和国际分工,而是积极发展国际贸易和参与国际分工,通过扩大国际贸易和参加国际分工来实现规模经济,并从知识外溢和网络效应来取得递增的规模收益。这样,一些技术落后的发展中国家就得以通过国际贸易和国际分工来获得本国高新技术产业发展的动力,借助国际贸易和国际分工来提高自己高新技术产业的发展水平。

第二节　网络虚拟商圈

2015 年发布的《中共中央关于制定国民经济和社会发展第十三个五年规划的建议》指出,拓展网络经济空间,实施"互联网＋"行动计划,发展分享经济,促进互联网和经济社会融合发展。互联网经济的快速发展颠覆了传统的生活方式和商业模式,越来越多的企业逐渐围绕网络客户的需求进行集聚,通过互联网这一"虚拟园区"交织为庞大的新产业环境,并进行更广泛的资源整合。

一、虚拟商圈的定义

目前,学术界并没有对"虚拟商圈"的定义进行公开界定,但也有部分学者提出一些自己的看法。周生伟很早就指出:现实经济的商圈是地理概念,而网络经济的商圈则主要存在于网民中。所谓互联网上的"商圈",是建立在虚拟经济基础之上的一种商业影响范围,是受众细分的结果,甚至是资本洗牌的结果。而朱菲娜则提出,作为一种新兴的经济现象,网络商圈的形成引起各方关注。网络商圈的提出和建立,或许将成为未来企业间互动的重要管道,也是 B2B 市场最大的看点之一。网络商圈是基于互联网的商脉网络,商家通过互联网建立联系,产生信任并结成商业伙伴。

有学者将虚拟商圈(或称网络商圈)定义为网民对网民,有的则是定义为商家对商家,我们认为都不准确,虚拟商圈应该是商家对消费者,是相对于现实商圈而言的一个派生概念。现实商圈是指零售商业企业吸引顾客的所及的空间范围或一定的商业地域,实际上是距离不等的消费者与顾客的一个需求圈。因此,可以将虚拟商圈定义为商业企业的商务网站在互联网空间吸引消费者形成的商业范围(这种范围是虚拟的),它由在互联网空间购买商业企业产品和服务的网络用户构成。

虚拟商圈是一个全新的概念,具有很强的学术意义和现实价值。相对于单独的电子商务企业而言,虚拟商圈是更为准确的学术概念,充分反映了互联网和移动互联网时代的企业之间互联互通的本质。单一的电子商务企业(无论是网店、网络支撑企业还是网络平台)都不是以完全独立的形态存在,而是以一种复杂的复合共生体存在,这种共生体与传统的城市商圈有着内涵的同质性,都是多个不同类型、不同规模的电子商务企业集聚在虚拟空间的形态。同时,值得注意的是,现在国内外学者广泛研究的电子商务平台与虚拟商圈有着较为相似的性质,都是充分讨论平台上的外部性、竞争合作关系等,但是电子商务平台描述的电子商务现象较为狭窄,不能充分反映复杂的电子商务世界(搜索引擎、自营式 B2C 企业、企业自营网站等都不能称为电子商务平台),而虚拟商圈的概念包括电子商务平台,更从商业的本质角度刻画了电子商务企业集聚的实质。当然,与现实商圈相比,虚拟商圈有着非常大的差异,具有鲜明的互联网特征。

二、虚拟商圈与现实商圈

虚拟商圈与现实商圈虽有联系,但在以下方面又有本质不同。

(一)商圈主体与形状

现实商圈的主体是现实商店,占据城市空间范围的黄金地段,通过交通干线向城市局部区域其至整个城市产生辐射,从而在空间形状上形成近似圆形的分布(这当然是理想状态,实际分布中由于自然环境、交通条件的影响以及其他商圈的影响,可能会呈现出不同的形状)。而虚拟商圈的主体则是企业的网站,它们在虚拟的互联网空间上通过分配获得的 IP 建立起来,通过门户网站和搜索引擎(这里需要说明一下,由于网络用户目前的网络消费习惯,他们寻找网站主要是通过搜索引擎,因此,搜索引擎在虚拟商圈的作用就相当于交通干线在现实商圈的作用,在搜索引擎中获得一个高的排名就意味着被网络用户寻找的概率变得更大)向互联网空间进行扩散,理论上讲任何具备上网能力的人都能够处在虚拟商圈的影响范围之内。虚拟商圈并没有如同现实商圈那样有严格意义上的空间分布,即使有,也只可能是一个个网络服务器下的节点集合,并不构成几何形状。从这个意义上说,虚拟商圈相对于现实商圈来说具有高度分散性,它可以集聚来自地理上不同区域的消费者,构成全新的消费者组合,而这一点在现实商圈中是几乎无法实现的,它的消费者几乎全部来自某一特定区域。

(二)商圈商流、物流、信息流

商业活动中必不可少的"三流"(商流、物流和信息流)运动在虚拟商圈中也呈现出与现实商圈中截然不同的特性。

(1)商圈商流。商流的主要功能是通过物品所有权的转移消除商品的社会间隔。在互联网上多项电子商务技术的运用以及电子支付平台的不断创新,使得虚拟商圈中的商流呈现出极速化的特点,商流时间被缩短至最极致。另外商流运动也摆脱了现实商圈中必然受到的时间空间限制而变得更加自由。

(2)商圈物流。虚拟商圈物流相对现实商圈物流有非常大的变化,主要体现在物流速度上。对于纯数字类产品,如软件、音乐和电子书等可以实现线上物流,物流被彻底虚拟化,物流速度相对于现实商圈提升很多。部分数字类产品,如医疗服务、保健服务等,可以部分实现产品物流虚拟化,也能够提升物流速度。而实体类产品则依然必须通过线下物流方式,相对现实商圈改变不大,这也是制约虚拟商圈发展的瓶颈因素之一。

(3)商圈信息流。虚拟商圈相对现实商圈除了最大限度地提高了信息流传播的速度和效率之外,更重要的是改变了信息流的传播方式。现实商圈中的信息流是单向不可逆的,由商家流向消费者,虽然商家也会进行用户调查和反馈服务,但从整体上看消费者只是信息流的被动接受者。而在虚拟商圈中,信息流是双向对流的,网络用户通过互联网形成的虚拟商圈不仅能够很好地利用信息流,他们本身也能成为信息流的提供者,这样信息流便能够在商家和消费者之间形成互动。

(4)商圈人流。作为消费者群体的人流在虚拟商圈和现实商圈有不同的特点,虚拟商圈的消费者必须具备一定的网络知识,但消费者进行购物的空间限制则被打破了。而作为商店必需的导购推广群体的人流,虚拟商圈中所需的导购人员比现实商圈要少得多,消费者在网站上往往是通过自助方式完成购买行为,因此,几乎不需要像现实商圈中那样多的导购人员。但是虚拟商圈所需的市场推广人员则要比现实商圈要多,现实商圈由于空间地域的限制使得它更多地只需要现场推广,而虚拟商圈则需要多种推广方式相结合以扩大其知名度,市场推广人员的任务要大得多,数量因此也会比较庞大。

(三) 商圈吸引力和排斥力

描述商圈引力模型最为著名的应该是 1987 年美国学者布莱克(Black)提出的多个因素作用模型(Multiplicative Interaction Model)。

$$P_{ak} = \frac{\left(\dfrac{A_{ak}^N}{D_{ak}^n}\right)}{\sum \dfrac{A_{ak}^N}{D_{ak}^n}} \tag{6-1}$$

其中:P_{ak} 为区域 a 内的顾客到零售店 k 购物的可能性;A_{ak} 为零售店 k 吸引区域 a 内顾客到零售店 k 的因素总和;D_{ak} 为阻碍区域 a 内顾客到零售店 k 的因素总和;N、n 为经验作用指数。我们认为,多因素作用模型不管对于现实商圈还是虚拟商圈都是适用的,不同的只是 A_{ak}、D_{ak} 以及 N、n 等参数在虚拟商圈中发生了很大的变化。

现实商圈中吸引顾客来店购物的因素除了商店的规模外,还包括商店的形象、商誉、购物气氛、服务以及商店陈列商品种类、价格等,而阻碍顾客来店购物的因素包括交通时间、交通成本、机会成本及其他费用。至于经验作用指数 N 和 n,一般对吸引力部分的指数 N 多取 1 左右,排斥力部分的指数 n 则取 2 左右。而基于网络的虚拟商圈与现实商圈有一些共性的地方,那就是虚拟商圈的辐射范围依然会受到吸引力和排斥力的双重影响,但是它们的区别也是相当明显的。对于虚拟商圈而言,构成吸引力的因素除了商品种类和商品价格之外,最主要的吸引力来自虚拟商圈的载体——企业网站,网站界面设计的精美程度、网站商务功能的完善程度、网站服务质量的好坏等都成了影响虚拟商圈因素的吸引力。而主要排斥力因素与现实商圈一样都是时间和费用,但影响虚拟商圈的时间因素不再如同现实商圈一样主要由交通时间构成,而是主要由网络用户寻找到网站的难易程度以及找到网站后在网站上进行电子交易(包括搜寻所需商品以及电子支付等)的方便程度决定的,而且虚拟商圈中消费者对于等待时间的敏感度也极大地增加了,现实商圈中消费者等待时间还可以以小时来计算,而虚拟商圈中消费者等待时间最多只能以分钟甚至是秒来计算;而费用因素则主要由当地的信息基础设施条件决定。至于经验作用指数 N 和 n,在现实商圈模型中一般通过回归分析获得,在虚拟商圈中一样可以通过搜集相关数据进行实证分析来获得。

(四) 商圈外部性

外部性是指一个经济主体的行为对另一个经济主体的福利所产生的影响,而这种影响并没有通过货币或市场交易反映出来。商业活动是具有外部性的,商业活动的集聚性质形成了商圈,因此,商圈也是具有外部性的,不过现实商圈外部性产生的原因与网络商圈外部性产生原因不同:现实商圈的外部性是从商家角度考虑的供给外部性,主要体现在以下几个方面：商家促销活动的共享，现实商圈中任何商家投放的广告以及营业推广等促销活动都将惠及其他商家，就连商圈附近的小吃摊位的生意都会更加红火；人流量的共享，商业活动在某一空间的集聚有利于众商家分享消费人群，尤其是对同一商圈中具有互补性的商业业态具有更强的外部性；供应环节的共享，由于在空间集聚，众商家可以享受统一的供应服务以及统一的基础设施，专业化后带来的是成本的节约；专业技能的共享，商家在某一范围内构成商圈后将使得各种销售技能的传播流通变得更加容易，从整体上看降低了商家的培训学习成本。

网络商圈同现实商圈一样具有强烈的外部性，它既具有现实商圈中的供给外部性，同时也具有从消费者角度产生的需求外部性。首先分析供给外部性。虚拟商圈不具备现实商圈所拥有的空间几何聚集的态势，而只是在互联网空间上的虚拟集合。它的供给外部性主要是通过企业网站之间的交互链接(交换链接是具有一定互补优势的网站之间的简单合作形式，即分别在自己的网站上放置对方网站的 LOGO 或网站名称，并设置对方网站的超级链接，使得用户可以从合作网站中发现自己的网站，达到互相推广的目的)、交换广告等虚拟空间共享行为来实现，通过网络上的链接，虚拟商家之间形成了一种如同现实商家地理连接一样的虚拟链接，因此，也能充分享受彼此之间活动(如促销活动共享、网络用户共享等)的外部性。其次分析需求外部性。虚拟商圈中占主导地位的其实是消费者互相之间产生的需求外部性，它也构成了虚拟商圈不断发展壮大的主要动力。消费者通过互联网的连接传播商品和商家的信息，传播各自使用商品的感想，传播对各种商家品牌的评价，这样任何消费者的购买行为将对其他消费者的购买行为产生重要的影响，从而导致虚拟商圈中需求外部性的产生。正是由于供给外部性与需求外部性的双重作用导致了虚拟商圈比现实商圈具有更为强烈的外部性，也就意味着虚拟商圈可能拥有更强的空间集聚性(哪怕是虚拟的)和发展前景。

（五）虚拟商圈与现实商圈的交互分析

在上面的分析中可以看出，虚拟商圈使得消费者在选购商品时不受时间和空间的限制，任何人在世界上的任何地方、任何时间，只要有网络就可以任意选购，同时虚拟商圈在商流、物流和信息流方面都提升了效率，扩大了商圈的吸引力。但是否虚拟商圈就能完全取代现实商圈呢？这显然不可能，无论从理论上还是现实生活中，虚拟商圈都还没有达到现实商圈的发展水平，更不用说取代了。我们认为，随着电子商务技术的不断发展，虚拟商圈和现实商圈将逐步融合、互相渗透，最后形成你中有我、我中有你的商圈新格局。

1. 现实商圈向虚拟商圈的渗透

现实商圈向虚拟商圈的渗透主要体现在商业企业自建网站上面，第一个目的在于通过增加网上销售渠道以保证并提高市场占有率，消除现实商圈的时空局限，通过向虚拟商圈渗透最大限度扩大其影响力；另一个主要目的在于通过企业网站公开企业商务信息以树立良好的市场形象，将现实商圈的影响力辐射到互联网上。例如，上海联华超市有限公司建立了上海联华电子商务公司并在 2000 年 9 月正式投入运营，公司以经营联华的商品为主，开设了网上超市 www.lhok.com 及服务热线 96801。联华电子商务有限公司依托联华超市的现实商圈的实体网点、采购系统、配送体系等资源优势，开展超市类商品的 B2C 和 B2B 业务。目前网上商品达 1.1 万多种,涉及消费者日常生活的方方面面,利用 80 家左右联华超市网点作为联华电子商务公司的配送点。联华电子商务公司当年投资当年盈利,连续 3 年盈利,其中早在 2002 年营业额就突破了 2 亿元人民币,消费者范围也突破了原有的局限。传统的商业企业通过开设网站、进行网络销售,能够有限开辟自己的虚拟商圈,将现实商圈和虚拟商圈有机地结合在一起。

2. 虚拟商圈向现实商圈的融合

虚拟商圈向现实商圈的融合主要体现在网络商业企业开发的各种电子商务新技术上面,其中最为突出的技术便是虚拟现实技术,虚拟现实(Virtual Reality,VR)技术是指以计算机三维图形处理技术为基础,配合强大的计算机语言开发环境,制作出的可以模拟真实客观世界的技术。虚拟现实商店可以使在线购物者置身于一种类似于真实大百货商场环境的三维虚拟场景中,商品以 3D 形式展现,用户使用鼠标和键盘方向键从各个角度观看商品,甚至试用商品,这是一种人们预期的未来互联网购物方式。通过虚拟技术的使用,网络商业形成的虚拟商圈能够克服自身的缺陷,尽可以模仿现实商圈。例如,消费者能够通过虚拟现实技术非常方便地实现在线试穿衣服,这样便模拟了消费者在现实商店购物的场景,消费者会更乐意在虚拟商圈中购物。再如,消费者在网络上购物时,可以和其他人在虚拟商店中相遇和交流信息,进行多人即时交谈等,这样满足消费者在虚拟商圈的社交需要。

三、虚拟商圈的集聚与成长

2011 年商务部在《关于支持商圈融资发展的指导意见》中提出,要推动建立商圈与金融机构的合作机制。鼓励各类网络商城、社区、网络交易平台搭建虚拟商圈,并在商圈内开展经营主体信用认证和评价。《中共中央关于制定国民经济和社会发展第十三个五年规划的建议》指出,拓展网络经济空间,实施"互联网＋"行动计划,发展分享经济,促进互联网和经济社会融合发展。互联网经济的快速发展颠覆了传统的生活方式和商业模式,越来越多的企业逐渐围绕网络客户的需求进行集聚,通过互联网这一"虚拟园区"交织为庞大的新产业环境,并进行更广泛的资源整合。天猫 CEO 张勇说:"天猫有几万个品牌,有百货也有专卖店,更像一个大商圈。"这个虚拟商圈已开通电器城、名鞋馆、运动馆、淘特莱斯等垂直商城,家装、美容、超市、时尚等行业市已经建成。虚拟商圈作为电子商务发展中自发形成的产物发挥出越来越大的作用和影响力。

(一)虚拟商圈集聚机理

虚拟商圈作为在网络经济时代飞速成长的新型商业形态,与传统商圈有非常强的对比性,特别是从集聚机理看,两者既有相似的经济学解释,也有完全不同的本质成因。

1. 虚拟商圈与现实商圈集聚相似点

从虚拟商圈集聚机理上看,与现实商圈既有本质区别也有现象上的区别。从现象上考虑,现实商圈和虚拟商圈都是在狭窄空间(现实商圈是地理空间,而虚拟商圈是网络平台)内集聚产生的经济效应。从经济学层面看,这种集聚都是由外部经济和制度经济带来的。但是由于虚拟商圈和现实商圈存在着强烈的差异,因此,它们集聚的经济学内涵和外在表现也有极大的不同。基本上现实商圈产生的外部经济或者交易成本的节约主要来自商圈地理空间的邻近及集聚,而虚拟商圈产生的外部经济及交易经济则来自互联网平台特性及网络互联互通。两者集聚机理的比较如表 6-2 所示。

表 6-2 现实商圈与虚拟商圈集聚机理比较

集聚经济成因		外在表现	
		现实商圈	虚拟商圈
外部经济	消费流共享	地理空间位置邻近带来的人流量共享,距离越近,共享程度越高	搜索引擎(内部和外部)中网站页面出现位置的相互邻近以及网站相互交换链接,在网络上链接越多越紧密,共享程度越高
	信息流共享	通过传统促销、口碑宣传获取信息,主要是商业企业对消费者的单向传播模式。传统商圈内信息规模小,信息分布分散	通过网络促销、网络信息扩散获取信息,商业企业和消费者的双向信息互动传播模式。虚拟商圈内信息量大,信息分布集中
	营销活动共享	传统商业企业中营业推广或者人员推销技巧在集聚空间内容易扩散	网络促销模式(团购、积分共享)以及网络开店技巧等知识的传播
	基础设施共享	主要是从厂家到商家的物流配送共享以及商圈内基础设施共享	主要是商家到消费者的物流配送共享以及虚拟商圈公共服务(类似于网页共同推荐)共享
制度经济	交易成本降低	因地理位置邻近,导致买卖双方的博弈过程从单次走向重复博弈,降低双方的交易成本	虚拟商圈内交易双方搜集相关的交易信息的成本,即寻找成本极大地降低,价格以及其他相关信息不对称程度降低
	信任程度提升	在商圈空间范围内,商业企业一旦违背交易合同,声誉便一落千丈,并在商圈内迅速传播,这种惩罚机制抑制了企业的机会主义倾向,使商圈内企业互相信任程度提升	虚拟商圈内众多电子商务企业通过无数个内部或外部搜索引擎紧密联系在一起,同时消费者与电子商务企业的信任程度也随着虚拟商圈集聚程度提升而提高

尽管虚拟商圈和现实商圈集聚在外部经济和制度经济方面机理相似,但外在表现则差别极大。主要表现为网络经济背景下虚拟商圈出现的搜索引擎、交换链接以及网络促销等新型工具改变了传统商圈的外部经济表现方式。另外网络特有的电子化也会极大地降低虚拟商圈内的交易成本,从而极大地增加制度经济的积聚力量。

(二)虚拟商圈集聚效应

虚拟商圈中大量商家的集聚不仅增加了网站流量和人气,而且从经济学角度看产生了两种大的集聚效应,我们分别称之为规模经济效应和技术创新效应。

1. 规模经济效应

虚拟商圈集聚产生的第一种效应如图 6-5 所示。从需求层面上看,虚拟商圈能极大限度地集聚消费者需求,无论是从跨越地理界限还是从超越时间限制上看,消费者通过网络构建的虚拟商圈能够非常方便地进行购物,例如,"双十一"期间,消费者从凌晨开始全天进行网购,在天猫以及淘宝平台上一共产生了350亿元的消费。另外,消费者在网上购物容易产生网络外部性,即每个消费者的需求对其他消费者的需求产生积极的、正面的影响,在网络购物中,单个消费者对网店的好评能够吸引更多的消费者进入该网店,因此,无数消费者集聚在某个虚拟商圈就能够带来更多的消费需求。表现在图6-5中,就是随着虚拟商圈集聚程度的提升,消费者的需求曲线从D_1移至D_2最后到达D_3。从供给层面上看,电子商务企业在虚拟商圈内的集聚将能够共享消费者信息以及消费购买力,因此导致其供给能力大幅提升。而考虑到虚拟商圈内各个企业能够共同分担促销成本、物流成本,导致在集聚状态下,虚拟商圈企业的供应成本不断下降。表现在图6-5中,随着虚拟商圈聚集程度的提升,电子商务企业的供给曲线从S_1移至S_2最后到达S_3。当需求与供给平衡时,均衡点从E_1到E_2最后到达E_3。虚拟商圈作为一个整体产生的结果就是价格不断下降,而提供的产品数量不断增加,这也符合目前虚拟商圈发展的实际。

2. 技术创新效应

虚拟商圈集聚产生的第二种效应如图6-6所示。主要体现为虚拟商圈集聚度的提升给各电子商务企业带来的创新效应,即在虚拟商圈内的企业创新程度将极大提升。这种创新包括虚拟商圈平台为企业提供的创新服务,例如,淘宝在2004年为了解决网络交易安全推出的支付宝,2010年12月的用户数已突破5.5亿,极大地降低了虚拟商圈内企业与消费者之间的交易成本,提升了交易效率。同时这种创新也表现为电子商务企业面临激烈竞争时的商业模式创新、技术模式创新、产品模式创新。例如,著名网店麦包包突出"快"的产品创新,从最初利润低薄的贴牌生产,到销售质优价廉的网货,再到形成自己风格的"淘品牌",最后到今天占据电商标杆企业的高位,麦包包通过产品创新提升了企业形象,塑造了企业品牌。360公司则以免费的商业模式,彻底颠覆了中国杀毒软件市场,曾连续9年占据中国杀毒软件头把交椅的瑞星,在2011年的市场份额已跌至33.15%,而金山已跌至13.93%。因此,虚拟商圈内电子商务平台和企业必然会随着集聚程度的提升,创新动机和能力不断提高。表现在图6-6中,I代表虚拟商圈电子商务企业的单位投入,Y代表电子商务企业的技术效率。在同样的单位投入水平上,随着虚拟商圈集聚程度由F_1逐渐上升到F_3,其技术效率不断提升,从Y_1移至Y_2,最后到达Y_3。

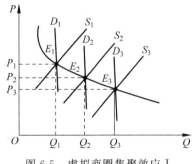

图 6-5　虚拟商圈集聚效应 I

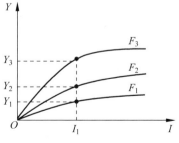

图 6-6　虚拟商圈集聚效应 II

第三节　网络贸易规则

在全球经济持续低迷的大背景下，网络贸易推动全球价值链变革，降低贸易准入门槛，推动传统贸易转型升级、商业模式升级换代，逐步发展成为全球经济增长的新引擎。然而，现有的网络贸易规则不完善且滞后于实践，远不能适应网络贸易快速发展的要求，一定程度上制约着全球网络经济发展，影响着全球经济的持续健康发展。

一、全球网络贸易规则的发展及演变

随着互联网技术的发展，数字贸易的内涵不断丰富，外延也在扩展。目前为止，尚未有人或机构给出"数字贸易"的权威统一定义，对其的界定并非易事。世界贸易组织（WTO）将其定义为"以电子方式为手段，生产、售卖商品或服务"，但这仅仅是狭义的电子商务，从更广的层面看，电子商务既包括基于互联网在线下交付的实体商品，也包括线上交付的各种产品和服务等一切商业活动。2013年，美国国际贸易委员会给出了数字贸易相对完整的定义，即数字贸易指的是基于互联网进行交易的商品或服务。数字贸易与跨境电子商务在很多方面都具有类似的特征，无非是侧重点有所不同，即跨境电子商务多指基于互联网的跨境货物贸易，重点在于"货物流动"，而数字贸易偏向于数字化内容的跨境流动，核心是"数据流动"。在美国主导的区域贸易安排（RTA）中，主要以电子商务章节的形式呈现，而在其他某些RTA中，相关规则会在数字贸易、跨境服务贸易、无纸化贸易等议题框架下谈论。鉴于要研究的对象是更加广义层面的数字贸易条款，并且研究重点在于比较各国数字贸易条款的差异，故对跨境电子商务和数字贸易并不做特别区分，相关规则都属于研究的范畴。

在当前多边谈判体制下，WTO框架下并未包含专门的数字贸易规则，《与贸易有关的知识产权协定》（TRIPS）、《服务贸易总协定》（GATS）和《全球电子商务宣言》中包含的零散规定无法满足日新月异的数字贸易发展。但WTO仍是数字贸易治理的重要机构，成员国也都致力于多边规则的建立，并取得多项进展，然而成员国之间在知识产权、跨境数据流动等问题上仍然存在较大分歧。此外，不同发达程度的国家对数字贸易和跨境电商的利益诉求也存在差异：以美国、欧盟和日本等为代表的发达经济体希望用区域贸易规则来管理数字贸易；以中国、俄罗斯为代表的新兴经济体提议建立跨境电子商务规则；非洲、加勒比岛国等欠发达经济体，因自身互联网基础设施尚不完善而回避谈论数字贸易和跨境电商等话题。而RTA可以迅速满足少数几个国家的共同需求，对多边框架下无法取得进展的敏感话题展开讨论并取得成果。RTA有"造法实验室"之称，因为RTA中的试验条款很有可能创造法律先例，进而对缔约各国产生溢出效应。在多边框架各国就数字贸易核心问题久久不能取得一致的背景下，区域贸易协定无疑成为大家最好选择。

（一）RTA"美式模板"和"欧式模板"

RTA使得两个不同的数字贸易蓝图可以并存和竞争，这为数字贸易创造了一个"电子意大利面碗"效应，根据是否由美欧主导可总结出"美式模板"和"欧式模板"。

1."美式模板"

自 2000 年美国-约旦 FTA(自由贸易协定)中首次涉及电子商务以来,美国共签订了 12 个含电子商务或数字贸易章节的 RTA,且越近年份生效的 RTA 中包含数字贸易条款越多,说明"美式模板"下 RTA 中的数字贸易条款正在不断完善,范围越来越广,深度也不断增加,其中,跨太平洋伙伴关系协定(TPP)是发达国家制定的贸易规则的集大成者,代表着最高水平的数字贸易自由化,其高标准严要求的数字贸易规范对未来数字贸易规则的制定起着很好的参照作用,提供了很好的借鉴。此外,美国、加拿大和墨西哥于 2018 年 9 月签署新协议(USMCA),取代了 1994 年生效的《北美自由贸易协定》(NAFTA),该协定第一次将数字贸易独立成章(第 19 章),与 TPP 中的电子商务章相比,既有继承也有创新,由于新协议尚需三国国会通过,它的贯彻与落实需要较长的周期,存在一定的不确定性,是否能实现既定目标仍是未知数。

2."欧式模板"

欧盟-智利 FTA(2005)是第一个载有大量数字贸易条款的欧盟 RTA,代表着"欧式模板"的雏形,但最初并未包括按负面清单方式运作的跨境服务贸易章节(崔艳新和王拓,2018)。随着 WTO 多哈回合谈判的搁浅,欧盟出台了《欧洲全球》(2006),意图在全球贸易规则制定中占据一席之地。同时,欧盟将贸易谈判的重心转向双边或区域,在"欧式模板"的演进过程中,欧盟-韩国 FTA(2015)中数字贸易条款变得更加具体并具有效力,欧盟-加拿大综合经济和贸易协定(CETA)涉及的数字贸易条款最多且水平最高,包含 7 个条款,欧盟-新加坡 FTA、欧盟-越南 FTA 均已结束了谈判但尚未生效,而欧盟-日本经济合作协议已于 2018 年签定,对其草案的研究表明其引入诸多新规则以期实现跨越式的发展。

(二)网络贸易规则制定的价值分歧和理念差异

1. 就价值分歧而言,主要表现在数据跨境自由流动与数据隐私保护上

美国倾向于将数据隐私当作市场利益并将其放置于市场当中,欧盟将其视为不容侵犯的基本权利和自由,而中国关于个人数据、信息的保护与美欧不同。2000 年通过的《全国人民代表大会关于维护互联网安全的决定》首次重点关注互联网运行的安全问题,2016 年通过的《中华人民共和国网络安全法》分别从数据流入与数据流出两方面对数据跨境流动做出了规定,但仅限于国家安全和公共利益,可见中国目前关于数据跨境流动的价值取向在于安全。

2. 对于规则诉求以及谈判焦点,都与各自的价值取向密切相关

如美国寻求数据的跨境自由流动,欧盟更加注重隐私保护,中国在寻求跨境电商发展的同时还非常重视保护消费者利益,更加注重网络安全。可见,各国或地区之间对于数字贸易规制存在很大分歧,此时寻求原则上的价值共识并不容易,但是,这并不妨碍存在价值分歧的国家或地区在数字贸易方面展开"浅层次"的合作。承认分歧并在此基础上找出双方都认可的共同之处,在不违反各国或地区基本原则、不危及其数据隐私(网络安全)保护底线的前提下,最大限度地实现数字贸易自由化,才是可行的路径。

（三）网络贸易规则的模式选择和具体条款

由于美欧中在数字贸易及其规制方面存在很大分歧，所以，它们在数字贸易规制的具体模式以及各自形成的相关贸易规则的具体内容上也存在很大差异。就规制模式而言，美国倾向于采用"原则＋例外"的方式，而欧盟在隐私保护上坚守自己的立场，倾向于采用统一国际标准，中国由于起步较晚暂未形成特定的模式，但比较而言，美国采取的方式更为灵活，分歧较大的国家或地区借助这一方式更易达成一致意见。就相关规则在 RTA 中的位置分布而言，"美式模板"大都包含三章：电子商务章节、跨境服务贸易章节以及信息技术合作章节，不同章节涉及了数字贸易的不同内容；"欧式模板"通常将相关规则纳入服务和投资章节，直到 CETA 才第一次单独列出了电子商务章；中国则将相关规则设为电子商务单独一章。就具体条款而言，在共同条款方面，定义、一般规定、关税、国内监管、电子认证和签名、合作等基本条款在美欧中所签协定中都有所涉及，表明三者关于数字贸易或电子商务的基本规定较为一致。

在不同条款方面，互联网使用原则、跨境信息传输、互联网费用分摊、计算机设施位置和网络安全问题合作等具体条款只出现在"美式模板"中；对电子商务的信任和信心、电子商务对话、未事先授权原则以及电子合同等条款只出现在"欧式模板"中，与美国相比，其最大的特点在数据隐私保护，这也是美欧数字贸易规则谈判的最大分歧所在；中国已签署 FTA 中的电子商务章节，主要包括一些基本条款，内容偏向于倡议和声明，这样虽然给双方留下更多的政策操作空间，但对具体问题的规范相对欠缺，如计算机设施本地化，"美式模板"中向来强烈反对这一措施，而中国则规定，若企业业务涉及隐私，那么相关数据应该存储在国内，再如，禁止公开源代码，将大大增加发展中国家运用技术的成本从而严重制约经济发展速度。未对这些问题形成具体条款将不利于相关问题的解决以及统一规则的形成。

（四）网络贸易规则形成及其差异的理论假说

当前数字贸易规则的分歧并非仅仅体现为经贸规则上的不同，还牵涉复杂的文化、价值观、政治制度、法律制度等的巨大分歧，短期内双方很难就数字贸易规则达成一致意见。同时，贸易协定带来的潜在净福利是各国签署相关规则的主要动力，取决于贸易创造与贸易转移效应的相对大小，故各种影响贸易规模的因素都可能影响贸易协定及相关条款的形成。Baier and Bergstrand(2004)对 RTA 形成因素进行了系统的理论和实证分析，提出了若干影响贸易协定签署可能性的假说：若成员国间地理距离较近、与世界其他国家距离较远、经济规模以及经济规模相似性较大、成员国以外第三国经济规模越小、相对要素禀赋越大，那么 RTA 给成员国带来的净福利收益将越大，两国签署贸易协定的可能性较大。他们基于标准的一般均衡模型从消费者、企业的角度进行了理论推导，采用 286 个贸易协定及 53 个国家间的双边数据进行数据分析与实证检验(离散选择模型)，结果证实了上述假说。

二、全球网络贸易规则发展趋势

（一）网络贸易新规则带来新挑战

随着全球价值链的深入发展，国际贸易的本质已经发生根本性的变化，中间品贸易，尤其是数字产品贸易在国际贸易中所占的份额越来越大,已给传统国际贸易规则带来了巨大的挑战。传统的国际贸易规则主要建立在两个总协定的基础之上,分别是《关税与贸易总协定》(GATT)和《服务贸易总协定》。然而,由于数字贸易具有虚拟性、监管难度大的特点,在WTO框架下各成员国尚无法明确数字贸易规则到底适用货物贸易规则还是服务贸易规则,以致在两个总协定中,虽有部分内容涉及数字贸易监管,但却至今没有形成一个具有全球约束力的数字贸易规则框架。数字贸易在全球贸易中的占比较低时,还能为相关交易提供规则;然而,随着数字化技术的快速发展,全球数字贸易在贸易中的占比快速上升,传统国际贸易规则中有关数字贸易的相关规定,已无法为数字贸易提供相关的交易规则。因此,数字贸易规则的欠缺,导致近年来围绕着国际数字贸易的摩擦不断升级,给全球经济发展与地区稳定发展带来了不少挑战。传统国际贸易规则在实践中的滞后,推动着数字贸易规则成为国际贸易新规则的重要组成部分,甚至有些学者认为 21 世纪的贸易规则说到底就是数字贸易规则。

(二) 以美欧为代表的发达经济体掌握话语权

以美欧为代表的发达经济体,凭借着数字经济发展的优势,积极推动数字贸易规则新体系的构建和谈判,建立具有全球约束力的数字贸易规则,掌握国际贸易新规则的领导权,给世界其他经济体带来了很大的挑战。美欧通过其主导的《跨太平洋伙伴关系协定》(TPP)《跨大西洋贸易与投资伙伴关系协议》(TTIP)等协议,逐步建立了数字贸易规则体系,形成了数字贸易规则"美式模板"和"欧式模板"。但也应看到,在数字贸易规则方面,美欧虽然掌握话语权,但他们在数字贸易规则的制定中也存在着不少分歧,集中体现在数字存储本地化和个人隐私保护方面。美国积极推动跨境数据自由流动,强调信息和数据的自由化,明确反对数字存储本地化,并明确主张数据存储本地化是一种新型的贸易壁垒;而欧盟则对跨境数据自由流动更加审慎,出于保护个人隐私和国家安全的考虑,欧盟对跨境数据自由流动提出了不少限制,其核心主张是强调跨境数据只有在有效的监管下才能自由流动,并提出跨境数据原则上应境内存储,只有达到一定条件,才能向其他国家或者地区传输。

(三) 以中国为代表的新兴经济体逐步崛起

自 2008 年全球金融危机以来,世界经济格局发生了重大调整,在全球经济治理中,新兴经济体的地位不断提升,正在从全球贸易规则的被动接受者转变为规则的参与者和制定者,在多边谈判中的影响力进一步增加。与美国等发达国家主张构建"开放、公平和自由"的规则体系不同的是,新兴经济体更加强调从本国经济发展阶段出发,构建适合自身贸易发展利益诉求的规则体系。尤其是近年来随着数字贸易的发展,新兴经济体面临着以美欧为代表制定的数字贸易规则体系的挑战,中国、俄罗斯、印度和巴西等新兴经济体,对数字贸易规则制定尤为关注,都进行了积极的探索。虽然中国在传统服务贸易领域长期处于贸易逆差,但在数字贸易领域实现了贸易顺差,尤其是在跨境电商和软件贸易领域。据统计,在 2007 年中国电商交易额占全球份额不到 1%,到 2017 年占比已经超过 40%,中国在数字服务领域已经实现贸易顺差,2012—2017 年连续多年保持年均 100 亿~150 亿美元的顺差额。自加入 WTO 以来,中国积极地通过签署的特惠贸易协定,推动符合中国利益诉求的数字贸易规则制定,比如,《中韩自由贸易协定》《中澳自由贸易协定》等具有约束力的贸易协定。当前正在借助"一带一路"建设契机在数字贸易领域构建完善的规则体系。但总体而言,中国在数字贸易规则制定方面与美欧等发达国家还存在着巨大差距。此外,俄罗斯、印度、巴西等新兴经济体也在积极充分利用多种渠道参与数字贸易规则制定,提出各自的利益主张。如在WTO框架下,进一步对《服务贸易总协定》《与贸易有关的知识产权协定》等现有规则中涉及数字贸易的条款进一步澄清,并积极向WTO递交一系列相关提案,也对数字贸易规则制定产生了不可忽视的重要影响。

三、中国构建网络贸易规则体系的主要思路

凭借着互联网红利、大国大市场的优势,中国数字经济与数字贸易强势崛起,已经成为全球数字贸易大国。未来中国能否实现数字贸易高质量发展,由全球数字贸易大国迈向数字贸易强国,取决于能否抓住数字贸易发展的"机会窗口",在全球数字贸易规则框架中赢得主动权、掌握话语权,构建符合中国数字贸易发展利益诉求的规则体系。立足全球视野,把握国内数字贸易发展的现状与趋势,中国构建数字贸易规则体系的主要思路,应把握以下着力点。

(一)立足比较优势,促进跨境货物贸易便利化

不同国家与地区数字贸易发展的基础与起点不同,其在数字贸易结构方面的比较优势也存在较大差异,体现在构建数字贸易规则体系中,各自的利益诉求点也会有所不同。因此,我国构建数字贸易规则体系,打造数字贸易规则"中式模板",不应盲目跟从美国对数字贸易发展趋势提出的主张,而应认清我国数字贸易结构发展的比较优势,构建体现中国比较优势的数字贸易规则体系。具体而言,中美两国比较而言,在数字贸易发展的结构方面,美国的比较优势在数字服务贸易,美国力推的数字贸易规则"美式模板",着力点在于推动实现"跨境数据自由流动""数据存储设备以及数字技术非强制本地化""保证网络自由接入";而中国的比较优势在于跨境货物贸易,如果完全遵照"美式模板",中国在数字贸易领域难以与美国竞争。因此,从比较优势出发,中国应着力推动实现跨境货物贸易便利化等相关规则的制定。

(二)打破数字鸿沟,积极推动网络经济发展

数字经济的发展,是数字贸易快速兴起的重要推动因素。因此,中国构建的数字贸易规则体系,应确保中国从数字经济大国,迈向数字经济强国。虽然在全球范围内,我国数字经济规模已经跃升至全球第二,仅次于美国。但也应看到,目前我国数字经济发展还存在着不少问题,比如,数字经济在城乡和区域之间发展的不平衡与不充分,东部发达地区数字经济发展水平高,尤其是大城市发展水平高,广大的农村与中西部地区数字经济发展的潜力并没有得到有效发挥;数字经济与实体经济还没有实现深度融合。因此,未来推动数字经济发展时,应打破数字鸿沟,加强中西部以及广大农村地区数字基础设施投资与建设;应积极推动数字经济与实体经济深度融合,推动相关企业数字化转型;不断突破核心技术的发展,促进数字经济创新发展;着力提高社会成员的数字素养,提升数字经济运行效率;培育和聚集一批占据制高点的数字经济领军企业,引导企业加大研发投入,支持企业建设具有全球影响力的产业创新基地;研究并制定针对数字经济企业的财税政策。

（三）推动全球价值链向中高端迈进

随着全球化的深入发展,全球产品之间的分工进一步细化,全球产品的生产,由产业内分工走向产品内分工,并通过全球价值链生产网络,由不同国家组装共同完成生产;中间品贸易在国际贸易中占很大比重。然而,位于全球价值链不同位置的国家,在国际贸易规则体系中,掌握着不同的话语权与控制力。处于全球价值链中高端的国家,话语权与控制力强;处于全球价值链低端的国家,话语权与控制力弱。随着数字贸易的发展,作为一种新型的贸易形式,数字产品作为中间品,正在逐步嵌入全球价值链生产体系,在全球价值链中发挥的作用越来越大,甚至以 3D 打印和工业互联网为主导的新型数字产品,正在颠覆全球价值链的全球分布体系和全球贸易利益分配。因此,从全球价值链视角来看,中国构建数字贸易规则体系,应加强国际交流与合作,实现国内价值链与全球价值链的高效对接,积极推动数字产品有效地嵌入生产过程,加大对核心技术的研发,推动我国产业迈向全球价值链中高端,提升中国在国际贸易领域的话语权,为构建符合中国数字贸易发展的规则体系奠定基础。

【阅读与思考】　　　"梦幻西游"游戏著作权、商标权及不正当竞争纠纷案

扫描二维码

深度学习

【思考题】

1. 试分析网络经济对贸易环境的影响。
2. 试分析国际分工与贸易之间的关联。
3. 试分析网络经济中的国际分工。
4. 试分析垂直分离化的形成机理。
5. 试分析网络经济中垂直分离化的原因。
6. 试简述动态比较优势。
7. 试述中国电商的发展进程。
8. 试述全球网络贸易规则的发展趋势。
9. 试述中国构建网络贸易规则的方法。

【在线测试题】

扫描书背面的二维码,获取答题权限,在线自测。

扫描二维码

在线自测

【参考文献】

[1] 裴长洪,刘斌.中国对外贸易的动能转换与国际竞争新优势的形成[J].社会科学文摘,2019(08):47-49.

[2] 马述忠,郭继文.数字经济时代的全球经济治理:影响解构、特征刻画与取向选择[J].改革,2020(11):69-83.

[3] 徐金海,周蓉蓉.数字贸易规则制定:发展趋势、国际经验与政策建议[J].国际贸易,2019(06):61-68.

[4] 陈维涛,朱柿颖.数字贸易理论与规则研究进展[J].经济学动态,2019(09):114-126.

第七章

网络金融理论

【思政案例导入】

数字人民币：首个硬钱包"物物支付"场景

2021年3月19日，中国银行、中国电信和国家电网率先在雄安新区将数字人民币硬钱包应用于新能源汽车充电场景，探索实现物物支付新技术落地。

据介绍，数字人民币的硬件钱包分别置于电动车充电口和充电枪之后，在车主为车辆充电时，充电设备可以自动读取车主钱包信息并开始计费，在充电结束时自动完成电费扣款，无须车主再进行支付操作，实现了无感支付的充电体验。

据移动支付网了解，此次在新能源汽车充电中的应用应该是数字人民币在物物支付场景下的首次公开亮相，也是硬件钱包在物联网领域的新尝试。

此前，成都市数字人民币红包测试活动信息显示，成都在数字人民币的推进中也与新能源汽车充电桩服务商合作，实现了成都市近300个智能充电桩使用数字人民币付款，不过具体信息和应用详情并未曝光。

12月27日，广东省首个数字人民币硬钱包充电桩项目在深圳市罗湖区正式启动，该项目由罗湖区人民政府牵头，长虹网络科技、中国银行深圳市分行、中国燃气等单位共同参与。

当然，新能源充电只是一个典型场景，未来基于数字人民币硬钱包的"物物支付"或许有着不错的发展空间。

案例来源：https://caifuhao.eastmoney.com/news/20220106045655813626850.

第一节 互联网金融

互联网金融是指传统金融机构与互联网企业利用互联网技术和信息通信技术实现资金融通、支付、投资和信息中介服务的新型金融业务模式。互联网金融不是互联网和金融业的简单结合，而是在实现安全、移动等网络技术水平上，被用户熟悉接受后（尤其是对电子商务的接受），自然而然为适应新的需求而产生的新模式及新业务。是传统金融行业与互联网技术相结合的新兴领域。

一、网络金融的发展

网络金融又叫电子金融,它是指以网络技术为依托,结合金融业的发展在一定区域甚至全球范围内开展的所有金融活动。狭义上来讲,它指电子金融业务,广义上来说,它还包括网络金融安全与监管、网络金融风险与防控等诸多内容。网络金融在金融产品上具有多样性,使用方法上具有便捷性,同时在监管与制度上存在一定的滞后性,从而带来一定的系统性风险。因此,它的发展给传统金融带来了冲击,甚至是颠覆,也改变了人们的工作和生活方式。当前,人们越来越习惯于网络金融带来的快捷和便利,网络金融,特别是以蚂蚁金服为代表的网络金融打破了时间和空间的限制,深入到了人们的日常生活中。

(一)网络金融发展历程

自互联网金融在我国兴起以来,从曾经的兴起、野蛮生长到如今的转折,已经经历了十余年。十载风雨砥砺,十载春华秋实,纵观互联网金融在中国的发展历程,大致可以分为以下五个阶段。

1. 2005 年之前:初始阶段

在 2005 年之前,互联网金融主要体现在为金融机构提供网络服务。银行业开始建立网上银行,如早在 1997 年招商银行便开通了自己的网站,金融电子服务从此进入了"一网通"时代,1998 年"一网通"推出"网上企业银行",为互联网时代银企关系进一步向纵深发展构筑了全新的高科技平台。

2003 年和 2004 年淘宝网和支付宝相继出现,淘宝为了解决电子商务中支付形式单一、买卖双方不信任的问题,推出支付宝的"担保交易",电子商务在国内作为全新的商业运作模式应运而生,象征着国内全面进入电子化时代。自此,网上转账、网上开设证券账户、互联网保险等互联网金融业务也相继诞生,预示着互联网金融时代全面到来。

2. 2005—2012 年:萌芽阶段

随着支付宝等第三方支付平台的诞生,互联网金融逐渐从技术领域深入到业务领域,第三方支付、网贷平台、众筹等互联网新兴形态相继出现。

2007 年互联网金融的一个标志性业务形态——P2P 网贷诞生,中国第一家 P2P 网络借贷平台"拍拍贷"成立。2011 年 5 月 18 日人民银行正式发放第三方支付牌照,2011 年央行向 27 家第三方支付公司发放支付牌照,正式标志着互联网与金融结合的开始。同时,众筹也于此时从国外引入到国内,经过不断与我国经济情况和法律相结合,被人们所接受。2012年,平安陆金所推出 P2P 网贷业务,网贷平台迅速发展,互联网金融进入一个新的发展阶段。

3. 2013—2015 年 6 月:高速发展阶段

2013 年被称为"互联网金融元年",在 2013—2015 年的这段时间内,由于互联网金融有着低于传统金融机构的门槛,所以,一时间大量企业涌入互联网金融领域。第三方支付逐渐成熟、P2P网贷平台爆发式增长、众筹平台逐渐被运用到不同领域中,首家互联网保险、首家互联网银行相继获批成立;同时,信托、券商、基金等金融机构也开始布局互联网金融,为客户提供更便捷的一站式金融服务。我国互联网金融开启了高速发展模式。

2014年,互联网金融首次登上了政府工作报告,报告中提到"促进互联网金融健康发展,完善金融监管协调机制",政府鼓励互联网金融发展的意图十分明显。在2015年政府工作报告提出的"大众创业,万众创新"的号召下,互联网金融创新的步伐加快。2015年1月,央行印发《关于做好个人征信业务准备工作的通知》,互联网巨头纷纷抢滩个人征信市场,芝麻信用、腾讯征信、前海征信、鹏元征信、拉卡拉信用等八家民营征信机构正式成为央行"开闸"后首批获准开展个人征信业务的机构。春节期间,微信开创春晚红包"摇一摇",10.1亿次收发创新了社交金融新纪录。4月蚂蚁小贷旗下个人信贷产品"花呗"宣布正式上线,6月浙江网商银行宣布正式开业。

但是,在互联网金融快速发展的同时,风险也不断聚集,以网贷平台为例,2015年6月,网贷问题平台的数量首超新增平台数量,风险开始暴露。相对于业务的发展而言,政府对互联网金融的监管滞后。

4. 2015年7月—2016年:发展、风险与监管并存阶段

2015年是互联网进入爆发式增长的一年,同时也是行业最不平静的一年。P2P平台风险累计爆发,其中总成交量超过740亿元的"e租宝"平台疑涉嫌非吸自融等问题被警方调查,引发行业内震。随后的P2P跑路、裸贷等恶性事件频发,校园贷也引起了社会的关注。

2015年也是互联网金融名副其实的"政策年",互联网金融监管进入密集期,整个互联网金融行业大洗牌即将开始。2015年7月18日,央行等十个有关部委联合印发了《关于促进互联网金融健康发展的指导意见》,官方首次定义了互联网金融的概念,确立了对互联网支付、网络借贷、股权众筹融资、互联网基金销售、互联网保险、互联网信托和互联网消费金融等互联网金融主要业态的监管职责分工,落实了监管责任,明确了业务边界。并正式将互联网金融纳入监管框架,明确了互联网金融要遵守"依法监管、适度监管、分类监管、协同监管、创新监管"的原则,互联网金融逐渐进入规范期。

2016年8月《网络借贷信息中介机构业务活动管理暂行办法》的下发,以及《网络借贷资金存管业务指引》等配套政策的实施,象征着互联网金融行业的监管框架基本已定,互联网金融被定位于小额分散的普惠金融。其主要规定和内容如下:

(1) 借款金额上限:借贷金额以小额为主,并将借贷金额限定在20万元(个人)或100万元(法人或其他机构)。

(2) 网贷平台自动投标:"未经投资者授权,网贷机构不得代投资者做投资决策",这意味着经投资者授权的自动投标事实上是允许的。

(3) 债权转让:对特定债权转让做了禁止性规定,被禁止的债权转让主要是类ABS或转让债权包的行为。

(4) 禁止线下融资、推介宣传等:依据穿透式监管方针,网贷机构不可能换个名称、形式,就可以逃避监管。

(5) 担保或类担保问题:禁止平台自身担保,平台引入第三方担保、保险公司,在许可之列。

5. 2017—2018 年：监管重拳下行业出清

继 2016 年 10 月起，一波又一波的监管重拳频落地，开启了 2017 年金融监管新里程。2017 年年初，《网络借贷资金存管业务指引》发布，打响了对互联网金融行业"从严监管、重拳治市"的第一枪，这是继备案登记之后网贷落地的又一合规细则。指引对网络借贷资金存管业务的各方职责义务、业务操作规则等做出了明确的规定，主要内容包括：

一是明确了银行存管业务职能，且一家平台只能选择一家存管银行。

二是明确银行存管责任边界，降低银行风险责任，禁止网贷平台过度宣传夸大银行资金本身的安全性。

三是首次明确网贷平台在地方金融监管部门备案登记和获得相应的增值电信业务经营许可等，是平台开展银行存管的前置条件。

四是明确资金存管账户体系，出借人、借款人及其他网贷业务参与方等在资金存管专用账户下开立子账户。

五是明确官方自律管理机构为"中国互联网金融协会"，其职责是制订经营管理规则和行业标准，申请加入协会要接受严格考察和审核。

2016 年公布的《互联网金融风险专项整治工作实施方案》中要求重点整治 P2P 网贷、股权众筹、互联网资产管理、第三方支付等领域，原定于 2017 年 3 月完成的互联网金融风险专项整治工作，将延期一年左右，新整改大限为 2018 年 6 月，届时若平台还没整改完就将被取缔。3 月，互联网金融风险专项整治工作领导小组办公室下发的《关于加大通过互联网开展资产管理业务整治力度及开展验收工作的通知》(29 号文)对互联网资产管理业务的验收标准、验收流程及分类处置做了具体说明，这一监管"阵痛"对互联网资管进行了前所未有的大洗牌。另有 4 月资管新规正式落地，在非标准化债权类资产投资、产品净值化管理、消除多层嵌套、统一杠杆水平、合理设置过渡期等方面进行了规定和完善。

从 2017 年之后出台的资管新规、互联网资管业务的监管政策来看，对互联网金融采取"穿透性"监管，贯彻"行为监管""功能监管"原则，并对资质、牌照、经营和风控进行了严格要求。

2014 年到 2018 年，互联网金融连续五年被写入政府工作报告，从 2014 年首次提到"促进互联网金融发展"到 2016 年的"规范发展"，再到 2017 年的"高度警惕互联网金融风险"，直到 2018 年的"健全互联网金融监管"，我们从措辞上可以看出政府对行业发展的态度，也反映了互联网金融行业五年来经历的从高速发展到规范整治的历程。

6. 2018 至今："互联网＋"迭代创新阶段

互联网金融发展到现在，金融结构正在不断地改变，借助互联网技术，整个金融行业格局发生了极大的改变。目前随着手机的大面积普及，手机已经成为老百姓不可或缺的重要工具，在这种情况下，金融也在逐渐从面对面办理业务变为用手机办理业务，而支付宝、微信更是成为老百姓的日常工具。移动端的快速发展，使金融产品可以通过大量的手机终端进行售卖，过去只能在银行购买的产品，现如今可以通过手机网络终端进行购买，这种巨大的变化正在改变着传统金融行业的格局。另外，众筹融资是目前互联网金融发展的新目标，众筹成为当下比较流行的金融行为之一。因此,对于互联网金融来说,正在改变的当前格局,使互联网金融的发展已经达到了新的高度。

养老金融逐渐成为发展热点。养老一直是全世界的难题,像日本、韩国,正在开始老龄化,我国是一个人口大国,随着时间的推移,我国的老龄化问题也会越来越突出。养老金作为我国退休人员的待遇,为老年人生活提供了保障。就目前的情况来看,我国的互联网金融还没有涉及养老金的问题,也没有专门针对老年人的相关的金融产品。考虑到未来我国养老将会成为全社会的共同问题,养老保险业务也会进一步向互联网金融发展,相信,养老金融产品将会陆陆续续地出现,解决我国老年人的生活问题,从而全方位地推进我国和谐社会的发展。

"互联网+"时代的到来正在改变着人们的生活习惯,也充斥了各个行业,从而给行业带来翻天覆地的变化。对于金融科技来说,互联网的出现将会为我们打开一扇全新的大门,从而促进我国在云计算、大数据、人工智能等方面的全面进步,同时互联网金融也会进一步渗透人们的生活。金融科技的快速发展,使互联网金融的发展将会更加信息化、科学化,金融科技也将会成为互联网金融中最重要的组成部分,从而为老百姓选择金融服务提供全方位的保障。总而言之,对于我国互联网金融来说,金融科技将会对金融的发展起到绝对的主导作用,越来越多的科技金融产品将会出现在老百姓的选择范围内。

二、网络金融对经济活动的影响

(一)以支付宝为代表的第三方支付开创了网络金融的全新时代

支付宝在国内网络金融的发展中扮演了重要角色,是阿里巴巴电商体系中的重要一环,开创了网络支付的新时代,满足了多元化的支付需求。随着日益壮大的支付需要,支付宝开始转向与更多的第三方合作,其中最典型的例子是 2013 年与天弘基金合作推出的"余额宝"产品,产品推出后迅速扩充了资金规模并在双方共同推动下使其成为国内规模最大的货币基金。2014 年阿里巴巴在海外上市,逐步拓展海外市场,开始将金融业务从体系中剥离并成立蚂蚁金服,开始打造全新"互联网+"背景下的网络金融。目前,蚂蚁金服已汇聚了支付宝、余额宝、花呗等业务板块,致力于打造开放的网络金融生态系统,引领支持未来金融社会的发展。

(二)支付端业务的转账和提现的免费对传统金融中间业务产生影响

在网络金融支付端业务中,支付宝成立之初就开始实行提现和转账免收服务费,紧接着其他第三方支付也陆续开始实行,直到 2016 年 10 月 12 日才开始对超额提现业务收取服务费。这给传统银行的中间业务带来了极大的冲击,进而影响更多传统金融业务。为了应对支付宝的挑战,各大商业银行和国有控股银行也分别对其手机银行转账汇款等业务实行免费,这表明第三方支付的支付端业务已对传统银行业造成了极大影响,也促进了传统银行业对其自身业务的改进。网络金融在促进交易成本较低的同时,也将与传统金融的竞争领域转移到网络平台,在一定程度上也降低了传统金融的竞争壁垒,将银行业的"服务"属性真正激发出来,回到以客户为中心的轨道上来。

（三）理财端业务的开展对传统金融盈利模式造成冲击

互联网理财端的产品，主要有余额宝、招财宝、蚂蚁财富、财付通、京东财富等。例如，余额宝于 2013 年 6 月诞生，主要满足淘宝电商平台买卖双方在交易过程中，余额增值和零散资金管理需求。在作为理财产品的同时，余额宝还可以用来即时支付，这就增强了它作为货币基金的流动性。因此，余额宝不仅增加了货币基金的功能，让阿里巴巴将流量积淀下来使其成为存量，而且还丰富了网络时代的新型理财方式，使阿里获得了亿万级的资金。余额宝在用户的增长上有得天独厚的优势，随着支付宝用户的不断增加，余额宝的使用人数也在水涨船高，再加上支付宝方面投入大量现金补贴来拉新，余额宝的体量已经达到了一个非常惊人的地步。天弘余额宝 2018 年度报告显示，截至 2018 年年底，天弘余额宝规模为 1.13 万亿元，持有人户数为 5.88 亿户，较 2017 年新增客户 1.14 亿户，增幅为 24%。对比银行利率，余额宝利率振幅明显高于一年期存款利率和活期存款利率，并且高于一年期定期存款利率。这在能保证资金流动性和使用便利性的同时，一定程度上也提高了小额投资者的收益。虽然投资资金最后还是回到银行体系中，但这具有一定的普惠意义。

（四）B2C 业务的开展促使传统金融信贷业务创新

在信贷业务上，以近年来出现的网商银行、微众银行等互联网银行为代表的 B 端（Business）主体，主要为小微企业、创业者和新型农业经营主体提供短期的经营性贷款，其中包括网商贷、旺农贷等业务。与此同时，C（Customer）信贷业务也蓬勃发展，主要为消费者提供消费性贷款，包括蚂蚁花呗、借呗、芝麻信用等业务。例如，蚂蚁花呗是蚂蚁金服旗下一款根据信用分值来授信的消费贷产品，可以享受"先消费，后付款"的信贷服务。对比用户在开通蚂蚁花呗前后的消费数据，消费能力提升了 10%，尤其是原低消费额度的人群，消费能力提升比例更是达到了 50%。通过网络信贷业务的普及，使消费者的消费能力得到了较大程度的提升，这将对传统金融的信贷业务不可避免地造成冲击。

（五）人民币数字化推动网络金融高速发展

数字人民币，是由中国人民银行发行的数字形式的法定货币，由指定运营机构参与运营并向公众兑换，以广义账户体系为基础，支持银行账户松耦合功能，与纸钞硬币等价，具有价值特征和法偿性，支持可控匿名。中国研发数字人民币，旨在创建一种以满足数字经济条件下公众现金需求为目的、数字形式的新型人民币，配以零售支付领域可靠稳健、快速高效、持续创新、开放竞争的金融基础设施，以支撑中国数字经济发展，提升普惠金融发展水平，提高货币及支付体系运行效率。法定数字货币的研发和应用，有利于高效地满足公众在数字经济条件下对法定货币的需求，提高零售支付的便捷性、安全性和防伪水平，助推中国数字经济加快发展。

三、网络金融发展过程中面临的主要问题

（一）服务目标出现偏差

网络金融的服务目标与小额信贷服务目标相似，都是为了满足小微企业和中低收入人

群的小额和高频金融需求。但是在实际信贷过程中,网络金融在追求自身利益最大化的过程中经常出现目标偏移的情况,转向服务大中型企业和高净值客户,与大型商业银行同质竞争严重,偏离了网络金融发展的出发点,致使中低收入群体逐渐享受不到与高净值客户同等质量的服务。网络金融在社会绩效管理、降低服务成本与交易成本、规模效应、累进偿还贷款以及贷款模式等方面较易产生目标偏差的现象。高净值客户群体由于有较好的信用条件,致使网络金融平台往往更倾向于为其提供优质服务。与此同时,小微企业和中低收入者往往由于无法提供合理有效的资产证明,致使其不易甚至无法享受网络金融平台的金融服务。

鉴于以上考虑,在小微企业不断完善自身信用的情况下,网络金融服务平台也需正视其服务对象,不断完善其风险评价体系,将更多科学合理的指标纳入考核,提升信贷业务过程中的风险监控能力。但也应该认识到这是一个复杂的系统工程,需要很多相应的配套措施,如完善的信用体系等,不能期望一蹴而就。

(二) 金融风险累积暴露其脆弱性

网络金融虽然在建立风控体系时具有一定的成本优势,但同时,网络金融产品的过度创新也使得借贷者的杠杆过高,风险积累和传播通过电子网络能够加速集聚,一旦爆发其破坏性更大。近些年来,P2P公司破产倒闭、卷款跑路层出不穷,尤其是2018年P2P的"爆雷"事件更是令人瞠目结舌,网络金融的风险隐患也越来越大。数据显示,截至2018年12月底,P2P网贷平台运营数量同比减少50%,由于各种风险暴露累计停业及问题平台高达5409家,这些数据确实让人触目惊心不寒而栗。事实上媒体也早已关注到网贷平台的这一乱象,相关数据显示,在关于网贷平台的180万篇报道中,负面新闻报道占比高达32%,并且有高达四五百家网贷平台出现负责人失联、跑路等情况。从新闻报道的总量可以看出P2P行业被极高地关注,而负面新闻以远远超出自身新闻报道总量的增长率来表达对市场风险的忧虑。

如此大规模高比例的负面报道的出现说明网贷平台乱象日益严重,而这绝不仅仅是个案、个例,极有可能是网络金融在发展过程中自身系统性风险的累积和网络对负面信息传播的扩大效应所带来的连锁反应。网贷平台是网络金融发挥投融资作用这一关键功能的集中体现,但其良莠不齐、问题频发却反映了当前网络金融发展中确实面临诸多问题。由于政策的扶持,网贷平台的发展非常迅速,进入壁垒过低导致从业人员的素质总体偏低,缺乏相应的风险意识,在高收益的驱动下道德水准不断降低,致使频现"信任危机"。但是政府在金融风险的系统性防范和引导网络金融的健康发展上,缺乏相应的监管措施,制度远远落后于市场的发展。因此,也需要这两个主体发挥积极作用,比如,政府需要设立网络金融行业的准入机制,规范网络金融的行业规则,同时,也需要网络金融从业人员提高自身风险防范意识,坚守职业操守,坚持规范运行。

(三) 网络金融安全问题日益突出

近几年网络金融的高速发展,一方面推动了金融产品的创新和改革;另一方面安全问题不断浮出水面,发展遭遇瓶颈。由于行业的特殊性,网络金融经常面临以下三大网络安全问题。一是分布式拒绝服务(DDOS)。DDOS攻击每年都在不断增长,这种现在常见的网络攻击形式使服务器遭遇洪流,从而导致网络过载。2016 年 DDOS 攻击活动比上年增长 85%,而仅仅一年之后这一数字就超过了 1000 万次。令人担忧的是,全球 50% 的企业都没有针对 DDOS 攻击的对策,这让网络犯罪分子有机可乘。二是网络钓鱼诈骗。以发电子邮件为主要形式的网络钓鱼诈骗是当今网络金融面临的最大威胁之一。面对钓鱼网站的攻击,相应企业一年损失高达 45 亿美元,顾客流失的可能性为 42%。这些攻击事件发生迅速并且难以抵御,在未来几年将会持续增加。三是到期的 SSL 证书。在线支付使企业和消费者双方都面临着网络攻击的风险,SSL 证书通过加密信息,确保在线支付交易的安全性,因而,SSL 证书过期的代价很高。最近的调查显示,由于 SSL 证书每家跨国企业平均中断损失 1500 万美元,并且还会被监管处罚 2500 万美元。

(四)法律制度建设滞后

经过多年的建设发展,我国现行的金融法律制度结构基本合理、体系较为成熟,已经形成了以《中华人民共和国中国人民银行法》《中华人民共和国商业银行法》《中华人民共和国证券法》等金融法律为核心、以行政法规和规章规范性文件为重要支撑的制度框架体系,在维护国家金融秩序、保障金融业稳健运行、支持经济持续发展方面发挥了重要作用。但是随着"互联网+"的迅速发展和金融改革的深化,现有的部分金融法律体系难以适应新环境下的金融创新,当前与网络金融相关的制度建设远远跟不上网络金融自身发展的速度,出现很多监管漏洞,甚至监管真空,使得一些监管机构也无所适从。

(五)专业人才匮乏

目前大多数公司在网络金融领域都是摸着石头过河,普遍缺乏从业经验丰富的人才,人才紧缺是整个网络金融行业面临的难题。一方面,网络金融是跨界新兴的产物,需要从业人员具备"知金融,擅营销,懂技术"的综合知识技能,具备良好的网络思维、平台思维、用户思维,能将这些思维模式与新型知识技能结合起来。但是目前从事网络金融的人员大部分是从传统金融行业和电子商务行业转行过来的,他们以传统经验和固有思维思考,难以适应新形势下开发新的网络金融产品的需要,更缺乏对新型金融产品的创意。并且,如今大部分的网络金融公司都是按照传统金融模式来做网络金融,很多的公司对人才培训投入的精力有限。

另一方面,网络金融的复杂性和发展的不可预期性对监管人员的综合素质也提出了更高的要求。监管人员既要熟悉金融法律法规,又要有开拓金融服务的魄力和知识背景,还要具备互联网方面的实践经验。但是目前我国的高等教育培养仍然落后于市场的需求,在金融监管部门中,还没有形成能适应网络金融业务监管需要的专业人才队伍。

金融市场交易产品的虚拟性,使它们一般不需要进行实物的流转和配售,只是一些符号和信息的传递和确认。网络经济为这类产品的成长提供了一个合适的环境,促成了网上金融市场。网络金融改变了传统市场中信息、指令、执行及清算的程序和过程,增加了市场的透明度,也活跃了市场交易。在美国,利用 Fedwire 和 CHIPS 进行电子转账的交易数量虽不到 78%,但所占交易份额却在 98% 以上。目前联储电信平均每笔金额约为 300 万美元、CHIPS 平均每笔金额约为 600 万美元的框架已经形成,电子存单等新型市场工具不断涌现。

资本市场最突出的变化是电子通讯网(ECNs)市场的出现。ECNs是用电子手段来匹配买卖交易的计算机网络,完全不同于现行的交易所,它不再需要传统的经纪商和造市商,交易流程也更加简单透明,而且,交易的效率更高、价格更便宜。如今,纳斯达克市场每天约有30%的交易量是通过ECNs完成的,而在2014年,它们的比重几乎为零。ECNs还受到期权交易者的青睐,芝加哥期货交易所(CBOT)受网络交易持续放大的冲击,其在全球衍生金融产品市场中的成交量占比降为30%左右,而仅成立9年的Eurex已占据了第一,日成交量为CBOT的两倍。在德国,自从创建了电子交易系统后,两年时间内就吸引了90%的交易量。

无论是货币市场,还是资本市场,网络金融市场的出现都有效地降低了交易成本,使投资人的主导地位得到了增强。作为市场基本要素的信息的传递与扩散不断被加强,直接结果是降低和消除了交易双方之间所有不必要的交易成本,并使价格对每一个人都是透明的。通过网络,数以百万的人将能够在任何地点进行任何交易。或许有一天,许多人都不再需要那些为了保证交易秩序而保有交易特权的经纪人了。市场的透明不仅能使消费者选择更有利的价格,促进竞争,而且增强了价格比较能力和对经纪商的监督能力。交易指令是金融市场最基本的要约形式和交易手段,网络金融不仅减少了指令的发送与传递成本,而且随着网络软件的发展,在多个市场中自动比较、选择指令传递方向的软件,在网上证券交易中得到了广泛应用。以美国为例,许多电子交易平台的指令软件可以自动选择最有利的市场,分别传递相关指令,纽约证券交易所85%的指令都已使用了SuperDot系统。交易指令的自动执行是网络技术对市场的又一大贡献。在20世纪80年代,纳斯达克对其"小批量交易系统"(SOES)采用了指令自动执行技术。在网络中,交易的清算不仅直接、实时,而且大大减弱了对已形成的某种市场的依赖。

网络经济还从根本上加速了金融市场的全球化和一体化进程。电子商务、网络金融和电子货币已使金融市场原有的自然疆界的界限日益模糊,为地区间和全球化的市场融合提供了坚实的基础。电子货币不仅可以摆脱各国货币"外衣"的束缚(在这一点上类似金条),成为国际通行的交易媒介,而且促进了交易工具的国际化标准的统一,也为市场主体行为的国际化提供了便利,加速了资本的国际间流动与全球性资本的形成。在此基础上,各种新兴金融衍生工具的出现和金融创新,更加速了这一趋势。同时,网上金融交易开始替代传统的集中竞价交易,全球全天候可利用的交易场所不断增加,主要国际金融中心已联为一体。1998年3月,德国、法国、瑞士宣布将电子交易系统联网后,欧洲八大证券交易所也开始着手建立统一市场。1999年,纳斯达克更是积极开拓东京、新加坡、中国香港和伦敦市场。

第二节　电子货币与虚拟货币

金融产业的演变,使金融理论研究的基础对象——货币出现了变化。在货币发展史上,伴随着银行业的兴起,在中世纪货币形态发生了第一次革命,铸币被银行券取代,最终演化出了现有的纸币体系。网络金融的发展,使货币形态正在发生第二次革命,纸币正在被虚拟的电子货币取代。

由于货币具有价值尺度和流通手段的基本职能,在其由实体货币、金属货币向信用货币逐步演化的过程中,伴随着区块链技术及互联网应用的兴起,也衍生出了新的信用货币形式,一类是作为法定信用货币的电子表现形式的电子货币,另一类是作为法定信用货币与特定虚拟商品或服务转换中介的虚拟货币。

一、电子货币

电子货币(Electronic Money,E-money),是指在零售支付机制中,通过销售终端、各类电子设备以及在公开网络上执行支付功能的"储值"产品和预付支付机制。所谓"储值"产品,是指保存在物理介质(硬件或卡介质)中可用来支付的价值,这种物理介质可以是智能卡、多功能信用卡、"电子钱包"等,所储值使用后,可以通过电子设备进行追加。而"预付支付机制"则是指存在于特定软件或网络中的一组可以传输并可用于支付的电子数据,通常被称为"数字现金",也有人将其称为"代币"(Token),由一组组二进制数据(位流)和数字签名组成,可以直接在网络上使用。与纸币相比,电子货币具有以下特征。

(一)由中央银行或特定机构垄断发行

电子货币的发行机制有所不同,从目前的情况看,电子货币的发行机构既有中央银行,也有一般金融机构,甚至非金融机构,而且更多的是后者。货币发行的"非中央银行化"是对现有货币理论的最大挑战。

(二)以发行者自身信誉和资产为担保

纸币由各个货币当局设计、管理和更换,被强制接受和广泛使用,而目前的电子货币大部分是不同的机构自行开发设计的带有个性特征的产品,其担保主要依赖各个发行者自身的信誉和资产,风险并不一致;其使用范围也受到设备条件、相关协议等的限制。如果缺乏必要的物理设备,即使是中央银行代表国家发行的电子货币,也不可能强制人们接受。

(三)具有匿名性,但不可能做到完全匿名

使用现金时,交易方或多或少地可以了解到使用者的一些个人情况,如性别、相貌等。电子货币则要么是非匿名的,可以详细记录交易,甚至交易的情况;要么是匿名的,几乎不可能追踪到使用者的个人信息。这也是电子货币与现金的最大区别。

(四)流通不具有严格的地域限制

一国货币一般都是在本国被强制使用的唯一货币。电子货币打破了境域的限制,只要商家愿意接受,消费者可以较容易地获得和使用多国货币。

(五)由特定认证机构保证货币的安全性

传统货币的流通、防伪、更新等,可依赖物理方法;而对于电子货币,只能采用技术上的加密算法或认证系统的变更或认证手段来实现货币安全。

二、虚拟货币

（一）虚拟货币的定义

目前，学术界对虚拟货币的定义尚未统一。在现有研究中，不同的文献对虚拟货币给出了不同的界定。欧洲中央银行在 2012 年《虚拟货币项目》报告中定义虚拟货币是"没有监管的、由开发者开发和管理的、仅在特定虚拟网络世界中使用的数字形态的货币"，后又在 2015 年《虚拟货币进一步研究》报告中，进一步定义虚拟货币不是合法货币，不是由合法的中央银行、信用机构或者电子货币发行机构发行的，但是在某些情况下可以作为货币替代物的价值的数字表现形式。在传统的研究中，有学者将 Q 币、新浪 U 币和 Facebook Credits 等网络虚拟币称为虚拟货币，也有学者将新浪爱问积分等网络积分称为虚拟货币，还有的学者将魔兽币、林登币等网络游戏币称为虚拟货币。另外，在其他文献中，还有学者将电子货币也看成一种广义的虚拟货币。而随着区块链技术的出现，学者们通常也将以比特币为代表的基于区块链的货币形式称为虚拟货币。

总的来说，现有文献中的虚拟货币可以概括为以下三种：应用于网络虚拟社区的虚拟货币、电子货币和基于区块链的虚拟货币。

（二）虚拟货币的演变过程

纵观货币的发展史，货币形态的演变通常是社会需求和技术供给同时作用的结果。而虚拟货币的演变动因与之类似，从需求角度出发，新的货币形态通常是源于对更高的交易效率的要求；从技术供给角度出发，新技术的出现会带来新的技术支持，从而催生出新的货币形态。

首先，由中心化通用虚拟货币向中心化专用虚拟货币发展。该过程为虚拟货币演变过程的第一个阶段，该过程发生在传统的中心化虚拟货币的内部，表现为通用虚拟货币向专用虚拟货币演变的专用化过程。该演变过程主要是由社会需求催生的。随着互联网技术的发展，越来越多的虚拟社区开始出现，例如，游戏社区、问答社区和综合娱乐平台等，不同的虚拟社区形成了相对独立且封闭的经济体。此时通用虚拟货币在虚拟社区中的使用出现了一些不适应，主要体现在：一方面虚拟社区的交易通常数额较小，且次数频繁，如果使用通用虚拟货币进行交易，存在较高的交易成本；另一方面由于不同的虚拟社区有着不同的业务模式，通用虚拟货币难以实现个性化的虚拟社区服务，同时也难以使用户对虚拟社区产生依赖性。因此，基于降低虚拟社区的交易成本，同时满足不同虚拟社区个性化服务需求的目的，专门针对某一特定虚拟社区设计的专用虚拟货币应运而生。这种虚拟货币使得虚拟社区的交易更加便捷，同时也更适用于虚拟社区的个性化服务，而这种针对专门服务的专用虚拟货币也更有利于提高用户对虚拟社区的黏度，因此，这种货币形式伴随着虚拟社区的发展而不断地发展壮大，衍生出了网络虚拟币、游戏币和积分等不同类别。该演变过程是一个专用化的过程，因此，虚拟货币特征的改变也体现在"专用化"上，主要包括：一是虚拟货币有了独立的名称和记账单位。虚拟社区通常会根据功能和用途等因素对不同的虚拟货币采用不同的名称，并采取有别于法币的记账单位；二是虚拟货币有了特定的功能和流通范围。

每一种虚拟货币都有自己的功能和用途,并在虚拟社区指定的范围内流通。该演变过程的意义在于,虚拟货币开始摆脱通用虚拟货币的束缚,走上了个性化和定制化的道路,不同虚拟社区根据自身的业务需求定制不同类型的虚拟货币,有利于充分发挥虚拟货币对虚拟社区业务运行的作用,同时也丰富了虚拟货币的多样性。

其次,由中心化虚拟货币向基于区块链分布式记账技术的虚拟货币的发展。该过程是虚拟货币演变过程的第二阶段。随着区块链技术的出现,中心化虚拟货币产生了向基于区块链分布式记账技术的虚拟货币发展的趋势,表现为去中心化的过程。技术供给是该演变过程产生的直接原因,区块链是一种分布式的记账技术,它可以实现完全的点对点交易,从而可以在没有中心机构的条件下运行,它的出现为虚拟货币提供了一个去中心化的基础设施,使去中心化的虚拟货币形式变得可行。而社会需求是该演变过程产生的根本原因,问题的根源在于传统的由中心化机构来发行、记录和管理虚拟货币的模式出现了一些弊端,主要体现在:从虚拟货币发行的角度看,由中心化机构垄断发行权,可能会存在超发和滥发的风险,从而导致通货膨胀,使虚拟货币持有者的利益受损;从虚拟货币转移的角度看,传统中心化虚拟货币的交易需要由中心化机构进行登记、确认以及协调争端。这在一定程度上一是会增加虚拟货币的交易成本;二是会限制虚拟货币的日交易规模;三是会给交易带来了不确定性。基于以上问题,虚拟货币希望可以排除中心化带来的弊端,而区块链的出现使其成了可能。在区块链中,虚拟货币可由程序自动发行,且交易记录可由区块链的分布式账本记录,这在一定程度上可以替代中心化机构的存在,从而缓解中心化机构的存在给虚拟货币带来的弊端,这就是所谓的去中心化过程。该演变过程中虚拟货币特征的改变主要是由区块链带来的。从微观层面来看,不同于传统的中心化虚拟货币,基于区块链的虚拟货币的交易记录是由区块链的分布式账本来记录的,且交易记录具有不可篡改、公开透明的特性;而从宏观层面上讲,基于区块链的虚拟货币的交易就体现为点对点的交易,而无须中心机构的介入,这更符合我们对去中心化特征的想象。虚拟货币的该演变过程的意义在于,区块链的出现使虚拟货币在一定程度上摆脱了冗余、落后的由中心化机构操控的模式,从而进入了更简洁、更先进的虚拟货币模式。随着虚拟货币的使用范围越来越广,人们对于简化交易流程以及交易透明性的需求会越来越高,基于区块链分布式记账技术的虚拟货币将会受到越来越多的关注。

最后,由完全去中心化的虚拟货币向去中介化的虚拟货币发展。该过程是虚拟货币演变过程的第三阶段。该过程促使完全去中心化虚拟货币向去中介化虚拟货币演变。而所谓去中介化虚拟货币是一种融合了中心化和去中心化的特性,且有专门用途的虚拟货币,目前这种虚拟货币形式通常被称为"通证",表现为一种特定场合的数字化权益证明。该演变过程是社会需求和技术供给共同作用的结果。从社会需求角度来说,该演变过程是源于完全去中心化虚拟货币存在的局限性。在区块链发展的早期,虚拟货币通常是以完全去中心化的形式存在的,这种完全去中心化的虚拟货币形式出现了一些局限性,主要体现在:①完全去中心化虚拟货币系统无法对货币发行量进行调节。然而,由于虚拟经济体是动态变化的,因此,很多时候对货币的发行量进行调节是必要的,完全去中心化将导致货币发行量无法适应虚拟经济体的变化。②完全去中心化虚拟货币系统缺乏维护;一旦系统出现某些漏洞,将难以恢复,从而损害货币持有者的利益。③完全去中心化虚拟货币的交易过程是匿名的,因此,容易滋生洗钱及毒品交易等非法交易。可见,完全去中心化的模式是有缺陷的,要解决以上问题,需要融合中心化和去中心化的优越性共同解决。从技术供给角度来说,随着区块链技术的发展,尤其是智能合约技术的产生,其通过自动化程序执行交易的特点使得区块链越来越适合应用于专门的场景,如去中心化应用程序等,从而使虚拟货币逐渐表现出专用化的特征。正是由于以上两种作用力的共同作用,促使了去中介化虚拟货币的产生。而所谓去中介化,正是对完全去中心化的修正,是去中心化与中心化相互妥协的结果。去中介化虚拟货币的特征体现在以下两个方面,一个是专用化,另一个是去中心化与中心化的协调。从专用化角度来说,其特征体现在该种虚拟货币具有了独立的名称、特定的应用场景和流通范围上,这点与专用虚拟货币类似,不同点在于去中介化虚拟货币的交易过程是由智能合约执行的,而专用化虚拟货币的交易过程是由其所属的中心平台来执行的。而从去中心化与中心化协调的角度来说,去中介化虚拟货币的特征体现在,与完全去中心化的模式不同,去中介化模式不完全排除中心化机构的存在,中心化机构的存在主要是起到管理虚拟货币的发行,维护虚拟货币系统的稳定,以及监督交易过程、防止出现非法交易等作用。去中介化与弱中心化不同,弱中心化本质上还是中心化机构作为所有交易的共同中介,但是使用区块链技术实现了用户的分布式数据验证,达到了一定程度上的去中心化。而所谓去中介化,其核心特征在于排除了中心化机构在虚拟货币交易过程中的中介作用,减少中介机构的存在带来的运营成本以及交易中介费,从而达到降低交易成本和提高交易效率等目的。虚拟货币的该演变过程的意义在于,虚拟货币的发展走向了融合,不同的虚拟货币模式之间不再是各自为营,而是各取所长、相互借鉴,这将使得虚拟货币走向更先进的发展道路。而如去中介化虚拟货币这种融合了中心化和去中心化的优越性,且吸取了智能合约自动化交易优点的虚拟货币形式将成为未来主要的发展方向。

数字货币作为近十年来的新兴概念,是基于互联网技术高速发展下的新型金融产物。不同于一般意义上的电子货币和虚拟货币,数字货币的概念更加深化,更具技术深度和技术广度。虽然带有不可避免的潜在技术问题和安全隐患,但是未来金融产业的互联网发展浪潮不可逆转。在可预见的将来,数字货币必然成为深入广大普通人群的实际应用。

三、数字人民币

(一)"人民币数字化"的过程

近年来,尤其是 2019 年年中以来,"人民币数字化"突然成为业界关注的热点动态。中国人民银行范一飞副行长提出了《关于央行数字货币的几点考虑》,人民银行支付结算司副司长穆长春做了关于《中国央行数字货币采取双层运营体系,注重 M_0 替代》的报告,这两篇文章可以看作央行方面的官方表态。巧合的是,就在同一天,2019 年 8 月 21 日,人民日报的海外版也发表文章称,数字人民币既不是虚拟货币,也不是电子钱包,这似乎是为人民币数字化进行探风和舆论先导。而在此之前,有关"法定数字货币"的类似概念已经在官方表态中频频出现,在 8 月 2 日央行召开的 2019 年下半年工作电视会议上,明确要求要积极推进我国金融科技发展,加快法定数字货币的研发步伐;在 2019 年召开的中国金融四十人伊春论坛上,央行支付结算司副司长穆长春表示,我国自己的、由中国人民银行主导开发的数字货币已经"呼之欲出";就在中国人民银行和人民日报海外版发布相关文章前夕,中共中央、国务院发布的《关于支持深圳建设中国特色社会主义先行示范区的意见》提出，要积极打造数字经济创新发展试验区，支持深圳在数字货币创新应用等方面开展研究，进一步提高金融服务实体经济的能力。由此看来，不管是数字货币在国内的开发研究还是进行"人民币数字化"的尝试，都已经是箭在弦上，成为未来一段时间内的重要研究课题。

（二）数字人民币

1. 数字人民币的特征

数字人民币（e-CNY），是中国人民银行正式发行的、与现钞等价、由国家信用背书、具备法偿性的数字形式的法定货币。通过与现有货币、私人数字货币和移动支付的对比，可以进一步认识数字人民币。

1）与现有货币的区别

在实物形态方面，中国现有的货币主要是流通中的现金（纸币、铸币），称为 M_0，现金是实物形式，可以随时随地使用，提供一种点对点的结算方式，具有无限法偿能力。而数字人民币则是纸质人民币的电子版，是法定加密的数字货币，在收付款双方的手机都有数字钱包的情况下，即可实现价值的转移。在可追溯性方面，现金交易的最大特点是不可追溯性，该特征是一把双刃剑，可以保护个人隐私，但也会被用于洗钱、非法交易和避税。而数字货币具有可追溯性，属于半私密性的账本，发行数字货币的央行有权查阅交易行为，可以防止洗钱、非法交易、恐怖融资等违法犯罪活动的发生。在持有成本和安全性方面，现金的持有和运行成本较高，包括印制、运输、仓储、销毁和管理成本等。而数字人民币既不需要高昂的印制发行成本，也没有库存和运输问题，还可以杜绝假币、减少偷盗犯罪，处理财务问题更高效。因货币的零接触，会减少病毒传播，提高安全性。

2）与私人数字货币的区别

截至 2021 年 1 月 25 日，全世界数字货币的总市值为 9887 亿美元，种类达 8307 种，最具代表性的私人数字货币——比特币市值排名第一，占比 62.55%。比特币和数字人民币的区别在于：在性质和效力方面，比特币是没有政府信用背书的加密数字货币，不具备法偿性，不能在市场上流通使用；而数字人民币是央行发行的法定数字货币，和纸质人民币具备同等效力的法偿性和流通性。在价值方面，比特币由供需决定价格，价格波动大；而数字人民币的价值等同于法定货币，币值相对稳定。在发行渠道方面，比特币不依靠特定货币机构发行，是在发行总量固定的前提下，基于区块链技术由网络节点计算生成；而数字人民币由央行依法定程序发行并监管，发行量根据经济发展情况而定。在匿名性方面，比特币基于密码学的设计，使比特币只能被真实的拥有者转移或支付，隐藏交易人身份，在交易过程中保持完全匿名；而央行的数字货币，是可控匿名。匿名性是对限额内的数字人民币交易，通过技术和制度对用户支付信息打包加密处理，实现匿名化。可控性是通过大额可溯的设计，实现风险可控的匿名，即央行可追踪数字人民币的使用信息和交易历史。

3）与移动支付的区别

自 2013 年以来，移动支付规模的迅速增长和使用的便利性使人们逐渐抛弃了传统的现金支付方式，目前移动支付在所有支付方式中占比 50%。到 2020 年年底，中国移动支付用户达 8.53 亿人，移动支付业务总金额为 432.16 万亿元。2020 年，在微信和支付宝占据主导地位的支付领域,央行又推出一种数字货币支付工具——数字人民币。二者的区别在于:在法定地位方面的区别,数字货币是国家发行的法定货币,具有法偿性,不能拒绝接受。而移动支付是法定货币的支付通道,可以选择性地接受。在载体上的区别,数字人民币无须开立银行账号或支付账户,只要手机安装数字货币钱包,不需要银行参与就能完成支付,"钱包"里装的是央行货币。移动支付是以银行为支付中介的转账行为,支付行为都需要银行参与,移动支付的"钱包"里装的是基于银行账户的存款货币。所需网络条件不同,数字人民币可以双离线支付,不需要网络,还可以选择智能手机、IC 卡、功能机等多终端完成支付。移动支付必须借助网络才能完成交易。

2. 数字人民币的发展

2014 年,中国人民银行成立专门团队,开始对数字货币发行框架、关键技术、发行流通环境及相关国际经验等问题进行专项研究。2017 年年末,中国人民银行组织部分商业银行和有关机构共同开展数字人民币体系(DC/EP)的研发。DC/EP 在坚持双层运营、现金(M_0)替代、可控匿名的前提下,基本完成了顶层设计、标准制定、功能研发、联调测试等工作。2020 年 4 月起,数字人民币研发工作稳妥推进,先行在中国深圳、苏州、雄安新区、成都及未来的冬奥场景进行内部封闭试点测试,以不断优化和完善数字人民币支付功能。2020 年 10 月份新增上海、海南、长沙、西安、青岛、大连作为试点城市。至此初步形成"10+1"试点格局,未来将会有更多城市和平台参与进来,其中线上平台场景增加了美团和京东等多家头部企业。截至 2021 年 10 月 22 日,中国数字人民币试点场景已超过 350 万个,累计开立试点场景 1.4 亿个,数字人民币累计交易金额接近 620 亿元,进一步完善数字人民币生态体系,涉及场景包括公用事业、餐饮服务、交通出行、零售商超、证券及政府服务等领域。截至 2021 年 12 月 31 日,数字人民币试点场景超过 808.51 万个,开通个人钱包 2.61 亿个,交易额突破 875.65 亿元。2022 年 1 月 4 日,数字人民币(试点版)App 在各大安卓应用商店和苹果 App Store 上架。2022 年 1 月 6 日,微信支持数字人民币。这意味着数字人民币开始逐渐出现在大众视野中,数字人民币的购买力进一步提升,开始涵盖人们的日常消费活动,一个真正属于数字人民币的时代即将到来。未来已来,数字人民币正如春雨一般,细润无声地进入我们的生活、改变我们的生活。数字人民币无疑会对中国的移动支付、商业银行以及人民币国际化等方面产生巨大影响。

3. 数字人民币应用场景

随着数字人民币在全国各大城市启动封闭试点,各类应用场景纷纷展现。下面从几个不同的角度,展现当前数字人民币的应用场景落地情况。

1)标准的软钱包应用

近两年,深圳、苏州、北京等多个城市,都通过向普通市民发送数字人民币红包的形式来进行数字人民币的推广测试,引发了市民申领数字人民币钱包的热潮。测试中使用的"数字人民币"App,是由央行数字货币研究所开发的,具有付款、收款、兑换、NFC 双离线交易等多种功能。

央行数字人民币 App 目前支持工、农、中、建、交通、邮储、招商等几大行,以及网商和微众银行等互联网银行。使用数字人民币 App,公众可以十分便捷地通过几家商业银行来实现数字人民币的兑换、兑回等操作。

2022 年 1 月 4 日,数字人民币 App(试点版)在苹果 App Store、华为应用市场等公开上架发布,开启了数字人民币大规模公测的序幕(目前 App 注册仍然限定在特定试点城市和地区),也意味着数字人民币的应用推广步入快车道。

2) 各具特色的硬钱包

数字人民币在设计之初就考虑到了双离线支付交易,以及基于特定的硬件安全单元介质提供的钱包服务,具体包括智能卡钱包、可穿戴设备钱包等。目前,包括邮储银行、中行、农业银行等都推出了各自搭载数字人民币的智能可视卡。

在 2022 年 2 月 4 日开始的冬奥会期间,外国友人可以通过中国银行网点、硬钱包自助兑换机、定点酒店等渠道便捷地获取数字人民币硬钱包,具体产品形态除了卡片式,也包括手套、手杖、手表等智能可穿戴设备,并可以通过自助设备进行便捷的外币兑换和充值操作。据了解,数字人民币试点已覆盖冬奥全场景 40 余万个,交易金额达到 96 亿元。智能可视卡、可穿戴设备等产品,对于特定场景,如上例中的冬奥会或网络环境较差的施工场所、地下停车场等,以及特定人群,如老人和小孩等,都具有推广意义。

另外值得关注的是,华为公司 2020 年 10 月份发布的 Mate40 手机,是全球首款支持数字人民币硬件钱包的智能手机。可以预见,这种基于智能手机终端,采用软硬件结合的方式,同时具备软件便利性和硬件安全性的解决方案,后续将得到大部分手机厂商的跟进支持。

3) 未来可期的 B2B 支付

2021 年 3 月 15 日,辽宁省大连市两家燃油贸易企业通过数字人民币支付方式在航运产业数字平台上完成一笔燃油交易的结算业务,这是中国首笔用数字人民币来实现 B2B 的支付结算。此次 B2B 线上平台试点项目的上线试运行,是由中国邮储银行联合大连德泰控股有限公司、辛特数字科技集团共同合作开展,相关负责人员表示,企业对公转账以往通过银行对公窗口或者网银来完成,而数字人民币支付即结算,实时到账不再受限于工作时间,且企业财务系统与数字人民币系统账单无时间差,无须排查、修正等操作,提高了企业效率。

在我国,数字人民作为 M0 的代替,采用的是零售型方案,即由商业银行将数字人民币兑换流通给普通民众。一般来说,批发型方案更有助于实现机构间的业务往来,不过正如上述试点案例所示,基于数字人民币支付即结算、无限法偿性等特点,随着数字人民币的发展,其 B2B、对公结算等领域也有着广阔的发展空间,将能够有助于降低企业交易成本,提升对公结算效率和透明度。

目前,各家银行数字人民币对公钱包仍处于小规模试点阶段,主要采用"受邀制"进行,截至 2021 年 6 月 30 日,数字人民币对公钱包已累计达 351 万余个,具体可以拓展的对公支付场景包括小微企业之间的即时结算、总子公司之间的现金管理、员工工资补助等的款项拨付等。

4) 探索中的跨境支付

2020 年 8 月,河北省人民政府办公厅发布《中国(雄安新区)跨境电子商务综合试验区建设实施方案》,通知提出,鼓励跨境电子商务活动中使用人民币计价结算,探索数字货币跨境支付。

2021 年 2 月 24 日,中国央行官网公告表示,香港金融管理局、泰国中央银行、阿拉伯联合酋长国中央银行及中国人民银行数字货币研究所宣布联合发起多边央行数字货币桥研究项目（m-CBDC Bridge），旨在探索央行数字货币在跨境支付中的应用。该项目得到了国际清算银行香港创新中心的支持。

据了解，多边央行数字货币桥研究项目将通过开发试验原型，进一步研究分布式账本技术（DLT），实现央行数字货币对跨境交易全天候同步交收（PvP）结算，便利跨境贸易场景下的本外币兑换。

从上述新闻可以看到，虽然数字人民币定位为国内小额、零售支付，不过相关的跨境支付协作及应用探索工作早已开展。按照数字人民币白皮书的规划，数字人民币将在充分尊重双方货币主权、依法合规的前提下探索跨境支付试点，并遵循"无损""合规""互通"三项原则。可以预见，在未来的国际合作方面，数字人民币将会对改善跨境支付体验、提升跨境支付效率、促进人民币国际化等起到积极作用。

第三节　网络经济下金融理论

金融创新对货币政策操作及金融领域的影响一直都是金融学家关注的问题之一。目前，信息与网络技术革命推动的金融创新使这一问题又一次成为学者们关注的焦点。信息技术革命导致了网络经济的兴起。伴随着网络经济时代的到来，人们的交易及支付方式发生着潜移默化的变化，在此过程中，现代经济的核心——金融领域正经历着一场巨大的变革。电子货币作为一种新的支付手段不仅代表着货币形态的变化，而且改变了货币供求机制，影响了货币层次的组成与定义。

1995年安全第一网络银行的建立，代表着一种新的银行组织形式——网络银行的诞生。随后，其他金融机构纷纷建立自己的网站，提供网络金融服务。网络金融机构与电子货币的结合正在创造一个新兴的金融领域——网络金融。网络金融不仅促进了金融创新，还引发了货币供求、金融市场结构、金融业运作机制以及社会经济各个方面的一系列重大变革，而且对传统的货币政策理论、金融监管理论等也提出了巨大挑战。货币金融环境的巨大变化会如何影响宏观金融政策，以及在新的时代背景下应采取什么样的宏观金融政策，自然成为经济界关注的理论热点。

早在20世纪70～80年代，金融科技的发展就使人们开始预言人类将步入"无现金社会"。到了90年代，信息技术革命、金融自由化、金融证券化的飞速发展为取消现金提供了现实的可能性。随着电子支付系统的发展和完善，越来越多的人开始谈论"无现金社会"的前景，在此背景下，新货币经济学派的思想引起人们关注，并使经济学家们对货币性质的争论又重新热烈起来。

一、网络经济下货币供应理论的变化

（一）在货币层次的划分和计量上，现有方法出现了问题

传统上，根据流动性的不同，货币可以划分为多个层次：M_0、M_1、M_2。不同层次货币

的划分,对于货币供求的研究、货币政策的制定与实施、金融市场的运行分析等有着重要的意义。但是,对于网络金融客户而言,货币各层次之间的界限正在淡化,利用网络金融服务,客户通过电子指令,可以在瞬间实现现金与储蓄、定期与活期之间的相互转换。即使它们之间仍存在着一些流动性方面的差别,这种差别也正在日益缩小。同时,对于那些对账户余额计付利息的电子货币而言,当消费者使用它们进行消费时,已很难分辨这时的货币是现金还是储蓄存款。更有甚者,在综合性的网络银行上,客户同样可以瞬间完成储蓄与用于购买证券或基金的保证金之间的转换,而后者甚至不在原来的 M_2 统计范围之内。同样的问题也出现在卡式的电子货币中,例如,商业机构发行的预付卡,既可以作为特定的现金使用,又可以视为一种短期的回购债券。

网络金融交易的地域模糊性,在另一方面给货币的计量造成了混乱。消费者在电子商务买卖(尤其是音乐、软件、数据等不需要以物质形态传输的商品)过程中,使用多国货币进行交易已成为现实。同样,客户来自国外的智力收入、服务收入(如在网上为国外站点管理目录)、销售收入等,可以直接以外币的形式存放在其网络银行的账户之中,供日后消费使用。因此,在统计一国经济中的货币量时,不得不考虑居民手中持有的、未存放于本国银行中的货币的影响。

(二) 在货币需求方面,货币需求理论出现了缺陷

凯恩斯认为,人们之所以需要货币,是由于交易动机、谨慎动机和投机动机的存在,他们构成了两类货币需求——消费性货币需求和投机性货币需求。前者是收入的函数,后者是利率的函数。由此得出了货币需求函数:

$$\frac{M^d}{P} = f(i, y_s) \tag{7-1}$$

其中,$\dfrac{M^d}{P}$ 为实际货币需求,P 为一般物价水平,i 为市场利率水平,y_s 为国民收入水平。

弗里德曼也认为,人们有持有一定数量真实货币的意愿,但他没有具体分析持币的原因,而是将资产需求理论引入到货币需求中,得出了货币主义的货币需求函数:

$$\frac{M^d}{P} = (r_b, r_e, r_p, w, y_1) \tag{7-2}$$

其中,$\dfrac{M^d}{P}$ 为实际货币需求,y_1 为永久收入,P 为一般物价水平,r_b 为债券的预期报酬率,r_e 为股票的预期报酬率,r_p 为预期的通货膨胀率,w 为非人力财富在总财富中所占的比例。

可以看出,上述两个货币需求函数都隐含了这样一种假设,即货币的不同用途之间存在确定的界限,且这种界限是相当稳定的。在凯恩斯的理论中,表现为不同的动机;在弗里德曼的理论中,则表现为不同的财富结构和各种资产的预期收益和机会成本的组合。

网络金融的发展,对这一隐含条件的成立已经构成了威胁。由于人们可以随时随地、以几乎为零的交易费用进行货币用途之间的转换,各类交易动机之间的边界已不再明显,投资结构的可变性也大大增强。换言之,电子货币已使人们出于交易动机和谨慎动机的流动性偏好形成的货币持有量,与出于投机动机的流动性偏好形成的货币持有量合二为一,它们都

有可能既是利率的函数,又受收入的影响。同样,货币、债券和股票的预期回报率之间的差异在减弱。尽管这些影响在目前还并不十分明显,现有的货币理论仍是主流,但随着网络银行的进一步发展和电子货币的普及,其影响会日益增大。可以预见,未来的货币需求函数对人们在网络经济时代利用电子货币进行的交易行为必须加以考虑。

除此之外,货币需求理论中的另一个重要问题——货币流通速度也受到了网络银行和电子货币发展的影响。在凯恩斯的货币需求理论中,货币流通速度并非常量,而是随着利率的变动而波动。弗里德曼则认为,货币流通速度对利率并不敏感,是可以准确预测的。无论是否承认货币流通速度的稳定,现代化的网络支付体系和电子货币已明显使货币流动加快。考虑到未来货币计量的困难性和货币在国际市场上的转移,国内利率不会是影响货币流通速度的唯一因素,货币流通速度的波动可能会加大。

(三)在货币供给方面,基础货币和货币乘数都受到了影响

根据货币理论,货币供应量 M 等于基础货币 H 与货币乘数 m 之积,也等于通货 C 与存款 D 之和。

$$M = mH = C + D \tag{7-3}$$

基础货币为储备(法定准备 RR 与超额准备 ER)和通货之和;

$$H = R + C = RR + ER + C \tag{7-4}$$

传统上,通货的发行总是由中央银行(或货币局)所垄断,在网络经济中,电子货币的发展,打破了这种垄断。虽然中央银行也可以强行垄断电子货币的发行权,但电子货币技术上的复杂性、涉及协议的多样性以及防范伪币可能的高成本,都会使央行不得不三思而行。而且,中央银行对电子货币的垄断极有可能阻碍电子货币的创新和新技术的发展,从而使本国电子货币的发展落后于他国电子货币的发展,并成为易受攻击的货币。同时,由于电子货币使用境域的开放性,也很难防止外国电子货币的渗入。这些因素最终都可能会迫使中央银行改弦易辙。

对于电子货币余额是否要求一定比例的法定准备,目前还处于争议阶段。大多数国家对电子货币余额无准备金要求,但也有一些国家,如日本,则要求发行者缴纳相当于其发行的电子货币余额的 50% 的准备金。总的来看,电子货币有减少法定准备的趋势,尽管这种趋势还不明显。

二、网络经济对传统的货币信用制度的影响

随着经济形态由原始经济、游牧经济、农业经济、工业经济向网络经济的依次演进,货币及其货币制度作为旨在减少商品交换和资金流通过程中交易费用的一个内生变量,也经历了实物货币、贵金属、纸币、电子货币这一变化过程。货币形态从实物货币、贵金属到纸币的演变,是生产力发展和商品交易规模不断扩展的结果,而电子货币的产生则完全是信息技术和网络经济发展的内在要求和必然结果。表面上看,一方面,电子货币改写了货币的形式,使有形的货币凭证变成了无形的电子数据,并降低了货币的流通费用;另一方面,作为一种突破时空限制的全球网上电子商务活动和资金运动过程中价值关系的体现,电子货币仍然是社会经济活动中的流通手段、支付手段,在一定程度上也执行着贮藏的职能。但是,由于

电子货币产生的基础是知识、技术和电子信用,其价值不是取决于其内在的社会平均必要劳动时间的。所以,电子货币并不具备货币的本质职能——价值尺度。鉴于价值尺度在货币职能体系中的基础性地位,如果电子货币不具备这一本质职能,那么传统的货币制度将受到严峻的挑战。从信用制度来看,在信用制度发展历史上,银行信用制度是在商业信用制度基础上发展而来的,银行信用对商业信用的替代是信用制度的一种"帕累托改进",它对于社会金融资源聚集和配置效率的提高和金融交易成本的降低具有革命性的意义。在传统货币信用理论中,一方面,商业信用制度的效率远远低于银行信用制度效率。但是,随着信息技术的进步,特别是网络技术的广泛应用,传统的生产经营模式和商业模式发生了重大变革,能够使生产者和消费者直接见面,大大减少产销中间环节的 B2B 电子商务活动的扩展,使商业信用制度的作用日益强化,银行信用制度的地位正在被侵蚀。另一方面,网络经济的发展使信用制度结构发生了根本性的变化。从宏观信用结构看,网络经济发展促使集权信用向分权信用转变,计划约束向市场约束转变。从微观信用制度看,网络经济加速了纵向信用向横向信用转变,普遍主义向特殊主义转变,从而实现了集体信用与个体信用的有机结合。由此可见,网络经济提升了社会信任结构,增强了社会交易主体之间的信任感,使金融交易秩序进一步规范化。

三、网络经济带来货币政策控制的变化

货币形态与货币供求的变化,相应地对货币政策产生了影响。货币政策由货币政策目标、货币政策手段和工具构成。货币政策最终目标的实现依赖适宜的政策中介目标和有效的政策工具与传导机制。网络银行和电子货币的成长,对这些方面或多或少地都形成了一定的影响。

(一)货币政策中介目标的变化

传统的货币政策中介目标大体上可以分为两类:一是以 M_1、M_2 为代表的总量性目标;二是以利率为代表的价格信号性目标。任何一类目标都要求具有较好的可测性、可控性和与最终目标之间的相关性。

网络金融和电子货币的发展,正在使第一类中介目标的合理性和科学性日益下降。在可测性方面,如前所述,货币数量的计量与测算正受到电子货币的分散发行、各种层次货币之间迅捷转换、金融资产之间的替代性加大、货币流通速度加快等方面的影响。在可控性方面,来自货币供给方面的变化,加上货币流通速度的不稳定和货币乘数的影响,使货币量的可控性面临着挑战。一般认为,只有在货币流通速度和货币乘数基本稳定或有规律的变化(可预测的)的情况下,才能确定一个与最终目标一致的货币总量类中介目标,也才能加以控制。如果无法预测货币流通速度,即使中央银行掌握了足够的货币发行控制能力,也会导致货币政策最终目标出现较大的偏差。同样,货币乘数的不稳定,也有可能加大货币政策的偏离,并加大中央银行货币操作的难度。相反,由于价格信号是市场运行的结果,因此,网络金融和电子货币增强了市场的效率和竞争水平,提高了价格信号的质量。价格信号类中介目标,将会成为未来货币政策中介目标的主流选择。

（二）货币政策工具的变化

一般来说,货币政策工具主要有法定准备金、公开市场操作、贴现率。存款准备金由于受以下三个方面的影响,其作用力度、影响范围都将大大下降。

（1）网络银行中涉及存款准备金问题的资产负债业务的比重不断下降,在纯网络银行中这一比重已接近50%,同时电子货币取代了一些有准备金要求的储蓄。

（2）各国出于鼓励创新、争取金融技术方面的先发优势的考虑,不断改革准备金制度,降低存款准备金率和其他形式的货币税已是大势所趋。

（3）由于网络银行的迁移并不会像传统银行那样造成原有客户的流失,转移经营场所的费用也相对较低,从而为网络银行规避一国或地区较苛刻的准备金要求提供了条件,形成了准备金率的国际竞争。

公开市场操作的作用,将会变得更加复杂。网络经济加快了金融市场一体化的进程和信息的传播速度,金融机构面对的投资领域更广、投资机会更多,市场上的微小变化都有可能形成逐级增强的投资结构的变化,这有利于中央银行货币总量和资产价格的调节。但是,电子货币发行的分散,又会使中央银行资产负债大量缩减,有可能使中央银行因缺乏足够的资产负债而不能适时地进行大规模的货币吞吐操作,减弱公开市场操作的时效性和灵活性。特别是在大量电子货币涌入或外汇市场急剧变动的情况下,中央银行可能无法进行"对冲"操作,使本国汇率和利率受到较大的影响。

贴现率作用幅度收窄,但更加敏感。在利率自由化的国家里,当商业银行能够自行发行电子货币时,发行电子货币所产生的发行收益将会使发行市场处于充分竞争的状态,商业银行即使其流动性不存在问题,也会扩大发行,最终形成电子货币发行净收益为零的均衡。同时,网络银行低廉的运营费用将导致在利率方面更残酷的竞争。市场的长期均衡利率将会不断下降,维持在一个较低的水平上。不过,由于电子货币仍需依赖传统货币来保证其货币价值性,因此当发行者面临赎回压力而需要向中央银行借款时,贴现率仍能调整其借款成本。当贴现率用作政策信号时,网络银行的高效性将使反应速度加快。

（三）货币政策传导机制的变化

在货币供给方面,传统银行的作用如同一个"三极管",将基础货币的变动加以放大,即所谓的"乘数"作用。网络银行却更像一个智能的"三极管",在货币供给过程中有自己的"主张"。当网络银行可以自己发行电子货币时,它对基础货币变动的敏感性自然会下降,如果网络银行发行的电子货币或准电子货币的数量和吸引力,足以同中央银行展开竞争时,基础货币的投放甚至可能变成一个"买方市场"。撇开这一点,假设网络银行的再贷款仍是中央银行投放基础货币的主要途径,由于交易费用大为降低、投资机会增加、投资范围扩大,网络银行仍有可能将其获得的基础货币用于其他投资项目,而非贷放出去,同时用其他的融资方式满足客户的需求。对于公众而言,传统银行在货币政策动态不一致性方面的影响较少,而网络银行有可能加大这种影响。在货币政策的传导过程中,网络银行更容易捕捉到新的信息和变化,其先进的技术手段也可以使其做出迅捷的反应。如中央银行制定政策时未预见到这种信息和变化,就有可能加大货币政策最终目标的误差。

反之,网络银行也有可能使货币政策的传导更加有效,它可以缩短政策传导过程中的时滞,更快地导致经济总量指标的变化,但其前提条件是货币政策要有更好的适应性。

(四)货币政策实施的独立性

网络经济中,货币政策实施的独立性问题已经引起了人们的关注。电子货币的跨国使用要比传统货币方便得多,消费者既可以使用由本国机构发行的电子货币进行国外产品(如旅游、网络产品等)的购买支付,也可以接受国外电子货币发行机构以外币或本币发行的电子货币并直接用于消费,还可能出现居民利用互联网为国外厂商提供智力服务,并将其所得或收益直接转成电子货币在国内外使用的情况。随着网络技术的发展,这种情况很难限制。另外,许多国家的电子货币都是在国外已有的先进技术和软件基础上开发的。对这些技术与软件的标准、规范和应用情况的了解,将是未来中央银行的一项不可或缺的任务。

另外,电子商务交易平台和电子金融市场的开放性、全天候和无疆界限制,使网络经济自然带有全球化的色彩,一国的货币政策已很难不受其他国家经济与政策的影响。在欧洲,跨境交易问题已受到了欧洲央行和成员国金融当局的高度关注。如果这些现象在本国较为普遍,中国银行在测定电子货币量和执行货币政策时将不得不与相关国家进行相关政策的协调。这些协调应包括电子货币流动管理与报告制度、电子货币产品与系统资料交换方式和相互影响说明等。

(五)网络金融监管政策的内容

网络经济时代,金融监管部门不仅要继续对传统金融业务进行监管,而且还要制定和实施新的金融监管政策,以对网络金融业务进行监管。鉴于电子货币和网上银行在网络金融运行中的重要地位,国际社会纷纷出台了针对电子货币和网上银行的金融监管政策。其中,欧洲中央银行公布的电子货币系统监管政策最为详尽,目前网络银行监管的基本框架就是由巴塞尔委员会在《电子银行业务风险管理原则》中提出的。

第四节　风险投资

网络经济的特殊性,决定了网络经济中最主要的投资形式就是风险投资。因此,网络经济与风险投资的关系密不可分。网络经济的蓬勃发展离不开信用经济的支持,雅虎、百度、搜狐等这些知名的网络企业都是在风险投资和二板市场的支持下迅速发展壮大的。本节将从网络经济下投资的特点出发,探究风险投资与网络经济发展结合的必然性。

一、风险投资概述

风险投资已有相当一段时间的发展历史,其真正的兴盛并成为一种重要的投资形式,是在20世纪末。信息和网络时代的到来,使风险投资这种独特的投资方式真正体现出它的价值,从而受到普遍的关注。

（一）风险投资的概念

风险投资（Venture Capital）发端于 20 世纪 50 年代的美国，其中硅谷的风险投资一直处于世界风险投资发展中的领先地位。风险投资在 20 世纪 60 年代逐步成长起来，到 70 年代迅速发展，随后陷入衰退之中，在 80 年代又得以复苏。90 时年代中期以后，随着美国新经济的崛起，风险投资进入了一个全盛时期，此后在各发达国家普遍发展开来。风险投资是促进高新技术产业飞速发展的"加速器"，人们常把风险投资看作一项重大技术创新和新兴产业兴起的标志，而风险投资的载体——创业板市场（也称为二板市场），被看成是网络经济下高新技术产业发展的"晴雨表"。

风险投资一词最早是由一个名叫怀特（Whitey）的人率先提出的，他也是以共享股份的方式进行风险投资的第一人。风险投资中的风险，即"Venture"一词不同于另一词汇"Risk"，后者含有不可避免、不确定性和不可预测的意思，而前者不仅仅表明创业中有风险，它更体现了一种创新和冒险的精神，表明投资者对风险的一种承担，而不是规避。风险投资有广义和狭义之分，广义的风险投资是泛指所有具有高风险和潜在收益，同时又可能蒙受巨大损失的资本投资。狭义的风险投资是指仅投资于高新技术产业，或者只对拥有一个概念的中小企业的创立和发展的投资。人们所说的风险投资，更多的是指狭义的风险投资。

对于风险投资有不同的定义。美国全美风险投资协会对风险投资的定义是：风险投资是由专业金融投资者投入到新兴的、发展迅速的、有潜在竞争力的企业的一种股权资本。联合国经济合作与开发组织（OECD，1983）提出的定义是：所有以高科技和知识为基础的、生产和经营技术密集型的创新产品或服务的投资，均可称为风险投资。欧洲风险投资协会（European Venture Capital Association）提出的定义是：风险投资是一种由专业的投资公司向具有巨大潜在发展能力的、增长的、扩张的和重组的未上市公司提供投资支持，并参与管理的投资行为。

综上所述，风险投资是指由专业投资机构在自担风险的前提下，通过科学评估和严格筛选，以股权投资的方式将资金投向具有巨大发展前景的即将创立或扩张的公司、项目和产品，并运用科学的管理方式对其进行管理监督，最大限度降低整体投资风险，以期未来获得巨大投资收益的投资活动或过程。因此，我们可以看出风险投资具有以下一些特点：风险投资既不是简单意义上的风险，也不是确切意义上的投资，更不是传统意义上的股权融资。它既是一种权益投资，又是一种商业运作投资；它既包含投资，又包含融资，是二者的结合；它既是融资投资的过程，又含有经营管理和企业运作的过程。

（二）风险投资的基本要素

后期投资者允许科技创业公司保持较长时间的私有化，但是，趣店在 2017 年的 IPO（成立四年内）是一个关于突破性产品、快速募集资金和一个关键的战略合作伙伴关系的故事。在中国新兴替代性贷款市场缺乏监管的背景下，趣店很快占领了市场份额，并迅速通过 IPO 向私人投资者提供回报。

趣店于 2017 年 10 月在纽约证券交易所上市，募集了 9 亿美元资金，并且是在美国上市的最大的中国金融科技公司。这家公司上市的时候获得了超额认购，对当时 34 岁的首席执行官罗敏而言是一个特别有利的退出机会，他在上市之前拥有该公司约五分之一的股权。

趣店成立于 2014 年,起初是一个面向大学生和年轻专业人员的电子商务购物网站,在这个网站上,他们能够借钱购买商品并按月分期还款。2017 年上半年,趣店的循环信用模式为 700 万中国年轻消费者提供了与阿里巴巴产品整合的数字平台。罗敏强调,该公司以年轻消费者为目标,他们可以获得小额贷款,而不必经历与银行打交道的麻烦(在同一时间段,他们的平均现金贷款额约为 136 美元)。趣店依赖其他数据来源,如申请人的电子商务数据、手机记录和社交媒体网络来检查信用。该公司是在各个中国天使投资者的支持下成立的。在 10 个月内,趣店从蓝驰创投基金和其他投资者那里筹集了三轮资金。2014 年 8 月的 B 轮融资中,趣店的估值到达了 1.62 亿美元。同年 12 月由蓝驰领投的 C 轮融资中,估值上升到 5 亿美元。蚂蚁金服在 2015 年向趣店投资了 2 亿美元,并将趣店的类贷款平台加入其金融科技产品组合中。彭博亿万富翁指数显示,此次 IPO 给罗敏带来了至少 12 亿美元的净资产。在趣店的主要股东中,昆仑万维在申请 IPO 时持有 20% 的股权。源码资本——从 A 轮投到 E 轮——持有约 16% 的股权,而蚂蚁金服拥有的 API(香港)投资有限公司持有 12.8% 的股权。直到 2017 年年底,趣店基于替代数据收集模式的小额贷款服务才受到严格监管,当时政府要求有关部门暂停发放新牌照。对监管力度不断加大的预期,消除了趣店股票的短期收益。截至 2017 年 12 月中旬,该公司股票从 24 美元的 IPO 价格跌至近 13 美元。为了在核心业务面临监管威胁的情况下实现收入来源多元化,趣店于 2017 年 11 月推出了名为大白汽车的汽车金融业务。截至 2018 年 1 月底,该公司在中国各地的购物区建立了 175 个离线展厅,截至 3 月 10 日,出租了 4800 多辆汽车。由于担心不利监管,趣店在公开市场上举步维艰。国盛金控和昆仑万维等最大的支持者在 IPO 期间出售了其名义股份,国盛金控甚至将价格下跌视为增持其趣店股份的机会。在 2017 年第 4 季度的财报电话会议上,首席执行官罗敏宣布,在公司达到 1000 亿美元的市值(趣店当时的市值约为 50 亿美元)之前,他将放弃工资和任何奖金。

从趣店的风险投资案例中,我们可以总结出风险投资的五个基本要素。

1. 风险投资的提供者

风险投资的提供者也就是风险投资的主体。在进行风险投资的过程中,首先遇到的问题就是风险资金的来源,即风险投资的提供者。风险投资的主体之所以愿意向具有高风险性的网络企业投入资金,根本原因就在于网络企业的高技术和创新产品的高风险能够带来巨额回报。这些投资主体包括个体投资者和机构投资者。而机构投资者在风险投资中占有更主要的位置。以美国为例,主要包括公共养老基金、金融机构、捐赠基金等。并且,美国等西方国家的风险投资大多采用私募方式,这主要是考虑到风险投资的高风险性和专业性强等特点。《中华人民共和国证券投资基金法》也有相同的规定。

2. 风险投资的运作者

风险投资的运作者也就是风险投资的中介。风险投资的运作者主要为风险投资公司或风险基金,它是风险资本提供者和接受者之间的桥梁。风险投资公司对新技术企业创业及其新产品开发进行投资入股,多渠道筹集资金,并参与企业咨询服务,强化生产经营管理,将科研、企业运作和金融有机结合在一起,最终从开发成功的高新技术产品中获取巨额商业利润。

3. 风险投资的使用者

风险投资的使用者也就是风险投资的客体。风险资本的使用者统称为风险投资企业（Venture Business），这是一种极具时代特征和冒险精神，专门在风险极大的高新技术产业领域进行研发、生产和经营的企业，是主动向市场风险进行出击的挑战者。因此，这些企业的创立以及产品的开发往往需要大量而长期的资金投入，自然成为风险投资的客体。

4. 风险投资的方式

风险投资的方式也就是风险投资的载体。风险投资采用的方式就是以股权融资的形式将资本投入风险企业。这种方式有助于将投资者和被投资者的收益和风险紧密联系起来，这种结合有利于发挥各方的比较优势，加速高科技产品的市场化进程。同时有利于风险投资者以更加合理的身份参与风险企业的管理，有利于企业的长期稳定和健康发展。

5. 风险投资的目的

风险投资的目的也就是风险投资要达到的结果。与一般投资一样，风险投资的最终目的也是要获取投资收益，所不同的是，风险投资所要获取的是超出一般投资回报率的高额利润回报。当然，获得这种高额回报的前提就是要承担高风险和极有可能的失败。但是，我们前面已经说过，风险投资公司会通过科学的管理监督尽可能降低风险，这也就保证了风险投资的最终实现。

二、风险投资流程

风险投资作为一种独立的投资形式，有其特殊的运作流程。通常情况下，风险投资的运作过程一般包括四个环节。

（一）风险投资项目的取得

风险投资公司的项目取得通常有三个渠道：风险企业的申请，同行、熟人等的推荐，自己主动寻找。无论是哪个渠道获取的项目，风险投资公司都会要求风险企业递交一份"经营计划书"或"商业计划书"，以对该项目进行全面而又深入的了解。

（二）风险资本的筹措

风险投资公司通过各种渠道将较小而且零散的资金汇聚到一起，共同投向风险投资项目的过程就是风险资本的筹集。纵观风险投资的整个发展过程，政府和市场是两大基本的投资主体。但随着风险投资行业的成熟，政府作为投资主体的地位应有所削弱，而应以市场为主。以市场为主的投资主体又可以分为机构投资者和非机构投资者。其中资金主要来源是机构投资者，如养老基金、公司资本以及少量的个人及家庭投资、捐款基金等。

（三）风险投资的经营管理

风险投资不同于银行贷款和债券融资，除了要向企业提供资金以外，风险投资企业还要参与风险企业的经营管理,还要充当咨询、监督的角色。之所以这样做,是由风险投资公司的投资目的以及风险企业的高创新性、高风险性、技术密集型、低成功性、高收益性的特点决定的。另一方面,风险投资公司的专业性、技术性保证了风险投资的顺利运行。

(四) 风险投资的退出

风险投资的退出是风险投资活动的最后一个环节,也是非常重要的一个环节。风险投资公司是为卖而买,能够顺利套现退出并取得预期的收益,是风险投资公司进行投资的目的。而风险投资的回报并不是通过分红获得的,而是希望通过风险企业的上市或被收购兼并来实现增值退出。因此,实现这种退出主要有四种方式:

1. 在二板市场上市退出

也即通过企业的首次公开发售(Initial Public Offering,IPO)风险企业实现上市,风险投资机构在二板市场上抛售其股票从而增值退出,这是风险投资最为理想的退出方式。

2. 风险投资企业被兼并收购

当风险企业难以达到或尚未达到 IPO 条件时,或风险投资公司认为风险企业的发展前途不大,或是风险企业不愿意接受 IPO 的各种约束条件时,风险投资公司可以选择被兼并或收购的方式退出。也就是将股份出售给对风险企业感兴趣的其他企业或另一家风险投资公司。这种方式可能实现获利,也可能亏损退出。

3. 股份回购

许多风险企业在签订投资协议时,加列了在一定投资期限之后,风险企业回购风险投资公司的股份的条款,这样做的目的是降低投资和退出风险,保证风险投资的最低收益。这也形成了风险投资退出的又一方式。

4. 风险企业因为种种原因而破产

这种方式自然是最不理想的方式,在这种情况下,无法保证最后风险投资机构的增值退出。

三、风险投资与网络经济

(一) 网络经济与风险投资的关系

风险投资是网络经济发展的第一加速器,它推动了网络经济下的产业化、市场化和商业竞争化进程。同时,网络经济的高速发展反过来又为风险投资创造了巨大的投资市场和高额回报。

1. 风险投资是网络经济发展的助推剂

在网络经济时代,网络企业的创立资本来源就是风险投资,其为网络经济提供了超乎常规的发展平台,是网络企业能够不断稳定发展的资本基础。在风险投资的发展历程中,有许多经典的范例证明了风险资本是网络企业的第一推动力。以阿里巴巴为例,1999 年 3 月,马云在杭州创建了阿里巴巴。资金短缺曾一度让阿里巴巴陷入困境,此时,阿里巴巴获得软银的第一笔风险资金,之后又陆续获得高盛、美国富达投资等机构的投资。在外部风险投资的支持下,阿里巴巴呈现了超常规发展的态势。2014 年 9 月 19 日,阿里巴巴正式在纽约交易所挂牌交易,按照当日股价,市值达 2314.39 亿美元,超越 Facebook 的市值成为仅次于谷歌的第二大互联网公司。

2. 风险投资平抑了网络经济的投资风险

风险投资不仅构造了安全、透明、公平和有效的规则,而且通过完善的责任机制、对称机制和引导机制,将投资、融资以及管理有机地结合在一起,有效地提高了网络经济的创新能力,将网络经济中的风险降到了合理的范围内。风险投资者通常采用"风险分散"和"风险分担"的原则来避免和减少风险。"风险分散"是将风险资本投向多种不同的项目,如果一个项目失败了而其他项目可能成功,从而在总体上达到风险最小、收益最高的目的。"风险分担"是风险分散原则的一种补充形式,它是指风险投资公司不单独投入一个风险项目,而是联合若干个投资者共同投资,从而达到分散风险的目的。

3. 风险投资是对网络企业资金和机制的双重输出

传统的投资只是对资本的输出,但随着投资对象由实物转向了概念,体现了现代投资的虚拟性。这不仅需要新的金融衍生工具,同时也需要投资制度的创新,在资金和体制方面网络经济得到了综合投入。这极力地防止了企业重筹资、轻体制问题的发生,同时提高了网络企业的成功概率,使网络经济得以健康发展。由此可见,网络经济一方面为风险投资创造了巨大的投资市场,另一方面也为风险投资带来了巨大的收益。网络经济的发展为资本市场的发展注入了新的活力,网络经济和风险投资在资本市场上形成了互动式发展。

(二)风险投资与二板市场

风险投资的目的并不是取得风险企业的控股权,而是把企业做大做强之后,再将其资产变现,取得巨额利润,回收投资后,再进行新一轮风险投资。对于传统企业而言,在一级股票市场上市是最基本的投资回收方式。但对新兴企业,特别是网络企业而言,由于它通常不具备在一级股票市场上市的条件,因此,就需要一个比主板市场低一些的二板市场,既能够让风险投资者投资于网络企业的风险资本增值收回,又能保证风险企业能够继续获得投资资金。这样,网络经济、风险投资和二板市场就形成了一个链条式的存在关系,风险投资是网络经济的第一推动力,没有风险投资的初始投资,就不会有网络企业的建立和发展壮大,而二板市场则是风险投资的有效退出机制,三者实现了"投资→发展→退出→再投资"的良性循环。

所谓二板市场,是一级主板市场以外的证券交易市场,又被称为创业板市场,它是为了促进中小型和高新技术企业的发展而特别设立的,其作用是扶持正处于创业阶段而又缺乏资金的企业,使其得到募集资金和上市交易的机会。

1．二板市场的特点

1）没有特定的交易场所

一板证券交易市场从事证券买卖的地方有交易大厅以及各地营业厅。二板市场的交易没有特定的交易大厅、没有固定的交易地点，它是一个纯粹的依附现代信息系统而建立的电子网络交易系统。

2）交易方式灵活

二板市场的交易基本都是交易各方的一对一直接交易，交易价格以净价为基础来确定，各交易之间都不存在佣金。证券交易额没有数量起点和各种单位限制，零数交易和大额交易均可进行。市场参与者可以是机构，也可以是个人，没有限制。

3）交易证券种类繁多

二板市场交易种类多样，交易的主要类别是未能在证券交易所登记上市的证券和定期还本付息的债券，且交易种类呈日益增加的趋势。

2．二板市场的作用

首先，二板市场的市场交易容量具有伸缩性，能够极大地缓解证券市场扩张期的风险。有限的证券交易所的数量和每个证券交易所的扩容能力，使得在证券发行量迅速增长时，发行市场和交易市场的平衡被打破。若用加快证券上市的速度来解决不平衡，则证券交易所的超负荷运营将会诱发证券市场的潜在风险。但是，如果将大批的新上市的证券分流到二板市场中进行交易，某种程度上就能化解证券市场的危险状况，因为二板市场具有无限的扩容能力。

其次，二板市场的自由性会加快资本社会化的历程。经济越发达，社会公众手中的闲散资金量就会越大。将巨额的闲散资金变成投资资本，是经济继续发展和社会基本稳定的刚需。二板市场以其特点极大地吸引了社会公众的热情进而进行投资，这将从根本上改变公司的资本结构和经营机制，提高资源的配置效率，资本的社会化程度也会大大提高。

最后，二板市场的多样性促进了新兴产业，特别是与互联网相关的创新型产业的成长与发展。这主要集中体现在两个方面：一是为公司的发展提供了低成本的资金支持，同时分散了公司经营的风险；二是为公司人力资本开发创造了有利的条件。

3．美国纳斯达克二板市场

美国的纳斯达克是全世界规模最大和最成功的二板市场。纳斯达克（NASDAQ）是 National Association of Securities Dealers Automative Quotation 的英文缩写，意为全国证券交易商协会自动报价系统。但目前已成为纳斯达克股票市场公司（Nasdaq Stock Market, Inc.）的代名词，其职能是操作并维持纳斯达克报价系统的运转，并提供各种金融服务。纳斯达克的成功主要来自三个方面的因素。

1）先进的技术手段

纳斯达克一开始就采用先进的计算机网络系统，目前该系统拥有几十万台终端。通过这一网络及其遍布于各地的终端提供的报价，买方和卖方可随时随地进行交易。这就摆脱了传统的主板市场必须在一个固定的交易场所通过经纪商进行交易的模式，大大地降低了交易费用。比之小型的地方性的场外交易,纳斯达克则具有规模巨大、透明度高、交易过程充分可监测、可及时发现异常并进行监管的优点。因此,纳斯达克兼有主板市场和场外市场的优点,既可降低费用又能控制风险,较好地解决了费用风险这一阻碍交易有效进行的问题。

2) 合理的市场定位

纳斯达克面向中小型企业,专门接纳那些没有资格进入主板市场的新兴公司,特别是高科技企业。这些企业具有较大的风险,同时拥有巨大的潜力。纳斯达克不但为这些企业提供了融资和变现的渠道,而且为具有较高风险偏好的投资者提供了适当的投资品种。美国一些著名的高科技公司,如苹果、微软,以及雅虎等,都是这一市场的明星。这样一些企业一起成长,其发展速度之快可想而知。

3) 做市商制度

做市商(Market Maker)又称庄家。做市商以其自有资金,在证券市场上挂牌买进同时又卖出某一种股票,从中赚取价差。由于在纳斯达克上市的公司规模较小,知名度较低,其交易可能过于清淡。为此,它要求每只证券至少有两名做市商为其坐庄,他们有义务为这些证券提供买进和卖出的报价,并按此报价完成交易。

纳斯达克的这一制度,使其成为一种以报价带动的市场,即客户根据其终端显示的庄家报价,做出买卖决定后通过自己的经纪商向庄家买入或卖出证券。这使其交易具有一对一的可讨价还价的特征,而与主板市场以拍卖为基础的自动撮合方式有着本质差异,做市商起到了活跃市场的作用。由于纳斯达克上市公司本身的性质,吸引了一些著名的机构充任其做市商,如美林、高盛、摩根士丹利等都在其列。有这些头牌投行坐庄,自然会给投资者带来信心,从而降低风险并增加市场的活跃度。而大机构凭借其本身的专业水准和资金实力提出的报价,也具有发现价格的功效,从而进一步提升市场的效率。

(三)中国新三板

新三板,是由中国证监会、科技部组织和发起,并经国务院批准专门为在国家科技园设立的民营科技公司提供股份转让的代理平台,即民营股份有限公司要约代售股份转让制度(目前容量条件下仅指中关村科技园非上市股份有限公司)。股票市场成立于 2006 年 1 月 23 日,股票代码以 430 开头。新三板没有明确的财务要求,但目前券商一般对公司的财务指标有一定的要求,如近年来的收入增长、毛利、营运存货周转率、应收账款、负债比率、流动比率等。

随着新三板的扩张,新三板的规模发展迅速。182 家上市公司总市值超过 1 亿元。新三板的成立有利于主板、创业板、新三板(场外交易市场)等多层次资本市场的形成。可以预见,新三板将是中国未来的场外交易市场和中国未来的"纳斯达克市场"。

【阅读与思考】　　　　　　泛亚 430 亿元兑付危机事件回顾

扫描二维码

深度学习

【思考题】

1. 试分析经济全球化的含义及其发展趋势。
2. 试分析网络经济对国际贸易理论的影响。
3. 试分析网络经济下国际贸易发展的新趋势。
4. 试分析网络经济对国际金融理论的影响。
5. 试分析网络经济下金融市场、金融监管的变化。
6. 试简述风险投资的流程。
7. 试述网络经济下金融政策的变化。
8. 试述你对"数字人民币"的理解和展望。
9. 试述网络金融发展过程中面临的主要问题。
10. 试述网络金融在日常生活中有哪些体现。

【在线测试题】

扫描书背面的二维码,获取答题权限,在线自测。

扫描二维码

在线自测

【参考文献】

[1] 李志宏,王丽萍,吴岚腾,等.虚拟货币的分类及演变过程[J].中国科学基金,2021,35(04):627-635.
[2] 唐燕.论电子商务对国内贸易的影响[J].中国集体经济,2021(35):70-71.
[3] 欧阳岚.新时期网络金融发展研究[J].企业科技与发展,2021(02):145-146+150.
[4] 彭陆军,施金影.新时期网络金融发展研究[J].浙江金融,2019(08):54-58.
[5] 赵谦诚.中国电子商务发展路径研究[J].内蒙古科技与经济,2021(08):6-7+19.
[6] 王倩.网络经济时代的宏观金融政策分析[D].长春:吉林大学,2004.

第八章

网络企业理论

富士康：制造业巨头率先启动数字化转型

富士康的发展伴随着中国的改革开放进程，自 1988 年在深圳地区投资建厂至今已有 34 年的历史。2015 年，富士康将物联网、机器人、人工智能相关业务单独拆分，成立工业互联网业务公司——富士康工业互联网股份有限公司，简称工业富联。2018 年工业富联在 A 股成功上市。自成立之日起，工业富联就瞄准了"智能制造＋工业互联网"的发展方向，更是以引领整个制造业转型升级为发展的目标和方向。

2019 年，工业富联在达沃斯世界经济论坛上成功被评选为"制造业灯塔工厂"，这也是工业富联"智能制造＋工业互联网"双轮驱动战略成功落地最好的佐证。之后的两年多时间里，"灯塔工厂"已成为众多企业寻求定位和突破的灵感之源。而富士康也积极对外输出自身成功实践经验，打造了灯塔工厂卓越咨询服务，共享"灯塔经验"，赋能百业。

在互联网经济席卷全球的当下，数字化转型成为制造业不得不面对的一个问题。虽然智能制造的概念已经被提出超过 30 年，但是要将制造业实现互联网化，实际是在打造一个全新的生态，需要靠全行业的努力，而富士康作为全球制造业龙头，又一次走在了行业前沿。它凭借数十年深耕制造业的经验技术积累及人才储备，于 2020 年正式启动数字化转型计划，即把过往的经验技术、知识的积累转变为工业大数据，实现工业人工智能，同时运用工业人工智能带动产业发展。富士康的数字化转型，不仅是为了自身发展，也将为合作伙伴、产业生态赋能，成为中国制造数字化转型的引领者，影响深远。

尽管是在复杂多变的 2020 年，富士康也交出了一份不错的答卷，依靠"工业互联网＋智能制造"提升自身竞争力，对整个中国乃至世界制造产业的发展产生了积极影响。随着 5G 智联时代到来，富士康启动数字化转型战略，与中国实施制造强国战略高度融合，以自身拥有的智能制造数据、经验、解决方案，正在重塑工业制造的未来形态，令人充满期待。

案例来源：https://www.163.com/dy/article/FTB1CIMG0519QIKK.html.

第一节　网络经济下企业理论

网络经济中的企业跨越了科斯的企业边界理论,使单个企业能够将属于其他企业的大量外部资源纳入自我发展的轨道,企业的边界变得越来越模糊,以企业内部资源配置效率为核心的传统治理结构,越来越不适应网络经济。以虚拟企业为例,其外部协调和外部治理要比内部协调重要得多,这直接影响了企业治理结构的安排。

一、企业流程再造

企业流程再造一般是指业务流程重组(Business Process Reengineering,BPR),最早由美国的迈克尔·哈默(Hammer)和詹姆斯·钱皮(Champy)提出,是在 20 世纪 90 年代达到了全盛时期的一种管理思想。企业流程再造通常被定义为:通过对企业战略、增值运营流程以及支撑它们的系统、政策、组织和结构的重组与优化,以达到工作流程和生产力最优化的目的。

企业流程再造强调的是以业务流程为改造的对象和中心,以关心客户的需求和满意度为目标,对现有的业务流程进行根本的再思考和彻底的再设计,并利用先进的制造技术、信息技术以及现代的管理手段,最大限度地实现技术上的功能集成和管理上的职能集成,以打破传统的职能型组织结构,建立全新的过程型组织结构,从而实现企业经营在成本、质量、服务和速度等方面的突破性的改善。

现代商业社会的发展日新月异,市场信息瞬息万变,顾客需求日益增长,市场竞争异常激烈。在这样的市场背景下,企业业务流程再造的思想应运而生,并且迅速成为席卷全球的一种重要的管理学理论和实践方法。

(一)企业流程再造的具体内容

1. 面向企业内部的流程再造

在传统的劳动分工理论下,企业业务流程被分割为不同的部分。各个部分的员工只需集中精力于个别任务的完成和效率的提高,这往往就会忽略整体的目标,即顾客的需求。面向企业内部的流程再造能够使企业真正着眼于整个过程的结果,避免出现部分过程最优而整体结果很差的情况。企业内部流程再造要求全体员工树立一种以全局为重的思想,从全局的角度把握业务流程,树立追求最终目标最优的思想。在这里,过程的概念深入人心,传统的职能分工的思想将被彻底打破,这与企业所遵循的顾客需求导向是完全一致的。

2. 面向顾客的流程再造

在如今的网络环境下,顾客的行为已经发生了很大的变化,顾客需求呈现出了新的特点,由原来对数量、质量的需求发展成为对数量、质量、品种、期限等多方面的需求,具体表现为数量降低、质量提高、品种多样、时效提前。与此同时,个性化需求也随着网络的延伸而扩张和增长。由于企业对顾客的服务始终要围绕需求而展开,这使得调整传统的服务内容和方式已经成为新形势下迫不及待的问题。面向顾客的流程再造是企业实现最终目标的外部环节和最后环节,如果只有内部流程再造而无外部环节的变动,顾客的需求没有得到满足、生产的产品销路不畅,那么企业的利润也就不能实现。

3. 运营模式的变革

运营模式的变革将使企业内部的部门职能、员工角色和价值观念焕然一新。首先,企业流程再造使企业中间管理部门的职能淡化。传统的金字塔式的结构变为扁平式的结构,上下层之间直接进行沟通,中间管理部门就没有存在的必要了。扁平式的结构能够提高管理效率,并且增强企业的柔性和快速反应能力。其次,企业流程再造使企业员工的地位得到了提高,生产积极性得到了鼓励。企业流程再造要求树立全局的观念,从对最终目标的实现上把握各个部分的工作。因此,员工可以充分发挥个人的特长,为企业的发展献计献策,并且能从不同的角度来考虑工作。这对企业来说提高了内部凝聚力,对员工来说增强了责任感。最后,企业业务流程再造提倡革新,对业务中的低效劳动和无效劳动完全否定,对劳动报酬的分配不再是看效率而是看效益,强调的是最终结果,员工获得报酬和职位晋升需要考察的是人的综合能力。

(二)流程再造的步骤设计——以运营模式变革为中心

1. 预备阶段:搭建团队,锁定目标

(1)建立组织。对企业管理层推进企业流程再造工作给予充分授权,对企业最高管理层直接负责,建立定期进度报告和完善追加授权制度。

(2)设定标杆。对现有的竞争企业,包括潜在的竞争企业进行全面分析,从中选定一个或几个比自己强大但具有可追赶性的成长性优势企业作为标杆企业。

(3)识别目标。在当前高度市场化的情形下,顾客需求呈现出多元化和个性化的特征,没有任何一家企业能够满足所有的顾客需求,从而独占市场。所以,企业应该尽量追求目标客户群的最大化,必须清楚地知道自己需要向哪些顾客提供服务,才能获取经济和社会效益的最大化。

2. 自检阶段:系统诊断,判定症结

(1)自检战略导向。对各类客户各层次需求的满意率和满足率进行对比分析,根据差距发现企业战略导向中存在的问题,并对其进行调校。

(2)自检商业模式。依据调校后的企业战略导向推动商业模式转型。如果企业能力与客户价值之间不对称,就会出现价值困境,这就需要企业改变或抛弃现行的商业模式,迎合市场和客户的需求,推动商业模式转型。

(3)自检运营模式。运营模式是企业推进并最终实现商业模式调整或者重构的关键。企业应该依据自身商业模式转型的方向和特征,对现有的运营模式进行彻底的适应性诊断,确定问题所在并集中解决。

3．设计阶段：营造环境，设计方案

（1）转换思维模式。流程再造能够顺利推进的前提是要尽早地消除组织对变革的抗拒。企业可以采用讨论、征文、演讲等有效方式，自上而下地进行思想渗透，在企业内部营造创新氛围，建设创新文化，统一企业员工的思想认识，认同企业新的愿景。

（2）设计运营模式。在企业建设创新文化的氛围下，引导企业员工充分发挥积极性以及原创精神。集中企业高层管理人员的判断力和群众的智慧，发动全员参与、全员设计，根据新的适应市场和顾客需求的商业模式，为企业选定与其相配套的运营模式。

（3）诊断现有流程。根据新选定的运营模式，企业应该以内部流程再造团队的推进为主，聘请外部相关领域的专家为辅，鼓励全体员工参与，诊断企业现有流程，进行流程效率和效能评估。

（4）设计再造方案。组织内部团队和外部专家，在流程诊断结果的基础上参照标杆企业流程再造的经验做法，以新选定的运营模式为中心来重新设计和推进企业流程再造方案。

4．推行阶段：以点带面，强力推行

（1）局部试点。选定一个或几个合适的试点单位进行局部试点，由于流程再造具有高风险性，局部试点通常不会选择核心流程而是选择辅助流程，在那些管理层认识到位、员工基础较好、见效较快的辅助流程段进行试验。为了更加全面地验证方案的科学性和适应性，企业可以选择同时多点试验，或者进行长期实验，多轮反复试验。

（2）完善方案。通过试点取得比较完整、可信度高的原始实验数据和相关材料，分析采集的信息情况进而修改完善设计方案，确定设计方案实施的顺序和重点。由于对主流程的再造牵涉面较广，实施过程需要一定的过渡和调适，可能会给企业带来一定的风险。因此，在设计正式方案时通常还应该设计应急预案，提高企业流程再造的抗风险能力。

（3）沟通交流。在推进流程再造的过程中必须建立沟通交流渠道。流程再造涉及企业组织机构和全体员工的权力和利益调整，因此，在方案出台前应该与全体员工进行充分的沟通交流，尽量取得大多数人的理解和支持，有效降低利益受损人员、部门发动集体抗拒的可能性。同时还要对全体员工进行分层培训和宣传教育，使企业员工都明白为什么再造以及怎样再造。

（4）权力模式变革。在实施阶段最重要的就是清理一切阻碍，迅速地对原有的组织结构进行变革，适当调整管理人员，重新对权力进行合理的分配，为流程再造打造良好的组织基础。

（5）新旧流程切换。尽管流程再造要稳步推进，不能冒失，但一旦条件成熟需要全面推进时，就必须果断完成新旧流程的同步切换，废旧立新。如果过渡期设置得过长，新旧流程就容易产生矛盾，难以解决。

5．调校阶段：完善规范，持续改进

（1）流程调校。在新流程运行过程中要不断调校其与新的运营模式之间的适应性。流程调校阶段最重要的任务是邀请重要客户和主要利益相关人员参与新流程的评估，并且根据评估结果参与新流程的修改和完善。这样不但可以更加全面地了解他们的需求变化，从

而提高新流程的适应性,而且还能够通过交流提高新流程在客户中的认知度和影响力,使客户的心理得到满足。

(2)信息化跟进。大多数人认为应该先使用信息化手段,再推进流程再造。但事实上信息化并不宜过早推行,如果在流程没有再造以前就实施信息化,只能是对现有的流程进行信息化的描述,那么现有流程的某些不足很可能通过信息化包装被隐藏起来,会给之后的流程再造带来很大的不便,影响流程再造的效果。因此,要有效地发挥新流程的功效应该是在流程再造以后,针对精简优化后的流程及时跟进信息化建设。

(3)评估体系跟进。从长远来看,任何新流程的正常运行都必须依靠薪酬拉动。在流程再造以后,如果绩效评估体系没有做出相应的调整,薪酬不与流程绩效挂钩,那么新流程就无法维持正常运行。因此,在全面实施流程再造以后,还应该重新设计新的绩效评估体系,以流程绩效、流程协调度和对整体流程的贡献率为主要考核重点,并根据新的绩效评估体系及时出台新的薪酬制度,实现对新流程的有效拉动。

(4)规范流程。在新流程出台后要进行有计划的推广,让价值链中相关企业、客户和利益相关人员知晓并及时给予评定。在经过一段时间的循环运行和反复修改完善之后,以正式流程管理文件、图表等企业标准形式对新流程进行规范化,将其作为一段时间内的执行标准。

(5)流程随诊。在客户需求不断变化、市场格局不断调整的情况下,企业也需要不断调整自己的商业模式、运营模式,同时还要对流程随时进行诊断,发现潜在问题,提供相应的改进意见。

(6)持续改进。流程再造以后,新流程的启动惯性和员工的兴奋感可能会带动新流程正常运行一段时间,但流程再造并不是一劳永逸的,而是一个循环往复、逐级递进的过程。因此,企业要根据诊断情况,对新流程进行反复的修改和完善。

(三)企业流程再造的要求

1. 要重视标杆管理在企业流程再造中的作用

首先要有一个再造的参照物和基准,流程再造才能够做到有的放矢。20 世纪 70 年代末,美国施乐公司提出了标杆管理(Bench Marking),在经过美国生产力与质量中心的系统总结和规范后,标杆管理逐步推广开来。美国生产力与质量中心对标杆管理的定义是:标杆管理是一个系统的、持续性的评估过程,它通过将企业流程与世界上居领先地位的企业不断地进行比较来获得帮助企业改善经营绩效的信息。

标杆管理的基本环节可以分为以下三个步骤:一是树立学习和追赶的目标。主要是以竞争力最强的企业或者那些在行业中最有名望的企业在产品、服务和流程方面的绩效以及实践措施作为基准;二是缩小差距和追赶目标企业。主要是通过收集资料、比较分析、跟踪学习、重新设计、付诸实践等一系列规范化的程序来实现;三是通过标杆管理辨识最佳绩效及其实践途径。明确企业所处的地位、管理运作以及需要改进的地方,从而制定适合企业的有效的发展战略。

标杆管理主要分为战略标杆管理和运营标杆管理两大层次:一是战略标杆管理。通过收集各个竞争企业的财务、市场状况进行系统的对比分析,寻求绩效优秀企业的成功战略和优胜竞争模式,进而找到适合自身的最佳战略,进行战略转变。二是运营标杆管理。注重的是具体运作,通过对环节、成本和差异性三个方面进行比较分析,找出达到同行最佳的运作方法。运营标杆管理从内容上分为流程标杆管理和职能标杆管理。流程标杆管理以最佳工作流程为基准进行,职能标杆管理以优秀职能操作为基准进行。

2. 要选择恰当的流程推行流程再造

流程再造成功实施后将给企业带来高回报和高收益,但流程再造本身具有高风险性。企业内部流程的种类有很多,构成也较为复杂,原有流程不会在短时间内就被全盘推翻。如果流程再造在一开始就全面推行,往往会超出企业和员工的承受能力,进而遭到组织内部本能的抗拒。而且全面同步地推行流程再造不利于企业集中精力、时间和资源,若是战线太长,幅度太宽,也可能使企业资源分配不当,顾此失彼,甚至引发内部混乱,带来灾难性的结果。

因此,在最初推行流程再造时,就应该选择那些再造难度相对较小、周期相对较短或者是最有可能获得阶段性收益的关键流程作为首批再造对象,在深入调研、科学筹划以及反复论证的基础上,先在最容易取得突破的地方开始局部试点,进一步修改和完善方案后再逐步全面推开,这样能够尽早地使企业员工通过对比看到再造取得的成效,从而有效地缓解企业员工的怀疑心理,化解组织内部本能的抗拒,逐渐营造良好的创新变革氛围,吸引企业员工积极地参与变革。

3. 要广泛学习借鉴,反对简单照搬

流程再造要依靠自主创新,但事实上,从旁观者的角度看问题往往更加准确、深刻。在流程再造领域有很多先行者,包括理论和实践方面的专家,企业应该主动地"集智借脑",争取那些专家的支持,依靠科学的力量,实现流程再造的成功。对于企业来说,先进企业流程再造的设计理念、思考问题的方法以及推行过程中的经验教训都是极其宝贵的财富。因此,企业应该广泛学习借鉴先进企业的成功经验,有效降低再造成本,减少再造风险。

与此同时,企业还必须认识到流程再造没有固定的模式。不同管理背景和发展阶段的企业,再造的重点不同,不同管理风格的企业,再造的方式也不同,如果不考虑自身与先进企业之间的差别就直接套用其成功模式,结果不一定奏效。因此,企业流程再造应该"因企制宜",学习借鉴的目的主要是用来启发自己,邀请专家帮助诊断的目的主要是为了帮助企业厘清思路,而具体对流程再造方案的设计还必须由企业自身主导,因为只有企业自己最了解自己,自己主导设计出的方案才最具有针对性和可操作性。

4. 流程再造和管理创新并行不悖,不可顾此失彼

20世纪80年代以后,世界经济开始复苏,发达国家和部分新兴市场的经济始终保持着高速发展,全世界的工商企业都遇到了难得的战略机遇期,各种先进的管理理论被广泛地运用于企业管理实践中,并行工程、敏捷制造和精益生产等一系列管理理论的成功应用为工商企业带来了显著的成效。

20世纪90年代,企业流程再造思想的出现吸引了众多工商企业的目光。但事实上,流

程再造思想是建立在若干成熟的管理理论基础上的,与很多管理理论都息息相关。因此,即使在推行流程再造以后,之前那些行之有效的管理理论也不应该被抛弃。

对于企业来说,流程再造思想的推行和管理创新的持续开展并不矛盾,两者能够做到并行不悖,相互促进与相互支撑。比如,精益生产中提出的缩短生产线长度、减少工位距离、作业标准化和培养多能工等管理方法,与流程再造中消除不增值环节的思想就是高度一致的。因此,企业在全面推行流程再造的同时,还应该充分利用成熟的管理理论和先进的管理手段,继续深入广泛地开展管理创新,提高企业的现代化管理水平。

5. 要尽快健全以流程为导向的绩效评估机制

流程再造的绩效主要依靠企业员工持之以恒的激情来维持。企业的运营可以靠流程驱动,但企业员工的激情除了员工自身的责任心和敬业精神外,更为关键的是需要以薪酬拉动。如果企业在推行流程再造之后,没有及时地建立健全以流程为导向的绩效评估机制,那么企业员工追寻新流程的激情和信心就会弱化,进而导致绩效无法提高,新流程也难以正常运行,甚至新的流程还可能与原有的绩效评估机制发生冲突,误导企业员工的价值取向,使新流程偏离主航道。

因此,企业在推行流程再造之后就必须尽快出台并且逐步完善以流程为导向的绩效评估机制,依靠公正公平的薪酬来拉动企业员工积极参与团队作业,从而确保再造后的流程长期保持高效,不出现反弹。

6. 要有效整合既有资源,将决策权下放到流程中

在传统企业中,往往会出现一边是员工埋怨企业资源匮乏,一边是大量资源在企业内部闲置、积压的现象。这是因为资源没有能够有效共享,各个子级组织和职能部门都尽力争抢人才、设备和资金等内部资源,一旦占有之后就会设置各种障碍,阻止资源流通。在推行流程再造的过程中,企业如果无法充分挖掘和调动内部既有资源,就会使得再造的成本增加,进而明显加大再造的难度。因此,企业流程再造要追求内部既有资源的有效整合,实现科学、合理共享。

在信息化建设初期,企业都会选择建立单独的信息处理部门,他们的工作仅仅是收集和处理流程中产生的信息,但由于他们远离流程一线,而且信息的往返存在周期,往往会影响决策的效率。因此,为了有效消除信息传输中的延迟和误差,企业还应该将一些工作中所需要的决策权下放到流程段的执行者手中,充分的授权与放权对于执行者来说也有比较明显的激励作用。当前,随着信息技术得到广泛应用,员工运用信息化的手段显著提高,信息处理工作融入流程实际工作中能够为及时有效的决策提供支持。

二、供应链管理

供应链的概念最早来源于现代管理学之父彼得·德鲁克(Drucker)提出的"经济链",后来由竞争战略之父迈克尔·波特(Porter)发展成为"价值链",最终演变为"供应链"。其定义为:通过对信息流、物流和资金流的控制,围绕核心企业,从采购原材料开始,制成中间产

品和最终产品,最后由销售网络把产品送到消费者手中。供应链是由供应商、制造商、仓库、配送中心和渠道商等构成的物流网络。同一企业可能位于这个网络的不同节点,但在分工愈细、专业要求愈高的供应链中,不同组成节点基本上由不同的企业组成。统计数据显示,企业供应链可以耗费企业约 25% 的运营成本。

供应链管理的对象是供应链组织和他们之间的"流",主要是运用集成和协同的方法来改进和优化供应链活动。供应链管理的目标是满足客户的需求,最终实现供应链的整体竞争能力的提高。供应链管理的实质是深入供应链的各个增值环节,使得顾客所需的正确产品能够在正确的时间,按照正确的数量、正确的质量和正确的状态送到正确的地点,即"6R",并且要使总成本最小。

(一)供应链管理的特点

供应链管理是一种先进的管理理念,其先进性体现在以顾客和最终消费者为经营导向,以满足顾客和消费者的最终期望来生产与供应产品或服务。除此之外,供应链管理还有以下几个特点。

1. 对企业组织进行了深刻的变革

在企业内部将过去职能型和事业部制的企业组织结构打破,将采购、生产、物流、营销职能重新整合,建立以客户需求为导向的流程型企业组织结构,使产品及服务的交易以及价值增值过程得以顺利实现。因此,在供应链管理过程中,企业战略目标定位主要考虑的是使最终客户满意,战略目标实施过程中的控制标准主要是客户满意水平,战略措施实施的主要依据是物流服务水平。供应链管理给企业带来的第一个直接好处是巩固和赢得市场份额,能够清楚地知道客户在什么时间和地点买什么、买多少、支付能力、信息反馈情况。这是每一家企业在生产经营当中最想知道,但又最难把握的具有决定性的决策依据,采用供应链管理却能够比较好地解决这些问题。供应链管理给企业带来的第二个直接好处是,由于企业的生产经营有了依据,可以大大减少过量库存、不足库存、对流运输、迂回运输、重复采购、盲目采购、盲目生产、过量生产、过量销售、混乱销售产生的物流成本,从而提高企业的经营效益。

2. 对企业组织的联合提出了新的要求

在企业外部,供应链管理要求上下游企业之间从过去那种对抗竞争型的你输我赢关系,转变为双赢的战略合作伙伴关系,从供应链整体能够给客户带来的价值来评价企业的经营绩效。这就要求供应链当中的合作伙伴能够信息共享、利益共享、风险共担,建立分工协作体制,充分发挥各伙伴成员的专业化优势。在每一条供应链当中,以某一品牌公司或跨国集团为核心企业,确定共同目标、建立统一的规则、协调统一的生产经营、分享共同的利益。这种以核心企业为供应链主导方的企业联合是一种新型的企业联合组织,既不同于过去的卡特尔、辛迪加、托拉斯和企业集团,却又高于这些企业组织的联合方式。供应链当中企业的联合是一种跨越组织边界、资产边界、职能边界、业务边界、经营边界的目的性很强的、以某一订单或合同为合作事件依据的动态性的自适应性组织,因而才能产生来自企业却高于企业的供应链价值。当今世界,脱离供应链的单一企业的竞争必将走向失败,而参与到供应链中进行竞争才具有生命力。

3. 采用了大量先进的信息应用技术

在供应链中,随便列举就可以数出大量的信息应用技术,条形码、电子订货系统、销售时点系统、数据交换系统、预先发货清单技术、电子支持系统、供应商库存管理、连续补货系统等,既是先进的物流管理思想在应用信息系统上的集中体现,又能够为企业的生产经营管理提供丰富的管理模式。这些管理模式一方面对最终客户的终端需求可以进行实时的把握,因而可以准确地确定畅销、滞销、存货、断货、涨价、降价、缺货、补货、生产、采购的时机。另一方面对供应链合作体制和经营机制进行整合,因而可以对市场、客户、需求方做出快速的和有效的产品及服务供给反应。在 21 世纪需求多样化、消费个性化的今天,企业生产经营最重要的核心要素是速度,具体来说,这一速度主要表现在对客户需求做出快速和有效的反应方面。

(二)构造高效供应链管理的四大支点

供应链管理的实现,需要把在一条供应链上的包括供应商、生产厂家、分销商和零售商等在内的所有节点企业都联系起来进行优化,使生产资料通过信息网络、组织网络,经过生产、分销环节变成增值的产品,最终以合理的价格及时送到有消费需求的消费者手中。供应链管理不但可以减少库存,降低成本,还能够使社会资源得到优化配置。构造高效供应链管理可以从以下四个方面入手。

1. 以顾客为中心

供应链管理本身是以顾客为中心的"拉式"营销推动的结果,其出发点和落脚点都是以市场需求的拉动作为原动力,为顾客创造出更多的价值。供应链管理的核心是顾客价值,企业根据顾客的需求来组织生产活动。在过去采用的"推式系统"里,供应链的起始动力来自制造环节,企业通常先自行生产物品,再将产品推向市场,所以,在消费者购买之前,企业并不知道销售效果,即存货不足和销售不佳的风险同时存在。而目前采用的"拉式系统"的供应链是以顾客的需求为原动力,产品从设计开始,企业就已经让顾客参与,使产品能够真正符合顾客的需求。供应链管理的架构主要包括三个部分:客户服务战略、需求传递战略和采购战略。

1)客户服务战略

客户服务战略决定企业如何从利润最大化的角度对客户的反馈和期望做出反应,具体内容如下:一是要细分客户服务市场,确定不同细分市场的客户期望的服务水平。二是要对服务成本进行分析,包括企业现有的客户服务成本结构以及为了达到不同细分市场客户期望的服务水平所需的成本。三是对销售收入进行管理,这项工作常常会被企业忽视。

2)需求传递战略

需求传递战略决定企业以什么方式将产品服务的提供与客户的需求相联系。企业采取哪种销售渠道组合把产品和服务送达客户,这一决策会直接影响客户服务水平和分销成本。企业根据分析和预测如何制订生产和库存计划来满足客户需求即为需求规划,这是大多数企业最为重要的职能之一。制订合理的需求规划是成功满足客户需求、使成本最小化的关键。

3) 采购战略

采购战略决定企业在什么地方、如何生产产品和提供服务。企业选择自产还是外购直接影响企业的成本结构和所承担的劳动力、运输和汇率等风险。除此之外,企业的产能如何规划布置,以及企业如何平衡生产效率和客户满意度之间的关系,都是供应链管理中的重要内容。

2. 强调企业的核心竞争力

在供应链管理中,主要强调的是企业的核心业务和竞争力。由于企业内部既有资源有限,企业要在各式各样的行业和领域都取得竞争优势是十分困难的,因此,企业必须集中资源在某个自己所擅长的领域,即核心业务上。这种定位,使企业成为供应链上一个不可替代的角色。

企业的核心业务和竞争力主要具有四个特征,简单来说:一是仿不了,就是指其他企业模仿不了,它可能是企业的某项技术,也可能是企业的文化;二是买不来,就是指这种资源没有市场,在市场上买不到,也就是说所有在市场上能够获取的资源都不会成为企业的核心竞争力;三是拆不开,强调的是企业的资源和能力具有互补性,有了这个互补性,企业资源和企业能力合起来才值钱,分开就不值钱。四是带不走,强调的是企业资源的组织性,带不走的东西包括互补性,或者它本身是属于企业的,比如专利权,但如果专利权属于个人,那便不能构成企业的核心竞争力。

许多优秀企业之所以能够以自己为中心构建起高效的供应链,就在于它们有着不可替代的核心竞争力,并且凭借这种核心竞争力把上下游相关企业连接在一起,形成一个为顾客创造价值的有机链条。

用沃尔玛来举例,沃尔玛作为一家商业连锁零售企业,其高水准的服务还有以此为基础构造的顾客网络就是它的核心竞争力,所以,沃尔玛才能超越自身的"商业零售企业"身份,建立起高效供应链。一方面,沃尔玛不仅仅是一家等待上游厂商供货、组织配送的纯粹的商业企业,而是可以直接参与到上游厂商的生产计划中,与上游厂商一起讨论和制订产品计划和供货周期,甚至还能够与上游厂商一起开展新产品研发和质量控制等方面的工作。这便是为什么沃尔玛总是能够最早得到迎合市场需求的商品,当别的零售商还在与供货商签署合同或者等待供货商提供产品的时候,沃尔玛超市的货架上就已经开始热销这款产品了。另一方面,沃尔玛凭借高水准的客户服务能够做到及时地将消费者的意见反馈给厂商,并且帮助厂商对产品进行改进和完善。

在过去,商业零售企业只是作为一个中间人将商品从生产厂商传递到消费者手里,之后再通过电话或者书面形式将消费者的意见反馈给生产厂商。沃尔玛的做法从表面看起来可能没有什么独到之处,但是结果却呈现出很大的差异,其原因就在于,沃尔玛能够直接参与上游厂商的生产计划,而不像其他零售商只是简单地充当二传手或者传声筒,从而能够将消费者的意见迅速反映到生产中,更快速高效地满足顾客的需求。事实上,沃尔玛的思路并不复杂,但大多数的商业企业还只是充当厂商和消费者之间的"桥梁",缺乏参与和控制生产的能力。也就是说,沃尔玛的模式已经跨越了企业内部管理和与外界"沟通"的范畴,它通过先进的信息网络技术形成了以自身为链主,连接生产厂商与顾客的全球供应链,进而构建出一整套高效的统一、集中和实时监控的供应链管理系统。

3. 相互协作的双赢理念

在传统的企业运营模式中,供销双方是一种敌对争利的关系,两者互不干涉,系统协调性较差。企业和各供应商没有协调一致的计划,每个部门都只会安排自己的活动,单独完成自己的工作,从而导致整体的结果受到影响。传统的企业运营往往只是从短期效益出发,与供应商和经销商都没有建立长期合作的战略伙伴关系,一旦与供应商之间的价格竞争被挑起,就会失去供应商的信任与合作基础;而因为在市场形势好时对经销商态度傲慢,市场形势不好时企图将损失转嫁给经销商,因此,又会失去经销商的信任导致合作破裂。而在供应链管理的模式下,企业将所有环节都看作一个整体,供应链上的企业除了自身的利益外,还会一同去追求整体的竞争力和盈利能力。因为如果最终客户选择了这件产品,那么整条供应链上所有成员都会受益;而如果最终客户不要这件产品,则整条供应链上的成员都会受到损失。可以说,合作是供应链与供应链之间竞争的一个关键。

在供应链管理中,不仅要有相互协作的双赢理念,更重要的是通过技术手段把理念形态落实到实务操作上。关键就在于将企业内部供应链与外部的供应商和用户集合起来,形成一个集成化的供应链。而与主要供应商和用户建立良好的长期合作伙伴关系,即供应链合作关系,就是集成化供应链管理的关键。企业要特别注重战略伙伴关系管理,管理的重点是将面向供应商和用户转为面向产品,增进与主要供应商和用户之间的关系,加强相互之间的了解(比如产品、工艺和企业文化等),相互之间保持一定的一致性,实现信息、数据共享,从而通过为用户提供与竞争者不同的产品和服务或者增值的信息而获利。比如,供应商库存管理、共同计划和预测、库存补充的应用就是企业改善和建立良好合作伙伴关系的典型例子。企业通过建立良好的合作伙伴关系,能够更好地与用户、供应商和服务提供商实现友好合作,共同在预测、产品设计、生产计划和竞争策略等方面控制和维持整个供应链的运作。对于主要用户,企业可以建立以具体用户为核心具有不同职能领域功能的小组,更加高效地为主要用户提供有针对性的服务。

4. 优化信息流程

信息流程指的是企业内部的员工、客户和供货商之间的沟通过程。在以前只能通过电话、传真,甚至见面的方式达到信息交流的目的,现在能够利用电子商务平台、电子邮件,甚至互联网直接进行信息交流,虽然手段大不相同,但内容并没有改变。而计算机信息系统的优势就在于其自动化操作和处理海量数据的能力,使信息流通的速度加快,同时还能减少失误。但对于企业来说,信息系统只是一种支持业务流程运作的工具,信息系统的架构模式由企业本身的商业模式所决定。

为了适应供应链管理的优化,企业要真正按链的特性来改造企业业务流程,使各个节点的企业都具有处理物流和信息流的自组织和自适应能力,应该从与生产产品有关的第一层供应商开始,环环相扣,直到货物到达最终用户手中。还要形成贯穿整个供应链的分布式数据库的信息集成,从而将不同企业的关键数据进行集中协调。所谓关键数据,指的是订货预测、库存状态、缺货情况、生产计划和运输安排等数据。

为了便于管理人员迅速、准确地获得各种信息,企业还应该充分利用电子数据交换(EDI)、Internet 等技术手段,实现供应链的分布式数据库信息集成,实现采购订单的电子接收与发送、多位置库存控制、批量和系列号跟踪等重要信息的共享。

（三）供应链管理数字化转型

在如今激烈甚至残酷的竞争环境下，企业与企业之间的竞争已经逐渐演变为企业内部各核心职能的竞争，供应链的竞争力也逐渐成为企业的核心竞争力之一，尤其是在新零售蓬勃发展、新冠肺炎疫情带来转折的当下，对企业供应链管理提出了更高的要求，包括供应链的运行效率、供应链的持续优化能力以及供应链对数据资源的汇聚和利用能力等。企业需要将技术与业务融合，实现供应链管理的数字化转型。

1. 供应链管理数字化转型的切入点

如今，有大量的内外部信息和数据存在于供应链管理的过程中，企业需要有效管理这些信息和数据，从而尽可能地将供应与实际需求进行精确匹配。在供应链管理中，影响供应与实际需求匹配的因素主要有三种：一是缺乏准确预测需求的能力，即需求的不确定性；二是导致供应链变化的生产不确定性；三是供应链合作伙伴之间缺乏协同性。以上三种影响因素本质上都是因为供应链的各个协作模块之间存在信息鸿沟而导致的。

在当前快速变化的时代，不确定性已经成为出现频率最高的词汇之一。所谓不确定性，指的是无法根据过去事件的经验推断未来发生的概率。因为供应和需求两端都处于不确定性的漩涡中，供应链便成了不确定性的重灾区，而供应链管理数字化转型则可以最大限度地避免供应链生产不确定性的信息鸿沟。数字化转型能够有效地提升信息和数据传递的及时性、充分性和完整性，使供应链各个环节之间的信息保持同步一致，由此提高各个职能部门之间的协作效率，进而降低供需环节的各种不确定性，最终实现供应链运营效率的提高。

因此，企业供应链管理的数字化转型必须要从弥补数字信息鸿沟着手。一方面，对于企业内部而言，不仅要尽快改善和优化企业各职能部门内和部门间的协作流程，提高协作效率，还要通过数字化技术或数字化工具实现供应链内部各个职能部门之间的有效衔接，比如，利用可视化工具增加供应链各个环节数据的可视化程度；另一方面，对于企业外部而言，应该将供应商纳入企业的协作流程，要及时与供应商进行有效沟通，有效地解决客户的问题，提升客户的满意度，争取做到上下游各企业之间信息的互享互通，弥补信息鸿沟。

总而言之，供应链管理数字化转型的本质是一场创新与变革，其切入点应该是要提高供应链管理协同过程中的信息与数据的传递、处理和反馈效率，形成"即知即行"和"即行即知"循环往复的闭环。企业应该尽可能完成包括企业数字化战略建设、企业业务流程变革和数字化工具建设等在内的多项工作，才能按照标准化、数字化到智能化的过程逐步实现供应链管理的数字化转型。

2. 供应链管理数字化转型的规划步骤

企业构建网络化、数字化的供应链管理平台应该分级分步进行，需要规划短、中、长期的转型工作。首先，连接是实现供应链管理数字化的基础，这需要企业建立单个系统来实现。接着在此基础上，企业为了适应互联网和智能时代，需要对供应链管理系统进行重构。重构指的是对企业内部研发、生产、运营和财务管理等上下游业务流程进行改革。最后待各业务流程重构完成后，提炼出公共服务和数据，构建能力中台和数据中台，实现业务、财务和税务的一体化管理。

1）短期计划

在现阶段,大多数企业对供应链管理可视化的需求最为强烈。实现企业内部各部门连接以及与供应商连接最核心的系统是 SRM(Supplier Relationship Management),即供应商关系管理系统。SRM 是一个 SaaS 系统,操作简便,实施周期短,成本较低,其基本内容包括供应商分类选择、战略关系发展、供应商谈判和供应商绩效评价四个方面。SRM 系统可以与企业微信关联,提供即时的消息提醒,使企业员工随时随地都能接收和处理业务。由此实现了企业采购相关数据的可视化,整个供应链网络上的所有参有者都能够可视、共享并实时协作。

2）中期计划

在通过 SRM 系统实现企业内部与外部、上下游各成员企业连接的基础上,将采购的上下游活动,比如产品研发、质量管理、销售管理和物流管理等的数据分发给供应商,扩大数字化供应链管理的范围,实现整个业务流程可视与共享。SRM 系统贯穿整个采购过程,企业通过打通内部各信息化系统连接供应商,将计划工作前置和部分管理活动向外转移,推动企业提高效率与供应链管理的数字化变革,实现企业构建网络化、数字化的供应链管理平台的目标。

3）长期规划

在实现供应链管理中信息、数据和物流共享的前提下,企业可以逐步开启资金流共享,对接资金计划系统和支付系统,连接供应链管理最末端的采购结算,实现资金和成本数据、业务数据相互关联。企业需要对供应链中的数据向上或向下追溯,设置预警条件,将检查和拦截工作前置,使网络化、数字化的供应链管理平台能够为上下游企业之间进行的供应链金融活动提供及时、准确和全面的数据支撑。

3. 数字化供应链管理采用的关键技术

技术赋能的数字化供应链管理,目前采用的关键技术主要包括以下四种。

1）大数据

大数据或称巨量资料,指的是所涉及的资料数量规模巨大,无法通过常规主流软件工具在合理的时间内进行撷取、管理和处理,具有海量的数据规模、高速的数据流转、多样的数据类型和低价值密度四大特征。大数据的处理是数字化供应链管理平台一定会用到的技术,它能够对海量数据进行分布式挖掘、专业化处理,极大地提高数据的准确性和清晰度。如果把大数据比作一种产业,那么这种产业实现盈利的关键就在于提高对数据的"加工能力",通过"加工"实现数据的"增值"。

2）物联网

物联网技术是信息科技产业的第三次革命,起源于传媒领域,主要是通过信息传感设备与互联网连接,实时获取用户与产品数据,实现智能化识别与管理。在数字化供应链管理中,物联网技术通常用于货物的收入、发放以及物流跟踪,例如,通过扫描送货单的二维码进行收货,或扫描货品的条形码进行出库等。物流数据实时进入各相关系统,货物的整个移动过程、产品周期都可以在平台上实时查看。

3）人工智能

人工智能是研究、开发用于模拟、延伸和扩展人的智能的理论、方法、技术及应用系统的一门新的技术科学,是一个认知、决策及反馈的过程。人工智能自诞生以来,理论和技术日益成熟,应用领域也在不断扩大,未来人工智能带来的科技产品将会是人类智慧的"容器"。在数字化供应链管理中,人工智能技术主要应用于图像识别、语音识别以及自动分拣等方面。

4）机器人流程自动化

机器人流程自动化(Robotic Process Automation,RPA)是一种全新的以软件机器人和人工智能为基础的业务流程自动化技术。RPA是一种虚拟数字化劳动力,它通过模拟人类的动作进行简单重复的操作,处理量大易错的业务,7×24小时不间断的工作模式使一些基于桌面的业务流程和工作流程实现自动化。RPA在一定程度上可以代替人类员工,减少简单重复性劳动,节省时间成本,实现更高的运营效率。

三、网络型组织结构

网络型组织结构又称虚拟网络型组织或者虚拟型组织,是指一个精干的核心组织通过建立以合同为基础的业务关系网络而形成的一种组织结构类型。

最早开始研究网络型组织结构的是国际知名的组织社会学家、斯坦福组织研究中心的创始人W. 理查德·斯科特(W. Richard Scott),他提出了有机结构的概念,该结构会随着环境的变化而相应地发生变化,对周围的环境有良好的适应性,并且强调组织的水平信息交流而不是纵向任务式的传输。这一理论同后来网络型组织结构的概念非常接近。

网络型组织结构这一概念由美国管理信息系统专家理查德·诺兰(Richard L. Nolan)提出,他认为21世纪几乎所有的企业使用的组织结构都是不合时宜的,企业都应该采取网络型组织管理结构,即利用现代信息技术手段发展起来的一种新型的组织机构。

目前,网络型组织结构是正流行的一种新形式的组织设计,它能够使管理当局对新技术或者来自海外的低成本竞争具有更大的适应性和应变能力,网络结构依靠其他组织以合同为基础进行制造、分销、营销或其他关键业务的经营活动。

（一）网络型组织结构的特征和表现形式

网络型组织结构通过现代信息网络技术把各个组织单元联系在一起,使分权化、分散的组织单元形成易于沟通的统一工作平台,实现企业内部既有资源的有效运用。

网络型组织结构主要呈现差异化的特征,且横向差异大,纵向差异小。由于组织结构是按照员工的专业知识和专业能力划分的,所以,解决问题的形式也多种多样,可以选择组织之间互相帮助,也可以选择小范围的内部解决,这种差异化的特征能够极大地发挥员工个人的潜能。除此之外,网络型组织结构的横向层级深,纵向层次短,随着工作内容的不断深入,业务项目的逐渐增加,组织也必须不断完善和发展自己,即向外界寻求能够帮助组织成长的专业知识和专业人员,或是主动学习组织中本来不具备的新的专业技能和知识。

在传统的企业组织结构中,信息的交流往往都是按层级往下传递的,这种交流形式会给下级带来完成任务的压力感;同时由于信息的传递过程是一层一层往下命令式的传递,在此过程中信息的流失也是不可避免的,这就导致员工得到的信息会有缺失。这两点就可能使得工作质量无法达到要求。而在新型的网络型组织结构中,往往需要数名员工联合一些相关的同级组织共同完成一项工作任务,由于同处一个层级的员工在交流过程中没有命令式的压迫感,因此,信息能够完美交换,在这样的工作环境下,员工的工作效率自然得到提高,从而有利于企业的发展。

网络型组织结构是一种以建立和维持契约关系为基础,中心机构依靠外部机构进行制造、销售或其他重要业务经营活动的组织结构形式。被联结在这一结构中的各经营单位之间没有正式的资本所有关系和行政隶属关系,只是通过相对松散的契约纽带,依靠一种互惠互利、相互协作、相互信任和支持的机制来进行密切的合作。

企业采用网络型组织结构,需要做的就是通过公司内互联网和公司外互联网,创设一个物理和契约"关系"网络,与独立的制造商、销售代理商以及其他机构达成长期合作协议,各自按照契约要求执行相应的生产经营功能。由于采取网络型组织结构完成的大部分活动都是外包、外协的,因此,公司的管理机构就只是一个精干的经理班子,负责对公司内部开展的活动进行监管,同时协调和控制与外部协作机构之间的关系。

(二)网络型组织结构的优势和劣势

网络型组织结构主要应用于企业内部的运作,因此,也称为内部网络结构。内部网络结构是由传统的科层结构向以信息为基础的组织转变而形成的。传统的等级制以及与它相关的计划、控制和人力资源系统适合对事物进行预测和管理;而新的网络形式因为人员和决策权限、角色和领导关系可以根据需要而随时改变,则适合用来利用不确定性。

总体来说,网络型组织结构的优势主要有以下三个方面:一是有利于构建学习型组织。组织结构是实现知识管理的杠杆力量,网络型组织能够在组织内部与外部环境发生变化时,不断地进行自我改进从而适应环境;二是有利于提高信息处理的速度和减少信息失真的情况。在信息技术高速发展的今天,网络结构中的各组织单元都建立在现代信息网络技术平台之上,减少了传统企业中的中层领导数量,缩短了上下级之间的距离,并且彼此间保持紧密合作关系,因此,能够有效减少信息传递过程中的失真情况,处理信息的速度也能得到提高;三是网络型组织结构能够通过"无边界"地整合资源,充分发挥员工的自主与合作意识,激发员工的积极性和能动性,通过信任和支持来促进员工的合作。

当然,网络型组织结构自身也存在一些缺陷:一方面,网络型组织结构加剧了企业资源分配的难度。虽然网络型组织结构中的每一个组织单元都可以进行自主管理,但仍需要接受核心权力的控制。而且由于组织单元的自主经营,如果不能正确规划和分清权力和责任,就容易发生管理混乱的局面。另一方面,网络型组织结构会增加企业的管理风险。在网络型组织内部,各个结点相对独立,如果某些结点发生了问题,其扩散性是非常快的,而且不容易受到管理层的控制。因此,在网络型组织结构中要有更明确的"协议"以对网络中的结点进行协调和控制。

(三)网络型组织结构的实际应用

微软公司是较早采用网络型组织结构的公司,其网络型组织结构的形成主要有两方面的原因:一是在微软公司早期,公司内部没有设置正规的部门,当时公司员工只有比尔·盖茨和十几位程序员,软件开发的工作也完全由程序员们相互协作共同完成;二是由微软公司产品的特性所致。生产系统软件与生产轿车不同,生产轿车的过程可以分解为零件的生产过程和之后的组装过程,各个过程可以实现相互独立;系统软件虽然也可以分解成几项特定的功能,但是各项功能之间都必须保持兼容,并且能够相互调用。所以,每个程序员的工作都需要同时进行,还要能够及时了解其他程序员的工作进展。于是,经过十几年的磨合,在微软公司内部便形成了一套以计算机网络为基础的网络型组织结构。

微软公司内部虽然保留了行政职位,但其与科层制下由行政级别产生的职务权威完全不同,微软公司的职务权威来自个人的技术能力。微软公司在挑选管理人员时,首先考虑的因素就是技术能力,只有拥有相应的技术级别的人才有资格担任管理职务。在微软公司,员工都被分为若干个技术级别,刚毕业进入微软的大学生是 9 级或 10 级,特别小组组长一般是 11 级或 12 级,开发经理一般是 13 级或 14 级,整个公司处于 15 级的只有五六个人,主要是由设计工程师组成的"智囊团",他们对公司的产品开发与经营活动拥有绝对的权威。

为了开发一个新的系统软件,比如 Windows、Office 等,需要许多技术精英的通力协作。因此,在新产品开发的过程中,微软公司会针对新系统中的每一个功能组成一个"特别小组",每个小组的人数视程序开发难度而定,一般不到十人。另外,公司还会为每个"特别小组"配备一个人数相等的测试小组,以检验源代码的正确性。在编程工作开始后,每个程序员需要每天在某一个固定的时间将自己当天编写的程序输入中央主版本,由计算机融合成新代码。程序员在第二天开始编程前,先从中央主版本上拷贝更新的源代码,然后在此基础上再编写当天的程序。通过每天反复的构造过程,数千名程序员同时工作,能够及时了解其他"特别小组"的编程情况,在需要的时候加以调用。

另外,与传统公司不同的是,微软公司鼓励人员在各个部门间的流动,比尔·盖茨本人也认为这种流动有利于部门间知识和信息的交流,有利于发掘员工的潜能。因此,在微软公司内部,员工具有很强的流动性,编写 Word 的程序员可以编写 Excel,程序管理经理可以做产品策划,测试人员也有机会加入程序员的行列。而且由于微软内部实行的是技术等级而非传统科层制下的行政等级,这也使得人员在部门中的流动不会导致人事管理上的障碍。

(四)网络型组织结构的发展前景

21 世纪是互联网、信息技术时代,企业如何利用信息网络的大时代背景,将之与企业内部的知识网络型组织结构有机结合将是未来的一个重大命题方向。与世间万物一样,一成不变则意味着旧事物的消亡或者被新兴的事物所代替,因此,网络型组织结构需要在未来根据时代背景和自身的企业结构不断进行知识调整、资源的更替以及重新整合。通过对当今众多互联网公司的观察,不难发现它们都具有强烈的危机意识。实时更新知识、资源在当今时代的重要性不言而喻,激烈残酷的竞争强迫企业去学习,更新自己的管理模式,这样才能保证不被社会淘汰。在未来,网络型组织结构将会发生以下新的变化。

1. 帮助企业获取更大的利益

网络型组织结构能够极大地促进企业经济效益实现质的飞跃:一是降低管理成本,提高管理效益;二是实现企业在全世界范围内供应链与销售环节的整合;三是简化机构和管理层次,实现企业充分授权式的管理。基于此,未来新型网络型组织结构能够帮助企业获得更大的利益,从而促使企业更积极地利用网络型组织结构去进行资源和知识的重新整合和进步。

2. 提高员工的主观能动性和积极性

在传统企业中,员工与管理层之间的沟通效率低、积极性不高,不能调动企业员工的主观能动性。而新型网络型组织结构则不然,在沟通方面,员工与管理层之间的界限被打破,沟通效率自然而然会提高许多,且员工晋升为管理层的速度也会提高。这样一来,由于员工处于一个相对公开的平台,会更愿意为企业提出建议,其主观能动性和积极性就可以得到充分调动,从而为企业的活力更添光彩。

3. 促进企业之间的资源共享和资源整合

网络型组织结构具有更大的灵活性和柔性,容易操作,以项目为中心的合作可以更好地结合市场需求来整合各项资源,从而实现效益的最大化,达到共赢的结果。打破以往的信息不对称,冲破商业竞争的禁锢,既是未来网络型组织结构的极大创新,也是管理模式的一个新的前进方向。

在如今信息网络技术高速发展的条件下,国有企业和家族企业的发展都遇到了问题,这需要通过改革的方式来提高企业的竞争力,延长企业的寿命,但大部分的国有企业改革都只是简单地将所有权和经营权分离,相应地给经理人赠送一部分股权。这样一来就会产生新的问题,比如,国有资产的流失以及两极分化严重。而家族企业基本也是同样的问题,家族成员的退出使得家族资产减少,也会造成退出者的强烈不满,而且由于经理人一个决策的失误就可能会导致企业丧失竞争力,一蹶不振,甚至导致家族企业的灭亡,所以,经理人能否胜任这一职位也是家族企业头疼的一个问题。在未来,这些都不是问题的关键所在,最好的改革应该是企业组织结构的改革,企业采用新型网络型组织结构,上述问题就可以得到完美解决。

积极倡导新型的网络型组织结构,并不是要所有的企业都采用网络型组织结构,每一种组织结构在经济链上都有着不可替代的作用,只是新型网络型组织结构由于其独特的组成模式,相较于其他类型的组织结构包容性更强,能够调动员工的工作积极性。任何一种经济体,小到个体经济,大到国有企业,都可以采用新型网络型组织结构形式,但无论哪种组织结构形式,都需要在时代的发展中不断发展与完善,才能适应这个快节奏的时代,才能更好地推动国民经济协调、稳定发展。

第二节　虚拟企业

现如今,信息科技发展越来越快,企业家想通过电子商务信息手段,消除企业合作在时间和空间上的限制,快速将资源进行重组,高效地利用资源来获取市场机会,虚拟企业应运而生。在如今的信息时代下,市场瞬息万变,各企业如果不能敏捷地洞察这些变动,那就会退步,直至被淘汰,所以,企业家通过成立虚拟企业来抢夺市场,获得竞争优势。

一、虚拟企业概述

（一）虚拟企业的基本内涵

1991 年，美国艾科卡（Iacocca）研究所向国会提交了一份题为《21 世纪制造企业战略》的研究报告，在报告中富有创造性地提出了有关虚拟企业的构想，即在企业之间以市场为导向建立动态联盟，以便能够充分利用整个社会的制造资源，在激烈的竞争中取胜。

1992 年，威廉·戴维陶（Willan H. Davidow）与麦克·马隆（Michaels Malone）在合著的《虚拟企业》（*The Virtual Corporation*）一书中，认为虚拟企业是由一些独立的厂商、顾客，甚至是同行的竞争对手，通过信息技术形成临时的网络组织，目的是为了共享技术、分摊费用以及满足市场需求。

虚拟企业集合各成员的核心能力和资源，在管理、技术、资源等方面拥有得天独厚的竞争优势，通过分享市场机会和顾客，实现共赢的目的。虚拟企业是工业经济时代的全球化协作生产的延续，是信息时代的企业组织创新形式。虚拟企业在组织上突破了有形界限，虽然有生产、设计、销售、财务等多种功能，但在企业内部却没有完整地执行这些功能的实体部门。虚拟企业既没有中央办公室，也没有正式的组织结构图，更不像传统组织那样具有多层次的组织结构。由此可见，虚拟企业由多个有共同目标和合作协议的企业组成，成员之间既可以是合作伙伴，也可以是竞争对手。这就改变了过去企业之间完全你死我活的输赢（Win-Los）关系，而形成一种共赢（Win-Win）的关系。

美国《商业周刊》（*Business Week*）认为：虚拟企业是指用技术把人、资金和构思网络在一个临时的组织内，一旦任务完成即解散组织。

中国台湾《经济时报》认为：虚拟企业的基本精神在于突破企业的界限，延伸企业的企图，利用外部资源进行整合，倡导经理尽可能将所有的事分包给其他成员，使企业变得小型化、分散化，公司内部投资要尽可能小，以适应对市场的快速响应，从而获得全球竞争优势。

国内有学者认为：虚拟企业是指两个或多个拥有核心能力的企业，依托信息网络资源，以业务外包形式独立完成策略联盟的某一子任务块，通过共享彼此的核心能力，使共同利益目标得以实现的统一体。企业通过策略联盟和业务外包两种形式在运作中达到彼此核心能力的共享。这里的核心能力，是一种竞争能力，是知识经济下企业具有的与众不同的和难以模仿的能力，是企业在生产、技术、管理、销售、服务、商标和专利等技能或资产方面的有机融合。

在实际运作中，虚拟企业的指代对象具有二元性。称单个企业为虚拟企业时，单个企业实为整体的代称；称整体为虚拟企业时，总是以某单个观察对象的企业名称代称整体。我们称某个企业为虚拟企业，不排斥把参与运作的"企业集团"也称为虚拟企业，只是用此称呼时，仍以某个企业为观察对象。所以，我们所称的虚拟企业有时是指参与运作的个体，有时是指参与运作的整体。

虚拟企业，即是一条虚拟的价值链，它高效地利用信息来获得企业资产的增加，减少市场交易的费用，使得各企业都获得了收益，减少了成本。各企业家通过虚拟企业提高资源的配置效率，大大降低了市场运行的费用，这使得大量的中小型企业得以和大型企业合作，各企业也可以跨地区、跨国家合作，模糊了企业的界限，使"生产链"越来越庞大。但并不是所有的虚拟企业都能获得成功，只有每一个虚拟企业的管理者都对虚拟经营的模式有深入的了解，才能够做出最好的决策。

因此，虚拟企业并不是一个完整的经济实体，没有法人资格，不同于传统的企业，这对传统企业会计假设和报告模式有一定的冲击。既然有新的企业产生，那必然就需要探讨新的会计问题。

（二）虚拟企业与实体企业相关会计方面的异同

1. 会计假设的异同

1）会计主体

划分会计主体的目的是为了更好地向企业内外部关系人，包括投资者、信贷者和内部决策者等提供更加精确的企业财务状况、经营成果和现金流量等会计信息。通常情况下，实体企业的管理者为了能够更好地管理企业，会将企业内部各部门划分成一个个会计主体，并且要求编制企业内部财务会计报告，虚拟企业与实体企业在这方面没有本质上的差别。虚拟企业虽然不是真实的企业，没有法人地位，但它的存在就是为实体企业服务，所以，如果对虚拟企业感兴趣的话，可以将它看作一个会计主体来更好地了解它的会计信息。

2）会计分期

会计期间的划分以企业可持续经营为前提，虚拟企业与实体企业在会计分期方面并没有较大的差异，同样适用实体企业的会计分期方式。因此，如果虚拟企业的可持续经营期间超过一年，那么就将一年作为一个会计期间；如果小于一年，则根据企业管理者的需求划分会计期间。

3）货币计量

虚拟企业消除了时间和空间上的限制，使得整个生产链上境内企业和境外企业、中小型企业和大型企业等各种企业的资金流动数量增加，流动速度加快。由于货币计量单位的转换耗时又耗力，但国家对于电子货币并没有要求一定要转换成人民币，所以，在组成虚拟企业之后，各成员企业可以统一规定一种货币计量单位。因为大部分的虚拟企业都是为了追求一个短暂的机会而成立的，目的达到之后就会被解散，而货币的币值在短期内一般不会有太大的涨跌，所以，从某种角度上说，虚拟企业或许比实体企业更适用于这一会计假设。

4）持续经营

一般情况下，实体企业只有被认定为可以继续经营下去，其资产和负债才能按照规定使用和偿还。例如，实体企业在每一个会计期间都应该将其固定资产和无形资产进行折旧和摊销，因为只有假设实体企业可持续经营，资产的摊销和折旧才能够进行。由于存在不能持续经营的风险，所以，实体企业应该按期进行风险评估，一旦分析与判断后得出企业可持续经营假设不再成立的结论，就必须尽快做出相应的决策来应对。而通常情况下，虚拟企业是公司管理者为了抓住市场机会而成立的机构，一旦达到他们想要的结果就可以将之解散，因此，虚拟企业不需要持续经营这一假设。一方面，虚拟企业拥有财务会计要素，会按照会计准则对资产使用和费用分配等财务问题进行处理；另一方面，虚拟企业是为了抓住市场机会获利而产生的，一般经营得好的话，会拥有 3～5 年的经营期间，这就可以看作可持续经营的企业；如果经营得不好，也可将它看成是短期可持续经营企业，所以，虚拟企业也拥有可持续经营的会计假设。

2. 会计要素的异同

1）资产要素

在资产要素方面，虚拟企业与传统企业有很大的差异。一方面，因为虚拟企业是由各成员企业的优势资源通过电子商务平台结合而成，其资产收益具有网络化和知识化的特点，所以，虚拟企业的资产主要是无形资产；另一方面，因为虚拟企业不具有法人资格，资产都来源于各成员企业的投资，并且不能对外负债，所以，虚拟企业就不存在负债要素，只有所有者权益要素。

2）所有者权益要素

因为虚拟企业获得的利益是各成员企业共同经营的成果，成员企业对于虚拟企业资金的投入只是为了让它能正常运营，所以，虚拟企业对于本企业资金的运用并没有最终的控制权，那么虚拟企业所有者权益相较于实体企业就比较简单了，主要包括产权和未分配利润。产权主要是无形资产，而未分配利润是指企业跨年生产经营项目在会计报表日已实现但没有分配给成员企业的利润。

3）收入要素

由于虚拟企业的资产更趋于知识化，这与劳动型资产相比有更大的增值空间，所以，虚拟企业的收入不仅包括营业收入，还包括资产置存收益。随着信息科技水平的发展，虚拟生产的经营模式得到推广，顾客与生产商、销售商之间的接触更为紧密，资产置存收益也会随之提高。

4）费用要素

随着收入的增加，必然会产生一些相关的费用。通过实践可知，虚拟企业的费用主要包括核心技术人员的培养成本、商业信誉等无形资产成本、成员企业合作成本、网络信息和市场机遇获取成本、各类风险成本等。

5）利润要素

因为虚拟企业运营同样会产生收入和费用，所以，利润为两者之差。同时又因为虚拟企业是各成员企业临时组成的，很快会被解散，所以，其未分配利润在各成员企业合作终止时应该按比例分配。

3. 会计报告的异同

虚拟企业是临时组成的企业，被解散是常事，虽然从成立到解散的时间很短，但是解散时已经属于非持续经营阶段，采用历史成本计量法不符合实际。因为历史成本是静态的，有一定的滞后性，企业不能根据它来适时调整决策，所以，对于虚拟企业而言，采用公允价值计量模式才能反映企业当时的生产经营情况，进而为管理者提供有效的信息。又因为虚拟企业经营时间短，所以，可以将它看作只有一个会计期间，那么采用权责发生制来确认收入就不合适了，需要采用收付实现制才能更清晰地反映企业的现金流量。

虚拟企业主要是以无形资产作为资产主体，区别于传统企业以有形资产为主要资产，所以，传统企业的会计报告内容不适用于虚拟企业，虚拟企业应在披露中详细介绍资产的来源。传统会计报告一般以流动性大小排序,而因为虚拟企业更注重资源的网络化和知识化,而且虚拟企业的资产主体为无形资产,所以,虚拟企业会计报告应该以必要性大小排序。

(三) 虚拟企业的特征

虚拟企业是由一些企业为了追求共同的目标和利益一起联盟组成的,这些企业各自拥有不同的资源和优势,它们可能是供应商,可能是顾客,也可能是同一行业中的竞争对手。这种新型的企业组织模式打破了传统的企业组织界限,使企业界限变得模糊化。总体而言,虚拟企业的特征主要体现在以下几个方面。

1. 建立在信息网络基础上的合作竞争

虚拟企业是基于共同目标的合作竞争。在如今的数字信息时代,合作比竞争更加重要。虚拟企业一般由一个核心企业和若干个成员企业组成。在推出新产品时,可以依托信息网络,选择不同企业的资源,将具有不同优势的企业组合成一个以信息技术为纽带的单一动态联盟,共同应对市场挑战,共同参与国际竞争。虚拟企业依托网络技术,跨越空间边界,从全球众多替代组织中选择合作伙伴,确保合作各方资源共享、优势互补、有效合作。

虚拟企业是建立在共同目标之上的联盟,能够适应市场和产品的变化。一般项目完成后即可解散联盟。虚拟企业的运行中信息共享是关键,而使用现代信息技术和通信手段使得沟通更为便利。采用通用数据进行信息交换,使所有参与联盟的企业都能共享设计、生产以及营销的有关信息,从而能够真正协调步调,保证合作各方能够较好合作,从而使虚拟企业集成出较强的竞争优势。

2. 具有流动性、灵活性特征的动态结构

企业出于共同的需要和共同的目标一起结盟,一旦合作目的达到,这种联盟便可能宣告结束,虚拟企业便可能消失。因此,虚拟企业可能是临时性的,也可能是长期性的,虚拟企业的参与者也是具有流动性的。虚拟企业正是以这种动态的结构、灵活的方式来适应市场的快速变化。虚拟企业可以动态聚合和利用资源来保持技术领先地位。它快速有效地利用信息技术和网络技术,使所有成员公司和各环节的员工都可以参与技术创新的研究和实施,从而保持技术领先地位。虚拟企业不仅为客户提供产品和服务,更注重为客户提供产品和服务背后的实际问题的"解决方案"。传统组织往往会为大量客户提供相同的产品,而忽略了相同产品对不同客户的价值差异。而虚拟企业可以从客户的这种差异出发,整合所有参与者,为客户提供完整的解决方案。因此,虚拟企业可以根据新产品概念和敏感性的要求,有针对性地选择和利用客户在经济上负担得起的现有或已开发的技术和方法。

3. 具有扁平化特征的组织网络

扁平化的网络组织可以快速响应市场环境的变化。信息技术的高速发展将极大地改变企业内部信息交流的方式和中层管理人员的角色。虚拟企业通过社会协作和契约关系,使企业的管理组织扁平化、信息化,减少中间层,使决策更容易。组织的组成单位由职能部门转变为任务型、充分发挥个人能动性和多面性的人才小组,使企业的所有目标是直接或间接通过团队完成的。组织的边界不断扩大,在建立组织要素与外部环境要素相互作用的基础

上,为顾客提供优质的产品或服务。企业可以随时把握企业战略调整和产品转移方向,重组内外部团队,构建以战略为核心的网络组织,兼顾客户满意度和自身竞争力的需求,不断进行动态演进以应对环境变化,做出快速响应。因此,企业虚拟这种虚拟运作模式在当今快速多变的市场与技术环境中是获取竞争优势以提高竞争力的一种很有前途的合作方式,它正在被越来越多的企业所认识和采用。

4. 在技术上占优势的学习型组织

由于虚拟企业是集合了各参与方的优势,尤其是技术上的优势而形成的,因此,在产品或服务的技术开发上更容易形成强大的竞争优势,使其开发的产品或服务在市场上处于领先水平,这一点是任何单个实体企业很难相比的。

虚拟企业竞争的核心是学习型组织。学习型组织提倡"无为而治"的有机管理,突破了传统的等级组织。虚拟企业在运营过程中往往处于非常复杂的动态变化之中,企业运营者必须根据环境的变化不断做出适应性调整。因此,虚拟企业的运营过程是企业管理者与员工互动的教育过程。因此,人力资源不仅要从学校产生,还要从企业产生。企业需要建立适应动态变化的学习能力。虚拟企业的学习目的不仅限于避免组织犯错误或避免组织偏离既定目标和规范,而是鼓励打破常规的探索性实验,这是一个复杂的组织学习过程,允许错误的存在。它严重依赖反馈机制,是一个周期性的学习过程。

二、交易成本与虚拟企业

(一) 虚拟企业的形成机理

1. 虚拟企业产生发展的背景

知识经济时代的到来和网络技术的新发展造就了虚拟企业。虚拟企业概念的提出绝非偶然,市场经济发展新阶段的内在要求与互联网技术手段的成熟为虚拟企业的出现奠定了基础。进入 21 世纪,随着知识经济时代的到来,企业主要面临以下几方面的压力和挑战。

1) 全球化市场竞争的格局

经济全球化对以国界划分市场的经营模式造成冲击,企业既面临进入国际市场的各种机遇,同时也面临全世界竞争对手的强力挑战。面对压力和挑战,传统的刚性、金字塔式的组织结构,已不能完全胜任现代竞争的需要,企业必须寻求一个既能保持自身的独立地位,又能整合和利用其他企业(包括竞争对手)竞争优势的生存方式。

2) 新产品研发的技术化与复杂化

新产品的研究开发涉及越来越多的高科技领域并且要经过越来越多的环节,从设计到生产的实现和市场渠道的开拓,将表现为规模越来越大的一个系统工程,一般的企业难以在短期内独立完成。

3) 顾客需求的复杂性

顾客对市场的需求越来越人性化,具体表现为需求的多样性、个性化、时变性和不确定性。一个生产企业很难在短时间内具备能够满足这种要求所需的各种生产要素。在这种情况下,虚拟企业作为一种以合作求竞争的全新现代组织形式和生产经营方式也就应运而生。

4) 以信息技术为代表的科学技术飞速发展

信息技术和通信技术的高度发展,远距离通信的便捷和网络的巨大信息处理能力,为虚拟企业的运行提供了物质基础,使企业可以根据某种需要立即执行某种任务,建立或解除某种人事与商务关系,从而使企业之间的合作关系可以突破传统的、长期固定的合作关系,建立虚拟企业这种分散灵活、方便高效的互利合作关系。

2. 虚拟企业产生发展的原因

虚拟企业理论的创始人普瑞斯(Preiss)、戈德曼(Goldman)、内格尔(Nagel)将虚拟企业产生的原因视为企业适应灵捷竞争的需要。与大量生产不同,在灵捷竞争中,组织的变化是迅速的、以机会为基础的,机会不是暂时的,更不是长期的,而是稍纵即逝的。如果组织设计是以机会为基础的,那么对于在变化和不确定的环境中寻求运用战略思维的竞争者来说,虚拟企业是一种实用的组织工具。虚拟企业产生的原因主要有以下几点。

1) 降低成本

从虚拟企业的起源、发展来看,最初的虚拟企业的形成源于跨国企业对低价格的劳动力、原材料或避税效应的追求,它们通过把生产等部门设在这些方面有优势的国家或地区的方法,节约企业的生产、运营成本。虚拟企业降低成本的原因在于:一方面,虚拟企业是由若干个具有各种核心竞争力的企业构成的,他们的合作是一种"强强联合",这种"强强联合"的方式可以优化传统一体化企业的企业流程,提高流程效率,降低企业运行成本;另一方面,虚拟企业具有非常大的柔性,进入或退出市场的成本相对于一体化企业来说大大降低。

2) 把握市场机会

拥有特定能力和有限资源的投资者为避免由于对专用设备、人员的投资或由于专业化经营管理经验的缺乏而导致的延误、市场机会错失等,而以市场合约方式组织其他企业共同完成该产品的设计、开发、生产、营销,从而最有效地整合市场资源,并很好地把握市场机会,也是虚拟企业产生的原因之一。

3) 克服资源局限性

一体化组织参与市场竞争所利用的资源主要来自企业内部,这种只着眼于使本企业资源得到最优应用的企业组织形式在以效率为主要竞争要素的时代是比较适合的。然而,在产品寿命周期不断缩短、市场变化莫测的环境中,这种形式却显得很不适应。因为一切都以快速响应客户需求为目的,而要达到这一目的,仅靠一个企业所拥有的资源是不能迅速满足市场需求的。在这种情况下,将资源利用范围延伸到企业以外,借助其他企业的资源达到快速响应市场需求的目的,这也是虚拟企业产生的一个重要原因。

4) 增强核心能力

除了企业在成本和费用方面的考虑之外,由于企业价值增值链上各环节的价值增值能力不同,企业为追求资源配置的最优化并实现利润最大化,而将价值增值能力弱的环节(如生产制造环节等)外部化,也是虚拟企业产生的动因之一。通常那些价值增值能力强的环节(如研发环节、销售环节等)中蕴含着企业的核心能力,企业以这些核心能力和核心资源为依托,将部分企业功能外部化进行虚拟经营,集中力量培育、巩固自身的核心竞争能力,以取得市场竞争优势。

（二）虚拟企业在交易成本上的变化

交易产生的原因是人类经济活动的分工和专业化。康芒斯（Commons）将交易分为三种基本类型：①买卖的交易，即平等人之间的交换关系；②管理的交易，即上下级之间的命令和服从关系；③限额的交易，主要指政府对个人的关系（如国家对居民的征税等）。这三种交易覆盖了所有人与人之间的经济活动。在新古典经济学中，企业被认为是一个生产函数，交易活动是在瞬间完成的，没有代价，即假定交易成本为零。

直到 1937 年，科斯（Coase）在《企业的性质》一文中首次指出了交易活动是要消耗稀缺资源的，因而存在交易成本（比如，发现相关价格的成本，讨价还价的成本，做出市场决策的成本和控制、执行合同的成本等）。交易成本这一概念的提出，是经济学领域中的一场革命，奠定了新制度经济学的基础。

根据交易成本理论，市场交易和企业内部组织交易（管理交易）都存在交易成本。企业的规模被确定在企业内部组织交易的边际成本等于市场上或另一企业组织同样交易的边际成本时的规模。如果某种交易在市场上完成的成本大于在企业内完成的成本，那么交易就在企业内完成；反之，交易就在市场完成。

交易成本理论的根本论点在于对企业的本质加以解释。由于经济体系中企业的专业分工与市场价格机制的运作，产生了专业分工的现象，但是使用市场价格机能的成本相对偏高，因此，形成企业机制是人类追求经济效率而形成的组织体。而相对于传统实体企业来说，虚拟企业进行虚拟经营能够有效降低交易成本。

1. 互联网促使交易成本降低

虚拟企业使用 Internet 来进行电子商务，最大的好处就是能降低交易成本。Internet 上有充足的信息，人们只要坐在计算机前，就可以到世界各地的网站搜索信息，因此，虚拟企业利用 Internet 进行虚拟经营可以大幅降低交易成本中的搜索成本。由于 Internet 可以让生产者直接面对消费者，省掉常规多层次的经销体系，因此，虚拟经营交易过程中的协商成本和契约成本也可以大幅降低。

2. B2B 促使交易成本降低

尽管网上零售商或其他企业对消费者（B2C）的公司，例如 Amazon 或 eBay，总是成为媒体追逐的焦点，但互联网对经济的最大影响来自以企业对企业（B2B）形式出现的电子商务活动。B2B 电子商务在三个方面降低了公司的成本：首先，减少了采购成本，企业通过互联网能够比较容易地找到价格最低的原材料供应商，从而降低交易成本；其次，有利于较好地实现供应链管理；最后，有利于实现精确的存货控制，企业可以减少库存或消灭库存。这样，通过提高效率或挤占供应商的利润，B2B 电子商务可以降低企业的生产成本。从经济学的角度来看，在供求经济模型中，总供给曲线向右移动。

3. 信息技术促进生产率提高

信息技术革命的成果可以广泛地应用于经济的很多部门，包括服务业在内。信息技术投入使用后，其产品，如计算机和通信价格下降的幅度之大、速度之快是前所未有的。这也会进一步鼓励企业尽早地将互联网运用到生产活动之中。任何一种新技术对生产率增长的推动都有一个滞后效应,因为企业在新技术条件下进行组织结构重组会需要一定的时间。美国生产率的大幅度增长就是 70 年前以晶体管的发明为开端的计算机革命的回报。随着互联网以极快的速度在全球范围内扩展,它对生产率增长的贡献会在很短的时间内显现出来。

第三节　网络经济下的企业经营

在网络经济时代,传统投入产出的经营模式发生了变化,互联网经济下实行扁平化的结构管理,对企业经营管理提出了新的要求。从根本上来看,网络经济是知识经济的一个侧面展现,更讲究效率和创新,这就要求企业在进行经营管理的过程中,改变传统的管理理念,突破传统思维的限制,实现管理模式的优化和创新。对于企业未来发展起决定性作用的企业管理层也应当重视企业管理问题,在发展科技与经济的同时,要加强企业内部管理,以此来提升企业综合竞争力。

一、网络经济时代企业面临的机遇和挑战

互联网具有自由性、敏捷性、开放性的特点,互联网的普及和应用也带来了庞大的受众群体。根据相关统计数据,截止到 2021 年 12 月 31 日,仅在阿里巴巴零售平台活跃的用户就已经达到了 12.8 亿,且数据在逐年增长。由此可见,互联网已经成为时代发展的标志,这对企业来说既是机遇也是挑战。企业可以合理运用互联网庞大的消费群体,扩大企业的影响力,实现长期稳定的发展。

(一)互联网具有开放性的特点

互联网具有开放性的特点,因为在互联网中蕴含着大量的信息资源,用户在选择互联网进行购物或其他活动时,可以选择各种各样不同的目标。这对企业来说也是一种机遇,如果企业能够运用互联网树立良好的企业形象以吸引消费者,那么就能增加企业的点击率和浏览量,扩大影响力。

(二)互联网具有透明化的特点

透明化是互联网最为明显的特点,在网上,用户可以通过不同渠道深入了解一件商品的生产地、价格、优惠力度等信息,同时还能得到其他消费者对此商品的评价。这使得消费者在进行选择时更加自由,对商品信息的了解也更加全面。这对企业来说也是一项机遇和挑战,企业需要发挥自身的优势来吸引消费者,并找准自身的定位,提升商品的竞争力,从而取得用户的信任,达成良性循环。

(三)互联网能够进行实时沟通

互联网能够进行实时沟通,这一沟通可以是企业与用户之间的沟通,也可以是用户与其

他用户之间的沟通。用户可以通过网络随时随地发表自身的看法，不会受到时间、地点、空间的限制，企业也可以运用网络搜集用户的想法和体验，针对具体的客户需求进行产品研发，从而提升用户的使用感，提高商品的成交率。

互联网具备的这些特点，能够使企业通过互联网技术在生产端和销售端都实现智能化和信息化的转变。此外，在网络时代的背景下，企业与用户之间的联系更加紧密，商品也更加透明化，用户能够深入了解商品的整个生产过程。这就需要企业从自身做起，提升商品的质量，取得用户的信任，结合用户的反馈，树立良好的品牌形象，从而给企业带来更好的发展机遇。

二、网络经济对企业经营带来的冲击和影响

（一）对企业经营管理模式的影响

网络经济时代的到来给传统的实体企业带来了不小的冲击和挑战，首先表现为对企业经营管理模式的影响。传统的企业经营管理模式主要以线下的经营管理为主，容易受到时间、空间等因素的限制，而在网络经济时代，网上电子商务是主要的经营方式，对比传统企业的线下销售，网络交易模式打破了时间和空间的限制，拓展了产品的销售渠道和范围，对企业传统单一的经营模式造成了一定的冲击。

（二）对企业内部管理组织体系的影响

网络经济的不断发展，会给企业的内部管理组织体系带来一定的影响，暴露出企业管理组织机构中存在的诸多问题和不足。在传统经营管理模式下，很多企业在最初建立的大多是层级式的组织形式，在企业内部设置多个管理层级，各层级和管理岗位之间缺乏沟通与交流，导致部门与部门之间、领导与员工之间的协调性和统一性比较差，导致企业内部各方面效率难以得到有效提升。网络经济时代下，企业的这一传统经营管理模式的弊端更为凸显，因为网络经济讲求快速、高效和便捷的信息传递和沟通，这对于企业来说虽是冲击也是提醒，使企业意识到要实现与市场之间的有效衔接，需要从优化和改进内部管理组织体系入手，提高企业经营管理的科学性和有效性。

（三）对企业生产方式的影响

网络经济的发展和普及，还对传统企业的生产方式带来了一定的冲击和影响。企业的生产方式受到用户需求和市场信息变化的影响，由市场需求及其变化规律所决定。在传统模式下，企业的生产存在严重的滞后性，难以及时掌握市场的变化。而在网络经济时代，企业不但可以运用丰富的网络信息，合理选择适合自身发展并且符合市场需求的信息资源，还能够快速了解市场行情和需求，使企业在设计、生产、服务等方面进行创新，有助于与其他企业之间展开良性的竞争，因此，在市场经济条件下，企业要提高自身的核心竞争力，就要实现由传统生产方式向现代化生产方式的转变。

三、网络经济下企业经营适应经济发展的要求

（一）对企业的经营理念进行创新

随着互联网经济的不断发展，企业要提升经营管理的质量与效率，就必须革新经营管理理念。思想指挥行动，一个企业的经营理念先进与否，直接决定了企业在其他方面的创新成果是否能够达到预期。在网络经济时代，无论企业的规模大小，都需要结合自身的情况，合理地运用互联网技术，加强企业内部管理，从而增加企业的核心竞争力。

首先，企业要抓住时代的机遇，树立互联网思维，通过网络平台进行产品和服务宣传，打通线上销售渠道，实现市场空间的拓宽。其次，企业要树立以人为本的经营管理理念，即以客户为中心进行产品研发，为客户提供物美价廉的产品与服务，通过分析市场信息精准定位客户需求，从而实现企业经济效益和社会效益的同步。最后，企业要树立必要的规则意识。网络经济在经历过几个阶段之后已经趋于成熟和理性，因此，企业在逐步探索网络经济开发与转型的过程中，要始终把产品质量和市场规则摆在首位，增加与消费者之间的信任感，推动企业稳定发展。

（二）对企业管理组织结构进行优化和创新

在网络经济时代，企业要想做好一系列的经营管理工作，实现企业的健康发展，还需要不断优化企业当前的管理组织机构。企业可以通过在内部建立区域网的方式，构建必要的内部信息反馈机制，将生产、销售、物流等各部门紧密联系起来，从而增强部门间、层级间的沟通，减少内部结构的复杂性，全面提高公司内部的工作效率。此外，利用互联网传递信息，不仅更加方便快捷，还能够有效减少信息传递过程中丢失、传递错误等现象，因为互联网具备信息储存的功能，在一定程度上保证了企业内部管理的安全性。

现代化企业的发展需要对内部管理结构进行优化，改变原有的多层级管理组织机构，摒弃复杂的管理团队，建立一个以网络流程为主导的组织结构，实行扁平化的管理，减少结构层次，拓宽管理幅度。部门与部门之间可以通过网络平台进行沟通和互动，使企业管理层制定的决策能够快速在实际生产过程中实施。

（三）采取柔性管理的经济管理方式

网络经济时代下，企业在经营管理的过程中，还要注意采取柔性管理的经济管理方式。随着信息技术的发展与应用，企业在劳务关系、劳资供给等方面都发生了一定的变化，传统的人力资源管理模式已经不能适应现代化企业发展的需求，企业需要更多掌握网络技术的专业人才、接近消费者的营销管理人才以及产品研发人才等积极主动地参与到企业的经营管理中。因此，为了充分调动员工的积极性与主动性，企业需要建立人性化、民主化的柔性管理模式，充分借助网络来搭建员工交流平台，实现管理人员与员工之间的互动与交流，促使员工为企业的发展建言献策。同时在采取柔性管理的方式下，企业还要建立必要的绩效激励机制，通过绩效激励，满足人才发展的物质需求和精神需求，实现人才资源的优化配置，发挥人才的创造力，为企业生产方式的转变与创新提供内在动力。

【阅读与思考】　　　　　　戴尔直销：全球范围的综合供应链管理

扫描二维码

深度学习

【思考题】

1. 什么是企业流程再造？简述企业流程再造的具体内容。
2. 简述以运营模式变革为中心的流程再造的步骤。
3. 使企业流程再造实现效用最大化有哪些要求？
4. 供应链管理有哪些特点？如何构造高效的供应链管理？
5. 什么是网络组织结构？网络结构组织有哪些特点？
6. 简述网络组织结构的优点及其应用前景。
7. 什么是虚拟企业？虚拟企业有哪些特点？
8. 简述虚拟企业与实体企业在相关会计方面的异同点。
9. 简述网络经济对企业经营的影响。
10. 网络经济时代下企业经营如何适应经济发展？

【在线测试题】

扫描书背面的二维码，获取答题权限，在线自测。

扫描二维码

在线自测

【参考文献】

[1] 陈勇.C公司业务流程再造与企业效益提升研究[D].天津：天津大学,2016.
[2] 潘豪红.企业流程再造分析——以对国有企业的分析为例[J].中外企业家,2019(08)：140.
[3] 石建中.网络组织对企业规模与绩效影响的实证研究[D].青岛：中国海洋大学,2015.
[4] 贾旭东,解志文.虚拟企业研究回顾与展望[J].科技进步与对策,2021,38(16)：151-160.
[5] 苏琬雲.网络经济时代企业市场营销策略研究[J].经济研究导刊,2021(33)：73-75.
[6] 解志文.基于扎根范式的虚拟企业战略协同过程研究[D].兰州：兰州大学,2021.
[7] 吴庆.网络经济条件下虚拟企业会计问题研究[J].现代营销,2019(05)：228-229.
[8] 孙巧云.虚拟企业若干会计问题探讨[J].合作经济与科技,2019(19)：164-165.
[9] 沈学雁.网络经济对现代企业的影响[J].商业文化,2022(07)：40-42.

第九章
网络政府理论

【思政案例导入】

迈向全球数字变革高地——浙江深入推进数字化改革

从"数字浙江"到"数字中国",浙江是全国数字化改革的先行省,该省已经形成"平台＋大脑""系统＋跑道"的改革架构,创新解决了一批运用传统手段方法无法解决的难题。自2021年2月18日数字化改革大会召开以来,浙江各地按照"一年出成果、两年大变样、五年新飞跃"的时间表,上下联动、左右协同,探索形成了一批具有浙江辨识度、全国影响力的硬核成果。

作为民营经济大省,数字化改革在推动浙江高质量发展方面发挥了积极作用。近年来,浙江加快"产业大脑＋未来工厂"的融合发展,集成产业链、供应链、资金链和创新链,助力民企创新变革、产业生态优化、政府精准服务。目前,浙江已经启动了36个产业集群(区域)新智造试点,建设了一批世界一流企业,加速优势产业升级,形成集群优势。

数字化改革实现了党政机关整体"智治"。浙江运用数字技术完善党"总揽全局、协调各方"的领导体制和工作机制,持续推进重大应用功能优化、体验升级、覆盖全面,形成了党建统领数字政府、数字经济、数字社会、数字文化、数字法治的治理体系,推动党建工作具象化、可量化、可评价。

数字化改革促进了治理现代化。浙江在构建基层治理"141"体系(1个县级社会治理中心、4个乡镇基层治理平台和1个村社网格)的基础上,以数字化驱动线上线下资源统筹、综合集成、协同赋能,将矛盾化解、应急管理、公共服务等落实到村社网格"最后一公里",形成"谋划—运筹—落地"的闭环,有效提升了领导力、组织力和执行力。

此外,浙江推出"民呼我为"等应用,建立了民情快速通达解决机制,实现群众诉求事件1分钟签收、30分钟流转处置、24小时办结反馈,让群众对数字化改革成果看得见、摸得着,大大提升了群众的幸福感。对于2022年,浙江官方定调为推进数字化改革全面贯通、集成突破、集中展示之年,提出要进一步放大数字化改革的格局,推动各领域制度重塑、流程再造,加快打造全球数字变革高地。

案例来源：http://www.chinanews.com.cn/gn/2022/03—06/9694111.shtml.

第一节 网络政府定位

随着网络经济的出现,现实经济的运行方式以及运行的内在机制都发生了变化。因此,在这种情况下,政府职能也应该相应地做出改变,由原来的以管理为主转变为以服务为主,重点由原来的现实经济转变为虚拟经济。同时,政府部门必须积极开展电子政务,尽快实现信息化和网络化来适应这种转变。

一、网络经济政府新定位

(一) 政府职能的演变

政府职能是指在一定时期内,政府根据国家和社会发展的需要而承担的职责与功能。它反映了政府活动的基本方向、根本任务和主要作用。英国古典自由主义思想家约翰·穆勒(John Stuart Mill)在其《政治经济学原理》一书中,将政府职能划分为必要的政府职能与可选择的政府职能两大类,其中,必要的政府职能包括保护人身与财产的安全、防止和制止暴力与欺诈和增加社会福利;可选择的政府职能主要是指命令式干预或非命令式干预。任何一个政府,都能够同时执行上述职能,但在不同时期政府职能的侧重点是不同的。

从纵向的历史角度来看,在资本主义几百年的经济思想史中,关于政府经济职能的理论学说,西方学者历来主要存在两种主张,即自由放任主义和国家干预主义。这两大经济思潮的兴衰更替始终占据着主要的位置。其中依次更替了 18 世纪的重商主义、18 世纪中叶出现的斯密的古典自由主义、20 世纪 30 年代出现的凯恩斯的政府干预主义、20 世纪 70 年代出现的以弗里德曼等为代表的新自由主义以及之后出现的以斯蒂格利茨为代表的新政府干预主义。资本主义国家政府经济职能的演变主要经历了以下四个阶段。

1. 资本主义萌芽时期——政府采取重商主义经济政策

在市场经济体制形成的初期,重商主义是当时政府干预经济的重要思想理论。它反映了商业资本和新兴资产阶级对原始积累的要求。鉴于当时封建制度的障碍和狭窄的市场,重商主义提出了政府积极干预经济的政策主张。

重商主义思想主要包括以下三个基本内容:一是重商主义者认为,货币、金银等贵金属是社会财富的主要形式,财富就是货币,货币就是财富,且以货币数量的多少作为衡量国家或社会财富的标准;二是财富的来源,除了金银开采之外就是外贸。只有遵循多卖少买、多赚少花的原则,积极发展外贸流通,增加财富,国家才能富强;三是重商主义者极力主张政府对国家经济,尤其是对外贸领域实行干预,制订保护工商业的政策,确保整个国民经济活动满足扩大出口和货币进口的要求。在这方面,美国政治家汉密尔顿是一个杰出的代表,他在 1791 年《关于制造业的报告》中详细阐述了重商主义的一系列政策主张。汉密尔顿认为,在对外经济竞争中,政府不仅要"以公款弥补个人财力不足",在对外经济竞争中实施保护性关税、财政补贴等措施,还必须利用政府奖金和技术监督等手段,促进国内产业的发展。很显然,重商主义者的思想已经初步涉及政府职能的内容,认为政府应该对社会经济活动施加必要的影响,来提高国民财富。

重商主义包含了早期的国家干预主义政府职能理论,尽管没有系统地形成,但也在一定程度上反映了资产阶级试图通过政治力量促进自然经济解体和资本原始积累的愿望。重商主义者将货币视为财富的唯一形式,将商品流通视为财富的源泉,将对外贸易视为增加一国财富的根本途径。为此,强烈主张政府采取多种措施干预经济,保护商业利益,发展商品生产,扩大产品出口和货币进口,限制或禁止商品进口和货币出口,运用国家权力(武装力量)对内扫除封建割据是商业资本充分发展的障碍,从而形成统一的国内市场,对外实行殖民扩张,扩大商业销售市场,扩大商业资本的生存空间,获得更多的财富(黄金和白银)。因此,在经济理论史上,重商主义第一次确立了强大的政权是一个国家致富的重要保证,政府的积极干预是增加国民财富的重要途径的思想。

2. 自由资本主义时期——政府采取古典自由主义经济政策

18世纪中叶,资本主义经济日趋成熟,市场机制也趋于完善。古典自由主义学派的社会背景主要表现为:资本主义已经过了原始积累阶段,资本短缺现象基本消除;建立了牢固的私有产权制度并受到法律保护;市场竞争规则健全,整个社会经济活动高度商业化;市场的自我调节力量基本形成,价格机制和竞争机制在实际经济生活中发挥了重要作用。

以亚当·斯密为代表的古典自由主义学派关于政府职能的观点主要体现在他们所坚持的"有限政府"理论中。他们认为,国家是人类在从自然状态向政治社会转变的过程中,通过人民内部的契约活动而产生的社会共同体。政府的权力由人民自愿让于政府,以确保他们和他人的权利不受非法损害。由于政府的权力是由人民赋予的,所以,它的实施是有限的而非无限的。古典自由主义思想家主张政府实行不干预政策,给予个人和企业最大程度的自由放任,并认为"只有管得最少的政府才是最好的政府",国家政府的主要责任应该集中在确保最大程度的个人自由及其私有财产权等方面。

亚当·斯密在其1776年出版的《国富论》中,按照经济利益的要求,构建了在理性经济人"看不见的手"(即市场)的引导下自然运行的社会经济秩序。亚当·斯密认为人是理性的,在经济活动中总是为自己谋划,追求个人经济利益的最大化;而自由竞争的市场正是符合人类自利本性的自然秩序。在自由市场竞争条件下,个人的经济行为可以自动实现社会利益,"看不见的手"在利益协调过程中发挥着重要作用。亚当·斯密认为市场是有效的并且能够自我调节,政府不应该以自身的干预活动而扰乱自由市场机制的运行。据此,亚当·斯密提出政府的职能主要包括四个方面:

(1) 保护国家安全不受外来侵略。

(2) 保护社会个人安全不受他人侵犯和压迫。

(3) 建设和维护私人不能或不愿从事的某些公共设施和公用事业。

(4) 政府的收入不应该给人民带来负担,政府应该是一个节俭的政府。

简单来说,政府在社会中只扮演"守夜人"和"警察"的角色。

亚当·斯密创立的古典经济自由主义经过后世经济学家的不断发展,逐渐演变为新古典经济自由主义。但从政府职能理论来看,他们都强调自由放任制度,反对政府过度干预经济。

3. 垄断资本主义时期——政府采取国家全面干预经济政策

1929—1933 年,资本主义世界经历了历史上最深刻、最持久、最广泛的经济危机,减产和失业达到前所未有的水平。据记载,1932 年西方世界的工业生产比 1929 年下降了约37%,国际贸易下降了 60%以上。到 1933 年,西方世界失业总人数已超过 3000 万。这场经济危机的持续时间及其深度大大超出了人们的预期。按照传统经济理论,无论经济是繁荣还是衰退,政府都不应该积极干预经济活动,因为"看不见的手"会自动引导经济走向稳定状态。然而,这只"看不见的手"在经济大危机中似乎收效甚微。自由主义经济理论的缺陷也在这次经济危机中充分暴露出来。

20 世纪 30 年代震惊世界的经济危机和 19 世纪后期垄断资本主义的发展,构成了凯恩斯主义的现实背景。英国经济学家凯恩斯在其 1936 年出版的《就业、利息和货币通论》一书中在批判自由主义的基础上,提出了现代国家干预主义的政府职能理论。凯恩斯在宏观经济理论方面的突破引发了西方思想的一场革命,现代国家干预主义一举占据了西方理论界的主导地位。与资本主义萌芽期的重商主义相比,凯恩斯提出的国家干预主义在理论体系和政策要求上有着很大的不同。

凯恩斯指出,古典自由经济理论背后有一个重要假设:市场机制是完备的,即市场机制必须满足以下六个条件:

(1) 各方都有完整的经济信息,每个生产者或消费者都可以充分了解市场的价格变化,经济信息在经济各方之间是对称的。

(2) 有充分竞争的市场,没有单一的生产者可以控制或影响价格,没有企业或集团垄断生产和销售,也没有几个大型企业集团之间的垄断竞争。

(3) 规模报酬不变或递减,由于其他条件的约束,边际产品随着投入的增加而减少,增加产量并不会降低单位产品的生产成本。

(4) 企业和个人的经济活动不会产生外部影响,不会对他人的福祉产生正面或负面的影响。

(5) 交易成本小,可以忽略不计。

(6) 经济各方是完全理性的,即每个生产者都可以合理地追求利润最大化,消费者追求利润最大化。

完善的市场机制是"看不见的手"充分发挥作用的基础。凯恩斯通过分析得出结论,由于现实生活中不存在完全竞争的市场,导致了"市场失灵"。

凯恩斯指出,由于人们的经济行为总是受到三个基本心理因素(即心理边际消费倾向、心理流动偏好和资本边际效率)的影响,因此,单纯依靠市场调节资本并不能保证社会供需平衡,反而会导致社会有效需求不足,进而引发经济危机。根据凯恩斯提出的"有效需求原理",在低于充分就业的情况下,只要有一定的总需求量,社会就会产生相应的供给量。由于"看不见的手"无法充分有效地调节市场,政府应该承担调节供需的责任。

凯恩斯认为应该摒弃古典自由主义的政策主张,政府应该在市场失灵的情况下积极干预经济,主要包括:

(1) 扩大政府经济职能,通过提高资本边际效率或降低利率来增加投资意愿。

(2) 直接增加政府投资,弥补私人消费和投资的不足。

（3）摒弃传统的节约观念，鼓励消费，扩大社会需求。

（4）扩大商品出口和资本输出。

（5）通过宏观货币政策、财政政策等手段对国民收入进行再分配，克服市场缺陷带来的各种经济困难。

（6）在增加有效需求和实现充分就业的过程中，政府甚至可以实行"债务支出"赤字政策。

4. 20世纪70年代以来——政府采取"混合经济"政策

20世纪50～60年代，政府全面干预市场经济使西方国家经历了前所未有的繁荣时期，物价稳定，失业率降低，经济快速增长。人们普遍认为，强有力的政府经济职能是挽救"市场失灵"的有效手段。凯恩斯主义达到了顶峰，在学术界、政界和商界都占据了主导地位。当时的美国总统尼克松也曾说过："我们现在都是凯恩斯主义者。"

然而，在20世纪70年代，西方国家的经济危机却接踵而至。首先就是通货膨胀加剧，出现了失业率大幅上升、物价总体水平大幅上涨的"滞胀"现象。这些问题的出现，使人们对政府干预和监管的有效性失去了信心，尤其是后来出现的两次石油危机，严重打击了西方国家的经济，动摇了凯恩斯主义的根基。于是"政府失灵"的概念开始出现。

针对"政府无效"，新自由主义者积极倡导自由企业制度，强调市场机制应该再次成为经济运行的基本调节机制，强化市场的作用。例如，货币主义的代表、美国经济学家弗里德曼，被认为是西方最保守的经济学家之一，他在几本书中都表达了他对国家干预主义和福利国家的看法。弗里德曼指出，韦斯特的实践证明国家干预并不成功，实际效果与预期效果存在相当大的差距。正是国家的干预活动阻碍了市场的健康发展，才导致了西方经济"滞胀"现象的出现；各种福利措施造成极大浪费，降低人们的工作积极性；更重要的是，国家干预的过程还包括对公民个人自由的限制。因此，政府干预必须减少而不是增加。再比如，以詹姆斯·布坎南为代表的公共选择学派提出了"政府失灵"的概念，并以此作为分析国家干预的依据。他们指出，由于人们在政治活动中也追求自身利益的最大化，再加上政党政治的竞争特性，政府和政治本身也存在各种缺陷和不足。因此，政府对社会经济领域的干预不一定能弥补市场的失灵。相反，美国经济中高赤字、高通胀和高失业率并存，很大程度上是由于凯恩斯主义的国家干预主义。因此，"市场的不完善并不是将问题交给政府的充分理由"，应该尽量减少政府干预的范围。

20世纪80年代，斯坦福大学经济学教授约瑟夫·斯蒂格利茨结合当代市场经济中政府干预的实践，在总结了福利经济学中的"市场失灵"理论和公共选择学派的"政府失灵"理论的基础上，提出了较为温和的国家干预理论。在斯蒂格利茨看来，市场和政府都不是完美的，而是需要两者结合。一方面，公共产品、外部性、垄断等市场失灵的存在需要政府干预；另一方面，政府经济行为效率低下需要采取措施加强竞争，削弱垄断，适度放权，加强政府干预的积极影响。

鉴于现代资本主义经济的特点，事实上，无论是新自由主义学派还是凯恩斯学派的经济学家都在不断地修正自己的观点，很少有经济学家提倡"纯粹的自由经济"或"纯粹的政府干预"。新自由主义者没有完全否定政府干预的作用，他们倡导的政府经济职能更加侧重于保护和改善市场的自由竞争，防止垄断的发生。在这样的思想指导下，西方社会已悄然完成了政府经济职能的调整,就是综合自由市场经济与政府干预的优点,走向政府与市场结合的"混合型"经济。

(二)网络经济的兴起对传统政府职能理论的挑战

网络经济是信息网络化时代产生的一种经济形态。在网络经济下,政府行使职能的主要手段是现代化经济手段和信息网络手段的综合运用。所以,在网络经济时代,政府职能作用的主体、对象、手段等方面都发生了新的变化,产生了新的政府职能调控格局。

1. 网络经济下政府宏观调控对象的转变

传统经济是以实体经济为主,对实体经济的研究构成了传统经济学的基础框架。实体经济也是传统政府职能理论的基石,前述各种政府职能理论均是针对实体经济建立起来的。

在网络经济下,虚拟经济迅速发展,并将在整个国民经济中占主导地位,因此,政府宏观调控的对象将由工业时代的实体经济向虚拟经济转变。虚拟经济基于自身的信息优势及其在国民经济所占的比重而成为网络经济时代政府宏观调控的重点,并依赖它与实体经济的密切关系和相互作用达到对整个国民经济进行宏观调控的目标。在虚拟经济中电子商务、虚拟企业、虚拟银行等新型组织形式成为经济活动的主体,变成了政府宏观调控的直接对象。因此,网络经济下出现的新的经济形式——虚拟经济使传统的政府职能理论面临着新的挑战,迫切要求政府职能理论的更新。

2. 网络经济条件下资源配置方式的转变

网络经济是资源三重配置的经济,网络经济下资源配置方式出现了新的变化,它不仅包括传统的市场机制和政府计划,而且还包括新出现的信息网络。

(1)市场机制——"看不见的手"。通过市场配置资源,是市场经济实现资源优化配置的主要方式。它以货币为媒介、以价格为诱导,实现资源的合理流动。这种资源配置方式使生产力异常活跃,并有利于资源配置的合理化、最优化。但是,在某些领域,由于"市场失灵"的存在,不可避免地造成资源的浪费。可以说,市场配置资源是高效率的,也是高耗能的。

(2)政府计划——"看得见的手"。通过政府进行资源配置是针对"市场失灵"提出来的。由于"市场失灵"的存在,要求政府对经济生活进行干预,弥补市场缺陷。政府调节是根据自上而下的命令向下推动进行的,它虽然一定程度上完成了调节经济、配置资源的职能,但是由于其自身的局限性导致了"政府失灵"的存在而使资源的优化配置无法实现。可以说,这种资源配置方式是高耗能、低效率的。

(3)信息网络——"第二只看不见的手"。信息网络作为一种经济调节手段是网络经济条件下所特有的。它是一种超越市场的、复数个决策机构通过信息网络进行的、相互协同式的调节。

通过信息网络配置资源主要有两个方面的特征:一是人人平等,共享信息,每个人都可以接受信息和对信息进行反馈;二是使人们能够实现预期,就是由原来市场上"看不见的手"转化为可能"看得见的手"。这样,市场主体可以在信息网络上及时了解市场供求状况,并通过专用的信息网络系统极为迅速地做出对应的决策,改变自己生产的数量和产品价格,在最大限度内达到市场出清和资源的优化配置。这种资源配置方式低耗能、低成本、高效率。

总之，网络经济条件下"第二只看不见的手"不仅在一定程度上弥补和纠正了"市场失灵"和"政府失灵"，并且作为一种崭新的调节力量为政府充分发挥职能作用提供了可能。

（三）网络经济下政府宏观调控手段实施的转变

国家计划与市场调控相结合、直接调控与间接调控相结合是传统宏观调控机制的主要特征。传统的宏观经济调控主要依靠经济和法律手段，即运用经济杠杆、经济政策、经济法规、计划引导和必要的行政管理来引导国民经济的健康发展。价格、税收、金融、信贷、利率、汇率等经济杠杆是宏观调控的主要经济手段。在网络经济下，经济手段的调控以参数调控为代表，如以税率、利率、汇率等作为经济参数，这些参数在信息网络中的变化指导着人们的经济行为。在运用各种经济手段进行宏观调控的过程中，信息网络发挥着重要的中介和调节作用，通过信息网络，各经济主体可以及时、准确地了解经济参数的变化，快速调整经济行为，从而使政府达到宏观调控的目标。网络经济的兴起，充分发挥了宏观经济监测预警系统的功能。通过对宏观经济监测预警系统提供的各项指标体系的分析，政府可以及时准确地掌握宏观经济运行状况，综合运用各种现代经济手段进行引导和调控，确保整个国民经济健康运行。

在网络经济下，由于政府职能主体和客体、手段和环境的不断变化，政府职能也将呈现出不同制度、不同特点。行政改革给公民提出了一个棘手的问题——我们需要什么样的政府。显然，一个只充当"守夜人"的政府不能满足广大民众的需要，一个"全能政府"也将失去存在的基础。政府宏观调控职能的无限扩张，不会为公众解决更多的问题，只会产生越来越复杂的问题。政府宏观调控职能主要来自弥补市场缺陷的需要，来自社会和公众的需要，必须弥补市场的缺陷，才能维持社会的正常秩序。

在网络经济时代，信息资源的共享为政府宏观调控职能的输出创造了条件。政府可以将社会性、公益性、服务性的事务从政府的宏观调控职能中分离出来，交给中介组织和事业单位，将生产、分配、交换等经济职能归还给社会，政府则着力培育市场，实现公共权力的本质。网络化程度的提高，使公众有更多接近信息的机会和可能性。政府将成为信息的中转站，可以适时向社会公众发布各种政策信息，提供各种政策咨询服务等。便捷、低成本的网络传输，使公民和企业都能够及时了解政策法规，从而获得政府提供的更具体、更个性化的服务。因此，在网络经济下，政府的宏观调控功能将大大削弱，社会经济管理调控功能也将减弱，而服务功能将得到加强。

二、第三方政府与电子政务

（一）第三方政府的定义及模式

随着网络经济的不断发展，将进一步带来政府职能的转变，使之成为真正的第三方政府。"第三方政府"最早由美国约翰霍普金斯大学的莱斯特·萨拉蒙（Lester Salamon）提出，意思是政府的基本职能是引导经济发展，是一种只"掌舵"不"划桨"的政府。网络经济中的政府就是这样的第三方政府，不再直接参与经济活动，而是作为第三方为经济活动提供保障。政府的经济职能主要限于制定统一的游戏规则、规范经济主体的行为、充当经济活动的"裁判员"。同时,制定合理的经济发展战略,为微观经济活动提供战略指导。

在我国政府改革实践中,对参与政府绩效管理的"第三方"有着不同于西方的多种理解。例如,包国贤教授将"第三方评价"的概念解释为:第一方评价是指政府部门的自我评价;第二方评价是指政府系统中上级对下级的评价,是内部评价;第三方评价是指由独立于政府及其部门的第三方机构进行的评估,也称为外部评估,通常包括独立第三方评估和委托第三方评估。另外还有一些学者认为,第三方评估是不同于决策者和执行者进行的评估。第三方的主体可以是多种多样的,包括行政机关委托的研究机构、专业评价机构(包括大学和研究机构)、中介机构、舆论界、社会组织和公众等,特别是利益相关者的参与。在地方政府工作中,"第三方评估"主要是指公民对政府活动的评议。从"第三方"自身的组织构成来看,各地创新的"第三方评价"模式主要包括高校专家评估模式、专业公司评估模式、社会代表评估模式以及民众参与评估模式四种。

1. 高校专家评估模式

这是由高校中的专家学者作为"第三方"接受地方政府委托对政府工作进行评估的模式。比如,甘肃省政府委托兰州大学中国地方政府绩效评价中心进行的省内各级政府非公企业工作绩效评估;杭州市政府邀请浙江大学亚太休闲教育研究中心对首届世界休闲博览会的工作进行整体评估;还有华南理工大学公共管理学院课题组对广东省市、县两级政府进行的整体绩效评价等。

2. 专业公司评估模式

这是由专业组织作为"第三方"参与政府绩效评估的模式。比如,厦门市思明区政府引入福州博智市场研究有限公司进行群众满意度评估;上海市闵行区邀请市质量协会用户评估中心对区政府各部门进行评估。还有2006年,武汉市政府邀请世界著名的管理咨询机构麦肯锡公司作为第三方对政府绩效进行评估。武汉市政府全面采用麦肯锡咨询公司的设计方案对政府工作进行绩效评估。这种由商业公司来制定政府目标考核办法的举措完全不同于党委、政府制定考核办法的模式。

3. 社会代表评估模式

这是由各级政府"纠风办"组织的测评团或评议代表作为"第三方"进行评估的模式。这种模式主要是用于民主评议政风行风工作中的评估模式。

4. 民众参与评估模式

这是普通民众随机或自由参与评议政府工作的模式。依据民众参与途径的不同,在具体形式上还可以细分为三种形式:

(1) 政府调查机构随机抽访市民作为"第三方",如有的城市统计局城调队到广场随机发放问卷(调查表),或者采用计算机辅助电话访问系统进行电话调查等。

(2) 在政府机关工作地随机拦截办事市民作为"第三方",这种方式也称为"窗口拦截",被拦截市民主要是现场填写问卷或测评表,评议为他们办事的政府机构和人员的工作。这种评议方法被广泛应用于各地方政府。

（3）网上评议，指的是网民接受政府在网上发布的问卷调查，而不是网民的自由发帖评议。

（二）电子政务的基本内涵

20世纪90年代，随着信息技术和互联网技术的飞速发展及其在全社会的广泛应用，特别是在电子商务兴起时，出现了电子政务。据联合国组织统计，全球190多个会员国中，有163个政府正在推进电子政务建设。

关于电子政务，也有不同的名称和概念，如，也称为"网络政务""IT政务"等。较为权威的概念主要是一些各国政府官员、专家学者在国际电子政务研讨会上达成的共识。例如，2001年8月在美国硅谷组织的一次国际研讨会上，来自各国的专家提交了一份《发展中国家电子政务建设指南》，该报告指出："所谓电子政务，广义上是指利用信息通信技术来提高政府的效率和效能，使公众更容易获得政府服务，让更多的公众获得信息，促使政府对公众更负责任。"再比如，联合国教科文组织高级顾问周宏仁博士在其专著中指出："电子政务本质上是对工业时代现有政府形态的一种改造，即利用信息技术和其他相关技术，来构造更适合信息时代的政府架构和运行模式。"

从实践的角度来看，美国是第一个实施电子政务的国家。1992年，克林顿就任总统时，宣布他的政府将是一个电子政府。当时，他的目的是将美国联邦政府转变为"无纸化"政府，即利用信息技术提高政务效率和劳动生产率的政府，利用信息技术改造政府内部业务流程的"电子政府"。经过多年的努力，截至1996年1月，四年间美国联邦政府裁减了24万人，关闭了2000多个办公室，取消了近200个联邦计划和执行机构，联邦开支减少了1180亿美元。在为居民和企业服务方面，联邦政府200个部局制定了3000多项新的服务标准，废止了16 000多页过时的行政法规，简化了31 000多页的各种法规。"电子政务"的发展取得了非常明显的成效。

在我国，自20世纪80年代以来，各级政府部门开始应用信息技术，在办公自动化和政务管理信息系统方面做了大量工作。90年代中期以来，以"金关""金税"等项目为代表的一批"金"字系列政府信息化应用工程重点项目相继启动，取得了显著成效。地方电子政务建设也从实际出发，积极探索，涌现出了一大批应用水平高、社会经济效果较好的模式，在城市管理和服务群众等方面积累了许多有益经验。实践证明，无论是在西方发达国家还是发展中国家，电子政务已成为现代政府治理不可或缺的工具，其作用和地位日益重要和明显。

从各国发展电子政务的进程来看，主要有两个驱动力：一是市场需求。因为政府是全社会最大的信息拥有者和信息处理者，也是信息技术的最大用户。推进电子政务建设，是加快社会信息化、拉动信息产业发展的重要切入点。二是政府改革的需求。有效利用信息技术，可以大大提高政府管理效能，促进政府职能转变和管理方式的改进，有利于建立行为规范、运作协调、公平透明的行政管理体制。

信息技术确实给各级政府提供了绝佳的改革机会。但是，信息技术的应用不等于政府改革，电子政务不能替代政府管理创新。电子政务不是简单的"电子＋政务"。电子政务的发展本质上是对传统政府管理体制和管理方式的挑战，是深化行政管理体制改革、实现政府管理创新的催化剂和助推器。电子政务推行的目的是为了变革政府，使其能够更加以服务公众为中心。在这个过程中,技术只是一种应用工具。电子政务要取得成功,必须转变政府的思想观念、组织架构、管理和服务方式,必须转变政府官员与公众的互动方式,全面提升公务员的管理素质和行政能力。通过发展电子政务促进政府改革和管理创新,是 21 世纪信息化和经济全球化时代世界各国提高政府管理和创新能力的首要任务。

（三）电子政务的基本内容与类型

电子政务的基本内容与类型有三种。

1．以单向的信息发布为主

信息发布是联系外界用户的一种有效手段,即政府网站的建设与管理,也是政府"上网工程"所定义的第一期目标。比如政府职能宣传,包括公布政策导向、法律法规、政府职能、机构设置、办事程序、新闻发布等。政府公文系统包括公文制作及管理计算机化作业,并且通过网络进行公文交换,随时随地取得政府资料等。

2．交互式的数据和信息交换

这种类型主要包括政府各部门之间的事务协作,比如,建立政府整体性的电子系统,并提供电子目录服务,目的是为了提高政府部门之间及政府与社会各部门之间的沟通效率;网上信息查询,包括建立各种资料库,方便社会公众查阅;再就是使政府之间的应用连接起来,把政府的管理应用扩展到互联网上,使广大市民可以通过互联网了解政府的工作,并监视回应。这类应用有网上投诉、电子建议箱等。

3．网上应用和业务流程的高度集成

这种类型的应用将电子政务应用、业务流程和现有实际工作结合起来,实现政府管理和服务职能的网络化扩展。该类型的应用实际上是政府办公自动化系统在网络上的延伸,比如工商、税务机关对授权用户提供相关信息的查询和申报处理。如网上报关,即企业直接在网上申报进出口货物,实现无纸化报关;网上采购及招标,即在电子商务的安全环境下,推动政府部门以电子方式与供应商在线进行采购、交易及支付处理作业等。

（四）电子政务的实现途径

电子政务是一个系统工程,首先应该符合以下三个基本条件:①电子政务是必须借助电子信息化硬件系统、数字网络技术和相关软件技术的综合服务系统;②电子政务是处理与政府有关的公开事务、内部事务的综合系统。除了政府机关内部的行政事务以外,还包括立法、司法部门以及其他一些公共组织的管理事务,如检务、审务、社区事务等;③电子政务是新型的、先进的、革命性的政务管理系统。电子政务并不是简单地将传统的政府管理事务原封不动地搬到互联网上,而是要对其进行组织结构的重组和业务流程的再造。因此,电子政府在管理方面与传统政府管理之间有显著的区别。

电子政务的建立和实现,并非是简单的引入和应用现代信息技术问题,而是建立在许多因素相互作用的基础之上的。具体分析,电子政务的实现还与下列因素相关。

1．网络技术保证

构成电子政务最底层的是政府的信息和通信的基础结构，也可以说是政府信息流通的导线，它包括电缆线、光纤以及其他传送信息的设施和工具。从国际经验来看，以下几个方面是重要的因素。

（1）推动国家信息的基础结构的发展，将政府、企业、社会组织和公民紧密连接在一起，使整个社会彼此分享信息。

（2）以互联网络为基础，构建政府信息服务骨干网络（Government Servile Network，GSN），在骨干网络上提供电子窗口、电子目录、电子邮寄和电子民意箱等基础服务。

（3）发展和建设政府机关内部的局域网（Intranet）应用环境，为各级政府人员提供运用电子邮件、电子目录、电子新闻、电子信箱的良好环境。

（4）建设和发展网上政府的系统平台，取得政府信息化服务及信息设施，如电话、个人计算机及工作站、自动提款机、公用信息服务站（Kiosk）等广泛分布于家庭、公共场所、办公场所及各级政府机关的信息设施。

（5）发展单一窗口、一站到底（One-stop）政府信息服务。

2．政务公开

政务公开是指政府在互联网上拥有自己的网站或主页，为公众提供查询非保密政务信息的可能。互联网将为政府机构公开自身工作透明度提供便捷、有效、快捷的载体，促进公众广泛参与。公众参与决策主要表现为集体决策而不是个人决策，即决策过程中广泛吸收公众意见，吸引公众参与到决策的过程中。通过互联网，公众可以了解行政决策的过程，将决策目标和方案选择与个人利益进行比较，确定自己的立场，发表自己的意见，从而从根本上推动决策过程从孤立、封闭的暗箱操作转变为公众积极参与的公开、民主的过程。总之，网络缩短了时空距离，将集体决策的参与范围扩大到网络终端的全体公众，扩大了智慧的范围，使行政系统集体决策的特征更明显，这有助于政府摆脱决策"暗箱操作"的状态，充分发挥"外脑"优势，确保行政决策科学、合理。

3．网络信息

政府机构及其工作人员从网络上获取信息，包括机构内部的工作流信息和从机构外部获取的反馈信息。一方面，网络化加强了政府的信息置换功能，新型政府可以使用各种新技术手段实现信息化管理。政府将会有更便利的渠道在更广大的范围内收集社会各阶层的意见，获得信息反馈。而且这些信息能够以最直接的方式获得，避免了因为需要经过多层过滤而使信息失真的情况发生。网络的快速信息传递即使公众的信息反馈速度大大加快，也使政府对问题的回应速度大大加快，政府的整体行政办事效率将大幅度提升；另一方面，信息可以在组织内部为更多的人来分享，越来越多的问题在较低的层级就可以得到解决，以上传下达为主要工作内容的中层管理可以大大精简，因信息传递不及时和错误所造成的内部消耗可以大大减少，行政程序进一步简化，行政效率得到提高。

4．政府采购电子化

政府本身是一个很大的集团消费者，因为它既要为社会提供大量的公共产品，又需要维持自身机构运作。许多国家都曾出台过各种新的政府采购制度，而政府采购电子化将使这些制度殊途同归。

（1）政府将采购需求在网上公布，发出要约，进行公开招标，这有利于投标方（厂商）对政府所需产品和服务的快速承诺，而各种市场行情公开、透明，从而提高了购销过程的能见度，有利于"企业化政府"的改革。

（2）买卖双方可以及时、准确地收到支付和汇款的信息，能保证在电子交易下的购买和支付规则被一致地理解和执行。

（3）电子采购减少了采购报告等文案工作，降低了采购成本和缩短了采购时间，提高了工作效率。更重要的是，电子采购使采购过程合理化，采购由"政府代表（人）—厂商代表（人）"转化为"政府代表（人）—互联网（机）—厂商代表（人）"的互动过程，人人界面改为人机界面，所有过程都有电子记录在案。采购电子化是增强工作透明度、提高行政效率、杜绝相关领域腐败的强有力的办法。

5．制定上网安全策略

政府网络是一个庞大的网络，由于使用人员众多，技术水平和安全意识又千差万别，安全漏洞很多。另外，由于网络黑客的入侵、计算机病毒破坏等诸多原因，网络安全隐患将日益增多。由于电子政务只认数据不认人，如果安全得不到保障，网络黑客就可以通过修改程序和规则在网上窃取到政府的部分权力，还可以通过将敏感数据密码化的技术方法，进行政治和刑事犯罪活动，给国家带来毁灭性的灾难。因此，制定政府上网安全策略是在网上维护国家主权的需要，也是维护国家政权性质、占领网上政治阵地的需要。

（1）要在保护国家机密的前提下，事先安排好应上网的内容及上网的途径和方法。

（2）要树立政府上网安全意识和危机意识，重视网上工作程序规范化和控制体系建设。

（3）把采用先进的安全技术与进行严格和科学的行政管理结合起来，对于一些事关国家机密的权限和数据，要辅以人工认证。

（4）尽快制定相关法律，对于技术无法解决的网络安全问题，要努力寻求在制度上和法律上解决。

6．加强公务员信息技术的教育和培训

从一定意义上来说，政府上网对政府自身来讲是个挑战，这种挑战主要是对政府公务人员的素质提出了更高的要求。应当承认，从整体上讲，公务员是一个综合素质相对较高的群体。但也不可否认，随着社会发展和科学技术的进步，政府机关的一些工作人员甚至一些部门领导的原有知识已远远不能适应形势发展要求。尽管现在大多数政府机关都配备了不少高配置的计算机，但这些计算机基本上都在当作打字机用，计算机的诸多功能未得到应有的发挥，造成了资源浪费。很多职能部门的领导获取信息依然靠文件、报纸和电视，对从网络获取更广泛、更快捷的信息还缺乏应有的意识。因此，公务员需要不断更新知识，加强信息技术的学习，全面提高自身素质，充分发挥电子政务的作用。

第二节　网络化治理

随着人类迈入互联网时代,网络治理日益成为国家治理体系的重要组成部分。党的十八大以来,党中央高度重视互联网的发展和治理,通过加强顶层设计和总体布局,统筹协调涉及政治、经济、文化、社会、军事等领域信息化和网络安全重大问题,做出了一系列重大决策和部署,有效推动我国网络和信息化事业取得了历史性成就,走出了一条具有中国特色的网络治理之路。

一、从网格化管理到网络化治理

中国特色社会主义进入新时代,社会主要矛盾发生深刻变化,社会治理在推进国家治理体系和治理能力现代化过程中的重要性不断凸显。党的十八大以来,"治理"成为党中央治国理政的崭新理念。党的十九大报告提出要"打造共建共治共享的社会治理格局",激发全民参与社会治理的积极性和主动性,"推动社会治理重心向基层下移,发挥社会组织作用,实现政府治理和社会调节、居民自治良性互动"。因此,推动社区网格化管理向网络化治理的转型,实现社区治理现代化成为新时代的必须。

(一)功能与困惑参半的网格化管理

1. 网格化管理的定义及发展

网格化管理,就是依托统一的数字化管理平台,按照一定的地理空间和人口分布,把全域行政管理区域划分成若干网格,将辖区内人、地、物、情、事、组织全部纳入网格进行管理,实行分片包干、责任到人、设岗定责,实现力量下沉、无缝对接、服务到户的一种社会治理新模式。其最大特点是将过去传统、被动、分散的管理转变成现代、主动、系统的管理,以实现基层社会服务与治理的精细化、集约化与高效化。

自 2004 年北京市东城区首次实施网格化管理以来,浙江省舟山市、上海市金山区和湖北省宜昌市等多个城市对这一基层管理模式进行了因地制宜的创新。2005 年 2 月,国家建设部将网格化管理模式正式列入国家"十五"科技攻关计划,同年 4 月城市网格化管理模式取得了科技成果鉴定证书。2005 年建设部发布《关于公布数字化城市管理试点城市(城区)名单的通知》,首次确定在北京市朝阳区、上海市长宁区、南京市鼓楼区和武汉市等十个城市(城区)进行网格化管理试点;天津市河西区、重庆市高新区和万州区、合肥市等地先后在2006 年、2007 年成为第二、三批试点城市。截至 2008 年,也就是试点工作的最后一年,建设部在全国 51 个城市(区)积极推行网格化管理模式,并取得了值得肯定的成效。2014 年,党的十八届三中全会提出"要创新社会治理方式,提高社会治理水平,以网格化管理、社会化服务为方向,健全基层综合服务管理平台,及时反映和协调人民群众各方面各层次利益诉求,确保人民安居乐业、社会安定有序"。在顶层设计的推动下,网格化管理在全国范围内铺开,俨然呈现出"无网格,不治理"的发展趋势。

2. 网格化管理的优点及缺点

虽然网格化管理作为一种创新性的基层社会治理模式被许多城市甚至乡村所接受,但其在实践中的功能与困惑参半。总体而言,在技术管控类事务中,网格化管理的效能非常可观;然而,在社会治理服务类事务中,网格化管理就凸显出一些弊端。

网格化管理一方面推动了政府内部资源的整合,大大提高了服务群众的质量,但同时也出现了过度治理和治理真空同时并存的窘境以及"强化行政而弱化治理"的内在缺陷。

(1)纵向利用过度。网格化管理实际上存在着纵向利用过度的问题。网格化管理在本质上仍然是技术治理背景下行政科层化力量的进一步展开,是以增加城市基层管理层级的方式展开其工作的。网格并没有改变科层结构中的层级设置与权力向度,只是在"区县—街道—社区"的层级之下增加一个"格"的准行政层级,以便能够一竿子插到底,参与到群众的具体事务中,网格的权责利均来自上级授予,即使雇请再多的"格员",也不过是科层体制向下延伸的"更多的脚和更细的网"。这种"一竿子插到底"的网格化管理对基层单位形成了一种新的压力机制,网格员的工作压力大大增强。网格化管理所涉及的事务随着职能部门的需求多样化而日趋繁杂化,最终导致网格内部的职能边界日渐模糊。

(2)横向协调不足,限制了社会活力。"一竿子插到底"是网格化模式的显著优势,实现了整个社会在纵向沟通上的"一纵到底"。但是,其在横向上的联系却是很少的。行政主导下的网格化管理体现的是自上而下的权力格局安排,将本应该成为完整生活共同体的社区割裂细化成了更小更密的网格,这虽然有利于政权力量实现与每位社区居民的直接联结,有利于迅速掌握基层的社情民意信息,确保了行政执行的力度,却未能改变社区成员作为被动管理对象的局面,必然会架空社区自治组织的作用,损害社区内部原本内生的社群联系,消解其社会资本和有机联结,最终阻碍社区内部自治力量的生成和社区居民自治能力的提升,致使"公众参与、社会协同"的目标也无法真正实现。

根据治理的资源依赖理论,在一个开放的社会中,不存在一个能够自给自足的主体,包括政府都是嵌入具体的环境当中通过获取环境中的资源来实现管理的。但网格化管理却往往忽视了社会系统的整体性、协调性特征,过度强调行政力量而没有去充分整合体制外的资源,网格职责过于简单,人为地割裂了社会系统内部各种联系,忽视了整体社会功能的协调、优化与有效发挥,对调动体制外的资源无心也无力。网格化管理在一定程度上模糊了多元治理主体之间本应有的界限,使得政府承担了一些原本应该纳入市场和社会范畴之中的公共服务职能和社会治理职能,这显然不符合治理现代化的应然趋势。

(二)创新模式——网络化治理

1. 网络化治理的理论基础

网络治理是治理理论的一种研究途径,即基于网络的视角来解释治理理论。网络既是治理理论的一种载体,也是治理理论运作的形式,因而网络治理有时也可以表述为治理网络,二者表达的意义相同。网络治理的形成主要得益于西方公共管理改革思潮的理论碰撞,

20世纪90年代以来,网络方法逐渐流行,"治理理论学派"在管理理论丛林中崭露头角,政策过程中的个体行动和宏观组织间的关系研究形成了政策网络理论。组织学、管理学等学科的研究方法积累为网络治理的研究深度提供了更多可能。以上理论与方法作为网络治理形成的基础,帮助网络治理走上公共管理领域的舞台。

(1)网络模式。网络最早出现在政治科学、社会学和政策科学领域,后来转向政府实践运作的应用。例如,政府与私人承包商或者非营利组织签订合同,构建地方服务网络。在服务型功能外包给非政府部门后,政府内部部门只保留一些关键职能,因而可以更加高效高质地提供公共服务,这样的政府通常被政治家们称作"空心政府"。在公共管理领域,网络被视为一种隐喻或一个组织,指由相互依存的团体在共同目标的指引下聚在一起产生合作的关系。

网络模式是网络社会的产物,以灵活多变而且较小的成本投入日益受到欢迎。后工业时代信息技术的快速发展使得曼纽尔·卡斯特所描述的"网络社会"成为现代社会的常态。如同卡斯特所说,借助网络运作的社会结构具有更高的活力和更开放的系统,既能实现创新又不失去平衡。网络模式的流行受后工业时代政府和公民角色变化的影响。政府由过去公共服务和产品的单一生产者变为现在围绕公民需求而改善自身的服务者,而公民由过去的服从者转变为当前意识觉醒的参与者。数字时代的技术推动网络模式向网络治理进化,信息技术打破了多元行动者之间的边界壁垒,使得跨部门对话和资源共享通过多媒体的帮助成为可能。

(2)治理理论。治理理论是20世纪90年代兴起的一种被广泛应用的理论。虽然治理(Governance)与统治(Government)的英文表达非常相似,但含义却截然相反。治理理论正逐渐超越传统机制和政治制度的边界,向着水平化、协同化、网络化的混合模式发展,完成从统治向治理的转变。与传统的政府统治相比,治理的基础不再是独一无二的政府权威,而是结成合作联盟的多方参与者的互动与信任。对于治理理论的内涵,学者斯托克给出了五个主要结论:治理来源于政府但不仅限于政府;治理模糊了部门的界限和责任的边界;治理使得参与者之间建立了依赖关系;治理形成了自主的网络;治理能力并不仅限于政府发号施令或运用权威。基于以上结论,多方参与、超越政府权威、互动协调以及自主性网络的特征成为治理理论的思想架构。美国学者凯特尔对治理的定义是:政府与社会力量在合作中组成的网络状管理系统。因此,可以说,网络模式是治理理论的核心特征,这也可以解释网络治理运行模式为何深受治理理论影响。

(3)政策网络理论。政策网络的出现为网络模式与治理理论的结合提供了契机。政策网络理论的核心观念认为,政策是多方行动者合作互动的结果,这些行动者互相依赖以实现他们自身或整体的目的。他们基于共同利益和目标会持续维护彼此之间的合作关系,这种依赖关系的长久存在渐渐被成员们视为不成文的制度,进而衍生出对网络内成员、政策制定和政策执行起到规范作用的非正式规则。政策网络的结构包括共同价值、规范和规则。德国麦斯·普朗克学派认为政策网络是行动者为了实现自身利益所组成的水平化制度架构,强调政策过程是一个动态化的复杂环境,在这种环境下,网络被视为一种制度结构,行动者通过遵循网络中的规则及共同合作协调实现最终目的。政策网络不仅是一种制定政策的工具,更是限定行动者们在网络中互动协调的规则和制度。

2. 网络化治理的发展前景

从网格化管理到网络化治理的创新升级,即意味着"一元领导"到"多元共治"的转变。转变主要采取命令和动员的方式来达到目标的治理思维,将更多主体纳入社会治理体系,重新明晰党组织、政府、企业和民众等主体间权、责、利的边界。要强化党的全面领导能力、提升政府的现代治理能力,进一步释放市场力量以增加公共服务供给体系的活力,例如政府购买公共服务;要为社会力量赋权增能,例如完善社区协商治理;构建起"党委领导、政府负责、社会协同、公众参与、法治保障"的共同参与、各司其职、良性互动、相互赋权、彼此增能的共建共治共享格局,这是当前社会治理现代化转型与战略重构的基本趋向。

新时代网络化治理的基础是社会的自组织网络。面对外部环境和群众需求的双重不确定性和复杂性,治理的"行动化"和制度的"弹性化"是一种战略上的必由之路,因此,好的社会治理必须具有自组织属性和机制。网络化治理体现了一种自下而上的治理结构关系,包括汲取众人智慧,破解治理难题,鼓励每个人都成为更加有为负责的主体。网络化治理是以平等参与为宗旨,让所有利益、志趣相关者都参与进来的新型治理关系。只有让社区居民充分发挥自己的聪明才智,才能让基层社会充满活力,才能适应变化、动态成长,以分布式创新应对社会需求的多元格局,获得永续发展的内生动力。而且随着信任水平的不断提高,共同体中协同合作的可能性就越大。因此,网络化治理运行机制的核心,就是要通过培育社会资本形成社会信任与合作关系,使得这种合作关系不再依靠某种利益去维系,而是基于一种价值观念上的共识与相互认同。

新时代网络化治理的关键是平台型政府。网络化治理当然不是完全的自组织,它必须与政府的科层体制有机结合起来。政府应该努力发挥平台作用,促使科层体制对接"自主的社会领域",支持新社区的自主性建设,充分向群众自治组织放权,积极培育、规范管理和加强引导社会组织,对能够促进基层社会发展与服务的社会组织,给予必要的政策、资金支持,引导社会组织与基层群众在合理范围内积极有序地参与到社会服务与治理中来,在社会治理网络的协同、运行、维护、发展上承担更多的责任与义务,既要发挥自身的资源优势,弥补自组织治理的失灵,又不能直接介入自组织治理过程。

新时代社会的善治依赖党政群的合理分工,不仅党政要分好工,而且要让群众自己起来,承担起自己的责任,推动基层社会形成一个有自治能力、能够互助合作、积极参与公共事务的共同体。有为的政府应该努力为社会治理主体赋权增能,积极领导组织人民自己当家做主,提高中国社会的自组织能力,构建政府与社会的互动合作网络,拓展社会治理主体参与协商共治的形式,完善社会治理主体参与民主协商的机制平台,例如,网络论坛、社区议事会,或者各种各样的社区兴趣组织和公益组织等,使所有多元主体都能够在社区公共场域中参与对话,共同商讨,通过相互让步和妥协最终达成共识,共同建设新社区,充分保障社会各方力量在参与过程中的利益、需求和意见表达权。

因此,我国的基层社会治理只有从网格化管理提升到多元参与协商共治的网络化治理,才能充分激活执政党与人民大众的血肉联系,鼓励公众成为更加有为、负责的主体,引导社会和国家之间形成良好的关系,实现社会治理的共建共治共享。

二、中国特色网络综合治理体系

（一）网络综合治理体系的内涵及特征

网络综合治理体系的内涵指的是其本质构成要素及各要素间的关系。网络综合治理是在各级党委领导下，由政府承担管理主导责任，各有关部门充分发挥职能作用，依靠企业履责、社会监督以及网民自律，做到协调一致、齐抓共管，综合运用经济、法律、技术等多种手段，打击和预防网络违法违规行为，完善网络社会管理，化解网络社会矛盾，以实现网络秩序规范、网页内容健康向上以及网络空间清朗清净，切实维护公民、企业和国家的合法权益。

习近平总书记在2018年全国网络安全和信息化工作会议上强调的"党委领导、政府管理、企业履责、社会监督、网民自律等多主体参与，经济、法律、技术等多种手段相结合"，就是对网络综合治理体系和治理格局最完整的论述。网络综合治理体系就是围绕治理主体、对象和行为而形成的一整套制度规范，而治理格局则是治理体系在结果层面的反映，而治理体系是治理格局的"骨骼"和"脉络"。网络综合治理体系和传统社会治理相比，既有不少共性，也具有许多新特征，总结可归纳为以下四个特点。

1. 网络综合治理的主体多元

推进网络综合治理，离不开各方面力量的聚集，关键在于调动各方主体的积极性。网络综合治理体系有五大主体：各级党委、政府、企业、网络舆论以及网民。各级党委是体系中的核心要素，负责网络综合治理的顶层谋划和思想引领；政府是体系中的管理主体，通过管理方式创新，实现有效管理与服务；企业是网络空间重要的实践者，提升企业自身能力，促进政企之间良性互动，是实现综合治理的应有之义；网络舆论是重要社会力量，网络空间的广泛性、虚拟性决定了社会监督在该治理体系中的必要性和有效性；在网络空间中，网民是最直接的参与主体，提高网民的自控自律水平，能够有效降低网络治理难度。

2. 网络综合治理的权责明晰

国家治理体系现代化离不开治理体系法治化，网络空间不是法外之地，网络综合治理体系也应遵循法治化的原则，应规范各主体的行为。我国不断出台和完善网络领域的法律法规，其目的就是要明晰相关治理主体、治理对象及其行为的运作边界，这样才能有效发挥综合治理的合力。

3. 网络综合治理的手段多样

网络空间的广联性、治理主体的多元性以及治理对象的复杂性，决定了治理手段的多样性。在网络综合治理中，往往涉及道德伦理、法律法规、经济利益以及信息技术等诸多方面的内容，因此，需要综合运用政治、法律、行政、经济、文化和教育等多种手段。各类手段在具体运用中，既要保证针对性，也要注重灵活性，做到刚柔并济、张弛有度。

4. 网络综合治理的过程协同

多元主体如果不能够在行动中保持密切协作，非但不能达成共治目标，还有可能形成摩擦和障碍。厘清职责是协同的基础,其目的在于取长补短、弥补漏洞,充分发挥治理手段和各方资源的作用,达到治理效能最大化。重视各部委间以及政企间的合作就是过程协同的体现,尤其是在历次专项整治中,基本上达到了治理的高效率、全覆盖。过程协同还是一种立体化治理生态形成的过程。网络社会是一个自我协同、不断演化的社会生态系统,在这个治理生态系统中,各主体通过不断地协同共治,促进彼此感知与认同,逐渐形成一种利益共生的关系,进而实现内生性的良好发展。

(二) 构建中国特色网络治理体系的重要性

中国共产党和中国政府统筹国内和国际两个大局,站在中国特色社会主义进入新时代的历史起点上,充分利用互联网这一有效工具,推动构建行之有效的网络治理体系,进而推进国家治理体系和治理能力现代化,推出的"中国方案"为世界熟知。

1. 有利于推进网络意识形态治理

从 5G 技术开始商用到"物联网"规模发展,再到"区块链"活跃发展,政府机关和媒体都面临着内容重构以及受众连接问题。针对目前网络空间舆论混乱、内容参差不齐的现状,国家网信办于 2019 年 12 月 15 日正式发布了《网络信息内容生态治理规定》,并于 2020 年 3 月 1 日起正式施行。《网络信息内容生态治理规定》集中体现了党和国家对网络信息内容这一网络意识形态重要组成部分的高度重视。互联网平台作为思想舆论和意识形态斗争新的主战场,单单依靠主流媒体是远远不够的,需动员社会各阶层力量参与进来。习近平总书记指出:"要推动形成党委领导、政府管理、企业履责、社会监督、网民自律等多主体参与,经济、法律、技术等多种手段相结合的综合治理格局。"这就要求一方面要积极发挥党委在治理网络意识形态工作中的核心地位;另一方面积极推进主流媒体突破自身边界,和其他媒介进行融合式发展,建立以内容建设为根本、先进技术为支撑、创新管理为保障的全媒体传播体系,建立健全网络综合治理体系,加强和创新互联网内容建设,落实互联网企业信息管理主体责任,全面提高网络治理能力,营造清朗的网络空间。

2. 有利于推进国家治理体系和治理能力现代化建设

互联网诞生之日起就被贴上了"去中心化"的标签,当今历史条件下的"去中心化"逐渐转变为在互联网平台之上的政治、经济、文化、社会和生态文明聚集基础上的"再中心化"。想要夺取"互联网再中心化"时代高地,中国政府就必须构建有效的网络治理体系,掌握互联网核心科技,才能赢得掌控全局的先机。互联网、大数据和 AI 技术使我们能够更加直接、精准和有深度地了解人民群众所思所想所求,进一步推进国家治理体系和治理能力现代化。

自 1994 年接入国际互联网以来,中国共产党和中国政府始终重视互联网在各个领域的作用,坚持利用与治理双管齐下,以使用互联网中出现的各类问题为抓手倒逼改革,构建行之有效的网络治理体系,将互联网这一全新平台作为推进国家治理能力和治理体系现代化以及推进经济社会发展的有效工具。而且在中国特色社会主义制度下构建全面、安全、可靠的网络治理体系,对于推进国家治理能力和治理体系现代化来说,互联网技术既能拓展治理体系边界,又增加了国家治理的手段和方法。党的十八大以来,以习近平同志为核心的党中央高度重视网络对推进国家治理能力和治理体系现代化的重要作用。2014 年成立了以习近平总书记亲任组长的中央网络安全和信息化领导小组,充分体现了党和国家对网络安全和信息化领域的高度重视。

第三节　网络政府调控

在现代社会中,政府对经济的宏观调控是通过各种经济政策实现的。制定经济政策是政府经济职能的体现,通过政策的引导和规制作用,来实现政府对经济运行和发展的调节和控制。如前所述,网络经济中政府的宏观调控仍然是必需的,政府的经济政策对于网络经济的发展,依然起着十分重要的作用。

一、网络产业政策

网络经济中的一个重要特征,就是产业结构发生重大的改变,以信息产业为代表的高新技术产业成为经济的主导产业。产业结构的变化有其内在的规律性,而产业政策则是在遵循产业发展规律的基础上,通过政府的政策来促使产业结构的优化和健康发展。

(一)产业政策的基本内涵

产业政策就是国家根据国民经济发展的内在要求,调整产业结构和产业组织形式,从而提高供给总量的增长速度,并使供给结构能够有效地适应需求结构要求的政策措施。产业政策是国家对经济进行宏观调控的重要机制。

1. 产业结构政策

不同产业之间存在着一定的内在联系及比例关系。产业结构政策就是根据经济发展的内在联系,揭示一定时期内产业结构的变化趋势及其过程,并按照产业结构的发展规律保证产业结构顺利发展,推动国民经济发展的政策。它通过对产业结构的调整而调整供给结构,从而协调需求结构与供给结构的矛盾。调整产业结构包括:根据本国的资源、资金、技术力量等情况和经济发展的要求,选择和确定一定时期的主导产业部门,以此带动国民经济各产业部门的发展;根据市场需求的发展趋势来协调产业结构,使产业结构政策在市场机制充分作用的基础上发挥作用。

2. 产业组织政策

产业组织是以同一商品市场为单位划分的产业。产业的生产活动是在产业组织内进行的。选择什么样的产业组织形式和产业组织结构,决定了产业的产出效率和市场均衡。产业组织政策就是通过选择高效益的,能使资源有效使用、合理配置的产业组织形式,保证供给的有效增加,使供求总量的矛盾得以协调的政策。实施这一政策可以实现产业组织合理化,为形成有效的公平的市场竞争创造条件。这一政策是产业结构政策必不可少的配套政策。

3．产业区域布局政策

产业区域布局是指产业在空间上的分布及其结构形态。产业区域布局政策就是针对产业的空间配置格局的政策。这一政策主要解决如何利用生产的相对集中所引起的"积聚效应"，提高产业的集聚度和关联度，尽可能缩小由于各区域间经济活动的密度和产业结构不同所引起的各区域间经济发展水平的差距。

（二）网络经济中的产业演化

网络经济的出现必然带来产业结构的变化，这种变化集中表现在信息产业的崛起、产业结构的软化以及产业之间的融合。

1．信息产业的崛起

信息产业一般指以信息为资源，信息技术为基础，进行信息资源的研究、开发和应用，以及对信息进行收集、生产、处理、传递、储存和经营活动，为经济发展及社会进步提供有效服务的综合性的生产和经营活动的行业。一般认为，信息产业主要包括七个方面的经济活动：一是微电子产品的生产与销售；二是电子计算机、终端设备及其配套的各种软件、硬件的开发、研究和销售；三是各种信息材料产业；四是信息服务业，包括信息数据、检索、查询、商务咨询；五是通信业，包括电脑、卫星通信、电报、电话、邮政等；六是与各种制造业有关的信息技术；七是大众传播媒介的娱乐节目及图书情报等。这些行业原来分属于不同的行业，信息时代的到来，人们将这些行业从其他行业中分离出来，组成一个单独的产业——信息产业。

网络经济是建立在知识和信息的生产、分配和使用基础上的新型经济形态。网络经济最突出的特征是信息产业迅速崛起，成为国民经济的主导产业。根据罗斯托对主导产业的分析，主导产业是指能够较多地吸收先进技术，面对大幅度增长的需求，自身保持较高的增长速度并对其他产业的发展具有较强的带动作用的产业部门。在经济发展的不同时期，曾经有过不同的主导产业。而随着网络经济的兴起，国民经济的主导产业发生改变，信息产业代替了原来占主导地位的产业，而成为新兴的主导产业。

2．产业结构的软化

"软化"一词源于计算机软件。1981年日本教授田地龙一郎正式将"软化"一词用于经济领域，他认为产业软化是技术的进步、人类历史发展的潮流。目前学术界对"产业结构软化"的概念表述不一，有学者称之为"产业结构知识化"或"产业结构服务化"。产业结构软化至少有两个层次的含义：第一，指在产业结构的演进过程中，软产业（主要指服务业）的比重不断上升，出现了所谓"经济服务化"趋势；第二，指随着高加工度化过程和技术集约化过程，在整个产业过程中，对信息、服务、技术和知识等"软要素"的依赖程度加深。

产业结构软化又表现为前向软化和后向软化。前向软化即产业结构高度化，是指产业结构从低度水平向高度水平的发展过程，实质是产业的技术结构高层次化，产业结构不断向高附加值化、高技术化、高集约化演进，从而更充分更有效地利用资源，更好地满足经济发展需要的一种趋势。后向软化则是指传统产业的软化，它又分为外延式软化和内涵式软化：

外延式软化是指产业内部通过调整生产方向,使产品向新型产业转移;内涵式软化是指产业内部的设备、能源、原材料、基建、实物产品等"硬"的有形的方面相对弱化,而信息、研究开发、计划、公共关系、人才、广告、管理、会计、审计等"软"的无形的方面相对增强。

3. 产业之间的融合

产业之间的融合又称"产业边界模糊化"或"产业结构重叠化",是指在知识分解和融合的基础上,由于大量新生技术日益趋同而形成新的知识产业群,以及产业技术融合而导致的产业重叠加深,使产业边界具有了越来越不清晰的趋势。产业融合的动力来自新技术革命,特别是信息技术的发展。以信息技术为代表的各种新技术革命以其强大的渗透力,打破了不同产业的边界,使不同产业之间相互渗透、相互融合,从而形成新的融合产业。

产业融合作为一种经济现象,最早源于数字技术的出现而导致的信息行业之间的相互交叉。之后,信息技术革命引发的技术融合已渗透到各产业,导致了产业的大融合。产业融合的主要方式有三种:一是高新技术的渗透融合,即高新技术及其相关产业向其他产业渗透、融合,并形成新的产业;二是信息技术对传统产业的改造,使传统产业的技术结构发生质的改变,从而演化成带有新的技术特征的新产业;三是产业间的延伸融合。即通过产业间的互补和延伸,实现产业间的融合,这类融合通过赋予原有产业新的附加功能和更强的竞争力,形成融合型的产业新体系。

(三)网络经济中的产业发展与措施

网络经济中的产业结构呈现出高度化和轻型化的趋势,以信息和网络服务产业为主体和支撑的现代服务业将在国民经济中占主导地位,并带动整个国民经济的发展。为适应产业结构这一变化趋势的要求,在网络经济中政府应积极采取措施,以推动高新技术产业的发展和全社会科学技术创新能力的提高。

1. 大力发展高新技术产业

高新技术是建立在现代自然科学理论和最新工艺技术基础上的,知识密集、技术密集,能够为当代社会带来巨大经济效益和社会效益的技术。高新技术产业则是一组包含信息技术、生物技术和许多位于科学和技术进步前沿的其他技术的产业群体。

在网络经济中,高新技术产业对整个产业结构的升级和经济结构的优化,起到引领和先导作用。但由于高新技术产业所具有的高投入和高风险特点,在完全的市场机制作用下,其发展的动力不足,因而需要有国家的力量来加以推动。

世界各国的发展经验表明,高新技术和高新技术产业的发展,除自然条件外,主要取决于社会发展环境,取决于特殊优惠政策。政策体系的完善是高新技术和产业发展的先决条件。因此,政府要通过运用金融、技术以及其他经济、法律手段,采用扶持、倾斜的政策,达到优先发展高技术产业的目的。

2. 建立和健全国家创新体系

网络经济是建立在技术与知识创新基础上的经济,创新成为网络经济发展的根本动力和源泉。技术与知识的创新具有外部性,创新不仅可以给创新者带来巨大的利益,而且可以通过技术与知识的外溢,给其他人带来利益,促进整个经济的发展。然而,也正是由于技术与知识具有外溢效应,创新者付出了巨大的创新成本,但只获得小于创新所带来的社会收益的私人收益。创新者私人收益与社会收益的不一致,导致人们在市场机制作用下的创新动力不足。解决这一问题依然要通过政府力量来加以调节,其途径就是建立国家创新体系。

国家创新体系(National System of Innovation)的概念由英国学者费里曼等人首先提出,并将创新归结为一种国家行为,即由公共和私有机构组成的网络系统,并强调系统中各行为主体的制度安排及相互作用。该网络中各个行为主体的活动及其相互作用旨在经济地创造、引入、改进和扩散知识和技术,使一国的技术创新取得更好绩效。它是政府、企业、大学、研究院所、中介机构等之间为寻求一系列共同的社会经济目标而建设性地相互作用,并将创新作为变革和发展的关键动力系统。

建立国家创新体系的核心内容,就是通过政府的一系列激励和补偿政策,形成有利于创新的内在机制和外部环境,构造符合创新规律和要求的一整套科学、有序的创新工作程序和方法,整合创新要素网络,以促进创新要素的良性互动,提高国家创新能力和效率。

3. 加大对科学技术的投入

科学技术是第一生产力,这一点在网络经济中表现得尤为突出。而科学技术的发展,需要大量的人力、物力和财力的投入,需要有长期的积累。因此,不断增加对科学技术的投入,构造国家层面上的研发平台和技术高地,就成为网络经济发展的必要条件。

对科学技术研究的投资,尤其是对基础科学技术研究的投资,不同于一般的生产投资,它往往不会直接产生经济效益,这就意味着难以通过科学技术研究的收益来弥补其成本。所以,政府在科学技术方面的投资,对一个国家和地区科学技术水平的提高,就具有十分重要的意义。

在创新成为经济社会发展主导力量的网络经济条件下,国家的投入将成为科学技术投入的主导力量,而科技投资则应被视为国家最重要的战略性投资,这就要求国家应不断增加国家财政对科学技术研究的经费投入,支持重大的基础性研究项目和工程。同时,国家还要建立起对科学技术投入的促进机制,通过一定的政策措施来鼓励社会资本对科学技术的投入,引导和调动全社会对科学技术投入的积极性,建立多层次、多元化的对科学技术进行投融资的渠道,确保社会资本对科技创新投入的不断增加。

4. 推进科学技术的产业化

科学技术只有物化为直接的生产力才能够发挥作用,这一物化过程就是科学技术的产业化。具体说,科学技术的产业化就是科学技术变为一定产品及生产能力并带来经济效益的过程。科学技术产业化归根究底是经济与科技一体化,其核心即作为知识形态的科学技术向物质形态的现实生产力转化的问题。

在市场经济条件下,科学技术的产业化主要靠市场来推动,科学技术作为商品在市场上进行交换,科学技术的供给者获得其价值,以补偿成本;科学技术的需求者则获得其使用价值,将科学技术应用于生产过程并创造出利润。问题是,科学技术不同于一般的商品,它的价值与使用价值具有不确定性,在一项技术应用之前,很难对其结果进行准确的评估。因此,单靠市场的作用,科学技术的市场供给与需求均衡的实现要更为复杂和艰难。

为此,政府需要采取措施,对科学技术的转化加以推动,以加速科学技术转化为生产力的过程。一方面,政府要积极推动研究机构与生产企业的紧密联系和结合,构建产学研一体化组织,将科学技术转化的外部交易成本内化为组织内部的交易成本,以减少科学技术转化的阻碍;另一方面,国家要积极培育和完善技术市场的建设,建立有效的技术交易平台和机制,以促进科学技术转让和交易的进行,提高科学技术转化的效率。此外,政府还要完善知识产权的制度和法律,为科学技术的转化提供必要的制度和法律保障。

5. 实施教育与培训计划

科学技术的进步是由人来推动的,科学技术转化为生产力最终也需要由那些掌握了科学技术的人来实现,因此,具有高素质和高技能的人力资源,才是科学技术进步和经济发展的决定性因素。从某种意义上说,网络经济中的竞争,实际上是人力资源的竞争。谁拥有了更加充分的人力资源,谁就能在竞争中取得优势,取得更快的发展。

所谓的人力资源,是指劳动生产过程中可以直接投入的体力、智力、心力的总和及其形成的基础素质,包括知识、技能、经验、品性与态度等身心素质。因此可见,人力资源并不等于人力或劳动力。只有那些具有高素质和高技能的人力或劳动力,才可以称为人力资源,才能对网络经济的发展起到决定性的作用。

一个人的素质和技能并不是生来就有的,而是要通过后天的学习逐渐获得的。因此,后天受到的教育与培训,决定了一个人素质和技能的发展水平。从整体上看,一个国家国民的受教育程度和水平,决定了这个国家人力资源的状况和水平。

网络经济是建立在科学进步和技术创新基础上的经济,它比以往任何时期都更加依赖人力资源的发展。人力资源的形成并不完全取决于个人的努力,更取决于一个国家和社会提供给每一个人的受教育机会和内容。因此,国家和社会对人力资源的发展起着至关重要的作用。从发达国家的经验来看,他们都把国民教育摆在了十分重要的地位,并对教育进行了大量的投入,以提高全民的受教育水平。同时,各企业也把对职工的技术培训作为一项经常性的制度,以提高职工的技术水平和创新能力。

在网络经济中,政府应当把发展教育当成经济社会发展过程中一项最重要的战略措施,既要重视发展高等教育,也要重视基础性的义务教育;既重视培养高技术人才,也重视培养掌握操作技能的熟练工人。通过发展教育和人力资源的开发,培养出更多具有创新能力的优秀科技人才,同时也造就一代掌握现代科学技术的劳动者,为网络经济的不断发展奠定坚实的基础。

二、网络经济安全

(一)网络经济安全的内涵及特征

安全,即是指没有危险,平安。网络经济安全,简而言之,就是网络经济的平安、没有危险。具体来说,网络经济安全由网络安全和经济安全两要素结合而形成一个整体。从网络安全角度来说,是要求在分布式网络环境中,网络系统的硬件、软件及其系统中的数据受到保护,不因偶然的或恶意的原因而遭到破坏、更改、泄露,确保系统能够连续可靠地运行,网络服务不中断。从经济安全角度来说,就是要求包括国民经济、区域经济、产业经济、企业经济在内的不同层次、不同行业、不同所有制的经济整体和组成部分的经济运行、经济活动正常进行,合理的经济收益得到安全保障,而不受到威胁。网络经济安全的内涵应该包括国家网络经济安全与区域网络经济安全、产业网络经济安全与企业网络经济安全、金融网络经济安全(或网络金融安全)与财税网络经济安全(或网络财税安全)、运用网络从事经济活动的企业的经济安全与提供网络设备生产与服务的企业的经济安全、电子商务经济安全与网络广告经济安全等。要达到网络经济安全,即是从网络安全与经济安全两个方面及其两者结合上进行研究和实践。总体而言,网络经济安全具有如下五个特征。

1. 总体性与结构性

网络经济安全是一个系统的总体概念,它的建设和实现是一个系统工程。它具有系统性和总体性的特征。同时,它又具有多层级、多层次的特征。从总体上说,既有网络安全也有经济的安全。从层级说,有国家的网络经济安全,也有区域的网络经济安全;有产业的网络经济安全,也有企业的网络经济安全。从网络经济安全来说,有 TCP/IP 协议组的安全,也有 WEB 网络服务的安全。不同结构、不同层次的网络经济安全组成了网络经济安全体系。

2. 技术性与管理性

网络经济安全的对立面是网络经济风险、网络经济不安全。网络风险的产生原因有两个方面。一方面是技术因素,例如,计算机硬件安全、操作系统安全、网络技术安全、防火墙技术入侵控制、黑客攻击与防卫、TCP/IP 协议组安全,WEB 网络服务安全等。另一方面是管理因素。例如,网络经济安全系统评价、网络经济信息安全管理、网络经济安全设计、网络经济安全、法规与道德伦理等。而要规避和防范网络经济风险,实现网络经济安全,也应从技术方面和管理方面及两个方面的结合上采取措施。因此,网络经济安全既具有技术性特征又具有管理性特征。

3. 博弈性与可控性

网络经济安全存在安全性与风险性的博弈,同时又是可控制的。安全和风险是一对矛盾,共同存在于网络经济之中。网络经济存在多种风险,有事故风险、技术风险、市场风险、投资风险、效益风险、管理风险等。为了防范和规避风险,就要进行安全与风险的博弈。而在安全与风险的博弈中,我们又是可以控制的。我们可以采取管理方面和技术方面的综合措施、对策、政策,使网络经济风险在可以控制的范围之内,以实现网络经济安全,这种可控制的能力和可控的措施就是网络经济安全的可控性。

4. 经济性和社会性

网络经济安全的一个重要特性是它具有经济属性。它既具网络安全的属性,又具有经济安全的属性——经济性。经济性要求网络经济安全具有有效性、效益性、比价性、价值性。同时,网络经济安全与社会及社会发展密切关联、互相影响,其中的一个重要问题就是网络经济安全与社会道德、社会伦理密切相关,网络经济安全需要良好的信息道德建设。

5．长期性与艰巨性

网络经济安全问题是个长期存在、永不消逝的管理问题,只要我们运用互联网从事经济活动就存在影响网络经济风险的不安全因素。同时由于网络与网络所具有的开放性和动态性特点,为网络经济安全目标的实现增加了难度,使其具有艰巨性的特点。

网络经济安全有重要意义。习近平总书记指出,没有网络安全就没有国家安全,没有信息化,就没有现代化。网络经济安全的重要意义,具体来说,首先它可以使网络经济活动处于一种正常安全状态,不受到威胁。同时,网络经济具有的经济性特点,要求讲求效率和效益,因此,网络经济安全有利于网络经济活动和经济效益的提高。有关研究报告指出,因中国网络安全问题每年造成的经济损失达数百亿美元,这也从另一个侧面表明网络安全和网络经济安全的经济意义和重要性。

（二）网络经济安全中存在的问题

1．顶层设计与系统规划意识不足

在网络安全和网络经济安全上还缺少战略规划和多层次设计,因而战略目标、战略原则、战略重点、战略措施,也缺少从国家到区域多层次、多方面的具体规划设计。在这种情况下,网络经济安全与国家战略层面的构想严重不符,无法完成相应的规划和设计。

2．统筹机制亟待完善

网络经济的安全问题包括各个方面,需要多方位的统筹协调,才能实现网络经济安全。虽然我国已经建立了中共中央网络安全与信息化委员办公室,但是各个区域、部门对小组的要求还没有完全落实,目前各有关区域和部门在落实中央要求的规划、机构、人员方面还存在问题。

3．产品设备存在漏洞

网络经济主要是在计算机技术基础上形成的,由于计算机技术本身就是一种不尽完善和不断发展的先进技术,其产品自身的漏洞存在于机器硬件、操作系统与网络之中。病毒与黑客等不安全因素可以利用这些"漏洞"和"缺陷"进行传播和攻击,因而带来网络经济安全问题。

4．经济信息不保密

在经济活动中,很多经济信息、商业信息应该是保密的。但由于对经济信息管理不严和难以区分是否应该保密的界限,而带来网络经济安全问题,导致个人、企业、产业乃至国家经济信息失密,出现经济安全信誉问题。在这个问题背后,也隐藏着其他问题,如,缺少网络安全意识、网络安全法律法规不健全等。

5．链条环节缺乏互动

网络经济是集软件设备、网络运营、系统集成、业务应用、终端服务等各环节为一体的网络与经济集群系统。现阶段,我国网络经济及其安全的各个环节还缺少良性的互动,在产业链中,上下游企业合作形式较为松散,约束手段还不够规范,既影响了各自和整体的效应,也使网络经济风险有机可乘,影响网络经济安全。

6. 商业模式亟待创新

在网络技术、计算机技术快速发展的同时,出现了很多新的增值业务,对传统商业模式和经营模式造成了威胁,不利于网络经济的顺利进行。在这种情况下,要求在网络安全、服务质量和盈利模式上都有发展,要求网络技术和网络管理创新发展,否则就不能适应不断发展的网络经济和网络经济安全的需要。

(三)网络经济安全的管理对策

1. 构建基础设施保障体制

作为网络经济安全的基础,基础设施也是维护网络经济秩序、推动网络经济良好发展的重要保障。所谓的基础设施,不仅包括安全硬件设备的研发和装备,还包括安全机构的设立及协同合作、安全制度的建立等。其中,安全硬件设备的研发和装备对网络经济安全具有非常重要保障作用的,国家相关部门、企业单位等一定要做好服务器使用、安全软件应用以及互联网接入等警戒工作,避免存有安全漏洞的网络产品进入信息流通环节,进而出现信息泄漏,导致安全威胁。安全制度的建立主要是从隐形角度出发,对网络经济安全进行有效维护,如,网络消费者权益保护制度、网络安全等级保护制度以及病毒防治制度等。上述制度的建立,能够加强行动的执行力,做好职责划分,确保规范的灵活性和可操作性,从而对法律法规方面的不足进行有效弥补。

2. 建立健全网络安全法律法规

对于网络经济安全而言,一定要在遵守法律法规的基础上避免网络经济犯罪行为的发生。目前,我国颁布的有关信息安全的法律法规有《计算机信息网络国际联网安全保护管理办法》《中华人民共和国计算机信息系统安全保护条例》等,这些法律法规主要是对信息系统、与信息系统有关的行为进行约束和规范。与此同时,国务院也应该针对电子交易过程、信息资源管理等方面的问题制定一系列的解决方案。

3. 完善网络安全人才培养体制

现阶段,我国在计算机安全人才的培养方面已经不断完善,而且在一些高校中还设立了计算机信息安全的研究机构,对人才培养、科学研究等具有非常重要的作用,为信息安全领域培养了大量的人才。但是网络经济安全在人才培养方面还缺少层次性和系统性,因此,我国应该对网络经济信息安全技术人才培养体系的构建加以重视,在工程型单位、科研型单位以及应用型单位的基础上,实现网络经济安全人才的培养。除此之外,基于网络经济安全的复杂性特点,高校还应该加强互联网、经济、法律等领域综合型人才的培养,进而有效应对网络经济安全中面临的挑战。

4. 拓宽网络安全文化传播途径

网络安全是全民的工作,目前网络安全的宣传基本上是在安全厂商、专业安全机制的利益驱动下进行的,而企业和大众一直处于被动状态。由此可见,我国公众还没有形成较强的网络安全意识,网络安全文化氛围不浓厚。虽然我国的网民数量暂居全球第一位,但是网民的整体素质却有待提升,网络安全文化无法实现有效传播,就算具有众多的传播途径,传播方式、传播机制等也需要进行创新。

三、网络科技政策

2002年国家经贸委、财政部、科技部和税务总局联合发布了《国家产业技术政策》。该文件提出我国要优先发展高速宽带信息网,大力发展系统集成和信息服务、信息管理、信息安全技术,积极开拓以数字技术、网络技术为基础的新一代信息产品,发展新兴产业,培育新的经济增长点。网络科技已经成为我国未来信息技术政策制定和调整的重点。

(一)国际网络科技政策概况

1. 美国与欧盟的网络开放科技政策

1996年12月11日,原美国总统克林顿签署了由美国19个政府机构参与起草的《全球电子商务政策框架》,该文件指出:Internet是真正全球化的媒体,对在Internet上交易的商品和服务征收关税是毫无意义的。有人将其称为"网络新政",认为克林顿以网络为核心的"新经济政策"将导致下一次工业革命,促进美国经济长期保持自1992年以来持续稳定的"一高两低"(高增长、低失业、低通胀)增长态势。

欧盟国家对网络科技政策也非常重视,1997年4月15日,欧洲委员会(EC)发表《欧洲电子商务设想》,旨在促进欧洲制定一项有关电子商务的网络科技统一政策。文件指出:电子商务对于保持欧洲在世界市场上的竞争力至关重要,欧盟各国必须根据统一的科技、政策和支持框架采取行动。政府应带头采用电子商务科技,并建设一些示范工程。为了避免管制的不一致可能给电子商务市场造成的破坏性影响,欧盟必须确保制定一个统一的法律框架,同时积极与其他国家加强对话。

1997年7月8日,由欧盟发起召开的互联网贸易会议,原则上同意不向通过网络空间做生意的公司征收新的税种,29个国家在会议通过的文件上签字,并于1997年12月召开了世界电子商务大会,有几十个国家的180多位代表参加。欧盟和美国发表联合宣言,就跨国电子商务的有关原则达成一致。

2. 新加坡与日本的网络安全科技政策

新加坡国家计算机委员会(NCB)作为一个领导机构,负责基础设施和服务方面的改进,以提高新加坡作为东南亚网络科技中心的地位。国家计算机委员会为实现其目标,致力于发展普通的一系列基础设施服务,如安全证件、安全付款、电子词典,来保证政府和企业的电子商务的正常进行;满足科技服务提供者的需要以及用户和商人申请;同其他国家机构密切合作来制定新加坡网络科技服务和应用部署的政策。新加坡还积极制定适用于互联网的法律制度。电子传输协议（ETB）议案包括电子履历和签名、电子协议和负债、安全电子履历和签名、电子签名的效果、电子签名的职责、权威人士证明的责任和进行证明的规则。

电子认证服务是网络科技安全的核心部分。日本和美国对电子认证服务主导权的争夺日趋激烈。美国 Verisign 和 GTE 于 1998 年春相继进入日本市场，Verisign 公司在日本与NTT 数据通信、三菱商事等多家公司联合成立合资公司——日本 Verisign 公司。

日本通产省为使国产科技能在世界通用竭力创造条件，但是，Verisign 在美国已发行过75 万份认证书，其科技最接近实际行业标准。日本政府正认真检查自己的网络科技政策方面的失误，提高信息科技发展的意识。通过网络科技政策导向把信息科技引入各个产业领域成为新一届日本政府的一项重要选择。

美国、日本和欧盟等国家的网络科技政策正在逐步走向成熟，其所注意的主要问题是在确保网络科技开放性的同时，加强网络科技发展和应用的安全性。

（二）网络经济下的科技政策制定要求

发达国家的成功经验对制定我国的网络科技政策具有重要的借鉴意义。但网络科技政策涉及政治、经济、金融、法律等方面，要求国家进行宏观控制和管理，对网络科技发展进行立法和规范。

1．网络科技标准化的政策规范

为了使网络沟通能简便、安全，必须认真研究和制定通行的网络科技标准，例如，网络系统架构与参考模型规范、网络术语规范、网络学习对象元数据规范、基于规则的 XML 绑定科技规范、内容包装规范、测试互操作规范、平台与媒体标准组谱规范、网址搜索科技规范等。网络科技的标准化必须由政府推动，并制定一系列配套的科技政策。

建立科技标准体系，并不是与其他国家进行简单的水平比较，而是要在合理合法的前提下，形成有特点和优势的科技标准体系。实施科技标准战略，包括要高度重视世界范围内科技壁垒变化与发展趋势，对主要发达国家与主要发展中国家的现行政策及潜在动向进行跟踪研究。要通过改革，建立国家的标准研究机构，组织、规划和协调全社会，包括企业、高校、研究机构的力量共同从事标准研究。

2．网络科技发展的政策导向

为了拓展市场，网络科技应充分考虑多语种环境、多业务模式，应用相应的科技和标准以简化多语种环境的业务模式。国家应该在宏观上通过政策导向，使网络科技健康、持续、有序地发展，避免恶性竞争的局面出现。

配合西部大开发战略，我国应在政策上鼓励东部地区投入资金、智力支援西部地区网络科技的发展，改变我国目前网络科技发展不平衡的现状。党的十八大以来，科技部建立健全东西部科技合作机制，协调东中部地区与宁夏、内蒙古、西藏、新疆、青海、甘肃、云南、贵州 8个省区广泛开展合作，推动区域协调发展。科技部坚持有为政府、有效市场相结合，联合有关部门和地方深入推进实施科技援疆、科技援藏、科技援青、科技入滇、科技支宁、科技兴蒙、甘肃兰白—上海张江、贵州贵阳—北京中关村等东西部科技合作，推动东西部人才交流、平台联建、联合攻关、成果转化和产业化，为解决发展不平衡不充分问题、促进共同富裕提供科技创新解决方案。正确的网络科技发展政策导向，将有助于避免或解决网络科技带来的"数字化鸿沟"问题。

3. 提高网络科技的安全性

网络科技的安全涉及网络信息的保密性、完整性、可用性和可控性。保密性就是对抗对手的被动攻击，保证信息不泄漏给未经授权的人；完整性就是对抗对手的主动攻击，防止信息未经授权而被篡改；可用性就是保证信息及信息系统确实为授权使用者所用；可控性就是对信息及信息系统实施安全监控。

应对安全的挑战需要一个全球统一的立法和法规框架，并实现为市场运作提供安全服务。当前我国网络科技政策应着力解决传统业务与系统的改造和适应问题，以及新型金融信息系统的开发和利用；电子商务带来的法律、法规真空和金融管理问题；数字化货币的发行、支付与管理；对付网络黑客的公共网络的安全保密问题；涉及大量数字的可靠金融交易、处理与管理；新兴业务的开展、竞争和规范等，均需要制定出周密的政策、法规加以规范。

网络科技已经成为当前中国成长速度最快、发展潜力巨大的科技领域。网络科技政策的制定和实施将有助于这一科技领域持续、健康、稳定、安全地向前发展。因此，网络科技政策问题应该引起各级政府部门的高度重视。

（三）网络经济中的知识产权保护问题

目前，网络经济中的科技政策主要是知识产权保护政策。产权是某个主体对一定的客体拥有的排他性权利，知识产权则是对知识及其产品的排他性权利。按照经济学的原理，清晰的和有保障的产权是市场机制对资源进行有效配置的基本前提。

1. 网络经济中知识产权保护的基本内容

网络经济是以知识作为其主导资源和生产要素的经济形态，知识的生产和应用对于网络经济的发展起着决定性的作用。网络经济中的知识可以分为两类：一类是共享知识。这些知识没有明确的产权主体，或者虽然有明确的产权主体但该产权主体放弃了其独占的产权而将该知识为全社会共享；另一类是私有知识。这一类知识为私人占有，它具有明确的产权主体，他人要获得这一知识必须通过市场进行知识产权的交易来获得对该知识的权利。对于第一类知识，由于不存在产权问题，当然也就不存在产权保护的问题。需要对产权进行保护的主要是第二类的私有知识。

知识产权的保护是通过知识产权制度来实现的。知识产权制度是以法律的形式对创新知识进行产权归属界定和激励保护的重要制度，它通过知识产权立法对创新知识授予一定时间内的独占权来实现推动知识创新的目的。知识产权保护并不是网络经济独有的问题，在网络经济出现之前，为保护知识创造者的利益，许多国家都建立了保护知识产权的法律制度。知识产权保护对于维护知识创造者的利益，推动知识的创新和生产起到了重要作用。

2. 网络经济中知识产权保护的复杂性

在网络经济中,知识产权保护面临比传统经济中更多的问题。一方面,知识成为经济的主导资源,知识产业成为国民经济的主导产业,因此,对知识产权的保护变得比以往任何时期都更加重要;另一方面,在网络经济中,由于技术条件的变化,使得知识的复制和传播变得也比以往任何时候都更加容易,这就给知识产权的保护带来更大的难度,知识产权保护比以往任何时期都更加困难。

网络经济中知识产权保护问题也要比传统经济中更复杂。网络经济中知识产权保护的复杂性一方面源自知识产权界定的复杂性。从经济学的角度分析,产权是否能够明晰取决于产权界定的成本。如果产权界定的成本比较低,产权就可以明确,产品就属于私人产品;而如果产权界定的成本很高,产权难以界定,这一类的产品就属于公共产品。与一般的物质产品相比较,知识产品的产权更加难以界定,换句话说,就是知识产品的产权界定成本很高,这就使知识产品带有一定的公共产品的特性。公共产品的基本特征是非排他性,这就与产权保护发生矛盾,造成在知识产权保护操作上的困难。

网络经济中知识产权保护的复杂性还来自知识产品的网络效应。网络效应体现为一种需求方的规模效应,即所有者从产品中获得的利益取决于使用者的规模。使用者的规模越大,所有者的收益也就越高。而产权保护则会限制使用者的规模,这样做一方面保护了所有者的基本利益的同时,另一方面有因失去了网络效应而使所有者失去了获得更多收益的可能性。所以,在网络经济中,一些知识产权主体为了获得网络效应,往往在一定程度上将自己创新的知识和技术向社会开放并与社会共享,以扩大使用者的规模,产生网络效应从而获取更大的收益。因此,夏皮罗和瓦里安认为:"数字化复制产生的新机会远远超过了他带来的威胁。"对于知识产权的所有者来说,"要选择使你知识产权价值最大化的条件和条款,而不是最大限度地实施保护。"这显然又与知识产权保护的做法存在一定的矛盾。

(四)网络经济中知识产权的新变化

随着网络经济的发展,知识产权的构成要素也发生了变化。这种变化主要从四个方面体现出来:一是知识产权主体方面的变化,二是知识产权客体方面的变化,三是知识产权时效性的变化,四是知识产权利益关系方面的变化。

1. 网络经济中知识产权主体方面的变化

在网络经济中,知识产权主体呈现出多元化的趋势。这是因为在以创新为核心的网络经济中,知识的创新不再是单个主体的个体行为,而是由众多主体参与的集体行为,不同主体之间的分工与合作,从而形成了国家的创新体系。这一体系往往是跨行业、跨部门、跨地区,甚至是跨国界的。由于知识创新的主体是一个复合的整体,依法产生的知识产权也必将有多个权利主体,也就是知识产权主体的多元化。以多媒体作品的著作权归属问题为例,多媒体作品的创作和生产一般要经过总体设计策划、素材收集整理、特定功能软件的开发和应用、系统集成调试等几个阶段,创作成果是多方协作的产物,因而多媒体著作权的归属不像普通作品那样具有单一性,其主体应包括文字、音乐、绘画的创作者,软件的设计者和作品的总体策划者。而这种主体的多元化在权利内容不变的前提下,各主体的权利内容间的矛盾更加突出,权利分割成为权利保护的重要前提。如何确定主体各方的权利和义务,是知识创新系统正常有效运行的重要机制,也是知识产权制度需要解决的问题。

2. 网络经济中知识产权客体方面的变化

网络经济同时也使知识产权的客体发生改变,呈现出扩大化的趋势。一方面,知识产权制度不仅保护传统的专利权、商标权、著作权及邻接权,而且已经将计算机程序、集成电路布图设计、由技术秘密与经营秘密构成的商业秘密、商品化权、植物新品种等,都列为知识产权法律保护的对象,科学发现权、发明权和其他科技成果精神权利也成为现代知识产权保护的对象;另一方面,知识产权客体的范围也从物理世界进一步扩大到网络的虚拟世界,由此带来知识产权保护上的一些问题。知识产权的特点之一是专有性,而网络的特点之一是开放性,网络上的信息多是公开和共享的,很难被权利人控制。如何处理网上信息资源共享与信息保密问题,如何保护网络安全与信息安全问题,如何防止通过网络窃取他人机密以及数据库、数字化作品的知识保护问题等,都需要有关法律予以规范和调控,从而也对知识产权立法提出了新的要求。

3. 网络经济中知识产权时效性方面的变化

在网络经济中,知识的创造和技术更新的速度大大加快了。为保持自己在竞争中的领先地位,迫使人们不断地对已有的知识和技术进行更新,对原有的知识和技术进行“创造性的毁灭”。这种不断进行的“创造性的毁灭”是网络经济下知识和技术的拥有者保护自己产权的最有效的途径。相比之下,在工业经济中知识更新速度相对缓慢,因而需要法律创设一种垄断权利来支持权利者的创新,否则低成本的复制活动将使权利者丧失创新的动力。从另一方面看,人们的知识创新能力和速度又与知识扩散和应用的速度有关。为了达到创新的目的,就必须使知识得到广泛传播,实现知识资源共享。因为获得的知识越多,创新的能力就越强。总之,在网络经济中,知识具有非稀缺性,并能以很低的成本复制,在使用中还能产生更多的知识,这就对传统的知识产权保护制度的权利义务框架提出了新的要求。

4. 网络经济中知识产权利益关系方面的变化

知识产权保护制度是适应知识创新和传播的要求而产生、发展起来的,其目的是促进知识的创新、传播和应用,实现社会的科技进步和经济发展。因此,知识产权制度既是一种权利垄断制度,同时又是一种在知识的创造者、传播者和使用者之间权利平衡基础上协调各方面利益关系的平衡机制。而在网络经济时代,这种产权利益关系也发生了相应的改变。一方面,由于知识的易于扩散和传播,在扩散的过程中产生了广泛的社会效益和经济效益,因此,知识产权需要保护,需要通过一定的形式和法律来区分发明者和使用者之间的关系,从而保护发明者的权益;另一方面,知识创新和竞争又要求对知识授予部分产权或不完全产权,即在权利义务关系的设计中从工业经济时代的重视保护知识创新者的权利,转向既保护知识创新的利益,又引导知识的传播和扩散。也就是说,知识产权作为一种专有权利,还应与公众利益相平衡,不仅要保证产权主体的利益最大化,同时还要有利于社会利益的最大化。这一规定体现了网络经济时代知识产权保护的利益平衡的特征。

（五）网络经济中知识产权保护的制度建设

网络经济使知识的性质和内容发生了改变，同时也使知识比以往任何时候都更加易于传播和扩散，因而也就更加易于获得和应用。由此引发了知识产权保护的各种新问题，需要由新的知识产权保护制度建设来加以解决。

1．网络经济中知识产权保护制度构建的基本原则

产权保护的目的是为了降低交易成本，提高交易效率。网络经济中的知识产权保护同样也是为了这一目的。然而，知识又不同于一般物品。一方面，任何知识在一开始都是由某个主体所创造和拥有，这就决定了它和其他物品一样属于私人物品；另一方面，知识又具有非排他性和非竞争性的特性，在此意义上它又具有类似于公共物品的属性。知识产权的特性导致知识产权保护的两难选择：如果将知识产权确定为私有产权，最能激发人们创造知识的积极性，有利于知识的生产，但私有产权的独占性、排他性又使知识难以广泛传播、应用，对技术进步、知识的发展形成障碍；但如果将知识产权确定为公有产权，则将抑制人们创造知识的积极性，阻碍知识的生产，进而致使技术进步与知识发展受阻。

根据知识产权的这一特性和产权制度安排的效率性要求，知识产权应是有限制的私有产权。所谓有限制，是指知识产权在保护的时间上和权利效力上应有相应的限制，既能使创造者在合理的时间内取得相应的收益，激发人们创造知识的积极性，又能使知识得到广泛传播和使用，促进技术进步和知识发展。但是，有限产权并不等于没有产权。在网络经济中，当某种知识没有经过拥有者的授权，该种知识产权没有从私有产权转变为公共产权之前，依然要对知识产权进行必要的保护，以确保知识产权所有者的利益，保障网络经济的健康发展。

2．网络经济中知识产权保护内容的扩展

在网络经济中，由于各种信息网络技术的应用，知识产权保护的内容也发生了改变，不再局限于原来的范畴，而是将保护范围扩大到网络世界，各种数字化和网络化的知识产品也被纳入知识产权保护的范畴。

1）网络多媒体作品的著作权保护

随着网络多媒体信息的增多，网络多媒体作品的著作权问题开始凸显出来。多媒体作品是在单一平台上包含文字、图形、数值、图像、声音等信息表达形式的多种作品的集成。它要取得《中华人民共和国著作权法》（以下简称《著作权法》）保护，就必须满足三个条件，即独创性、可复制性和智力成果特性。目前，关于多媒体的版权问题国际上通用的做法是，如果多媒体作品在内容的选择和设计安排上具有原创性，就可以作为"汇编作品"获得版权保护。但是多媒体作品目前在《著作权法》中尚未单独列类，虽然可以将不同类型的多媒体作品参照现行《著作权法》视为汇编作品或视听作品，但这样做并未从根本上解决客体的类型划分问题。鉴于多媒体作品的诸多特殊性，应当考虑将多媒体作品作为著作权独立的保护客体类型，直接纳入《著作权法》保护范围，以使之得到更为充分和完善的保护。

2）网络数据库的知识产权保护

数据库是数字信息资源的最早存在形式，它是将搜集到的各种数据和信息资源，按照一

定的规则和体系使之有序化。数据库作为一种信息产品,具有很高的开发成本,但数据库一旦建立起来,其使用成本极低。这样数据库的开发者就可以从数据库的有偿使用收费中使其前期的开发成本得到补偿,并获得长期的收益。但如果将数据库资源视为公共物品而可以任意地获取,就会使数据库的开发受到阻碍,网络的应用价值因此而大大减少。因此,对于网络数据库也应作为一种知识产权进行保护。目前,网络数据库的知识产权保护主要包括两个方面:一是对数据库本身的保护,一是对数据库中信息的保护。由于网络数据库本身具有独创性,可以遵循独创性原则而受到《著作权法》的保护。数据库中的信息虽然不属于数据库所有者的原创,但数据库所有者对其进行了大量收集、分类、筛选、处理、加工的工作,依然可以按照"辛勤采集"的原则,给予必要的法律保护。

3)计算机软件的知识产权保护

计算机软件既包括程序本身,也包括程序说明和使用指南等相关的内容。与网络数据库一样,计算机软件具有开发成本高、复制成本低的特性。但相比之下,计算机软件的使用更新周期更短,技术性更强,智力产品的特性更加突出。从计算机软件的特性可以看出,它是一种特殊的复合型知识产权,同时具有技术性和作品性双重属性。前者属于专利权保护的范畴,而后者属于著作权保护的范畴。对于计算机软件的知识产权保护,既要保护它的技术内容,也要保护它的形式内容。目前,我国已经颁布实施了《计算机软件保护条例》《计算机软件著作权登记办法》,但只限于对计算机软件外部表达形式的保护,而忽略了对软件技术内容和商业秘密的保护,忽略了对软件生产者利益的保护。鉴于这种情况,对计算机软件的知识产权保护,应集中版权保护模式和专利保护模式的优点,建立软件专有使用权的保护制度,通过《中华人民共和国著作权法》《中华人民共和国专利法》《中华人民共和国商标法》《中华人民共和国反不正当竞争法》《中华人民共和国民法典》等进行综合保护。

3. 网络经济中知识产权保护制度的完善

鉴于目前的知识产权保护制度是建立在传统经济的基础上,对网络经济下的一些新情况没有给予充分的考虑,对数字化、网络化的知识产权还缺乏相应的保护措施,因而需要进一步加以完善。

1)进一步完善知识产权保护的法律体系

知识产权制度为国际间经济、技术合作创造了有利的环境和条件,使知识和技术得以跨越国界进行传播和转移,激励各国在国际竞争中争取优势。早在 20 世纪,国际上就形成了以《巴黎公约》和《伯尔尼公约》为代表的关于知识产权保护的国际法律体系。到 20 世纪 90年代,关贸总协定(GATT)又达成了与贸易有关的知识产权的协议,即 TRIP's。经过多年的努力,我国知识产权制度与 TRIP's 的有关规定已相当接近。但在各项知识产权专门立法的具体内容上与 TRIP's 的某些规定尚不完全一致,甚至存在空白。例如,TRIP's 要求各成员将"出租权"作为计算机软件作品和电影作品的版权人的权利之一,而我国现行《著作权法》中尚无"出租权"的规定;TRIP's 规定任何专利的撤销和丧失均应通过司法审查,但我国现行《专利法》则规定对实用新型和外观设计专利的宣告无效和撤销的行政决定是终局的;TRIP's 在强调知识产权的同时,也规定了对知识产权人滥用权利的限制,即当知识产权人滥用请求权和滥用诉权的情况下,司法当局有权要求申请人(或原告)赔偿被告的损失(包括律师费用)。因此,我国对知识产权的保护仍需按照国际规则和标准,在立法上加以完善。在重新修《著作权法》《商标法》《专利法》《反不正当竞争法》时要参照国际知识产权公约及"入世"后我国面临的形势,扩大上述知识产权法律所保护的客体,以适应科学技术现代化所带来的知识产权的现代化以及全球经济一体化所引起知识产权立法国际化趋势的需要。

2）改进和提高知识产权保护行政执法和司法水平

在完善知识产权保护法律体系的同时,还需要进一步改进和加强对知识产权保护的行政执法和司法,以确保各项法律制度的有效实施。在行政保护方面,首先应强化国家知识产权行政管理机构的统筹协调能力。目前,在我国商标、专利、著作权分属于不同的政府部门管理。但从世界发展趋势看,应"合三为一",即将其统一归国家知识产权局管理。在专利、商标、计算机软件的申请、审查、注册和授权上,应与国际惯例接轨,通过修改法律,使之进一步简化、统一与完善,方便国内外申请人申请智力成果产权。其次,国家权力机构应有效执法,加大对知识产权保护的力度,各司法部门、工商部门、新闻出版部门和专利部门等与实施知识产权法律有关的部门应统一行动,联手打击各类盗版、假冒商标和侵犯专利权等违法行为,对构成犯罪的,应严格按新刑法的规定给予刑事处罚,决不姑息迁就。同时执法中树立大局观念,不搞地方保护主义和部门主义,不搞"利益驱动",着力提高执法水平。

3）强化企业对知识产权自我保护的意识和措施

智力既是个人的特殊财富,也是企业拥有的一种资本。首先,企业应该建立有效的知识产权形成和使用机制,在企业内部创造尊重知识产权的良好氛围和环境,鼓励公司研发人员积极发明创造并申请专利,规范企业内部对企业无形资产使用的行为。其次,企业要充分利用法律制度保护自有知识产权,及时对自我研发的新技术、新产品分层次、分重点地申请专利,形成专利保护网,并依据市场情况及技术的重要性进行国内外专利申请布局。最后,企业应该建立相应的知识产权管理体系及相应的管理流程,建立起匹配制造、研发及市场的知识产权管理制度和管理流程,包括从知识产权管理机构获得知识产权和有效地使用知识产权。此外,公司还要充分利用各种现代的技术手段,如加密技术、防伪技术等,对自己的知识产权进行有效的保护。

【阅读与思考】　　　　上海黄浦：数字赋能智慧政务"一个系统"

扫描二维码

深度学习

【思考题】

1. 简述五个时期政府职能的发展演变。
2. 什么是第三方政府？简述四种第三方评估模式。
3. 电子政务有哪些类型？电子政务有哪些实现途径？
4. 什么是网格化管理？简述网格化管理的优缺点。
5. 什么是网络化治理？简述网络化治理的发展前景。
6. 什么是网络综合治理体系？简述网络综合治理体系的特征。

7. 如何促进网络经济中的产业发展？

8. 简述网络经济安全的特征及其存在的问题。

9. 简述网络经济下科技政策的制定要求。

10. 网络经济中的知识产权有哪些新变化？

【在线测试题】

扫描书背面的二维码，获取答题权限，在线自测。

扫描二维码

在线自测

【参考文献】

［1］ 李传军.电子政府与服务型政府［M］.北京：中国书籍出版社，2013.

［2］ 陈桂龙.智慧城市网络安全的治理［J］.中国建设信息化，2016（01）：10-12.

［3］ 王益民.全球电子政务发展前沿与启示——《2020 联合国电子政务调查报告》解读［J］.行政管理改革，2020（12）：43-49.

［4］ 高亚楠.电子政务数据安全治理框架研究［J］.信息安全研究，20217（10）：962-968.

［5］ 张群，宋迎法.网络治理的理论流变与发展图景［J］.中共福建省委党校（福建行政学院）学报，2021（04）：78-87.

［6］ 丁依霞，郭俊华.中国电子政务服务创新研究 20 年：一个系统性分析［J］.中国科技论坛，2021（01）：44-54.

［7］ 安静.中国网络综合治理体系的发展历程与构建维度［J］.北京科技大学学报（社会科学版），2021，37（04）：455-462.

［8］ 吉书红.网络治理视角下社区参与防疫治理机制研究［D］.大连：辽宁师范大学，2021.

［9］ 周云涛，蔡冬彦，王玉杰.互联网经济知识产权的保护［J］.法制与社会，2021，（12）：17-18.